Das Buch

Ein Schriftsteller muß seine H[illegible]erlassen, neun Jahre später keh[illegible]r werden aus den Bi[illegible] Zensur gestoppt, [illegible]rück. Erich Loest b[illegible]trotzen von Wörtern[illegible]n, das Erlisten von [illegible]un zieht er Bilanz üb[illegible]hriftstellerei und nahezu vierzig Bü[illegible]immer wieder sind Leipzig, Sachsens Geschichte und der DDR-Alltag in seinen Fabeln zu finden. Die Stasi, sein natürlicher Feind, verwanzte seine Wohnung. Geheimdossiers bieten ein schrilles Echo und lehren das Gruseln. ›Der Zorn des Schafes‹ berichtet von einem Teil der 31 Stasi-Ordner mit je 300 Seiten: faktenreich, genau, ohne Larmoyanz. Schafe warten geduldig, ehe sie den Kopf senken und zustoßen. Man sollte sie nicht unterschätzen.

Der Autor

Erich Loest, geboren am 24. Februar 1926 in Mittweida (Sachsen), war 1944/45 Soldat, danach Hilfsarbeiter, später Volontär und Redakteur an der ›Leipziger Volkszeitung‹. Seit 1950 freischaffender Schriftsteller, im November 1957 aus politischen Gründen verhaftet und zu einer siebenjährigen Zuchthausstrafe verurteilt. 1981 verließ er die DDR und gründete im Dezember 1989 den Linden-Verlag, Leipzig. Er lebt in Bad Godesberg und in Leipzig.

Erich Loest:
Der Zorn des Schafes
Aus meinem Tagewerk

Deutscher
Taschenbuch
Verlag

dtv

Von Erich Loest
sind im Deutschen Taschenbuch Verlag erschienen:
Es geht seinen Gang (10430)
Völkerschlachtdenkmal (10756)
Schattenboxen (10853)
Zwiebelmuster (10919)
Froschkonzert (11241)
Durch die Erde ein Riß (11318)
Pistole mit sechzehn (11431)
Swallow, mein wackerer Mustang (11488)
Wälder, weit wie das Meer (11507)
Fallhöhe (11596)

Ungekürzte Ausgabe
Juni 1993
Deutscher Taschenbuch Verlag GmbH & Co. KG,
München

ISBN 3-9802139-3-5
Umschlagtypographie: Celestino Piatti
Umschlagbild: Gerhard Gepp
Gesamtherstellung: C. H. Beck'sche Buchdruckerei,
Nördlingen
Printed in Germany · ISBN 3-423-11698-6

Inhalt

1. KAPITEL
Erich aus Sachsen

1.

Meine Eltern haben mich nach meinem Onkel benannt. Der Name von Onkel Erich und weiterer hunderter Mittweidaer ist am Eingang unseres Friedhofs eingemeißelt, diese Männer waren gefallen. 1926, in meinem Geburtsjahr, lag der Erste Weltkrieg, der noch unprophetisch und schlicht Weltkrieg hieß, nur wenige Jahre zurück. Diese Helden seien UNVERGESSEN, war zu lesen. ERICH LOEST stand auch im Treppenhaus meiner Schule, auf der EHRENTAFEL. So fühlte ich schon als Junge etwas von dem, was Politiker und Zeitungsschreiber wenig später als »stolze Trauer« priesen.

Vom Krieg war viel die Rede. Mein Vater war an der Somme verschüttet worden. Dann hatte er Fleckfieber gehabt, und zwar, wie er oft erzählte, als erster deutscher Soldat an der Westfront. Das schien er für eine persönliche Leistung zu halten. Ihm war das EK II verliehen worden – seine Friedrich-August-Medaille verwahre ich unter anderen Kuriositäten.

Meine Großeltern, die meinen Vornamen angeregt oder vielleicht verordnet hatten, nannten mich »Bübchen«. Als ich zur Schule kam, bat ich sie, mich in Gegenwart meiner Mitschüler nicht so zu rufen; ich fürchtete Spott. Da wurden sie nachdenklich und gestanden, es falle ihnen schwer, mich mit »Erich« anzureden, das erinnere sie schmerzlich an ihren toten Jungen. Abends vor dem Einschlafen grübelte ich: War ich nicht so genannt worden, *damit* der Name sie erinnere?

Damals war das Herstellen einer Fotografie noch ein Ereignis. Zwei quadratmetergroße, schwergerahmte

Prachtstücke sind mir in Erinnerung, auf einem die Familie inklusive Hündchen, auf dem anderen Erich I. als Student, keck mit randloser Brille, dem weiland neuesten Schrei. Ihm gingen bereits mit zwanzig die Haare aus. Bei meiner vielen Umzieherei sind die Fotografien verschollen.

Später erfuhr ich, daß Onkel Erich nicht eigentlich gefallen, sondern ertrunken war. Und zwar in Polen. Die Deutschen hatten Pferde in einen Fluß geführt, der Piliza hieß, die Russen vom anderen Ufer herüber geschossen. Vom Onkel Erich wurde eine Reliquie verwahrt, ein schweres langes Messer mit primitivem Holzgriff. Das habe sein Bruder, so mein Vater, im Nahkampf einem Zuaven entrissen. Als ich meinen eigenen Weltkrieg verloren hatte, warf ich einmal hin, solch ein Messer hätte man sicherlich in jedem Gefangenenlager für ein Päckchen Tabak eintauschen können. Stumm vor Ärger schloß mein Vater das erinnerungsträchtige Stück weg. Nach ein paar Jahren stellte ich auf einer Kriegskarte fest, daß an dem Tag, an dem Onkel Erich ertrank, die Front hundertfünfzig Kilometer weiter östlich verlaufen war. Ich dachte: Vielleicht war er bloß ausgerutscht, vielleicht von einer Brücke oder aus einem Kahn gefallen. Vielleicht betrunken ertrunken. Die Großeltern waren da schon tot, zu meinem Vater sagte ich von meiner Entdeckung kein Wort, und ich würde sie nicht zu Papier bringen, wenn er noch lebte.

So richtig heimisch bin ich in meinem Namen bis heute nicht geworden. Unter meinen Freunden hieß niemand so, gängig waren Joachim, Heinz und Wolfgang. Erich gehörte zu Wilhelm, Otto und Franz. Berühmte Eriche sind mir fast alle zuwider: Erich Ludendorff, Erich Mielke, Erich Honecker. Eine Zeitlang wohnte ich in Osnabrück, dort wurde Erich Maria Remarque geboren, immerhin.

Manchen Mädchen fiel es schwer, mich mit meinem Vornamen anzureden; den könne man so schwer zärtlich aussprechen und noch nicht einmal ein -chen anhängen. Überraschend spät fand eine Frau heraus, man brauche nur die beiden letzten Buchstaben an den Anfang zu setzen, und fertig sei »cheri«.

Man darf mir »Mon Cheri« schenken.

2.

Wo seid ihr, meine Göttinnen und Ortsheiligen? Am Rheine schreibend, schaue ich zum Drachenfels hinüber; das Ungetier dort schläft seit langem. Stromaufwärts kämmt sich Loreley mit goldenem Kamme und singt ein Lied dabei; ihr Denkmal ist, bronzen und drei Meter hoch, 132 Meter über der Dünnsäure, auch Wasser im Rhein genannt, zu besichtigen. Wo aber ist Saxonia geblieben, die grünweiße Jungfrau?

Unter den historischen Begriff Sachsen wurde 1952 ein Schlußpunkt gesetzt, die Akte geschlossen und im Keller, Abteilung Tote Staaten, unfeierlich beigesetzt. Lange Jahre senkte sich Staub darauf, Flugasche, Braunkohlendreck. Drei Bezirke blieben, Dresden, Karl-Marx-Stadt und Leipzig. Der letztere wurde durch preußische und thüringische Landkreise abgerundet, dem Bezirk Dresden wurde ein Streifchen Schlesien zugeschlagen, ein Zipfel fiel an Polen. Die Geschichte einer deutschen Mittelmacht fand so ihr kaltes Ende. Seitdem ist es noch schwieriger als vorher, mit dem Sachsenbegriff umzugehen. Wer kein Sachse ist, hat es schwer, den Dialekt von Weimar oder Magdeburg als außersächsisch zu erkennen, und nicht alle im ehemaligen Sachsen, Königreich oder Land, sprachen sächsisch, nicht die Vogtländer, nicht die Erzgebirgler. Im Osten, in der Lausitz, ist gar noch ein slawisches Völkchen geblieben, die Sorben, auch Wenden genannt.

Etwa in der geographischen Mitte Sachsens liegt Mittweida, meine Geburtsstadt. So konnte mein Denken frühzeitig von einem Zentrum ausgehen, und das, wenn mir als Sechsjährigem, Achtjährigem jemand Andree's schwergewichtigen sogenannten Handatlas auf den Teppich gelegt hatte, war ich. Ich blickte aufs sächsische Dreieck und fuhr mit dem Finger die Flüsse und Eisenbahnen nach. Es war etwa gleich weit nach Ostpreußen und zum Bodensee, nach Oberschlesien und dem Emsland. Ich wuchs auf als Saxozentrist. Großeltern und Eltern nahmen mich mit zum Völkerschlachtdenkmal von Leipzig, ins Grüne Gewölbe von Dresden und auf den Fichtelberg. Der Großvater mütterlicherseits, Oberlehrer in Ruhe, versuchte vergeblich, mir den Dialekt meiner Schulfreunde auszutreiben. Jetzt, Jahrzehnte später, wenn ich meine Stimme im Radio höre, wünsche ich, ihm wäre größerer Erfolg beschieden gewesen.

Im 10. Jahrhundert baute Heinrich I. die Burg Meißen gegen die Slawen. Ein Fest »1000 Jahre Sachsen« hielt 1965 niemand zu feiern für nötig, die DDR hatte sich gerade hinter ihrer Mauer verschanzt, und der Sachse Walter Ulbricht gab nichts auf feudale Faxerei.

Die alten Herrscher stammten aus Wettin. Dort, unterhalb von Halle, wo die Saale an einem keineswegs hellen, sondern von stinkenden Schlammbänken verseuchten Strand entlangfließt, steht eine verlotterte Burg in einer heruntergekommenen grindigen Kleinstadt. 1089 wurde ein Wettiner mit der Markgrafenwürde geschmückt, er residierte in der Meißner Burg. Das feierten die Restwettiner neunhundert Jahre später in Regensburg. Es war ein weithin übersehenes, wenig kostspieliges Fest, bei dem das Familienoberhaupt anmerkte, es wäre »eine gute Sache«, wenn der gegenwärtige parteiendemokratische Staat auf die »Erfahrungen der Stände« zurückgriffe. Denn: »Ein normaler bürgerlicher Beruf ist diesen Erfahrungen nicht angemessen.« Trägt Maria Emanuel die Königskrone blankgeputzt im Fluchtgepäck? Saxonia, meine Göttin, schmaustest du unerkannt an der Tafel?

Um 1170 wurde bei Freiberg Silber gefunden. Das große Berggeschrei hallte durchs Land und brachte Auskommen für die Knappen, ließ ein pfenniggenaues Bürgertum entstehen und machte Städte und Fürsten reich. Auch nahe Mittweida wurden Stollen vorgetrieben. Mein anderer Großvater, der Gas- und Wasserwerksdirektor, nahm mich mit in vom Wasser gefüllte Stollen, denn das Bergwerk war zum Brunnen für die Stadt geworden. Sachsen war das Land der Reformation, noch heute blickt alle lutherische Welt nach Wittenberg. Im Dreißigjährigen Krieg gehörte Kursachsen zum Lager der Evangelischen, es wurde durch Schweden und Kaiserliche gleichermaßen verwüstet, die Schlachtorte von Breitenfeld und Lützen liegen bei Leipzig. Sachsens Politik war halbherzig, deshalb rächten sich beide Seiten immer wieder an Städten und Dörfern und ihren wehrlosen Bewohnern.

Das Haus Wettin hat nur einen Herrscher hervorgebracht, über den zu berichten lohnt. Wir dürfen August den Starken wie andere Fürsten der Barockzeit nicht mit den heutigen Ellen von Friedenssehnsucht, Rüstungsprofit und Pazifismus messen. Als jugendstrotzender Potentat wollte er Kriegsruhm an seine Fahnen heften, scheute das ärgste Kampfgetümmel nicht, erlitt militärische und politische Niederlagen und stürzte sein Land vierzig Jahre nach dem Ende des Dreißigjährigen Krieges abermals in den Ruin. Wer Rekrut werden sollte, floh über die Grenzen, möglichst nach Böhmen, denn jenseits der Nordgrenze lauerten Fänger im preußischen Roggen. Leipzig sollte 328 Rekruten stellen, doch nur 57 rückten ein. Aus Mittweida machten sich alle davon. Schließlich, August stümperte noch im kalten Polen herum, zogen die Schweden Karls des XII. im August 1706, ohne auf Widerstand zu stoßen, in Kursachsen ein.

Die Schweden kommen! Tausende flohen über die Grenzen oder verbargen sich in den Wäldern. Viele Leipziger, darunter die meisten Freudenfrauen aus dem Goldhahngäßchen, die so rabiate Kundschaft nicht mochten, retteten sich nach Halle. Aber diese Schweden zeigten sich diszipliniert und erwarben sich im Laufe der Besatzungszeit die Herzen vieler Sächsinnen. Karl XII. preßte durch Abgaben mehr heraus, als durch Plünderungen möglich gewesen wäre: 23 Millionen Taler. Kleinlaut kehrte August zurück und beugte sich unter Karls Friedensdiktat. Der Sachsenherrscher wollte von da an nur noch Landesvater und Kunstmäzen sein, und das mit eben derselben Leidenschaft, mit der er einst in den Krieg gezogen war.

Der Beginn des achtzehnten Jahrhunderts war Sachsens erste große Zeit. Es wurde zum Mittelpunkt des politischen, wirtschaftlichen und geistigen Lebens in Deutschland. Fast vierzig Jahre regierte der starke August, er liebte den Prunk, die Kunst und die Frauen. Dreihundert Kinder habe er gehabt, wissen wir noch heute und raunen diese Zahl weiter. Durch die Baulust des Hofes, des Adels und der reichen Bürger wurde Dresden zur schönsten Stadt Deutschlands.

August der Starke bleibt in Dresden unvergessen wie Peter der Große in seiner Stadt, die heute Leningrad heißt. Augusts Denkmal, er hoch zu Roß, strahlt in frischem Gold. Die Tuche und Leinwande aus der Oberlausitz, dem Vogtland und dem Chemnitzer Gebiet drängten auf die Leipziger Messe, die wurde zur bedeutendsten in Deutschland; später erhielt Leipzig den Titel »Reichsmessestadt«. In meiner Familie geht die

Rede von einem Vorfahr, der, als Weber an der Weberstraße wohnend, dreimal im Jahr einen zweirädrigen Karren mit seiner Ware in einer Holpertour nach Leipzig schob. Leipzigs Handelsherrn bauten sich ihre Quartiere, von denen Bartels Hof erhalten ist, aus einem wurde die Mädler-Passage, unter der Auerbachs Keller liegt. Die Alte Börse, das Gohliser Schlößchen überstanden Verfall und Bombensturm. Verlagswesen und Buchhandel konzentrierten sich in Leipzig, dort gründete Breitkopf seinen Notenverlag. Ein Sachse kommt ins Schwärmen, berichtet er von diesen goldenen Jahren, in denen Gottsched die obersächsische Schriftsprache als verbindlich für Deutschland durchsetzte, als die Neuberin in Leipzig das erste feste Theater gründete. Gellert, Lessing und Bach – Namen wie Fackeln, und Händel wurde in London, seiner Wirkungsstätte, »der große Sachse« genannt. Aus dem Erzgebirge stammt der Orgelbauer Gottfried Silbermann. Und dieses Zeitalter haben dann die Preußen beendet.

In Potsdam herrschte Friedrich Wilhelm I., der mißtrauisch auf das florierende Sachsen blickte und einen Wirtschaftskrieg entfachte. Der Zoll für Waren, die auf der Elbe transportiert wurden, erreichte eine solche Höhe, daß der Handel mit den Küstenregionen nicht mehr lohnte. In Frankfurt an der Oder mußten sächsische Kaufleute höhere Abgaben zahlen als alle anderen. Jede Gegenmaßnahme Augusts schlug, da Sachsen stärkeren Außenhandel trieb, sofort zurück; Preußen produzierte vor allem für den Binnenmarkt. Nur das Rüstungsgeschäft blühte: Sachsen bot Waffen und Uniformstoffe billiger als andere Staaten an, und der Soldatenkönig war ein Pfennigfuchser. August lud ihn zu einer Heerschau nahe Zeithain, »Lustlager« geheißen, und führte ihm seine trefflich gedrillte Armee vor. Der Preuße brachte seinen Kronprinzen mit. Ob der sich die Truppen des späteren Rivalen genau angeschaut hat, ist ungewiß, denn er wollte gerade mit seinem Freund Katte nach England fliehen.

In Sachsen ging ich zur Schule. Wir lernten deutsche Geschichte aus preußischer Sicht: Preußen, die Keimzelle des Deutschen Reiches. Kuglers Geschichte des Großen Friedrich mit den Zeichnungen von Menzel las ich immer wieder und kannte alle Schlachten und ihre Sieger. Kesselsdorf und Königstein drangen in die Historie. Sächsische Soldaten hatten tapfer gekämpft, so erfuhr ich, aber zu den Siegern zählten sie gewöhnlich nicht.

Keine Spur davon, daß in uns provinzieller Patriotismus entwickelt worden wäre: Ich litt mit Friedrich, saß dieser nach verlorener Bataille frierend auf kaltem Stein, bewunderte die schiefe Schlachtordnung von Leuthen und lernte nicht, daß Friedrich allein aus Leipzig 30 Millionen Mark herauspreßte. Ich erfuhr keineswegs, daß er Fachkräfte der Meißner Manufaktur nach Berlin versetzt hat und mehr als zweihundert Damastweber aus der Oberlausitz mit ihren Stühlen ins Preußische umsiedelte. Nicht anders erging es Baumwolldrukkern aus Chemnitz und Meerane und Bergknappen aus dem Erzgebirge. Friedrichs Ziel war es, Sachsen dauerhaft zu schädigen. Im Juli 1760 legte er Dresden in Asche. Was aus sächsischen Schlössern geraubt wurde – es ist nicht mehr möglich, auch nur eine Liste der Schätze aufzustellen. Immer wieder marschierten preußische und österreichische Truppen kreuz und quer, die Lausitz war der Drehpunkt dieser Kriege. Von ihnen hat sich Sachsen hundert Jahre lang nicht erholt.

Immerhin, in Freiberg wurde die erste deutsche Bergakademie, in Tharandt die erste Forstakademie gegründet. Merinoschafe aus Spanien machten die sächsische Wolle zur besten in Mitteleuropa. Schon fiel mit den napoleonischen Kriegen ein weiterer Schlag. Bei Jena und Auerstedt kämpften die Sachsen auf preußischer Seite; als alles verloren war, deckten sie den Rückzug. Mit der Großen Armee verkamen auch sächsische Regimenter in Rußland, nur ein Viertel der Soldaten kehrte zurück. Die entscheidenden Schlachten wurden auf unserem Boden geschlagen, zuletzt bei Leipzig. Sachsen war ausgeblutet, ausgebrannt, mit Toten und Verwundeten bedeckt und mit Kontributionen belastet. Die letzten Pferde und Wagen, die letzte Furage und den letzten Branntwein forderten die Russen. Auf dem Wiener Kongreß hätten die Preußen das »kleine Verräterland Sachsen«, als das sie es ansahen, am liebsten aufgelöst. Talleyrand mußte ihnen, auf Tauroggen anspielend, sagen, Verrat sei immer eine Frage des Zeitpunkts. Immerhin schluckten die Preußen mehr als die Hälfte des sächsischen Gebiets und schnitten Leipzig von allen Holzlieferungen ab. Unseren König hielten sie lange in Schwedt gefangen. Wehe dem, den die Preußen besiegen.

3.

Gibt es einen National-, einen Stammescharakter? Tucholsky hat Schmähungen auf allerlei Völker gehäuft, eine unsinniger als die andere, und hat hinzugefügt: Das alles sei Blödsinn, würde aber im nächsten Krieg in den Zeitungen zu lesen sein. Es gibt Stammeseifersüchteleien vom Sarkasmus bis zur Frotzelei – wie ist der Sachse?

Gern sagt er von sich, er sei vigilant, er spricht es aus: fischeland. Das klingt nach Fisch, nach munterer Forelle etwa, nach Sichtummeln, nach froher Frische. Nicht jeder, der dieses Wort anwendet, weiß, daß es aus dem Lateinischen kommt: vigilare – wachen, Fürsorge tragen. Vigilant heißt: geweckt, findig, man kann hinzusetzen: pfiffig, kreativ. Volkscharaktere bilden sich: Der

Bergmann von Freiberg war vorn im Stollen auf sich gestellt, er mußte der Erzader nachspüren und ein feines Ohr für das Knistern des Berges über ihm haben. Bloße Muskelkraft war nicht gefragt. Der Weber mußte sich gegen die Händler wehren, die ihn beim Garnkauf und bei der Abnahme seiner Ware zu betrügen versuchten – ohne kaufmännisches Gespür war seine Not noch größer. Sachsen war ein Bauernland, die wenigen Güter waren, mißt man sie an den Latifundien des Nordens und Ostens, bescheiden. Der sächsische Bauer mußte vielseitigen praktischen Sinn entwickeln, wenige auf dem Lande waren stupides Glied einer Schnitterkolonne.

In dieser Phase gebar das Erzgebirge seinen Volkshelden, Carl Stülpner. Schon als ganz kleines Kind wäre er beinahe ums Leben gekommen. Es war Siebenjähriger Krieg, preußische schwarze Husaren drangen in das Haus seiner Mutter ein und zwangen sie, ihnen den Weg nach Zschopau zu zeigen. Als sie zurückkam, war ihr Carlchen beinahe erstickt. Mit sechzehn wurde er als Trainsoldat ausgehoben. Wechselnd war er Söldner, Jäger, Wilderer, wurde in Ketten gelegt, entkam nach Böhmen und kehrte als Wildschütz in die heimischen Wälder zurück. In Höhlen lebte er und narrte die Gendarmen, schenkte den Armen von seiner Beute und lebte im Erzgebirgsvolk wie ein Fisch im Wasser. Die Häuslersfrau schütze er vor dem hartherzigen Förster, der ihren Korb zertrat – romantisch klangen die Geschichten, die über ihn erzählt wurden, er war der schlaue Held des kleinen Mannes, der selbst nichts wagte, ein Rebell in einer demütigenden Zeit, ein Anarchist. Nach langen Jahren in Wald und Busch kam es zu einem Kuhhandel: Wenn er zu seinem Regiment zurückkehrte und noch ein Weilchen diente, wollte die Obrigkeit ihm seine Verfehlungen nachsehen und ihm später einmal eine Försterstelle geben. Die erhielt er natürlich nie.

In der Volkslegende verliert sich seine Spur, die Sage hört einfach auf. Die Puppenspieler ließen den Vorhang nach dem letzten dreisten Stückchen fallen. In einem verbreiteten Roman neigt sich der Hubertushirsch vor Stülpner, der faßt das schimmernde Kreuz zwischen dem Geweih und wird in den Nebel hineingetragen. In einer Serie des DDR-Fernsehens, das immer auf revolutionäre Vergangenheit erpicht war, zog er, dargestellt von Manfred Krug, mit seinen Gesellen, Genossen, in ein »anderes Land«, um dort den Volkskrieg gegen die verhaßte feudale Obrigkeit fortzusetzen.

Nichts von dem ist wahr. Er kehrte in die Kaserne von Chemnitz zurück und marschierte gegen das revolutionäre Frankreich, tat also das Gegenteil von dem, was die DDR gern von ihm berichtet hätte. Wieder desertierte er, verkroch sich in den Wäldern, entging allen Kommandos, die ihn fangen sollten, wich nach Böhmen aus, wurde als vogelfrei erklärt und lebte im Ruf, Zauberei habe ihn unverwundbar gemacht. Abermals wurde er Soldat, entkam der Schlacht von Jena und Auerstedt, in der die Sachsen diesmal den Rückzug der geschlagenen Preußen deckten, dann glitt sein Leben in die Beschwernisse eines armen alternden Mannes hinein. Er scheiterte als Gastwirt, wurde – in Mittweida – am Grauen Star operiert und verkam als halbblinder Greis, der in den Kneipen für eine Wurst und ein Bier seine Geschichten erzählte.

So endete dieser sächsische Rebell keineswegs strahlend jung im Pulverdampf. Denn Helden sterben ja am besten blühend; für das letzte Wort auf den Lippen waren schon immer Schulmeister und örtliche Poeten zuständig. Diese Rolle besetzen wir mit Theodor Körner. Stülpner verliert sich im Tabaksdunst einer Wirtschaft. Über sein mißliches Ende schrieb ich eine Novelle. Wenn ich aus ihr im Erzgebirge vorlas, erntete ich mäkelndes Fragen, ob denn das alles auch stimme, und schließlich verärgerte Gesichter.

Als das Maschinenzeitalter fortschritt, wurde die Kraft aller Flüsse und Bäche bis weit hinauf ins Gebirge genutzt, Wehr hinter Wehr gebaut. Jede Fabrik konnte anfänglich nur so groß sein, wie die Energie es zuließ, die aus dem eigenen Mühlgraben kam. Jedem Tal folgte bald eine Eisenbahn, ihr Netz war nirgends auf der Welt so dicht wie zwischen Annaberg, Aue, Reichenbach und ins Thüringische hinüber. Heute sind viele Gleise abgewrackt, Brücken abgebrochen, Schützmauern vom Farn überwuchert. Damals wurden Spinnereien, Webereien, Papierfabriken und metallverarbeitende Betriebe vom Hammerwerk bis zur Motorradfabrik in die Täler gequetscht, sie beschäftigten zwischen zwanzig und hundert Arbeiter, selten mehr. Die Unternehmer mußten alles sein: Erfinder und Techniker, Kaufleute und Werber, sie mußten mit ihren Leuten umgehen können, die sie in besseren Fällen mit Handschlag begrüßten. Auch Meister und Vorarbeiter hatten findig zu sein, denn Techniken und Verfahren änderten sich ständig. So blühten zwischen Zittau und Zwickau Hunderte, Tausende von Fabriken und Fabrikchen und Werkstätten auf. Natürlich ging dies alles nicht in christlicher Harmonie vonstatten, die Unternehmer bauten sich ihre Villen auf die Höhen, in Chemnitz auf den Kaßberg, in Mittweida auf den Deckerberg, in Glauchau gab es die reiche Ober- und die arme Unterstadt. Auch aus der Reibung zwischen den Klassen entstand auf beiden Seiten intellektuelle Energie.

Vigilant, fischeland – das bringt mich aufs Sternbild des Fischs. Von denen, die unter dem Fischzeichen geboren sind, sagt man, sie seien feinfühlig, einfallsreich, wenn auch nicht besonders standhaft, keinesfalls Kraftmeier, weniger Durchreißer, mehr Dünnbrettbohrer, leider auch vor mißlichen Einflüssen nicht gefeit. Man muß ihn zu nehmen wissen, den Fisch, ein bißchen unberechenbar bleibt er, schlängelt sich durch, entwischt. Man muß Salz an den Händen haben, um ihn zu packen. Karl May war Sachse *und* Fisch, mit Schläue und kleinen Lügen, die sich schließlich zur großen Lebenslüge verdichteten, alles, was er geschrieben habe, sei selbst erlebt, baute er sich ein Gedankenimperium, am Ende fiel es krachend in Scherben. Ich weiß, wovon ich schreibe, ich bin Sachse, und Fisch bin ich außerdem.

So vorgeprägt, schufen sich meine Landsleute ihre zweite große Zeit. Diesmal kam ihnen zustatten, daß sie in der Mitte des deutschen Wirtschaftsgebietes lagen, das zur Einigkeit drängt. Von Leipzig aus wurde die erste wirkliche deutsche Eisenbahn gebaut, mehr als hundert Kilometer lang nach Dresden; der Vorläufer von Nürnberg nach Fürth war ja nichts als eine Straßenbahn, kurz und tellerflach. In Chemnitz rauchten die Schlote, Leipzig war Buchstadt, Pelzstadt, Plauen die Spitzenstadt – 1866 marschierten noch einmal die Preußen durch, wieder kämpften die Sachsen in der unterliegenden Partei, bei Königgrätz deckten sie, in dieser Dienstleistung inzwischen erfahren, den Rückzug der geschlagenen Österreicher. Und wieder heißt es, sie hätten tapfer gekämpft.

Fredi Linden lasse ich in meinem Roman »Völkerschlachtdenkmal« erzählen: »Der Deutsch-Französische Krieg veränderte alles. Dabei, nur einmal in zwei Jahrhunderten, fochten wir Sachsen auf der siegreichen Seite. Tausendfünfhundert Soldaten der Leipziger Garnison starben, das nannte man Blutzoll. Der Sieg wurde großmächtig gefeiert, das Rathaus war mit hundert Fahnen und einem Transparent geschmückt: ›Lipsia huldigt kniend der Germania‹. Das Rathaus war mit fünfunddreißigtausend Gasflammen und dreitausend Öllämpchen illuminiert. Danach kam diese blödsinnige Redewendung auf: ›Bei Leipzig-ein-und-Leipzig‹. Wird immer noch angewendet, wenn einer ausdrücken will: Damals, weiß auch nicht genau, wann eigentlich: Mit derlei kommen wir Sachsen über manche Runde. Irgendwie war unsere Geschichte immer bei Leipzig-ein-und-Leipzig.«

Unser bestes Jahr war 1913. Die Fabriken dampften, an den Börsen wurde Gewinn gemacht, die Sozialdemokraten glaubten, internationale Brüderlichkeit würde jeden Krieg ersticken. Die Einweihung des Völkerschlachtdenkmals wurde zu einem strahlenden nationalen Fest. Zeppeline flogen, immer kühner wurde mit Stahl und Beton gebaut. Es gibt Zeiten, denen man wünscht, die Geschichte hätte den Atem angehalten, Jahre, die hätten verweilen sollen, denn sie waren so schön. 1914 zog auch die sächsische Armee in den Krieg. Der ein wenig vertrottelte König, der sechs Söhne hatte, warnte seine Generäle: »Wenn meinen Jungs was passiert, dann könnt ihr mich kennenlernen!« Auf alle Landessöhne dehnte er seine Drohung freilich nicht aus.

Wir haben so manches hervorgebracht, aber keinen Reichs- oder Bundeskanzler. Wir können sagen, mit den ganz großen und ganz schlimmen Dingen haben wir nichts zu tun. Da können wir auf die anderen zeigen, und am liebsten weisen wir natürlich auf die Preußen. Wäre Deutschland hin und wieder am sächsischen Wesen genesen, es wäre weniger rauh, weniger bombastisch, es wäre leiser und bekömmlicher zugegangen. Mein Freund Fredi Linden wehrt sich im »Völkerschlachtdenkmal« gegen seinen natürlich aus Preußen stammenden Vernehmer, als dieser unser Lieblingswort gemütlich, »gemiedlich«, lächerlich finden möchte, es käme von Gemüt, und das sei das Schlechteste nicht. Einmal soll er beantworten, was der hauptsächliche sächsische Charakterzug sei. Er versucht es so: Wir wollen nicht gewinnen. Da wäre zu ergänzen: Wir wollen nicht total siegen, denn aus einem absoluten Triumph erwächst mit Notwendigkeit der nächste Konflikt. Wir wollen ein bißchen besser sein, und dann wollen wir mit dem anderen ein Bier trinken.

Nach dem Krieg hielt mein Vater Wache als Zeitfreiwilliger an der Zschopaubrücke, denn, so hieß es, Max Hoelz zöge mit seinen revolutionären Gesellen aus dem Vogtland heran. Ins rote Sachsen marschierte Reichswehr aus Preußen ein. Sachsens Proletariat wehrte sich gegen die Nazis, selbst im März 1933 hatten in unseren Industriestädten die Arbeiterparteien noch die Mehrheit. Dann wurde auch hier gleichgeschaltet. Der letzte Abstieg endete mit Bomben auf die Hydrierwerke von Böhlen und Espenhain, auf die Flugzeug- und Panzerfabriken von Leipzig und Plauen, mit den Katastrophen von Chemnitz und Dresden.

Die vier größten Städte waren ausgebrannt, alles übrige überstand den Krieg nahezu unzerstört, denn als die alliierten Armeen von Ost und West vordrangen, gab es keine Wehrmacht mehr. Die Mulde war Interessengrenze. Hier und da, so nach Mittweida, das ein Dutzend Kilometer weiter östlich liegt, preschten amerikanische Panzerspitzen vor, befreiten Kriegsgefangene und zogen sich wieder zurück. Nun lag Mittweida ohne Obrigkeit, ein für einen Sachsen unangenehmer Zustand – er will wissen, woran er sich zu halten hat. In Mobendorf gaben ein Feldwebel und fünf Mann Tabak aus, den Dresdener Fabriken dort in Scheunen ausgelagert hatten. Die Leute standen mit Rucksäcken und Handwagen Schlange, kein Krümel wurde zertreten. Den letzten Zentner, so will ich hoffen, tauschte der Feldwebel gegen Zivilklamotten ein und schlich nach Hause. Zum Teil auf Pferdefahrzeugen, an denen noch die Schilder von Bauern aus Schlesien hingen, rückte schließlich die Sowjetarmee ein. Ein paar Wochen lang blieben die Amerikaner in Westsachsen, dann zogen sie sich, auch Thüringen räumend, auf die heutigen Grenzen zurück. Mein Vater, der drei Regime erlebt hatte, sagte: Nu, da werden wir eben russisch.

Eine Korrespondentin der ZEIT, Marlis Menge, hat ein Buch geschrieben, es heißt: »Die Sachsen – das Staatsvolk der DDR«. Es stimmt ja, in den ersten Jahren nach dem Krieg drückten altgediente Sozialdemokraten und Kommunisten, dazu Mädchen und Jungen aus dem mittelsächsischen Raum und den Industriestädten bis Halle, Dessau und Magdeburg dem Geschehen in der DDR den Stempel auf. Die soziale Umschichtung setzte sich über verschiedene Enteignungswellen fort. Jugendliche aus dem Bürgertum, die nicht studieren durften, suchten und fanden ihre Zukunft im Westen, die Arbeiter-und-Bauern-Fakultäten sorgten für eine neue Führungsschicht. In Berlin sprach man bald von der fünften Besatzungsmacht, den Sachsen eben, und bezog pauschalierend Thüringer und Anhaltiner ein. Von Sachsen aus ging ein Strom nach Norden. Einmal exportierten Sportfunktionäre sogar eine Fußballmannschaft aus dem erzgebirgischen Lauter, um den Rostokkern das Kicken beizubringen.

Die nun in der SED tonangebenden Kommunisten gingen daran, den von ihr so genannten »Sozialdemokratismus« auszumerzen. Anfang der zwanziger Jahre schon hatten sächsische Kommunisten aufstecken müssen, Brandler aus Chemnitz beispielsweise – er galt später als Revisionist. Der Hamburger Thälmann setzte sich durch. Die Sozialdemokratie war zahlenmäßig immer stärker gewesen als die KPD, und sie entsprach auch unserem Charakter mehr: Nicht mit dem Kopf durch die Wand, schon gar nicht jemanden an die Wand. Die Kassierung hatte geklappt. Schritt für Schritt, auch mal ein Schrittchen zurück, eine Reform, ein Reformchen – damit räumten nun die Kommunisten auf. Nicht mehr aus dem Ortsverein sachte hinauf wurde nun Politik gemacht, sondern der Daumen zeigte nach unten. Und die Zentrale hieß Berlin.

Wir exportierten keineswegs die Stursten, und wenn sie schon ihren Dialekt behielten, ihre Denkweise abzulegen gelang vielen. Lehrer und Werftarbeiter, Volkspolizisten und ihre für die Sicherheit des Staates zuständigen wachsamen Kollegen mischten ihren weichen Dialekt ins knarrende Küsten-Idiom, und eine Zeitlang hieß der Bezirkssekretär von Neubrandenburg nicht nur Chemnitzer, er war auch einer. Als unsympathische Symbolgestalt muß nun Walter Ulbricht genannt werden, der die DDR formte wie kein anderer. Mit seinem Spitzbart und seiner Fistelstimme ist auch Jahre nach seinem Tod der Begriff des Sächsischen befrachtet. Er hat vieles von unserem Wesen verkümmern lassen, und manches in uns hatte er schon ausgelöscht.

Denn der DDR-Sozialismus war nicht hausgemacht, seine inneren Antriebe stammten nicht aus Trier oder Elberfeld, sondern aus östlichen Produktionsräumen, sie setzten auf die große Zahl, auch Kollektiv genannt, nicht auf die Kraft des einzelnen. Immer größere Wirtschaftsgebilde wurden geschaffen, voller Stolz wiesen die Erbauer dieses Sozialismus Industriekombinate mit Zehntausenden von Werktätigen vor, und mancher Landwirtschaftsbefehlshaber gebot über Dutzende Dörfer. Sein Reich endete erst am Horizont, in ihm schob er Brigaden hin und her, und wenn der eine tausend Rinder im Stall stehen hatte, wollte ihn der andere mit fünftausend, der dritte mit zehntausend übertrumpfen. Unsere Fähigkeit zum Tüfteln und Basteln kam nicht mehr zum Zug. Nicht mehr der Familienbetrieb, die Klitsche waren gefragt, sondern der Staatskonzern.

Bekannt ist unsere Reiselust. Im Zeitalter der Eisenbahn, der Bäder und Sommerfrischen, kamen viele zu dem Eindruck, Sachsen wimmelten an jedem Strand und auf jedem Gipfel; das lag sicherlich daran, daß sie ihrem Entzücken lauthals Luft machten. Dann schrieben sie Ansichtskarten. Dann kehrten sie heim und erzählten, erzählten. Ihre Neugier paarte sich mit ihrer Mitteilungslust. Wären die Sachsen das Staatsvolk der DDR gewesen, hieße das, sie hätten sich lange Zeit selbst eingemauert. Natürlich ging es 1961 nicht für oder gegen sächsische Reiselust, aber bis zum Sturz Honeckers war das Reisenkönnen, vielmehr das Nichtreisenkönnen dort das Thema Nummer eins.

Das Wort von Günter Gaus über die Nischengesellschaft in der DDR ist bekannt. Nun kann man aber nicht Staatsvolk sein und in seinem Schrebergarten, seiner Bastelstube hocken. Das Staatsvolk eines Ulbricht und Honecker waren die Berliner, auch wenn der Waschkorb, in dem sie zunächst lagen, in Radeberg oder Rittersgrün gestanden hatte. Ganz zuletzt nimmt es ja Marlis Menge auch halb und halb zurück, stellt es zumindest in Frage. Sie zitiert einen Funktionär, der ihr gesagt hat: »Wenn ich in Mecklenburg was durchsetzen will, kostet es mich fünf Monate harte Überzeugungsarbeit, aber dann kann ich mich drauf verlassen, daß sie es genau so machen, wie abgesprochen. In Sachsen sagen sie nach einer halben Stunde, ja, ja, ist gut, und dann machen sie, was ihnen paßt.«

Endlich hat sich einer, Gunter Bergmann, an das »Kleine sächsische Wörterbuch« gemacht, er will helfen, »das über Jahrhunderte hinweg arg geschädigte Selbstwertgefühl seiner Bewohner wieder ein wenig aufzurichten.« Das geht unsereinem runter wie Öl, dieser Bergmann ist mein Mann.

Meine Eltern hatten eine Eisenwarenhandlung gepachtet, als Junge hörte ich im Laden den Gesprächen mit Bauern zu und versuchte zu erraten, aus welchem Dorf sie stammten. Wenn sie gegangen waren, fragte ich danach – mein Gefühl hat mir meist recht gegeben.

Jetzt kann ich nachschlagen, und siehe, Mittweida liegt im Dreiregioneneck des Ost-, Süd- und Westmeißnischen. »Es regnet«, sagte mir der Oberlehrer-Großvater streng vor, »'s reschnt« hieß es in Altmittweida. »'s rahnt« in Oberrossau.

Problematisch bei solchem Unterfangen ist immer die Lautschrift. Hier wird nicht in letzte Feinheiten verzweigt, und so ist das Buch auch für Nichtsachsen verständlich. Beispielsätze stellen die Wörter in ihren Zusammenhang: »gunksen svw. ›stoßen‹, wenn de mich nochmah gunkst, hau'ch der eene runter!« – »fänsen« so viel wie grundlos weinen, heulen. »Deswäächen wern mir nich glei fänsen!« Begriffe aus dem Sexuellen, auch dem Fäkalischen sind tunlichst ausgespart. Schimpfwörter, auch sie geben einem Dialekt Würze und Kraft, werden dem geneigten Leser vorenthalten. Dialekt ohne diese Wurzeln, ohne Furz und Faustschlag ist aber halber Dialekt. Möge unser Bergmann weiter schürfen.

Aus der Generation meiner Söhne kenne ich junge Männer, die trugen lustlos das Pionierhalstuch, wechselten zur Erweiterten Oberschule und schafften das Abitur, rissen ihre achtzehn Monate bei der Fahne runter und studierten. Aber nachdem sie ihre ersten zwei, drei Jahre im Großbetrieb hinter sich gebracht hatten, fanden sie ein Schlupfloch und wurden selbständige Handwerksmeister mit drei, vier Angestellten, der eine Maurermeister, der andere Tischler. Geschickt und listig eckten sie weder bei der Steuer noch bei den Behörden an, schlossen Lücken und minderten das Knirschen im Wirtschaftsgebälk. Ein heiliger Grundsatz: Bloß nicht zu groß werden, damit uns der Staat nicht bei nächster Gelegenheit schluckt! Dieser wieselige, anpassungsfähige, meinethalben auch opportunistische Urtrieb war nicht umzubringen.

Nirgends steht ein Saxonia-Denkmal – vielleicht eignet sich meine Landesgöttin nicht für Erz und Marmor?

Unstet stelle ich sie mir vor, mal in Dresden auf einem Brückengeländer hockend, mal im Erzgebirge durch die toten Wälder streifend, dann wieder erquickt sie sich im Leipziger Messetrubel. Sie ist von mäßiger Eleganz und ein wenig füllig. Der miserable Zustand der kleinen alten Städte drückt ihr aufs Gemüt. Früher hat sie gern in der Zschopau gebadet, das ist nun in der Dreckbrühe unmöglich. Sie wird sich wohl meist im Mittelpunkt Sachsens aufhalten, also nahe von Mittweida, in Dreiwerden am Grubenwehr. Dort sitzt sie auf einem Stein und blickt ins graue Geplätscher. Das Lied, das sie dann anstimmt, ist ein grün-weißes Lamento.

Andere deutsche Teilländer wie Niedersachsen, Baden-Württemberg oder Rheinland-Pfalz wachsen mühselig in neue Identitäten hinein, wir Sachsen sollten uns auf Berliner Befehl siebenunddreißig Jahre lang herauswursteln. Nun suchen wir zu alten Gefühlen zurückzufinden. Das gestandene Bayern brachte Patrioten wie Franz Joseph Strauß und Gerhart Polt hervor, wir konnten immerhin auf ein bodennahes Genie verweisen, auf Konrad Kujau, den Dichter der Hitler-Tagebücher. Manchmal wiederholt sich Geschichte in der Parodie: Zum Besten in den Jahren, da sich Saxonia in die Wälder zurückziehen mußte, zählten unsere Kabaretts »Herkuleskeule« in Dresden und »Pfeffermühle« und »academixer« in Leipzig. Wer dort hinzuhören verstand, vernahm grünweiße Elegie an braunkohlegeheizten Kachelöfen.

In den Demonstrationen vom Herbst 1989 wurden auch Sachsenfahnen getragen, und viele Menschen zwischen Plauen und Zittau waren überzeugt, daß es nicht mehr lange dauern würde, und das alte Land entstünde wieder. Saxonia strich den Rock glatt, hob den Kopf und machte sich auf den Weg aus den Wäldern auf Dresden zu.

Was auch geschehen wird, eines bleibt gültig bis an mein Lebensende: Ich bin kein Berliner.

4.

Meine Mutter, Klara, Klärchen, wurde in Mittweida geboren, dort starb sie auch. Sie war nur einmal für ein paar Monate fort, in Weimar in einem Pensionat für höhere Töchter, wo sie ein Kästchen schnitzte, in dem ich Andenken aufbewahre, Briefe, Fotos. Ihr Vater war Volksschullehrer, ihre Mutter starb früh an Magenkrebs, eine zweite Mutter kam ins Haus.

Wer 1899 geboren wurde und 1946 starb, hat zwei Weltkriege, die Inflation, knapp zwei Jahrzehnte Kaiserreich, die Weimarer Republik und die Hitlerei erlebt. In Mittweida konnte das glimpflich verlaufen, es wurde niemals abgetreten oder heimgeholt, von dort wurde niemand umgesiedelt oder vertrieben, es wurde nicht verteidigt, erobert oder zerbombt. Die Häuser, in denen meine Mutter lebte, stehen alle noch. Dazwischen liegt der Friedhof mit dem Familiengrab. Die Gefahren und Ängste ihres Lebens kamen von weit her und waren meist die Ängste um andere.

Schule und Internat, Klavierspielen und Häkeln – Berufsausbildung für Mädchen war die Ausnahme. Klärchen würde ja heiraten. Ihr Bruder Hellmuth wurde natürlich aufs Gymnasium geschickt, und da er Primus war, kam er in den Genuß eines Stipendiums und durfte auf der Fürstenschule in Grimma, einer Eliteanstalt, das Abitur ablegen; dann studierte er in Leipzig und wurde Studienrat. Wie meiner Mutter erging es eine Generation später meiner Schwester: Für sie erschien Volksschulbildung mit dem Zusatz einer Handelsschule als ausreichend, während ich, ungleich fauler als sie, zur Oberschule wechselte. Diese beiden Frauen konnten gar nicht ausprobieren, wozu sie fähig waren. Ich muß mich nur in meiner Familie umschauen, um zu wünschen, was ich gern sein möchte: Ein Feminist.

Klara war hübsch, freundlich und fröhlich und wog am Hochzeitstag keinen Zentner. Ihr Alfred, zwei Jahre älter, dem Trommelfeuer entkommen, pachtete eine Eisenwarenhandlung, dort half Klara mit, bediente und fand sich ins Rechnungsschreiben und Buchführen hinein. Zur gewünschten Zeit kamen die Kinder, Käthe 1925, Erich 1926, die waren munter und gesund – eine ordentliche Idylle. Das Geschäft, Mittelpunkt aller Interessen meines Vaters, schrumpfte in der Wirtschaftskrise, aber es überstand. Meine Mutter war mehr im Laden als daheim, dort sorgte ein Dienstmädchen für Käthe und mich und schimpfte mit mir öfter als sie.

In dieser Familie war deutsch-national gewählt worden; die Frauen schlossen sich debattelos den Meinungen der Männer an. Es muß im Sommer 1932 gewesen sein, als mich meine Mutter mit ins Wahllokal nahm. Eigentlich durfte ja niemand mit in die Kabine, aber die Ordner drückten ein Auge zu. Ich sehe und höre diese Szene noch aus der Perspektive eines Sechseinhalbjährigen: Männerbäuche und sonore Stimmen über mir. Hoch der Tisch, meine Mutter machte ein Kreuzchen. Natürlich wollte ich wissen, was das bedeute; sie flüsterte, eben habe sie Hitler gewählt, und ich solle es niemandem verraten. Da war meine Familie geschlossen zu den Hitlerwählern übergelaufen, denn: »So konnte es nicht weitergehen.«

Einmal im Jahr, um Ostern, fuhr sie mit uns Kindern ins Vogtland zu Onkel Hellmuth, wir fanden Neffen zum Spielen, einen großen Garten und eine elektrische Eisenbahn. Einmal nahmen die Großeltern Käthe und mich mit an die Ostsee, dort besuchte uns Mutter für ein paar Tage. Das waren fast ihre einzigen Reisen. In der Zschopau lehrte sie uns das Schwimmen; Sporttreiben anderer Art kam ihr nicht in den Sinn. Mit Vater, der kratzig geigte, und einem befreundeten Ehepaar wurde an manchem Abend musiziert. Sie liebte Schiller, aber zum Lesen blieb wenig Zeit. Einmal war ein Kaffeetisch fürs »Kränzchen« gedeckt, sie kam dazu, als ich Kondensmilch nippte, haute mir eine runter und lachte sofort schallend über mein dummes Gesicht. Manchmal, während sie bügelte, redeten wir stundenlang. Wir haben uns immer geliebt.

War ihr Leben so reibungslos verlaufen, wie es schien, hin zu Mann und Kindern, zu kleinem ordentlichen Wohlstand? Einmal hat sie mir erzählt und mir Schweigen auferlegt, und wir sind nie wieder darauf zu sprechen gekommen: In jenem Pensionat in Weimar freundete sie sich mit einem Mädchen aus Wien an, das sie beschwor, aus der Mittweidaer Enge auszubrechen, sie könnte bei ihr wohnen und in einem Büro arbeiten. Klärchen zögerte – da fingen ihre Eltern eine Nachricht der Freundin ab und zwangen sie, einen Absage- und Reuebrief nach Wien zu schreiben, in dem sie sich zieh, eine undankbare Tochter zu sein. Die Eltern eskortierten Klara zum Briefkasten, dort mußte sie das Schuldbekenntnis einwerfen. Ordnung und gebührende Kindesliebe waren wieder hergestellt.

Nichts weiß ich von einem Freund vor meinem Vater, einer Jugendliebe, einer Leidenschaft oder gar einer Torheit.

Wir besaßen ein großes altes Haus, an den Hang gebaut, mit kalten Kellern und hohen Bodenkammern. Beide Großelternpaare verkleinerten ihre Haushalte, was übrig war, wurde bei uns abgestellt. Einmal zählte Mutter alle Stühle; wir besaßen zweiundsiebzig. Manchmal reden Käthe und ich heutzutage davon, was für ein Unternehmen das Wäschewaschen alle vier Wochen war. Es dauerte drei Tage, ich mußte eine Waschmaschine mit einem Hebel ins Drehen versetzen – hundertmal! – und immerzu Wäsche vom Keller auf den Boden und zurück in die Wohnung schleppen. Dann wurde Wäsche gelegt und dabei gezerrt. Ich stellte mich bockig an, und Mutter schimpfte mit mir. An der Waschmaschine hörte ich manchmal bei neunzig auf. Da sagte sie: Mach' noch zwanzig.

Wir wohnten drei Minuten von der Kirche entfernt. Als wir Kinder klein waren, betete Mutter abends mit uns, das verlor sich. In die Kirche ging sie zwei- oder dreimal im Jahr und hatte hin und wieder ein schlechtes Gewissen, es nicht öfter zu tun. Aber am Sonntag vormittag mußte gutes Essen gekocht werden. Ihr Stolz war, daß es Punkt zwölf, wenn die Glocken zu läuten begannen, auf dem Tisch dampfte.

Nach der Sudeten- und der Pragkrise war die Polenkrise gekommen; ich war dreizehn. Am Sonntag gingen wir spazieren, Bekannte kamen uns entgegen, ich sehe noch ihre eisigen Gesichter. Sie sagten: England und Frankreich haben uns den Krieg erklärt. Da wurden meine Eltern bleich.

Kurze Zeit war mein Vater Landesschütze, der polnische Gefangene bewachte. Mutter führte das Geschäft allein. Es hätte geschlossen werden müssen, wäre Vater nach ein paar Wochen nicht zurückgekehrt. Eisenwaren wurden knapp, es gab immer weniger zu verkaufen. Manchmal wurden ein Eimer und ein Päckchen Nägel bei einem Bauern gegen ein Huhn oder einen Sack Kartoffeln eingetauscht, so ging es uns besser als vielen. Unsere Familie war so klein, daß, abgesehen von den letzten Kriegswochen, niemand an der Front stand.

Als ich zur Wehrmacht einrückte, wollten meine Eltern mich zur Bahn begleiten, Mutter rutschte aus und verstauchte sich den Fuß. Männer blieben unter sich. Ein Foto: Mutter besucht mich in der Kaserne. Da sitzen wir vor dem Tor, gesund sieht sie aus, rundlich. Das war zwei Jahre vor ihrem Tod.

Immer wieder, nervös bedingt, machte ihr der Magen zu schaffen. Dann das erste Geschwür. Nun schlug ihr alles auf den Magen, jede Aufregung, jede Sorge in dieser an Sorgen reichen Zeit. In unserem Haus krochen Flüchtlinge unter, Verwandte und Nichtverwandte. Einem Jungen aus Hamburg, vor den Bomben in Sicherheit, war sie eine zweite Mutter. Eine Frau aus Schlesien, schwanger auf der Flucht in der Winterkälte, sagt noch heute: Wäre Klärchen nicht gewesen, hätten weder sie noch ihr Kind überlebt.

Noch ein Geschwür und noch eines, damals ging man zögernd ans Operieren heran; ein Operierter, hieß es, wäre nur noch ein halber Mensch. Sie hätte Weißbrot und Milch gebraucht. Manchmal gelang es uns, bei einem Bauern ein bißchen Mehl, ein Ei aufzutreiben. Für jeden Kranken war diese Zeit doppelt grausam. Den labilen Magen habe ich von meiner Mutter geerbt. Auch ich wurde operiert, Billrodt II heißt die Methode nach ihrem Erfinder, bei mir ist sie fabelhaft gelungen. Als meine Mutter dann endlich von den verschlissenen Teilen befreit werden sollte, war sie so schwach, daß sie aus der Narkose nicht erwachte.

Meine Schwester pflegt das Grab. Als wir dann selber Kinder bekamen, Käthe und ich, sagten wir: Wie hätte sich Mutti gefreut. Mutters Foto, aufgenommen, als sie fünfundvierzig war, steht auf meinem Schreibtisch. Unvorstellbar, und ich will es nicht wahrhaben: Nun wäre sie über neunzig.

Mein Vater, Alfred, Fred, verkaufte, so wurde in der Familie erzählt, als Fünfjähriger Pferdeäpfel, die er auf der Straße gesammelt hatte, an benachbarte Gartenbesitzer; die dafür ergatterten Pfennige legte er in Briefmarken an. Er war lebenslang einer von diesen leidenschaftlichen Sammlern, die jede Marke, die ihnen in die Hände fällt, in Steckalben oder Tüten verwahren. Als ich fünfzig wurde, überließ er mir Dutzende von Alben, Beuteln und Kartons. Es waren Prachtstücke dabei und beschädigter Schund; ich sichtete und vereinfachte jahrelang. Mit dem Rest werden wohl noch meine Söhne zu schaffen haben.

Mein Vater war ein Siebenmonatskind, so hörte ich es von meiner Oma, wenn es etwas an ihm zu entschuldigen gab. Die Realschule bereitete ihm Schwierigkeiten, die Handelsschule auch, von der Kaufmannslehre weg wurde er in den Krieg geholt. Er wurde nach einer Gasvergiftung aus der Front genommen und fungierte als Regimentsschreiber, er war für den Munitionsnachschub zuständig. Sein Stubenkollege war ein Berliner Journalist: Carl von Ossietzky. Anfang 1918 schrieb mein Vater nach Hause, der Krieg wäre wohl nun verloren, das wäre zu verhindern gewesen, »wenn wir alle aus einem Topf gefressen hätten«. Die Zensurbehörde öffnete den Brief, ein Kriegsgerichtsverfahren wurde anberaumt. Das zog sich hin – die kaiserlichen Juristen waren nicht so rasch mit dem Henken und Erschießen zur Hand wie ihre Nazi-Nachfolger. Die Revolution kam dazwischen, Alfred Loest galt unversehens als Verfolgter, wurde mit Ossietzky zusammen in den Soldatenrat gewählt – die roten Armbinden schneiderten sie sich aus Hosenstreifen, die ihnen ein gerade in dieser Etappenbehörde weilender Generalstäbler gütig abtrat. Sie führten ihre Einheit über den Rhein zurück. Ossietzky wurde Herausgeber der »Weltbühne«, KZ-Häftling und Nobelpreisträger, Alfred Loest wendet sich in Mittweida dem Eisenwarenhandel zu.

Jahrzehnte später fuhr ich an einem hitzetrockenen Sonnentag durchs sanft gewellte Weizenparadies an der Somme. »Bapaume« las ich auf einem Straßenschild, das traf mich wie ein Hieb. Denn mein Vater war als neunzehnjähriger Infanterist in Bapaume gewesen, von Bapaume hatte er erzählt und erzählt, als ich mit Soldaten spielte, aus einer Masse gegossen, die Elastolin hieß. Bapaume sprach mein Vater aus, wie's geschrieben wird, und dazu mundartlich eingefärbt: Babaume, der sächsische Landser hielt nichts von welschen Faxen. Auf dem Markt schaute ich auf Häuser, von denen die Hälfte schon in meines Vaters Krieg gestanden haben dürfte, und dachte: Dort ist Alfred L. entlanggegangen in klobigen Stiefeln, einem Markenzeichen für eine entsetzte Welt. Vor diesem Café hat er gesessen und auf das Grummeln und Brüllen der Front gehört, das nie verstummte, und gewußt: Dahin mußte er wieder nach einer Verschnaufpause von ein paar Tagen. In Bapaume hat er einen Kameraden getroffen, der auch aus Mittweida stammte, der hat ihm zugerufen, er gehe als Melder in einer Stunde nach vorn und trage einen Befehl in der Tasche: Ein anderer Mittweidaer solle sofort herausgezogen werden, denn dessen Bruder sei gefallen, und letzte Söhne, so galt die Regel, wurden vom Heldentod verschont, um Familien nicht aussterben zu lassen – eine Idee, auf die Hitler nie gekommen ist. Aber als dieser Befehl nach vorn kam, hatte eine Granate den letzten Sohn gerade getötet.

Die Straße von Bapaume nach Albert verläuft schnurgerade nach Südwesten, lieblich hüpft sie über Hügel. Auf einer Kuppe steht ein Obelisk, der an eine Offensive erinnert, vier niedliche Nachbildungen britischer Tanks dieser Zeit zieren die Ecken. Ich kenne das Foto eines Ungetüms, das an einem Chausseebaum zum Stehen kam: Blind war die Mannschaft nach vorn gerumpelt, MG-Feuer auf den Sehschlitzen, und hier hatte das scheppernde, dröhnende Gefährt ausgerasselt. Vierzehn Mann Besatzung! Hier waren am 1. Juli 1916 nach siebentägigem Trommelfeuer vierzehn britische und fünf französische Divisionen durch zertrichtertes Gelände nach vorn gehastet, auf zwanzig Kilometer Breite waren sie im Höchstfall zweiundeinenhalben

Kilometer vorgedrungen. Das bewältigt man heute in zwei Minuten.

Unser Thema war der Krieg. Sonntags spazierte mein Vater gewöhnlich an die Zschopau-Talsperre hinunter, trank im »Waldhaus« eine Brühe mit Ei und war pünktlich zum Mittagessen zurück. Wenn ich mitging, hörte ich von Drahtverhau, Sperrfeuer und Nahkampf. Daheim beugten wir uns über Artillerie-Schießkarten, auf denen Gräben, Bunker und Nachschubwege verzeichnet waren, die eigenen und die der Feinde. Es waren Wunderwerke an Genauigkeit, geeignet, eine Granate mit einer Abweichungstoleranz von wenigen Metern zu einer zehn Kilometer entfernten Weggabel transportieren zu helfen. Über Politik redete mein Vater leidenschaftlich und dilettantisch, ohne je ein theoretisches Buch zu lesen. Von ihm ging für mich keine Warnung vor der Hitlerei aus. Sicherlich war er stolz, als ich im Jungvolk Winkel und Sternchen sammelte, als mich Schnuren als Führer auswiesen. An unserem Haus hing eine große Hakenkreuzfahne, und fürs Geschäft, zum Dekorieren des Schaufensters an Jubeltagen, wurde ein Hitlerbild angeschafft.

Der Ausbruch des zweiten großen Krieges erschreckte ihn wie alle seiner Generation. Er hoffte auf den deutschen Sieg und fand es natürlich, daß ich mich als Reserveoffiziersbewerber freiwillig meldete, fühlte sich erleichtert, daß ich fast ein Jahr lang ausgebildet wurde – da waren von meinen Klassenkameraden, die dem Jahrgang 1925 angehörten, schon die ersten gefallen. Nur ein paar Wochen erlebte und erlitt ich Schießkrieg, nach drei Wochen Gefangenschaft marschierte ich durch strahlende Maitage nach Hause. Ein Lachen flog über sein Gesicht, als ich eines Morgens in seinen Laden trat. Ich hatte alle Gliedmaßen heil zurückgebracht.

Als die Sachsen aufgerufen wurden, für die Enteignung von Nazis und Kriegsverbrechern zu stimmen, entschied er dagegen, denn er witterte Sozialisierung. Seinem Besitzstand nach mußte er ein Gegner des Sozialismus sein. Als ich in die SED eintrat, ergrimmte es ihn, er kommentierte es mit keinem Wort. Daß ich rasch zum Redakteur aufstieg, erfreute ihn. Meine Absicht, Schriftsteller zu werden, stieß auf Skepsis, denn dies galt ihm als unsicherer Beruf, wie mir übrigens auch. Sein Kaufmannsherz schlug höher, als ich ihm, da war ich dreiundzwanzig, mein Redakteursgehalt nennen konnte: 750,– Mark, das war 1949 ein stattliches Geld.

Um diese Zeit verkündete Ulbricht den Aufbau des Sozialismus. Sofort bekam auch mein Vater die Folgen zu spüren. Steuern wurden erhöht, zuletzt verloren Selbständige seiner Art die Lebensmittelkarten; es hieß, sie könnten ihren Bedarf ja in der HO decken. Damals gehörte ich zu den Bevorzugten des Regimes und durfte über eine »Intelligenzkarte« verfügen – niemals hatten wir größere Schwierigkeiten miteinander als in dieser Zeit. Für die immer rigider werdenden Maßnahmen der SED fehlten mir die Argumente. Einmal stieß mein Vater wütend heraus, wer unter diesen Umständen noch Kommunist bliebe, wäre entweder ein Idiot oder ein Verbrecher. Da ließ ich mich lange nicht bei ihm sehen.

Wie viel er von meinen Querelen mit der SED nach dem 17. Juni 1953 mitbekommen hat, weiß ich nicht, wir sprachen nicht darüber. Die Geburtsdaten meines Schwiegervaters und meines Vaters liegen vier Tage auseinander. Den sechzigsten Jubeltag meines Schwiegervaters feierten wir noch, am Tag darauf wurden meine Frau und ich verhaftet. Wie das die Stimmung am Festtag meines Vaters ruiniert hat, kann sich jeder vorstellen. Annelies wurde nach einem halben Jahr entlassen, ohne Prozeß, ohne Erklärung oder gar Entschädigung. Eines Tages wurde sie aus dem Gefängnis in Leipzig wieder nach Mittweida vor ihr Vaterhaus gebracht, das Stasi-Auto fuhr dann rasch davon.

Meinen Vater sah ich erst nach sieben Jahren wieder. Er durfte mich nicht im Zuchthaus besuchen und mir nur an Geburtstagen oder zu Weihnachten einen Gruß schreiben. Nun war ich fast vierzig, er ging auf die siebzig zu. Wir trafen uns in Karl-Marx-Stadt, Mittweida und Leipzig. Wir gingen spazieren, ich lud ihn zum Essen ein, wir redeten über Briefmarken und vorsichtig auch wieder über Politik. Nach Inflation und Währungsreform hatte er mittlerweile so viel gespart, daß er ruhig leben konnte. Seine größte Furcht war nicht ein neuer Krieg, sondern, daß »mit dem Geld was passiert«. Einer Vereinigung der deutschen Staaten stand er skeptisch gegenüber, denn müßte dann die Ostmark nicht unter die Räder geraten? Damals verdiente ich hin und wieder ein paar Westmark. Am meisten freute er sich über Rasierklingen aus dem Intershop. Meine Ausreise in die Bundesrepublik hat er nicht mehr erlebt.

Als er starb, hinterließ er zwei Sparbücher mit genau der gleichen Geldmenge, eines für Käthe, eines für mich. Da ich damals genügend verdiente, ließ ich das Erbe an die nächste Generation durchfallen. Am Wochenende darauf kaufte sich jedes meiner drei Kinder auf dem Leipziger Gebrauchtwagenmarkt eine Lada-Limousine. Ob dies im Sinne ihres so sparsamen Großvaters war, der überdies nie Autofahren gelernt hatte, ist zu bezweifeln.

Geblieben sind seine Briefmarken, Fotos, ein Bierkrug mit Zinndeckel vom Weihnachtskegeln 1926 und eine Holzkiste mit der Aufschrift »Munitionsabt. II«. In ihr dürfte der Gefreite L. Beute aus Frankreich heimgeschickt haben, Wein oder geklaute Socken aus einem Heeresdepot. In dieser Kiste verwahre ich Manuskripte.

Hin und wieder trinke ich aus seinem Bierkrug. Prost, Vater!

2. KAPITEL

Meine Verlage, meine Zensoren

1.

An meinem 26. Geburtstag, vormittags gegen elf, stapften zwei Männer, präziser gesagt: ein Genosse und ein Herr, die Treppe zu meiner Wohnung im Leipziger Norden herauf. Es waren mein Verlagsleiter und dessen Cheflektor. Mit sich führten sie weißen Flieder und grusinischen Weinbrand. Sie wünschten mir und sich viele gemeinsame Bücher.

Bei keinem anderen Verlag, und ich veröffentlichte in etlichen, fühlte ich mich so umsorgt und geschätzt wie beim Mitteldeutschen Verlag Halle anfangs der fünfziger Jahre. Die Literatur galt etwas im Staate, diesem Haus war die Pflege der zeitgenössischen engagierten Belletristik aufgetragen, und ich hatte mich gerade aus der Anonymität herausgeschrieben.

Seele und Motor war Heinz Sachs, ein Mittdreißiger mit Gespür für Fabeln und Talente, mit Schwung, Humor und dem noch nicht beschädigten Urvertrauen, die SED-Sozialismusvariante sei auf unwiderstehlich siegreichem Weg. Cheflektor Gert Noglik, ein Schlesier, parteilos, Bürger in Bildung und Gehabe, dämmte Überschwang aufs mögliche Maß ein. Jeder Lektor, es waren anfänglich fünf, dann zehn und mehr, betreute eine Handvoll Autoren. Ein Lektor hieß Martin Gregor, später hängte er mittels eines Bindestrichs ein »Dellin« an, er starb als PEN-Präsident der Bundesrepublik. Ein anderer, Egon Günther, schrieb nebenher Erzählungen und Romane, wechselte zum Film – die Siegfried-Lenz-Adaption »Heimatmuseum« ist eine seiner vielen Produktionen. Wir waren unter dreißig, boxten uns gegenseitig vorwärts, waren gesund, laut, gute Kumpel miteinander, besessen von unserem Beruf, überzeugt von unserer strahlenden Zukunft, wir waren frische Ehemänner und junge Väter, Skatspieler und Fußballnarren, fast alle Genossen, und die Sonne des Sozialismus, so sahen wir es, schien hell und wärmend auf uns herab.

Diese Diskussionen! Wir ereiferten uns über Lukacz, Bloch (bei dem Egon Günther studiert hatte), ich saß im Hörsaal zu Hans Mayers Füßen. Wir lasen Stalin, Marx und Luxemburg. Viele unserer Debatten drehten sich nicht nur um eines Kaisers Bart, sondern gleich um vier Bärte kommunistischer Klassiker – nach dem XX. Parteitag der KPdSU waren's nur noch drei – Ulbrichts Spitzbart und die provokanten Blumenträume des Glattgesichts Mao kamen hinzu. Die Welt wäre erkennbar, so hörten wir und glaubten es, der Marxismus eine Wissenschaft wie Mathematik, wenn auch schwer zu handhaben, so mahnte Brecht, wir aber würden schon hinter alle Schliche kommen. Unsere Verbandskollegen waren Becher und Arnold Zweig, Renn und Seghers, Bredel und Herzfelde. Gewiß, jedes unserer Manuskripte mußte über die Hürde der Zensur, die so nicht hieß: Die Druckgenehmigung mußte erteilt werden. Aber wir griffen ja sowieso keine Themen auf, von denen wir meinten, ihre Behandlung könnte dem Sozialismus schaden. Nicht, daß wir Konflikten und Widersprüchen gegenüber blind gewesen wären – innerhalb unserer Denk- und Interessengrenzen hielten wir sie für lösbar. Nur unter Freunden trugen wir unsere Herzen auf der Zunge.

Ob's der grusinische Brand war, der mich am Geburtstagsmorgen zu dieser Idee beflügelte? Ich schrieb an einem Roman über die Arbeiter- und Bauern-Fakultät, dort hospitierte ich monatelang. Die Hälfte des unbeendeten Manuskripts wollte ich zur Diskussion stellen, Kritik auslösen und Ratschläge hören. Sachs wiegte den Kopf: Hielte ich das aus, würden nicht Zugluft, gar Widerspruchssturm meinem Denkgebäude das Dach abreißen?

Ach was, antwortete ich, dafür wäre ich robust genug. Und so ließ der Verleger an die 150 Seiten setzen, hundertfach kopieren und an Dozenten und Studenten der Arbeiter- und Bauern-Fakultäten in Leipzig und Halle, an Kritiker, Journalisten und Schriftstellerkollegen verteilen; die lasen und kamen auf Kosten des Verlages einen Tag lang zusammen und stritten mit mir und untereinander, daß die Fetzen flogen. Was mir einleuchtete, berücksichtigte ich für die zweite Fassung, was mir nicht in den Kram paßte, ließ ich beiseite. Immerhin bekam ich eine Ahnung für später, mit welcher Heftigkeit, ja Feindseligkeit Genossen untereinander zu Werke gehen konnten; vor allem eine Riege Hallenser Marxismusdozenten schlug auf mich los, als wäre ich der leibhaftige Klassenfeind. »Das Jahr der Prüfung« erschien, und auch dann noch hatten Parteijournalisten und stramme Leserbriefschreiber genug zu brandmarken: Der heiße Atem der Epoche, da eine junge Klasse die Bastionen der Festung Wissenschaft stürmte, wehe ihnen keineswegs entgegen, durch Mäkeleien und Standpunktlosigkeit einiger Figuren und damit des Autors fänden sie die welthistorische Situation aus froschhafter Perspektive verzerrt gesehen.

Sachs und Noglik blieben im Gestürm an meiner Seite. Als wir den Probelauf hinter uns hatten, fragte Sachs: Das nächste Mal wieder? Und ich sagte kühl: Lieber nicht.

Da hatte ich die steinigen Anfänge schon hinter mich gebracht. Ein Roman war im Verlag Buch und Volk herausgekommen: »Jungen, die übrig blieben«, dazu ein Büchel mit Erzählungen, kaum eine länger als drei Schreibmaschinenseiten: »Nacht über dem See«. In einer riesigen Wohnung im Leipziger Waldstraßenviertel, den Verlagsräumen, war ich jovial behandelt worden: Ein blutjunger Autor, der zu Hoffnungen berechtigte.

Wer in den Anfangsjahren der DDR nicht so froh und forsch nach brandneuen Themen ausspähte, vielmehr durch humanistische Denkungsart geprägt war und sein Glück nicht darin sah, über die Segnungen der ersten landwirtschaftlichen Produktionsgenossenschaften, über den sozialistischen Schwung innerhalb einer Gießerei-Brigade oder die Machenschaften imperialistischer Spione zu fabulieren, hatte es schwerer. Milde und auch herablassend versuchte Sachs zu überzeugen, wo die Zukunft läge. In Verlagskonferenzen unternahm er es, frische Denkungsart auf bourgeoise Stämme zu pfropfen. Was Wunder, daß so mancher, der derlei Erziehungsversuche als lästig und sogar bedrohlich empfand, sich in den althergebrachten Kapitalismus davonmachte.

Vor dem Ärgerlichsten blieb ich bewahrt: Ich schrieb keinen Produktionsroman und rühmte nicht die Bodenreform. Diese hatte ich als Landarbeiter auf einem Rittergut miterlebt, und sie war in meinem Gesichtskreis so ganz anders verlaufen, als die Literatur sie preisen sollte, nämlich Instinkte der Habgier und des Futterneids freisetzend. Dennoch: Keiner der Romane und nicht eine Erzählung aus dieser Zeit, da ich mich im Einklang mit den Forderungen des Sozialistischen Realismus sehen wollte, ist heute noch des Lesens wert, und niemand, ich am wenigsten, käme auf die Idee, sie erneut zu veröffentlichen. Anders ist es nur mit »Jungen, die übrig blieben«. Diesen Roman schrieb ich vor der Zeit, da mich der Mitteldeutsche Verlag an seine Brust drückte, seinetwegen wurde mir Standpunktlosigkeit vorgeworfen, meinen Redaktionsstuhl bei der »Leipziger Volkszeitung« verlor ich und sah mich mit dem Parteibefehl konfrontiert, in der Produktion mein

Bewußtsein aufzupäppeln. »Jungen, die übrig blieben« hat vier Jahrzehnte überstanden und kam wieder in den Handel. Wahrhaftigkeit hat ihren Preis und manchmal ihren Lohn.

Der einflußstärkste Autor dieses Verlages war Otto Gotsche. Ein paar Ferienwochen genügten ihm jeweils, einen dickleibigen Roman zu verfertigen, den mußte Cheflektor Noglik dann in einigermaßen lesbare Form bringen, darum kümmerte sich Gotsche nicht mehr. Denn vor allem war er Walter Ulbrichts rechte Hand und brachte es noch bis zum Sekretär des Staatsrats. Seine Romane waren Propaganda-Episteln ohne poetischen Wert; kein Kritiker wagte es, das auch nur anzudeuten. Nur wenige sind mir begegnet, die so wie Gotsche von ihrer Unfehlbarkeit überzeugt waren. Denn der Marxismus sei allmächtig, weil er wahr sei, hatte Lenin verkündet, und Gotsche fühlte sich dem größten unter den lebenden deutschen Marxisten, so nannte er Ulbricht, hautnah. Als Gotsches Tochter zu zweifeln wagte, herrschte er sie an, eigentlich müßte er sie in den Steinbruch schicken; Ende der siebziger Jahre setzte sie sich nach dem Westen ab. Seine Knopfaugen waren kalt und wachsam. So lange er es für richtig hielt, schanzte er dem Mitteldeutschen Verlag Papier und Einfluß zu, er funktionierte normal geplante Verlagstreffen – in Bitterfeld sollten sie stattfinden – zu wegweisenden Konferenzen um. Er war ein Stalinmann, ein Ulbrichtmann, starr bis an sein Lebensende. Die wenigen Male, da ich ihm begegnete, flößte er mir Furcht ein. Der Sturz Ulbrichts bedeutete auch sein politisches Ende. Ich kann mir denken, daß er in seinen letzten Jahren sehr einsam war.

Übel erging es Boris Djacenko. Er stammte aus Lettland, war in den Kriegswirren in allerlei Lager gesperrt, war befreit und wieder eingefangen worden und hatte schließlich als Dolmetscher im Dienste der Sowjetarmee das Kriegsende in Deutschland erlebt. Sein Roman

»Herz und Asche« erschien, um die Fortsetzung gab es Erregung, Widerstand, Befürwortung, und schließlich wurde die schon gedruckte Auflage eingestampft: Djacenko hatte es gewagt, Vergewaltigungen deutscher Frauen durch sowjetische Sieger zu erwähnen. Das galt uns damals als Gradmesser: Darf man über alles schreiben, auch darüber? Kuba, der Generalsekretär des Schriftstellerverbandes, sprach sich vehement dagegen aus: Derlei mochte ja vorgekommen sein, aber was spielte es für eine Rolle gemessen an der ungeheuren Befreiungstat? Schäbig und verachtenswürdig nannte er es, eine Schilderung derartiger Vorfälle auch nur zu erwägen; der heiße Atem der Geschichte wehe darüber hin. Djacenko blieb zäh und versuchte es verschiedentlich, angesichts dieser und jener politischen Konstellation sein Buch flottzukriegen, aber die Tauwetterperioden waren nie kräftig genug, daß er Erfolg gehabt hätte. Verbitterung war ihm Jahre hindurch anzumerken. Natürlich trank er zuviel.

Und da war die Zensur. Jedes Manuskript mußte in Berlin beim Kulturellen Beirat eingereicht werden. Der erteilte dann die Druckgenehmigung oder verweigerte sie; diese Prozedur verschlang jeweils Monate. Einmal redete ich mit Kuba darüber, der gestand mir knirschend zu, das sei natürlich nicht die wahre Demokratie, aber ein kurzzeitig notwendiges Übel. Noch wären nicht so viele marxistische Lektoren herangebildet worden, daß man alle Verantwortung bei den Verlagen lassen könnte, deshalb müsse man die wenigen Verläßlichen konzentriert einsetzen. Ein paar Jährchen hin, und man könne auf diese zentrale Kontrolle verzichten.

Kuba irrte sich. Später wurden diese Aufgaben dem Kulturministerium übertragen. Immer wieder liefen Schriftsteller dagegen Sturm, Günter de Bruyn im Herbst 1987 gar von der Tribüne eines Schriftstellerkongresses herunter. Nach de Bruyns Anklage wurde Verbandspräsident Kant von Wilfried Schöller vom Hessischen Rundfunk befragt. Kant wand sich. Gewiß müsse man geschmeidiger und effektiver arbeiten. Auf Nachfragen beharrte er dann doch: Der Staat werde sich die Lenkung der Literatur, so seine Umschreibung, nicht aus den Händen nehmen lassen. So blieb es, bis der SED-Staat in Trümmer fiel.

Der 17. Juni 1953 und der XX. sowjetische Parteitag im Februar 1956 schlugen Risse in mein Weltbild. Die Wahrheit! riefen wir, wollten wir schreiben, die alles enthüllende Wahrheit! Ich entsann mich einer Affäre aus meiner Redakteurszeit. Ein Setzer hatte, und das in einer Zeit scharfen Kampfes gegen das, was »Sozialdemokratismus« genannt wurde, »Sozialdemokratische« statt »Sozialistische Einheitspartei Deutschlands« gesetzt, und Korrektor und Metteur und Schlußredakteur hatten es überlesen. Und alle waren vor der Gründung der SED in der SPD gewesen. Da tauchten zwei Genossen der Abteilung K 5 der Kriminalpolizei, dem Vorläufer der Staatssicherheit, in der Redaktion auf, sie wendeten sich an mich, denn ich gehörte der Betriebsparteileitung an. Es waren wenig redselige und bemüht finster blickende junge Männer – trugen sie wirklich Lederjacken, wie es mir scheinen will, da ich sie mir vorzustellen versuche? Ich redete auf sie ein: Das Auge eines Setzers und eines Redakteurs wie eines Korrektors nähme Wortblöcke auf, buchstabiere nicht, so und nur so könne dieser schlimme Fehler entstanden sein – absurd, Sabotage anzunehmen. Alle Beteiligten am üblen Mißgeschick brachte ich dazu, zerknirscht zu bereuen und erhöhte Wachsamkeit zu geloben, so zogen die Staatsschützer ab. Wir atmeten durch, es hätte schlimmer ausgehen können.

Darüber schrieb ich im Sommer 1956 eine Geschichte. Sachs las sie und wiegte den Kopf. Da brach der Aufstand in Ungarn los, nicht mehr von Tauwetter wurde geredet, sondern von erhöhter revolutionärer Kampfbereitschaft. Als ich verhaftet wurde, fanden Stasischnüffler das Manuskript und trugen es triumphierend zum Tisch meines Vernehmers, der versuchte sein Schlechtestes, daraus einen Angriff auf seine Firma zu konstruieren. Meine Erzählung trug zum Strafmaß von siebeneinhalb Jahren vielleicht ein Jährchen bei. Natürlich bekam ich das Manuskript wie alles andere, das beschlagnahmt worden war, nicht zurück.

Als meine Frau und ich im November 1957 verhaftet wurden, fragte Sachs bei den »zuständigen Organen« nach den Gründen. Ihm wurde geantwortet, wir hätten mit unseren drei Kindern, das jüngste im Kinderwagen, bei Helmstedt illegal die Grenze zu überschreiten versucht; kein Wort war wahr. Damit waren Sachs und meinen Kollegen in Leipzig, denen die Lüge aufgetischt wurde, ich hätte meine Wohnung zu einem Waffenarsenal für einen gewaltsamen Aufstand umfunktioniert, die Hände gebunden. Im Prozeß wurde Sachs als Zeuge der Anklage aufgeboten – Zeugen der Verteidigung gab es nicht –, er wurde kaum nach Fakten, vielmehr nach meinem Charakter befragt. Ob ich halsstarrig oder unbelehrbar gewesen sei? Er wollte mir nicht schaden und begriff nicht so recht, was das Ganze sollte. Es sei schon manchmal nicht leicht gewesen, antwortete er, mich zu überzeugen, aber mit einiger Geduld sei es dann doch gelungen – so ungefähr.

Sachs und Noglik gehörten in meinen Haftjahren nicht zu denen, die meine Frau besucht oder unterstützt haben. Das warfen sie sich später vor, ich zuckte die Schultern. Über den Mitteldeutschen Verlag las ich hin und wieder in »Neues Deutschland«, das ich zeitweise beziehen konnte. Christa Wolf war eine Weile Verlagslektorin, es war ihre rabiate Phase, die sie in den Vorhof des SED-Zentralkomitees absteigen ließ. »Nackt unter Wölfen« von Bruno Apitz wurde zum Weltereignis.

Noch etwas verband mich mit dem Verlagswesen: Alle Jahre wieder wendete sich der Finanzbürokrat von Neues Leben an die Bautzener Anstaltsleitung und fragte an, ob es mein Verdienst im Gefängnis möglich mache, einen von ihm gezahlten Vorschuß abzutragen. Das war sogar hartgesottenen Wachtmeistern peinlich.

Drei Tage nach der Entlassung aus dem Zuchthaus, im September 1964, traf ich Noglik auf der Treppe unseres Stadtteil-Rathauses. Ich war gerade dabei, mir ein Stempelchen zu holen, wobei ich die Bediensteten bei jeder Gelegenheit anbrüllte. Noglik wurde blaß. Damals wurden fast alle blaß, die mich sahen, ich muß keinen erquickenden Anblick geboten haben. Ich sollte ihn anrufen und so bald wie möglich besuchen. Das tat ich, erzählte ein bißchen vom Scheißknast und dem miesen Fressen dort, dann sagte er: »Herr Loest, Sie sollten Kriminalromane schreiben.« Wie bitte? Und dann erläuterte er mir, Krimis traue er mir ohne weiteres zu, straffe Handlung und Dialoge seien meine Stärken. Die Krimis sollten irgendwo spielen, nur nicht in der DDR, es wäre nicht nötig, sie politisch zu überfrachten, ein bißchen Anti-Imperialismus könne nicht schaden. Dabei verginge Zeit, ich käme gesundheitlich wieder auf die Beine, und ein von mir doch gewiß dringend benötigtes Stück Geld wäre damit natürlich auch zu verdienen, na?

Diese Lauferei von Behörde zu Behörde! Ich trampelte in ein Zimmer rein und verkündete überlaut: »Guten Tag, ich heiße Loest und komme aus dem Knast.« Die Angestellten waren angewiesen, einen Entlassenen zartfühlend zu behandeln, sie gebrauchten Formulierungen wie: Da, wo Sie herkommen. Mein Versicherungsbuch war verschwunden, diesmal hatte ich das Mädchen hinter dem Schalter nicht mit meiner rüden Botschaft geschockt, und so entwickelte sich ein Dialog, in dem unter anderem die Rüge enthalten war: Sie müssen aber auf ihr Buch besser aufpassen! »Prima«, sagte ich, »das ist mir im Zuchthaus verloren gegangen, das nächste Mal soll's nicht wieder vorkommen.« Die Lider des Mädchens zuckten, es fragte leise: »Wie lange ist denn das Buch schon weg?« Und ich antwortete: Sieben Jahre. Da stellte sie mit fahrigen Fingern ein Ersatzpapier aus, ich mußte fünf Mark zahlen. Beinahe hätte ich sie getröstet: War alles gar nicht so schlimm, und es ist ja auch vorbei. Als ich daheim mein neues Papier besah, lagen meine fünf Mark drin.

Oder: Der Kohlenkeller war leer, ich stiefelte zum Händler. Da saßen vier rauhe Burschen beim Frühstück. Loest aus der Oststraße? Jaaa, warum denn Frau Loest nicht rechtzeitig ihren Bedarf angemeldet hätte? Nee, die Oststraße wäre erst wieder in sechs Wochen dran, jetzt lieferten sie ganz woanders aus, da ginge kein Weg rein. Ich sagte: »Ich komme gerade aus dem Knast, ich wollte nach sieben Jahren wieder mal baden.« Da kauten und kauten die schwarzen Männer, dann mußten sie erstmal mit Kaffee nachspülen, und einer kriegte auch noch diesen kollernden rollenden Kohlehusten. Schließlich fragte der Wortführer: »Sind Sie heute zwischen zwei und drei zu Hause? Erstmal zehn Zentner?« Am Nachmittag polterten und staubten zwanzig Zentner durch mein Kellerfenster.

Ich kapierte bald: Für den Schriftsteller Loest war nur eine Auflage pro Jahr vorgesehen; er sollte nicht zu vehement auf sich aufmerksam machen. Buchhändler, Bibliothekare und Leser sollten nicht auf die Idee kommen zu fragen: Nanu, warum schwieg denn der so lange? Aber für einen Hans Walldorf war Papier vorhanden, und so konstruierte ich unter diesem Pseudonym einen Krimi über Bombenleger in Südtirol. Er erschien unter dem Titel »Der grüne Zettel«. Die Lektorin hatte statt des von mir vorgesehenen Titels den des ersten Kapitels genommen. Der hatte ihr besser gefallen, und sie hatte vergessen, mich nach meiner Zustimmung zu befragen. Danach verband ich auf schlaue Weise Fußball und Verbrechen: »Der Mörder saß im Wembleystadion« wurde ein Verkaufserfolg, fürs Fernsehen verfilmt und in allerlei Sprachen des Ostblocks übersetzt. Kommissar Varney und das kleine Großmaul Oakins tummelten sich in weiteren Mordgeschichten, sie brachten Geld ins Haus, und für ein paar Jahre war Walldorf der fleißigste und womöglich beste Krimischreiber der DDR. Der Verlag, meine Familie und ich waren zufrieden.

Meine Wiedergeburt fiel in eine üble Zeit. Im Dezember 1965 blies das Zentralkomitee der SED zum Sturm auf alle, die versucht hatten, den schlimmsten Dogmatismus zu überwinden. Honecker erklärte den Kulturschaffenden unverblümt: »Sie irren sich, wenn sie die Arbeitsteilung in unserer Republik so verstehen, daß die Werktätigen die sozialistische Gesellschaftsordnung aufopferungsvoll aufbauen und andere daran nicht teilzuhaben brauchen, daß der Staat zahlt und andere das Recht haben, den lebensverneinenden spießbürgerlichen Skeptizismus als alleinseligmachende Religion zu verkünden. Es gibt eine einfache Rechnung: Wollen wir die Arbeitsproduktivität und damit den Lebensstandard weiter erhöhen, woran doch alle Bürger der DDR interessiert sind, dann kann man nicht nihilistische, ausweglose und moralzersetzende Philosophien in Literatur, Film, Theater, Fernsehen und Zeitschriften verbreiten. Skeptizismus und steigender Lebensstandard beim umfassenden Aufbau des Sozialismus schließen einander aus.«

Ulbricht und Abusch, Kurella und Sindermann, Hager und Höpcke schlugen in diese Kerbe. Nicht nur gegen den Westen wurde Front gemacht, sondern auch gegen allerlei Revisionismus und Aufweichungen, die die strammen Genossen in Budapest, Prag und Warschau zu erkennen meinten. »Zuerst bin ich Genosse und dann Künstler!« dieses Wort, das Scholochow zugeschrieben wird, jubelten ihnen ihre Parteigänger aus den Verbänden zu. Befehdet wurden »Leute wie« Heym, Havemann, Biermann, Bieler, eine Anzahl von DEFA-Regisseuren und alle die, die den Klängen der Beatles ihr Ohr geliehen hatten.

In diesen eisigen Tagen war ich gerade von zernarbten Magen- und Darmpartien befreit worden und schlich krumm meine ersten Rekonvaleszentenschritte. Ich ließ mir Zeit, den Wiederaufnahmeantrag in den Schriftstellerverband zu stellen, und wenn ich – selten genug – in einer Verlagsrunde auftauchte, gab ich mich als Fremdkörper: ich verweigerte das kollegiale Du. In der Haft, so begründete ich es – falls ich es überhaupt begründete –, hätte mich jedes Arschloch duzen dürfen, jetzt suchte ich mir meine Brüder sorgfältig aus. Das trieb ich jahrelang, bis es zur Marotte wurde und mir den Ruf der Hochnäsigkeit eintrug. Damals aber war es ein Schutz.

Mürrisch, argwöhnisch und finster der Blick – so gab ich mich gegenüber allen, die nicht meine ausgewiesenen Freunde waren. Wahrscheinlich wollten mir mehr Kollegen und Kulturverwalter wohl, als ich wahrnahm, aber sie drangen durch meinen Panzer nicht hindurch. Bei einer Tagung des Mitteldeutschen Verlags kam Christa Wolf ein wenig zu spät, sie setzte sich an den Tisch, an dem ich mit acht oder zehn anderen saß, und nickte in die Runde. Kurz darauf wurden die Teilnehmer vorgestellt, mein Name wurde genannt, ich stand auf. Erschrecken lief über ihr Gesicht, sie reichte mir über den Tisch hin die Hand und sagte: »Entschuldige bitte, daß ich dich nicht erkannt habe.«

Der Verläßlichste war Walter Püschel. Ihm war ich im Literaturinstitut begegnet, als Lektor im Verlag Neues Leben hatte er mit mir eine fröhliche Reise durch die Slowakei unternommen, dabei hatte ich Material für einen Roman gesammelt. Wenn Walter während meiner Haftjahre bei mir daheim in der Oststraße aufgetaucht war, hatte er Zuversicht mitgebracht, auch Bücher und Schokolade für die Kinder; jetzt nahm er mich an die Hand und führte mich in Berlins Redaktionsstuben zurück. Durch sein Verhalten suggerierte er, es sei völlig normal, mit mir wieder ins Geschäft zu kommen: Loest war Bürger des Landes mit allen Rechten und ein Schriftsteller wie jeder andere. Den ersten Familienurlaub verbrachten wir in seinem Gartengrundstück vor den Toren Berlins zwischen Wald und See; bei einem Feuerchen zur Abendstunde verbrannte leider die Hälfte eines Pflaumenbaumes. Später schrieb er Kinderbücher, Indianerfilme und heitere Romane, die auch in der Bundesrepublik Verleger und Leser fanden. Als wir es uns vor kurzem in Köln italienisch wohlsein ließen, kamen wir natürlich auf den malträtierten Pflaumenbaum zurück – ach, Walter, ich werde auf ewig in deiner Schuld stehen!

Auch andere halfen, so Karl-Heinz Berger, bei dem ich oft wohnte, Manfred Naumann, Rudi Strahl und Manfred Bieler. So mancher in Verlagen und Redaktionen hörte über meine Ruppigkeiten hinweg: Ich warf Brocken hin über Prozeß und Bautzenjahre und verhehlte nicht, daß ich das Urteil nicht angenommen hatte. Das klang keineswegs anheimelnd in den Ohren einer guten Genossin und eines braven Genossen, die's zu etwas bringen wollten.

Gerade in dieser den Künsten so feindlichen Zeit war ich ein wüster Schreiber, ein Manuskriptproduzent, dessen Kraft sich in sieben papierlosen Jahren aufgestaut hatte. Ein Romananfang über SS-Leute und weiße Partisanen, die nach 1945 in Südpolen den Krieg fortsetzten, war liegengeblieben, ich hatte in der Zelle darüber nachgedacht und schrieb ihn nun zu Ende. »Der Abhang«

wurde kaum propagiert, die Kritik sparte ihn aus: Loest, mit dem war doch irgendwas gewesen, nee, man verbrannte sich die Pfoten nicht. Unter dem Verfassernamen Waldemar Naß schloß ich die vor meiner Haft begonnene Satire »Ich war Dr. Ley« ab. Ganz hinten und reichlich versteckt tat ich kund, daß sie von einem gewissen E. L. stammte; für dieses Buch war im Lauf der Jahre Papier zu vier Auflagen da. Über die Konflikte eines jungen Mannes, der einen für die Physik begabten Kopf und für den Fußball geschickte Beine besaß, schrieb ich den Roman »Der elfte Mann«. Den verlegte noch Heinz Sachs, aber dann fand der mächtige Fußballbund Haare in der Suppe und intrigierte, der angeschlagene Sachs bekam kalte Füße und hielt mich hin. An die zehn Jahre sollten vergehen, bis ein anderer Verleger in anderer Phase eine neue Auflage brachte. Viel Energie ging in den Wind.

Manchmal, in den nach Lesungen üblichen Debatten, fragt mich heutzutage jemand: Herr Loest, Sie hatten so Schweres in diesem Staat DDR durchgemacht, warum ließen Sie sich noch einmal mit ihm ein? Da klingt mit oder wird angefügt: Warum gingen Sie nicht sofort nach dem Westen? Simpel und wahrhaftig antwortete ich: Weil da die Mauer stand, und die war blutig ernst gemeint. Der Grundlagenvertrag zwischen den Deutschländern war noch weit, die Helsinkikonferenz stand in den Sternen, nichts war es mit einem Ausreiseantrag. Der Ausverkauf von Häftlingen hatte gerade erst begonnen, und ich stand auf keiner bundesdeutschen Herzenswunschliste. Ich hatte in der DDR zu bleiben wie jeder andere auch.

In diese Zeit fiel der Absturz von Heinz Sachs. Mitte der sechziger Jahre sollte er die Erfahrungen des Mitteldeutschen Verlages auf das inzwischen wichtigste Medium Fernsehen übertragen. Er wurde mit großen Vollmachten ausgestattet und scheiterte binnen eines

Jahres total. Er war von Anfang an ungeliebt, stolperte in Fallen und vergriff sich in den Mitteln. Sein zehnjähriger Sohn besuchte ein Betriebsferienlager, dort lud ein Armeeoffizier einige Kinder zur Spazierfahrt in einen Schwimmpanzer ein, das Kriegsfahrzeug kenterte, die Kinder ertranken. Tief getroffen kehrte Sachs nach Halle zurück, wenigstens bekam er seine alte Funktion in seinem alten Verlag wieder.

Noch einmal brachte er Bücher heraus, so »Buridans Esel« von Günter de Bruyn, dann »Nachdenken über Christa T.« von Christa Wolf. Die Wogen gingen hoch, das Buch wurde verteufelt als dem Sozialismus feindlich. Christa Wolf hielt sich der Öffentlichkeit gegenüber bedeckt, Heinz Sachs aber bekam von seinem damaligen SED-Bezirkschef Horst Sindermann die Anweisung zur Selbstkritik. Im »Neuen Deutschland« bezichtigte er sich der Blindheit gegenüber einem verderblichen Buch und der mangelnden ideologischen Wachsamkeit. Glühende Asche aufs eigene Haupt – er wurde abgelöst.

Das geschah 1968, die fünfzehn Jahre danach verbrachte Sachs auf einem Abstellgleis. Er hieß Direktor einer Art erweiterter Volkshochschule. Versuche als Autor oder Herausgeber kamen über Ansätze nicht hinaus. Alle Anstrengungen, ihn in den Mitteldeutschen Verlag zurückzubringen, wenn auch nicht als dessen Leiter, scheiterten; wenn die Wege geebnet schienen, kam aus dem Dunkel der Macht heraus das Veto. Er hat – ich bin versucht zu sagen: natürlich – getrunken und durch unzählige Zigaretten seine Gesundheit ruiniert. Als er Ende 1983 starb, war er 63, die Totenrede hielt der Hallenser Verbandsvorsitzende, der die beiden Schläge, die das Leben des Heinz Sachs zerbrochen hatten, nicht erwähnte.

Unterdessen ist »Nachdenken über Christa T.« auch in der DDR nahezu zum Klassiker aufgestiegen. Kurt

Hager, über Jahrzehnte am Schalthebel der Macht, nannte es später einen unverzichtbaren Bestandteil der DDR-Literatur. Die Absolution wurde nicht auf Sachs ausgedehnt. In den Tagen, da er starb, begraben und betrauert wurde, bereitete sich Christa Wolf auf die Rede vor, die sie wenig später in Stuttgart hielt, als sie den Schiller-Preis des Landes Baden-Württemberg entgegennahm.

In diesen Jahren hängte ich keine Fahne aus dem Fenster und demonstrierte nicht am 1. Mai an einer Tribüne mit huldvoll Winkenden vorbei. In diesen Jahren zeigten die Beherrscher Leipzigs denen, die sie gern »unsere Menschen« nannten, zweimal die Faust. Als die Kulturpolitik in eine Steilkurve ging und wieder einmal gegen westliche Einflüsse wetterte, wurden Beatfans auf den Leuschnerplatz gelockt. In allen Schulen und Lehrlingswerkstätten der Stadt verkündeten Lehrer und Ausbilder, für den folgenden Sonntag, zehn Uhr, sei dort eine Protestdemonstration gegen die Verhaftung einer Beatgruppe angesetzt, dunkle Elemente hätten dazu aufgerufen. »Wehe, wenn einer von euch hingeht!« Die Aufmüpfigsten und Neugierigsten waren natürlich dort. Mit Hunden, Knüppeln und einem Wasserwerfer wurden sie gejagt, wer sich nicht schnell genug verdrückte, wurde auf Lastwagen getrieben und für Tage oder Wochen in einen Tagebau zum Gleiserücken geschleppt. Ich habe der Menschenjagd zugesehen.

1968 stand den Stalinisten am Karl-Marx-Platz ein Gotteshaus im Weg, die Universitätskirche aus dem 12. Jahrhundert. Über Proteste kirchlicher Kreise ging die SED höhnisch hinweg. Zur Barbarei gesellte sich Zynismus: Niemand kann sich uns in den Weg stellen! Ich habe zugeschaut, als eine Sprengwolke aus den Fundamenten herausfuhr, als der Dachreiter wegknickte und die Rosette barst. Ich habe meine Ohnmacht wie einen Dolch gespürt. Mit dieser Schandtat haben sich auch die in ihrem Innersten beschädigt, die sie verursacht haben. Sie vernichteten ein Stück Kultur und damit blindlings ein Stück ihres eigenen Staates. Die Machthaber von damals setzten auf Knüppelhieb und Hundebiß; im November 1989 fehlte nur wenig, und sie hätten schießen lassen. Die ihnen die Sprengung gestatteten, alle Stadtverordneten außer einem evangelischen Pfarrer, haben seitdem an der Schande der Feigheit zu tragen.

Eines meiner nächsten Vorhaben, »Der zwölfte Aufstand«, ein abenteuerlicher Roman, spielte nach Ende des Ersten Weltkrieges in halb Europa, von Revolution und Konterrevolution war die spannungsgeladene Rede. Ein Vorabdruck in der »Berliner Zeitung« wurde zum Verhängnis: Wahrscheinlich denunzierte jemand das Unternehmen bei der sowjetischen Botschaft. Ein Tscheka-Offizier denkt im Roman darüber nach, seine Erlebnisse später einmal zu Papier zu bringen, er will Schriftsteller werden. Das aber, so befanden die Genossen, sei eine Unmöglichkeit: Ein Tscheka-Offizier träume nur eines: Tscheka-Offizier zu sein und zu bleiben. Schon wurde gedruckt, doch die Auslieferung verzögerte sich, und eines Tages saß eine Verlagsleiterin bei mir und teilte mir mit, alle Bemühungen, das Buch flottzukriegen, seien gescheitert; 50 000 Exemplare müßten in den Reißwolf. Finanzieller Schaden sollte mir nicht erwachsen, das Honorar wurde ausbezahlt. Ein Jahr Lebensarbeitszeit war gelöscht.

Nun entstand nichts mehr, bei dem es nicht Verdruß gegeben hätte. »Ins offene Messer«, ein Roman, der in Griechenland und München spielte – ich entwarf ihn in der Hoffnung, wenn schon nicht nach Griechenland, dann wenigstens nach München fahren zu dürfen – wurde zur Quelle weiteren Ärgers. Zehn Jahre später, im Roman »Zwiebelmuster«, den ich in der Bundesrepublik erdachte, ließ ich dessen Hauptgestalt, den Leipziger Schriftsteller Hans-Georg Haas, die gleichen Absichten hegen. Ich durfte natürlich nicht reisen, und eine hartnäckige Lektorin zerquatschte einen Handlungsstrang: die Obristen, die sich in Athen an die Macht geputscht hatten, steckten Geld und Kraft in den Leistungssport, und da das ja in der DDR auch geschah, könnten, so nervte sie mich, »zurückgebliebene Elemente« Parallelen ziehen. Nach zermürbendem Hin und Her erschien der Roman schließlich elendiglich beschnitten, er ist eines meiner schwächsten Bücher.

So pendelte ich zwischen dem Mitteldeutschen Verlag und den Verlagen Neues Leben und Das neue Berlin. In der Wochenzeitschrift »Eulenspiegel« veröffentlichte ich satirische Geschichten, die besseren davon brachte der Eulenspiegel-Verlag in einem Bändchen heraus. Dieses Kleinunternehmen war mit freundlichen Leuten besetzt, die fast nichts zu tun hatten und strahlten, wenn jemand mit einer Flasche Schnaps aufkreuzte. Wie dort geschlampt wurde, war schon wieder skurril. Für eine zweite Auflage meiner Sammlung, die den Titel »Die Oma im Schlauchboot« trug, hatte ich drei Geschichten durch bessere ersetzt und hier und da eine Korrektur angebracht. Die Gründe waren hinterher angesichts säuberlich aufgeräumter Schreibtische und der unglaublich geringen Anforderung an die kleine liebe Belegschaft unmöglich herauszufinden: Nicht das verschönerte, sondern das verstaubte Manuskript wurde in die Druckerei gegeben, und die zweite Auflage glich aufs Haar der ersten. Zitternd fuhr das schwächste Glied der Pfuscherbande, eine Volontärin, zu mir nach Leipzig und erheischte Vergebung. Ich fühlte mich so erschlagen, daß ich kein Wort über die Lippen brachte.

Drei Probleme herrschten vor: die Zensur, der Mangel an Papier und der immer klappriger werdende Druckmaschinenpark. Manche Funktionäre in den Verlagen und im Zensurapparat waren nun schon seit Jahrzehnten dabei und hatten die Erfahrung gemacht, daß noch nie jemand in Schwierigkeiten gekommen war, weil er ein Manuskript unterdrückt oder sein Erscheinen verzögert hätte. Bestraft wurde immer nur eine unrechte Herausgabe zur unrechten Zeit. Das lehrte Vorsicht. In ratternden Zügen, die selten pünktlich waren, fuhr ich nach Berlin und Halle und feilschte um Wörter und Sätze. Die Gespräche mit Kollegen drehten sich immer wieder um Zwänge und Engen. Mit Kunert, Schlesinger, Fries und Fühmann, mit Heym und Plenzdorf wälzte ich den Stein den Hügel hinauf, er rollte immer wieder über uns hinunter.

2.

Ende der sechziger Jahre bedrängten mich meine Freunde: Erich, du bist nun gesundheitlich und finanziell auf die Beine gekommen, es geht nicht an, daß du dich weiterhin mit Krimikram verplemperst, du mußt wieder unsere Zeit und unser Land mit seinen Problemen zum Thema machen. Das versuchte ich, und sofort traten Lektoren und Verlagsleiter als Aufpasser, Bremser und Vorzensoren auf den Plan.

Eine Begebenheit nahm ich mir zum Vorwurf, die ich an langen Knasttagen gehört hatte. Einem etwa dreißigjährigen Häftling schrieb seine Frau, sie erwarte von einem anderen ein Kind, dennoch liebe sie ihn weiterhin, sie bedaure, was geschehen sei, könne es nicht rückgängig machen und bitte ihn um Verzeihung. Und: »Nun wirst Du Dich natürlich scheiden lassen.« Der geschockte Gefangene war mit einem älteren, ruhigen Mann auf Zelle, der redete, nachdem der erste Schmerz und die blinde schnelle Wut abgeklungen waren, geduldig und begütigend auf ihn ein, sein Argument war, daß ja nicht seine Frau Schuld an seiner Verurteilung trage. Er bohrte: Wenn deine Frau im Gefängnis wäre und du wärst draußen, wie stünde es dann mit deiner Treue, he? Nach vier Wochen schrieb der gebeutelte Häftling: Wir wollen nichts überstürzen. Wenn ich rauskomme, versuchen wir's zu dritt.

Ich erfuhr nie, wie diese Geschichte ausgegangen war, aber sie beflügelte meine Gedanken, und so entwickelte ich die Fabel des Gerd Kohler, der aus dem Gefängnis kommt, und da ist das Kind von einem anderen. Er will, daß es sein Kind sei, und sogleich beginnen die Turbulenzen. Allerlei an Hafterfahrung steuerte ich bei und legte die Geschichte ins Leipzig dieser Tage. Geklaut hatte Kohler auf dem Bau, so bestimmte ich, nun siedelte er nach Hoyerswerda in die Lausitz um, wo, so glaubte er, ihn keiner kannte, aber die Vergangenheit ließ sich nicht abschütteln. Ich hoffte, mir würde Karla, die Frau in diesem Roman, nicht weniger gelingen als der mir gewiß besser vertraute Mann – ich schrieb und fühlte mich wohl dabei. Das war doch etwas Handfesteres als das Krimi-Erfinden mit den Schauplätzen England und Nigeria.

In den Mitteldeutschen Verlag waren nach dem Sturz von Heinz Sachs neue Befehlshaber eingezogen; Leiter und Cheflektorin kamen aus dem Parteiapparat. Gewiß lautete ihr Credo: Erst bin ich Parteifunktionär, dann Verleger! Sie wendeten mein Papier mit spitzen Fingern. Da schrieb einer über den sozialistischen Strafvollzug und nannte ihn respektlos »Knast«. Derlei verstieß gegen die vielen Tabus. Man könne von Bruchstücken aus nicht urteilen und wolle erst das ganze abwarten – so hielten sie mich hin.

Ich fuhr in die Lausitz und schaute mich in der Retortenstadt Hoyerswerda und im stinkigen Kombinat Schwarze Pumpe um. In diese Baracke schickte ich Kohler, in jenen Wohnblock ließ ich ihn ziehen, als Karla mit dem Jungen nachkam. Einmal, auf dem Bahnhof von Hoyerswerda, sah ich einen Zug, an dem stand, sein Ziel sei Bautzen. Einsteigen? Das Zuchthaus wenigstens einmal von außen sehen? Mein Magen zog sich zusammen. Ich fuhr an diesem Tag nicht nach Bautzen und auch andermal nicht. Allmählich wurde ich wieder zu Lesungen eingeladen, doch niemals dorthin.

»Schattenboxen« wuchs. Ich ließ Kohler die Radrennbahn besuchen, wie ich damals gern beim Radrennen zuschaute, allmählich fand ich es aufregender als Fußball. Ich beschrieb die riesigen Schwärme der Stare, die abends über der Stadt vor einem teefarbenen Himmel wogten. Wenn ich aus meinem Manuskript las, wurden die Augen der Frauen ernst und Lippen schmal – dann sagten sie, ja, sie könnten sich vorstellen, was diese Karla durchmachte, und solche Männer gäbe es, stark und verläßlich, aber ihren Schmerz brächten sie nicht über die Lippen.

Schließlich lag das fertige Manuskript beim Mitteldeutschen Verlag. Monate vergingen, dann bestand die Cheflektorin, Frau Duty, darauf, das erste Kapitel zu streichen. Kohler wird entlassen: »Ein Pferd vor einem Wagen; Kohler hat seit zweieinhalb Jahren kein Pferd gesehen. Keine Kuh, keinen Hund, kein Kind, keine Wasserfläche, kein Auto. Ein Kind an der Hand seiner Mutter. Wo er nach der Anweisung des Wachtmeisters – fünfter Punkt der Hausordnung: Anweisungen des Anstaltspersonals ist unverzüglich und widerspruchslos Folge zu leisten – auf den Omnibus wartet, laufen, stehen, springen Kinder, lecken Eis, und Kohler staunt, wie klein Kinder sind, die schon reden, schon laufen können.«

Dieses Kapitel, so Frau Duty, sei zu elemenieren. Zu deinem und zu unserem Schutz, sagte sie wirklich und wörtlich. Aber, hielt ich entgegen, damit wäre ja dem Konflikt die Grundlage entzogen. Ich kehrte nach Leipzig zurück und wartete auf eine Entscheidung des Verlagsleiters, der aus dem Parteiapparat gekommen war und bald darauf wieder in ihm versackte. Sein Name war mir entfallen, sein Gesicht tauchte erst vor meinem inneren Auge auf, als ich einen Brief in einer dicken braunen Mappe fand, in der Dokumente aus dieser Zeit alle Umzüge überstanden haben. Da schreibt mir am 24. 6. 71 mit freundlichen Grüßen am Ende Verlagsleiter Herzog:

»Lieber Erich Loest!

Vielen Dank für das Schreiben vom 30. 5. 71. Selbstverständlich sind wir einverstanden, daß wir ein Manuskript von Dir annehmen, ich meine Deinen Vorschlag eines Kriminalromans.

Was die Wiederauflage des elften Mannes betrifft, so muß ich Dir leider mitteilen, daß wir eine Nachauflage nicht vorsehen können. Ich bin einverstanden, Dir die Rechte für dieses Buch zurückzugeben und gebe sie Dir hiermit für dieses Buch zurück.

Wegen des Manuskriptes Schattenboxen bitte ich um Entschuldigung. Hier gibt es tatsächlich Versäumnisse von unserer Seite, die mit der komplizierten Problematik zusammenhängen. Leider muß ich Dir auch hier mitteilen, daß wir keine Möglichkeit sehen, das Manuskript anzunehmen und zur Drucklegung zu geben. Ich möchte mich gern mit Dir über unsere weitere Zusammenarbeit, an der mir persönlich sehr viel gelegen ist, unterhalten. Bitte, teile mir einen Dir genehmen Termin in Leipzig mit.«

Kam es zu diesem Gespräch? Ich weiß es nicht, und wenn, dann blieb es ohne Folgen. Aber es gab ja noch andere Verlage, und so trug ich mein Manuskript nach Berlin zum Verlag Neues Leben, wo noch immer dieser korrekte Hauptbuchhalter, der selbst aus einem Häftling noch ein paar Mark herausschinden wollte, die Konten führte. Aber da war auch Hans Bentzien, abgehalfterter Kulturminister und nun als Verlagsleiter auf deutlich schmalerem Gleis. Er hörte sich an, was ich über die Bedenken der Hallenser berichtete, versprach schnelle Lektüre, schloß mit mir einen Vertrag und fügte an, er werde Sibylle H. mit dem Lektorat beauftragen, sie komme gerade von der Uni und sei hochgescheit, wir würden miteinander auskommen.

Und so saß nach zwei, drei Wochen Sibylle bei mir in der Oststraße, sie begann, es sei ihr peinlich, daß sie, kaum der Schulbank entronnen, in mein Manuskript hineinreden solle. Sie hatte hier einen Konjunktiv gerichtet, dort eine Wiederholung, da ein Widersprüchlein angemerkt, das alles hatte Hand und Fuß und war in zwei Stunden erledigt. Dann redeten wir über die Uni und diesen Professor und jenen, ich fragte, woher sie stamme, da errötete sie lieblich und gestand: aus Bautzen.

Wir kamen vortrefflich miteinander aus, sie half mir bei einem Roman über Karl May und bei einigen Erzählungen, und eines Tages, Mitte der siebziger Jahre, sagte sie bei einem Besuch, es wäre ihr lieber, ich hörte es von ihr als vom Verlag: Sie habe einen Ausreiseantrag gestellt. Da wurden wir so ernst, wie es sich diesem Ereignis gegenüber gebührte, ich fragte nicht nach den Gründen, bedauerte reinen Herzens, sie zu verlieren, und wünschte ihr, alles ginge reibungslos über die Bühne. Viel später traf ich sie im Literarischen Colloquium am Wannsee in Westberlin. Sie arbeitete wieder bei einem Verlag, einem ganz kleinen, oder war der ganz kleine Verlag gerade Pleite gegangen und sie hoffte, bei einem anderen ganz kleinen Verlag ein klein wenig anfangen zu können?

Aber noch stecken wir ja im Leipzig der frühen siebziger Jahre. Mit »Schattenboxen« wäre nun, so hoffte ich, alles in Butter, da tauchte eines Tages Cheflektor Lewerenz auf und begann eine schweifende Rede, es wäre doch ratsam, das belastete Wort »Bautzen« herauszunehmen, durch die Nazizeit hätte es einen schlimmen Klang, schließlich wäre Thälmann dort gefangengehalten worden. Kohler säße im Gefängnis, basta, man müßte doch nicht extra sagen, wo. Das sähe ich überhaupt nicht ein, erwiderte ich, er ließ nicht ab, ich ließ nicht locker, endlich dämmerte es mir: »Ach so, der Einwand kommt wohl vom Ministerium?« Er nickte mal gerade mit den Wimpern, denn ihm war ja vorgeschrieben, Wünsche des Zensors als eigene Vorstellungen auszugeben; die oft gebrauchte Formulierung lautete: Wir haben im Verlag noch einmal nachgedacht.

»Na, wenn das so ist!« rief ich aus und setzte hinzu, ich fände dieses Begehren zwar blöd, würde aber deshalb nicht den Druck blockieren. Allerdings stänke es mir, nun das Manuskript aufs schlimme Wort hin durchzusehen. »Soll das mal Sibylle machen.« Lewerenz war einverstanden.

Als ich nach einer Weile die Druckfahnen las, sah ich: Zweimal stand »Bautzen« noch drin – Schludrigkeit oder Absicht? Zu Sibylle verlor ich darüber keine Silbe und schmuggelte »Bautzen« weitere zweimal hinein. Das Buch erschien, und kein Mensch nahm Anstoß.

Honecker löste Ulbricht ab und sprach die berühmten Worte, es solle keine Tabus in Kunst und Literatur geben, vorausgesetzt, der Autor ginge von den festen Positionen des Sozialismus aus. Alsbald machte ich mich daran, auszuprobieren, inwieweit das ernst gemeint war und ob Verlagsleiter und Lektoren und gar Zensoren sich nun die froh klingende Kunde zu Herzen nähmen. Ich schrieb »Zwei Briefe von Rohdewald«, da war von einem politischen Prozeß die Rede. »Eine ganz alte Geschichte« – ein alter Mann erinnert sich daran, wie proletarische Vergangenheit umgeschrieben worden war, je nachdem, wie man sie brauchte. »Löffel-Franz« hieß mein erster Versuch, etwas aus direkter Zuchthauserfahrung aufs Papier zu bringen. »Natürlich ein Stoff« – ein Parteifunktionär fuhr, betrunken, einen Arbeiter zu Tode, das wurde vertuscht und kam dennoch ans Licht. Diese Erzählungen schickte ich an »Sinn und Form« und »Neue deutsche Literatur«, ich bekam sie nach Monaten zurück. Ich gab sie Sibylle, denn wir hatten einen Erzählungsband ins Auge gefaßt. Sie sagte, und ich gab ihr recht, die Entscheidung darüber liege außerhalb ihrer Kompetenz, und sie werde die heißen Papiere dem Cheflektor vorlegen. Der wartete ab.

In der erwähnten braunen Mappe stoße ich auf Vorverträge mit Rundfunk- und Filmleuten. »Der elfte Mann« und »Schattenboxen« erregten deren Neugier, und sie beeilten sich, Optionen zu erhalten. Dafür zahlten sie zwei- oder dreitausend Mark, und dann verging erst einmal Zeit. Studios wurden umstrukturiert, Leiter abgesetzt. Damals war es für die Filmer Pflicht, sich mit jenen ins Benehmen zu setzen, über die ein Film gedreht werden sollte – wenn's um Fischer ging, dann mit dem Fischfangkombinat, bei einem Fußballthema mit dem Fußballbund. So wurden, als »Der elfte Mann« ins Blickfeld geriet, die Kickerfunktionäre um Entscheidungshilfe gebeten, und da ihnen der Entschluß meines Romanhelden, eine Physikerlaufbahn dem Glück eines Nationalspielers vorzuziehen, suspekt sein mußte, schoben sie das Unterfangen auf die lange Bank. Zuerst hatten sie keine Zeit, dann war der Mann, der befragt werden sollte, in Algerien. Dann war ein anderer zuständig, aber der mußte den Roman erst lesen. Dann ... Sie schafften es, daß der Plan im Sande verlief. Und nie ließ es jemand dazu kommen, daß ich hätte sagen können: Der da hat mir mein Hörspiel, meinen Film verboten! Graue Feiglinge, verlogene Schädlinge gefährdeten ihre Posten und Gehälter nicht. Ich habe ihre Namen und Gesichter, blaßblauen Anzüge und wachsam huschenden Augen vergessen.

Eines weist diese Mappe auch aus: Wie viel Geld ich mit meinen Krimis verdiente. Da schaffte »Der Mörder saß im Wembley-Stadion« die 3. Auflage: 51.–80. Tausend. »Waffenkarussell«: 84.–113. Tausend. Die Kriminalerzählung »Eine Kugel aus Zink« erschien hundertfünfundsiebzigtausendfach. Kriminalromane wurden ins Tschechische, Polnische, Bulgarische und Ukrainische übersetzt. »Schattenboxen« erlebte Nachauflagen und wurde in der auflagenstarken »Romanzeitung« abgedruckt, ungeachtet des Umstands, daß viermal die Zuchthausstadt Bautzen erwähnt wurde. Und wieder eine Niederlage: Die Hörspieldramaturgin schickte mir »Eine ganz alte Geschichte« zurück, sie schrieb: »Es ist mit ihr so, wie ich Ihnen schon sagte: Sie ist nicht machbar.«

Ach, meine Frau und ich mußten keineswegs den berühmten Pfennig umdrehen, um eine Auslandsreise ins Auge zu fassen. Ein wenig nutzten wir Beziehungen aus, ein wenig standen wir Schlange, dann hatten wir eine Flugreise nach Bulgarien gebucht. Zwei Wochen Varna! Endlich wollte ich die Reisepapiere abholen, da hob die Angestellte peinlich berührt den Blick und senkte ihn sogleich wieder, denn sie hatte mir mitzuteilen, für meine Frau sei die Reise genehmigt, für mich aber nicht, »die dafür zuständigen Stellen« hätten so entschieden. Wer diese Stellen seien, fragte ich, da erwiderte sie, das wisse sie nicht. Und wer sei ihr Chef? Herr Hauptexpedient Stiebing, das verriet sie mir immerhin, dann flüsterte sie noch: »Können Sie sich denn nicht denken ...?« Ich dachte gar nicht daran, mir den Ablehnungsgrund auszudenken, sondern schrieb einen Brief an den Herrn Hauptexpedienten. »Diese Nachricht erregt mein Erstaunen und mein Befremden. Da ich gern wüßte, aus welchen Gründen diese für mich völlig unverständliche Maßnahme getroffen wurde, bitte ich Sie, mir Namen und Adresse ›der dafür zuständigen Stellen‹ mitzuteilen. Bitte betrachten Sie diesen Brief als Eingabe.«

Tags darauf rief eine Dame aus dem Reisebüro an, man könne mir die zuständige Stelle nicht nennen, auch dürfe man in dieser Sache keine Eingabe annehmen. Ich begann noch einmal meine Litanei, sie blieb stereotyp bei ihren Formulierungen. Ich überlegte, ob ich ein bißchen brüllen sollte und ließ es sein.

Wer wies mich auf eine Stelle der Volkspolizei hin, bei der man derlei Probleme vortragen könnte? Auf dem Korridor warteten Frauen und Männer, amtlich gern Bürger genannt, die einander fragten: Hat man auch Ihnen eine Reise abgelehnt? Drin saßen zwei Offiziere, die mich nicht baten, Platz zu nehmen. Ich erklärte mein Begehr, da leierte der eine: »Die Deutsche Volkspolizei ist ein Sicherheitsorgan und nicht verpflichtet, über ihre Maßnahmen Rechenschaft abzulegen.« Mehr als diesen Satz kriegte ich aus diesen Polizeifressen nicht heraus. Ob und wo ich mich über sie beschweren könnte? »Da müßten Sie die Verfassung der Deutschen Demokratischen Republik ändern.« Ich wußte: Auf derartigem Herzenswunsch stand Zuchthaus.

Meinem Verbandsvorstand in Leipzig gab ich protestierend eine kleine Aufgabe zurück: Ich hatte monatlich ein Werkstattgespräch geleitet. Ich wollte Aufsehen, Krach. Im Knast hatte das geheißen: Bambule! An den Verband in Berlin, an den Sekretär Henninger schrieb ich: »Ich will ja nicht in die USA oder nach Japan. Ich will ja bloß nach Bulgarien, und das darf ich nicht. Allmählich hatte ich mich wieder integriert gefühlt, und nun kommt dieser Hammer. Ich fühle mich brüskiert und beleidigt, ich fühle mich abermals in die Ecke des zumindest potentiellen Staatsfeindes gedrängt. Ich bitte nun den Verband, mir bei meinem Ersuchen um Klärung und Erklärung und bei meinem Protest zu helfen.«

Muß ich erwähnen, daß ich darauf keine Antwort erhielt?

Das letzte Wort in dieser Sache wurde nach Wochen gesprochen. Da stand ich in einer Pißbude – es war wie in einem miserablen Kriminalfilm. Neben mich stellte sich Verbandskollege Künne, der, wie jeder wußte, der Verbindungsmann zur Staatssicherheit war, und gab sich wie ich seinem Geschäft hin. »Die Genossen, Erich«, verkündete er dabei, »lassen dir ausrichten, daß ihnen ein Fehler passiert sei. Da steckte irgendwo noch eine Karteikarte, die da nicht hingehörte, die ist rausgenommen worden. Die Genossen lassen dir sagen, du sollst das mal ruhig ausprobieren: Bei deinem nächsten Reiseantrag geht alles glatt.«

So flogen wir nach Leningrad und Moskau, nach Bulgarien und Budapest, ein Schiff trug uns übers Schwarze Meer. Nach den Maßstäben des gewöhnlichen Sozialismus ging es uns wirklich gut.

3.

Also wieder ein ernsthaftes Buch – ich suchte nach einem *Problem,* das allgemein war und das noch kein Schriftsteller aufgegriffen hatte. Langsam schälte sich heraus: Leute Mitte oder Ende Zwanzig, die den Sprung auf die Erweiterte Oberschule geschafft, Abitur und Staatsexamen bestanden hatten, waren nun als Ingenieur oder Physiker, Zahnarzt oder Lehrer angekommen. Nach so vielen Klippen dümpelten sie in ungewohnt ruhigem Wasser. Der Arbeitstag strich dahin mit allen Mühen, die die Planwirtschaft bereithielt, mit Improvisation und Pfusch, ohne den jedes Rad stehengeblieben wäre. Die Stellen über ihnen waren mit Vierzig- bis Fünfzigjährigen stabil besetzt, und so viele Autounfälle und Herzinfarkte waren gar nicht denkbar, daß da nennenswerte Lücken gerissen werden könnten.

Wer sich weiter nach oben büffeln wollte, mußte durch die Ochsentour vieljährigen Fernstudiums hindurch, da gingen Feierabende und Wochenenden drauf. Und das, damit man im Monat hundert Mark mehr verdiente? Manche feierten ein sonderbares Fest: »Noch vierzig Jahre bis zur Rente.«

Ich ging zum Freien Deutschen Gewerkschaftsbund und berichtete einem Sekretär für Kultur, was ich plante. Ich traf auf einen beweglichen Mann, den es freute, seine Funktion mit Leben zu erfüllen. Hospitieren in einem Werk – natürlich ließe sich das deichseln! Ein moderner Betrieb sollte es sein, der ein kompliziertes Produkt mit neuester Technologie herstellte, nicht etwa eine vergammelte Gießerei aus dem vorigen Jahrhundert. Der Sekretär schilderte den Maschinen- und Apparatebau in Schkeuditz vor den Toren der Stadt, dort würden Kühlaggregate für Eisenbahnwaggons gebaut, er kenne da ein paar Leute, bei denen wolle er vorfühlen.

Nicht lange, und ich saß in der Leitungsrunde der Abteilung, die für die Rationalisierung zuständig war. Diplomingenieure und Ingenieure hörten mir höflich und unsicher zu, dann stellte sie einen ab, der dem Hospitanten ihr Reich erklären sollte, und wir beide stiefelten los.

Die Hallen waren weit und hoch, die Straßen breit, und überall blühten Rosen. Denn dieser Betrieb war errichtet worden, als der Ehrgeiz der DDR-Führung dahin ging, eine eigene Flugzeugindustrie aufzubauen. Rümpfe und Tragflächen hatten hier montiert werden sollen, aber dann war der Prototyp an einem Schornstein zerschellt. Bald darauf hatten die DDR-Oberen gefunden, daß es doch nicht rentabel sei, im kleinen Land einen Alleingang zu wagen, und daß sie die benötigten Flugzeuge besser in der Sowjetunion kauften. Milliarden waren verpulvert worden – ich entsann mich, auf dem Zuchthaushof mit einem der geschaßten Lenker dieses hochfliegenden Unternehmens Volleyball gespielt zu haben; der Mann war wegen Sabotage, Spionage und einigen minderen Delikten zu zweimal lebenslänglich plus zehn Jahren Zuchthaus verurteilt worden. Der mich führende Ingenieur streute technische Details die Menge ein, er wunderte sich, daß ich mir nicht die kleinste Notiz machte, und ich erklärte ihm: Nicht auf Zahlen und Fachprobleme käme es mir an, mit denen würde ein Prosawerk ohnehin nur belastet, vielmehr wolle ich dem Volk aufs Maul schauen, und daß er eben die elektronische Steueranlage als »Mimik« bezeichnet und formuliert habe, mit ihr »käme man nicht aus der Hüfte raus«, sei für mich ein gefundenes Fressen.

Oft fuhr ich nach Schkeuditz, war bei Beratungen dabei und saß mit in der Kantine. Sechsunddreißig Ingenieure besaßen zusammen fünfzig Autos, einige waren Musikkenner mit staunenswertem Schallplattenbestand, einer züchtete Orchideen und einer Deutsche Doggen, sie bastelten an ihren Datschen und waren immerzu auf der Jagd nach Baumaterial und Ersatzteilen. Vier schätzten Belletristik und fanden es spannend, die Zeugung und vielleicht die Geburt eines Romans mitzuerleben.

Leiter des Mitteldeutschen Verlags war nun Dr. Eberhard Günther, wenige Jahre jünger als ich, über die Arbeiter- und Bauern-Fakultät und die Universität aufgestiegen. Eine Zeitlang hatte er zur Zensurbehörde gehört, dort war von ihm ein Fehler gemacht und der Roman »Das Kaninchen bin ich« von Manfred Bieler zum Druck freigegeben worden. Das 11. Plenum hatte 1965 Buch und Film stracks auf den Index gesetzt – erst nach dem November 1989 durften beide auferstehen. Ich schilderte Günther mein Vorhaben, er nickte: Wir wollten es miteinander versuchen. Und so schlossen wir am 12. Dezember 1974 einen Förderungsvertrag, in dem es hieß, Autor und Verlag beabsichtigten, einen Roman mit dem Titel »Es geht seinen Gang oder Mühen in unserer Zeit« zu schaffen und zu veröffentlichen. Dafür wollte der Verlag seinem Autor von Dezember 1974 bis Mai 1975 eine Arbeitsbeihilfe von 500 Mark monatlich zukommen lassen. Wenn du ein Stück vorangekommen bist, sagte Günther, kannst du es deinem Lektor zeigen. Der hieß Joachim Hottas, nebenher war er noch der Parteisekretär des Verlags.

Mit einem der Ingenieure von Schkeuditz saß ich im Klubraum und fragte: Was ist bei euch das Schwerste, Schlimmste? Der Mann dachte nach, dann antwortete er: Wenn man ein halbes Jahr und mehr in eine Arbeit gesteckt hat, wenn's erst gar nicht klappen wollte, und dann sieht man Land, wurstelt sich durch, die Sache ist zu zwei Dritteln geschafft, und auf einmal befiehlt der Chef: Kommando zurück, der Auftrag ist zurückgezogen, oder: Wir beziehen das Patent billiger von den Ungarn, jedenfalls: Alles in den Papierkorb, und morgen fängst du was Neues an. Und wann, fragte ich, kriegt ein Leiter einen Herzinfarkt?

Meine Methode war es immer gewesen, Geschriebenes portionsweise abtippen und die Durchschläge kursieren zu lassen. Jetzt darfst du nicht nach rechts oder links schielen, suggerierte ich mir, du mußt festhalten, wie *du* die Dinge siehst, sonst entsteht ein saft- und kraftloses Romänchen, da hättest du auch bei deinen Krimis bleiben können. Folglich notierte ich über die Kapitel, die ich meinen Freunden zu lesen gab: »Ich bitte, mir zu sagen, was Du für langweilig hältst oder worüber Du eine andere Meinung hast, wo unsere Erfahrungen auseinandergehen. Aber eines verbiete ich: Niemand darf nölen: Was Du da geschrieben hast, *druckt sowieso keiner!* Ich kann jetzt keinen inneren Zensor gebrauchen.« Trotz dieser Mahnung hörte ich doch davon, daß der eine zum anderen geunkt hatte: Ist ja gut und schön, was der Erich da anstellt, aber ein *Buch* wird das nie!

Schlampig ging es im Mitteldeutschen Verlag zu, Vereinbarungen wurden nicht eingehalten. Im Hintergrund der Zusammenarbeit sollte Gerd Noglik agieren, den ich nun seit zwei Jahrzehnten kannte; der las die eine oder andere Manuskriptstelle und hielt sich mit dem Urteil merkwürdig zurück. Da schrieb ich an meinen Lektor Hottas:

»Ich hoffe, daß Du diesen Arbeitsstil, den Du bei der Klärung des Falles ›Der elfte Mann‹ an den Tag legst, bei ›Es geht seinen Gang‹ nicht fortsetzen wirst. Am 11.4. schrieb ich, am 18.5. mahnte ich, am 22.5. warst Du hier. Wir verabredeten, daß Du mit Heinz Sachs sprechen und danach einen Antrag auf Nachauflage stellen wolltest. Darüber ist nun ein Monat vergangen, ohne daß ich ein Sterbenswörtchen gehört hätte. So möchte es nicht weitergehen, bitte.«

Aber es ging so weiter. Günther und Hottas waren auf Dienstreise, zur Kur, im Urlaub, in Berlin, in dringenden Gesprächen mit anderen Autoren. Zwischen ihnen stand noch die Cheflektorin Helga Duty. Von ihr erwartete ich sowieso keine Hilfe.

Auch wenn kurze Lesereisen dazwischenkamen, wenn die Sonne lockte, wenn ich in Schkeuditz hospitierte: An die fünfzig Seiten pro Monat kamen zusammen. Im Sommer schwamm ich in einem mecklenburgischen See, ließ mir von einem alten Knastkumpel, der dort Fischer war, staunenswerte Mengen von Aal auftischen, und als ich zurückkam, prahlte ich, mit Annelies zusammen hätte ich die Aal-Jahresration eines normalen Landkreises vertilgt.

Wie war das in diesem Herbst 1975, als ich ins stickige Leipzig zurückkam? Hockten da während der Messe Besucher aus der Bundesrepublik bei mir, tranken sie mitgebrachten Whisky und heimisches Bier? Ein Funkredakteur? Dieser und jener Journalist? So sehr ich hinabhorche: eine Lücke bleibt. In diesen Tagen gelang es jedenfalls, einen Durchschlag des Manuskripts in die Bundesrepublik zu expedieren. Ein Exemplar des zur Hälfte fertig geglaubten Romans gelangte in die Hände von Gerhard Zwerenz, dem Freund, der 1957 vor der Staatssicherheit geflohen war, die ihn sonst ebenfalls mit Freude nach Bautzen geschickt hätte. Nun wohnte er in Offenbach am Main.

Mit heller Erwartung ging ich zu einer Lesung im Stadtzentrum: Jeden Monat einmal traten hier Schriftsteller auf, der Verband organisierte die Folge. Diesmal waren an die siebzig Zuhörer gekommen, das galt als gute Zahl. Ich registrierte Aufmerksamkeit, hier und da Lachen. »Einmal, hab' ich mir vorgenommen, rächst du dich. Vor der Schlacht auf dem Leuschnerplatz war für mich die Welt sauber eingeteilt. Der Feind stand im Westen; die Amerikaner bombardierten Vietnam, Kiesinger war Faschist. Nun biß mich einer unserer Hunde, der eigentlich einen Ami hätte beißen sollen, der Bomben auf Vietnam ausklinkte. Ich schmiß kein Napalm, nach mir hatte gefälligst kein DDR-Hund zu schnappen. Also Rache. Wie? Zwei Jahre später stand ich vor der Musterungskommission: die Armee hätte mich liebend gern für viele Jahre an ihre steingraue Brust gedrückt...«

Die Zuhörer merkten, daß hier ein Feuerchen angezündet worden war, und wollten kein Öl hineingießen; sie erwiesen sich als pfiffig, indem sie so taten, als wäre ihnen nichts Absonderliches begegnet. Ich hatte erwähnt, neben mir sitze mein Lektor Hottas – Noglik war nicht gekommen. Ein Zuhörer fragte: Sagen Sie bitte, werden Sie dieses Buch bringen? Und Hottas antwortete munter: Es ist unsere Art, Bücher zu bringen! Beim Hinausgehen murmelte ein Kollege: Du, Erich, es war taktisch nicht klug, daß du ausgerechnet dieses Kapitel gelesen hast. Hier in unserem Leibzsch! Ich zuckte die Schultern: Ach was.

»Mein Gutachten wird Dich verwundern«, schrieb Hottas wenige Tage später. »Entgegen meiner bisherigen Meinung komme ich zu einer Ablehnung.« Und so hieß es weiter: »Loest stellt seinen Wülff zwischen zwei Pole, zwischen die Schlacht auf dem Leuschnerplatz und seinen Chef Grosser. Die Schlacht auf dem Leuschnerplatz macht die Grenzen nach der einen Seite deutlich, das heißt, wer etwas tut, was zwar seinen persönlichen Wünschen entspricht, aber offiziell unerwünscht ist, der wird in den Arsch gebissen. Sein Chef Grosser macht die Grenzen nach der anderen Seite deutlich, das heißt, wer sich für den Staat ehrgeizig einsetzt, der schwebt immer in der Nähe des Herzinfarkts, der hat immer kleine Kügelchen auf seinem Schreibtisch. Die Schlußfolgerung des Helden: Bewege dich zwischen den beiden Polen, bleibe hübsch ruhig, Ruhe ist die erste Bürgerpflicht.« Hottas schloß: »Interessant war die Reaktion des Publikums während der Lesung, während der Diskussion. Diese Reaktion hat mir eigentlich erst deutlich gemacht, wo die Schwächen in diesem Roman liegen. Gelacht wurde und Bewegung spürte man, wenn der Autor einen Seitenhieb vorlas, der nicht unbedingt zur Handlung gehörte. Es fällt mir schwer, feststellen zu müssen, daß der Roman so nicht geht.«

Wie »ginge« er dann doch? Darüber redeten Hottas und ich kurz darauf. Ich gestand zu, dieses und jenes überdenken zu wollen, die Fassung, die in Halle liege, sei ja schon ziemlich überholt, vom Ende aus solle man das ganze Vorhaben betrachten, dann erst bekomme manches seinen Sinn. So schlapp sei Wülff doch gar nicht! Hottas beteuerte, er sei an diesem Stoff interessiert, nur müsse eine straffere Fabel gefunden werden, der heiter-ironische Ton sei passend, aber es fehle ein

Vehikel, um das Thema zu befördern. Gut, gut, stimmte ich zu, aber wäre es denn nicht angebracht, endlich einen *Vertrag* zu schließen? Und Hottas sagte zu, sich in diesem Sinne bei der Verlagsleitung zu verwenden. Bis Weihnachten würde es damit wohl nichts mehr, aber Anfang Januar sollte ich wieder von ihm hören. Also ein frohes Fest!

Nun hatte ich nicht nur dieses Buch im Kopf; etwas anderes regte mich ebenso auf: Durfte ich endlich einmal in die Bundesrepublik fahren? Seit Jahren hatte ich mich gemüht, dafür einen Grund plausibel zu machen, immer wieder war ich gescheitert. Dem Hessischen Rundfunk hatte ich ein Hörspiel geliefert und das Honorar ordnungsgemäß über ein Devisen-Büro in Ost-Berlin abgerechnet, das mir 30 Prozent der Einnahme in heißbegehrten Intershopschecks zubilligte, das übrige verrechnete mir mein Staat im Verhältnis eins zu eins. Die hessischen Rundfunkleute hatten mich zu einem Gespräch über weitere Vorhaben geladen, doch der Schriftstellerverband der DDR hatte entschieden, wenn jemand etwas von mir wolle, solle er gefälligst nach Leipzig kommen. Wieder Anträge, Ablehnungen, Verzögerungen, nun ein Hoffnungsschimmer! Nach dem Westen! Da wurden Stimmen leise, Augen sehnsuchtsvoll. Auf Vorrat schlafen! Dann kannst du den SPIEGEL lesen und DIE ZEIT, ach, die Tage werden nicht reichen. Ins Kino gehen und Krabben schmausen. Mit Gerhard jede Nacht reden – Mensch, diese fünf Tage werden nie zu Ende gehen.

Warten, Hoffen, Planen. Aus Halle kein Wort. Am 15. Januar schrieb ich abermals einen Mahnbrief an Hottas:

»Wieder einmal ist einer der von Dir gesetzten Termine verstrichen. Ich fühle mich beklemmend an die gräßlichen Erfahrungen erinnert, die ich in diesem Hause mit ›Der elfte Mann‹ und ›Schattenboxen‹

machte. Um weiterem Zeit- und Energieverlust vorzubeugen, bitte ich Dich, mich sofort, also an dem Tag, an dem Du den Brief erhältst, über den Stand zu informieren. Sodann bitte ich Dich um sofortige Rückgabe des Manuskripts, ich möchte es ergänzen und dem Verlag eine durchgehende Fassung (315 Seiten) zustellen.« Wieder keine Antwort.

Da hörte ich aus Berlin: Vielleicht können Sie am 23. Januar nach Frankfurt fahren. Nein, wir können nichts Bestimmtes sagen, auch wir hören von dieser Entscheidung erst an diesem Tag. Kommen Sie doch bitte her, so gegen neun, zehn – und ich strebte nach Berlin mit dem ersten Zug und eilte ins Verbandsbüro. Nein, hieß es, die Kollegin, die die Pässe holt, ist noch nicht wieder da – wenn Sie inzwischen drüben im »Praha« einen Kaffee trinken wollen? Nach einer Stunde ging ich zurück und erfuhr: Ja, Ihr Paß ist da. Und der Genosse Scheibner möchte Sie gern sprechen.

Nimm Platz, sagte der Leiter der Auslandsabteilung leise und freundlich. Viel gebe es nicht zu reden, immerhin dieser Hinweis: Es werde neuerdings in der BRD gern die Unteilbarkeit der deutschen Literatur herausgestellt, das sei verkapptes Vereinigungsgerede, ich solle auf der Hut sein und gegebenenfalls widersprechen. Nach der Rückkehr möge ich bitte einen kurzen Bericht verfassen, damit man meine Erfahrungen auswerten könne. Also, gute Reise und gute Rückkehr!

Der Zug rumpelte durch Weimar, Gotha, Eisenach, Winterdunkelheit neigte sich. Dann Helligkeit auf einsamem Bahnsteig, Zöllner und Polizisten ließen sich meinen Paß zeigen, der Koffer blieb unkontrolliert. Da hielt ich es immer noch für möglich, daß einer sagte: Steigen Sie aus, Bürger, es hat sich alles geändert. Dann fuhr der Zug an, noch einmal sah ich grelle Lichter auf den Hügeln und den Schatten eines Wachtturms. Schon drüben? Das Blau einer ARAL-Tankstelle, gelbliche

Straßenlaternen, mehr Licht überhaupt in den Straßen – allmählich drang in mich der Gedanke ein: Ich träume nicht, spinne nicht, jetzt bin ich wirklich drüben, im Westen. Mein Gott!

Ingrid und Gerhard umarmten den steinalten Freund. Mensch, wie lange ist das alles her, neunzehn Jahre! In der Offenbacher Wohnung hingen Fotos aus kalten und heißen Leipziger Tagen. Wie dünn waren wir damals alle gewesen. Der da, der Hecht: Konrad Reinhold, der Kabarettist, war nun schon tot. Er habe einiges vorbereitet, eröffnete Zwerenz, und den Roman, tja, den habe er in München bei der Autoren-Edition ins Gespräch gebracht, er kenne dort die tüchtige Ingrid Grimm. Mensch, und dein Magen? Die Leipziger Wohnung ist noch die alte? Und Zwerenzens staunten wie Westkinder, daß es dort noch Kachelöfen gab.

Am nächsten Morgen marschierten wir forsch in den Hessischen Rundfunk ein. Ich trug meinen fünfzehn Jahre alten Fischgrätenmantel, weithin als Mann aus der DDR erkennbar. Ich schüttelte Hände: Hans-Jürgen Schmitt, Winfried Schoeller, Karl Corino – wie wäre es denn, schlug Corino vor, wir führten ein Gespräch? Natürlich nur, wenn Sie meinen, daß Sie dann drüben keine Schwierigkeiten bekommen, ich will Sie um Gottes willen in keine schiefe Lage bringen.

Das sollte ich später noch etliche Male spüren: Ich war unter Leuten, die Rücksichten auf obrigkeitliche Wünsche nicht oder in ganz anderer Weise gewohnt waren, ihr Denken und Fühlen ging auf mich über und ließ gewohnte Befürchtungen schwinden. Natürlich würde das Interview gesendet werden, aber das war irgendwann, gewiß würden es Wachsame in der DDR mitschneiden, aber das geschah irgendwo. Jetzt saß ich in Frankfurt am Main in der Funkkantine, vor meinen Augen stießen Hochhäuser gegen den Himmel, schwebten in Minutenabständen Flugzeuge ein. Scheibner war weit und hatte nicht verboten, dem Hessischen Rundfunk ein Gespräch zu gewähren.

Dann saßen wir uns in schalldichter Kabine gegenüber, Lämpchen glühten auf, und Corino hub an, mich nach Leben und Streben zu befragen, nach Krieg und Nachkrieg, SED-Mitgliedschaft und frühem Schreiben, Verhaftung und Knast. Am nächsten Tag las ich in diesem Studio meine Geschichte »Zwei Briefe von Rohdewald«, auch das war Premiere: Noch niemals hatte ich eine Arbeit in einem Sender vorstellen dürfen. Ein Stückchen ließ ich mir vorspielen: So klang also meine Stimme, dumpf mit sächsischem Unterton. Und dabei hatte ich mir doch soviel Mühe gegeben.

Wenn ich nun schon in der Bundesrepublik bin, sagte ich zu Zwerenz, möchte ich wenigstens ein Bundesligaspiel sehen – was ist los im Waldstadion? Die »Eintracht« siegte mit 2:0 gegen »Werder Bremen«, es war eine mäßige Vorstellung. Am Abend waren wir bei Schütte eingeladen, dem Kulturredakteur der »Frankfurter Rundschau«, am nächsten Tag speisten wir mit Reich-Ranicki, dem Konkurrenten von der »FAZ«. Ich probierte die ersten Scampi meines Lebens und trank Frascati dazu, und immer war mir, als ginge ich über Wolken: Vor zehn Jahren hatte ich eine Geschichte geschrieben, »Etappe Rom«, die in Frascati spielte; die Gerichte, die meine Figuren verzehrten, hatte ich aus dem Kochbuch zusammengestümpert.

Tags darauf riß ich die Augen auf, als ich mich von den Laufbändern des Rhein-Main-Flughafens zur Maschine tragen ließ. Die stieg auf in einen blauen Winterhimmel, unter mir erspähte ich jede Windung des Mains, da die Donau, da das Tanklager von Ingolstadt. Über Oberbayern lag eine Wolkendecke, aus der hier und da ein Dampfturm stieg. Das Flugzeug kreiste und kreiste, und ich war hin- und hergerissen zwischen dem phantastischen Panorama und der Sorge, bei der Autoren-Edition schlösse allmählich das Büro. Endlich ging die Maschine in Nürnberg herunter, Busse karrten die Fluggäste über die Autobahn nach München, und als ich keuchend vor Ingrid Grimm trat, war sie im Begriff, den Schreibtisch zu verlassen. Wir haben den ganzen Tag auf Sie gewartet! rief sie und labte den Erschöpften mit eilig herbeigeschafften Brötchen. Schon telefonierte sie in die Runde und brachte Autoren unter einen Hut. So trafen wir uns zwei Stunden später in der Wohnung des Editionsmitglieds Uwe Timm. Ich fand sie riesengroß und erlesen eingerichtet, durch die Fenster blickte ich auf die Bäume des Englischen Gartens und sagte mein Sprüchlein auf, mein Freund Zwerenz schicke mich, ich hätte ein Manuskript dabei, mit dem es in der DDR nichts als Schwierigkeiten gebe. Seltsam zurückhaltend zeigte sich Timm. Ohne Genehmigung eines DDR-Verlags? Ja, sagte ich, ich hätte es nun allmählich satt, das Risiko sei mir bekannt, aber ich sei ja allerhand gewöhnt, habe im Knast gesessen ... Timm wurde keineswegs freundlicher. Gut, man wolle das Manuskript prüfen, es werde noch in dieser Nacht vervielfältigt werden, und dann sollten es einige Autoren der Edition lesen.

Am nächsten Tag fuhr ich mit der Bahn zurück, und als ich Zwerenz Bericht erstattete, wurde der blaß: Timm sei jetzt dort? Das habe er nicht gewußt, sonst hätte er alles ganz anders eingefädelt, denn Timm sei Mitglied der DKP. Da wunderte ich mich nicht mehr über dessen Zurückhaltung, und wir überlegten, ob und wie Timm nun zur DDR hinübersignalisierte: Paßt auf, Loest geht mit einem Manuskript fremd! Er habe gedacht, barmte Zwerenz, die DDR-Behörden würden vielleicht nicht allzu böse sein, wenn dieser Roman in einer linksgenossenschaftlichen Edition erschiene und nicht bei einem großbürgerlichen Verlag. Ich wendete ein, die DDR hege viel größeres Mißtrauen gegenüber einem Selbstverwaltungsversuch als gegen einen etablierten kapitalistischen Stall, und Zwerenz raufte sich das Haar. Später geschah, was nicht anders zu erwarten war: DKP-treu lehnten Timm und Gerd Fuchs das subversive Machwerk ab.

Aufgeregt, glücklich und traurig kehrte ich nach Leipzig zurück. Dort war alles wie gehabt. Natürlich erzählte ich abendlang: Die Ausfallstraßen, ich hab' immer gedacht, ich sei auf einer Autobahn. Die Sauberkeit. Die Freundlichkeit. Hektisch sind wir, nicht die. Und in dem Bett bei Zwerenz hat eine Woche vorher Rudi Dutschke geschlafen.

3. KAPITEL
Ohrfeigen und Maßnahmeplan

1.

Als ich in jenen Tagen ums Völkerschlachtdenkmal spazierte, gewahrte ich auf einer Bank Lipsia, meine Stadtgöttin; sie winkte mich zu sich. Sie trug ein kurzes blaugelbes Kleid, wie es der Mode Mitte der siebziger Jahre entsprach, und hatte ein Bein über das andere geschlagen. Dazu, fand ich, seien ihre Knie zu spitz, überhaupt schien sie mir, mit Ansichtskarten um die Jahrhundertwende vergleichend, abgemagert zu sein. Vielleicht hatte man damals ein anderes Schönheitsideal gehabt.

»Ich mache mir Sorgen um dich«, begann sie. Das Denkmal stand hell im Morgenlicht, die Pförtner, Fredi Linden sicherlich unter ihnen, hatten gerade die Türen aufgeschlossen, Busse hielten, Reisegruppen schlenderten am Teich entlang auf den Eingang zu. »Du bist mir schon einmal verloren gegangen«, fuhr sie fort, »und ich möchte nicht, mein Junge, daß sich das wiederholt.«

»Ich danke für deine Anteilnahme«, antwortete ich artig. »Aber die Zeiten sind nicht mehr von der Art, daß ich wegen eines Wolfgang Wülff ins Zuchthaus käme. Bisher habe ich ...«

»Nun gut«, unterbrach sie, »aber wie werden sich die Dinge entwickeln? Damals kam ja auch eines zum anderen, bis dir nur noch die Wahl zwischen Flucht oder Gefängnis blieb. Mit deinem Besuch in München hast du einen Schritt getan, den sie dir hier verübeln werden. Du solltest nicht ausprobieren, wie viel Spaß die Genossen in diesem Punkt verstehen.«

Weitschweifig legte ich dar, daß ich meinem Helden Wülff durchaus kritisch gegenüberstünde, daß im weiteren Fortgang der Romanhandlung...

»Ich kenne die Pleiße«, unterbrach sie mich abermals, »und schäme mich für sie, die Düfte aus Parthe und Elster martern alle meine Sinne. Es ist nicht üblich, daß ich durch die Lande streife; eine Stadtgöttin hat festumrissene Aufgaben. Du hingegen schlägst weite Bögen – hast du herausgefunden, wo dein Rubikon fließt?«

Nach diesen Worten war sie verschwunden, ich faßte neben mich, aber da war nur braunkohlendunstgeschwängerte Leipziger Luft.

Ich sah die Post durch: Einladungen zu Lesungen, keine Zeile vom Mitteldeutschen Verlag. Da meinte ich, nun genug eingesteckt zu haben, wer war denn dieser Hottas, der mich immer wieder zum Bittsteller degradierte! Das Farbband meiner Schreibmaschine war mit Galle getränkt, als ich schrieb:

»Lieber Kollege Dr. Günther,

der Stand meiner Verhandlungen über den Roman ›Es geht seinen Gang oder Mühen in unserer Ebene‹ ist leider so, daß ich Dich informieren muß. Im Juli letzten Jahres schickte ich 80 Seiten, im August noch einmal 80, seitdem schiebt Lektor Hottas den Vertragsabschluß mit wechselnden Argumenten vor sich her. Immer neue Gründe, immer neue Termine – wie ich das kenne von ›Der elfte Mann‹ und ›Schattenboxen‹ her! Am 15.1. bat ich um Rückgabe des Manuskripts, um es zu vervollständigen und dann den ganzen Roman einzureichen, auch das vergeblich. Ich bat um postwendende Antwort, sie kam nicht. Das brachte mich in eine unangenehme Lage. Denn letzte Woche war ich in München und informierte die Autoren-Edition von Bertelsmann, dort gibt es großes Interesse für den Roman. In zwei Wochen wollen dort vier Mann das Manuskript lesen und dann mit mir in Verhandlungen eintreten. Was soll ich dann sagen, in welchen Beziehungen ich zum MDV stehe? Nach meinen schrecklichen Erfahrungen mit dem MDV in den letzten Jahren bin ich es müde, diesem Schlendrian weiter zuzuschauen. Ich will wissen, woran ich bin. Wenn Hottas zu Entscheidungen nicht fähig ist, brauche ich einen anderen Lektor. Wenn der Verlag nicht will, soll er es sagen, er ist nicht der einzige Verlag auf der Welt. Die Frankfurter Allgemeine Zeitung erwägt einen Vorabdruck – mache ich das alles auf eigene Faust oder mit dem Verlag zusammen?«

Günther antwortete sofort, ins förmliche Sie verfallend:

»Lieber Erich Loest! Mit großem Erstaunen habe ich Ihren Brief vom 31.1.76 zur Kenntnis genommen, widerspricht er doch so völlig der Art und Weise, in der wir bisher miteinander verhandelten. Ihre Beschwerden über unseren Kollegen Hottas mögen einer Grundlage nicht entbehren; ich bin bereit, mit Ihnen darüber zu sprechen. Dennoch halte ich den ultimativen Ton Ihres Schreibens für ganz und gar unangemessen und einer sachlichen Klärung der Dinge abträglich, auch angesichts dessen, daß Sie sich zum ersten Male mit einer solch massiven Klage an mich wenden. Zur Sache selbst: Vor einigen Tagen habe ich das Teil-Manuskript Ihres Romans erbeten. Zur Zeit lese ich es. Ich kann Ihnen nicht verhehlen, daß ich bereits nach der ersten Hälfte gegenüber der jetzt vorliegenden Fassung starke ideologische wie auch ästhetische Einwände vorzubringen habe. Wir werden uns also darüber unterhalten müssen. Vom 5.–15.2.76 bin ich im Urlaub. Danach können wir sehr schnell zusammenkommen. Sie verlangen in ultimativer Form einen anderen Lektor und drohen dem Verlag damit, er sei ›nicht der einzige Verlag auf der Welt‹. Ich muß gestehen, daß mich dieser Ton außerordentlich überrascht. Als wir 1975 einen nicht ganz gering dotierten Förderungsvertrag für den Roman mit Ihnen abschlossen, waren solche Töne nicht zu hören. Ich denke doch, daß wir zunächst versuchen sollten, sachlich über die aufgetretenen Fragen miteinander zu sprechen. Der Verlag hat durch den abgeschlossenen Vorvertrag ein Erstrecht auf das entstehende Werk erworben, und er möchte zuerst alle Chancen wahren, dieses Recht auch zu realisieren. Ein weiteres: Ich bin, gelinde gesagt, außerordentlich unangenehm berührt durch die Nachricht, daß Sie von einem Projekt, das vorvertraglich an unseren Verlag gebunden ist, ohne Vorabsprache die Autoren-Edition Bertelsmann und die Frankfurter Allgemeine Zeitung informiert haben. Wie Ihrem Brief zu entnehmen ist, haben Sie offenbar auch ein Manuskript zur Verfügung gestellt. Ich betrachte das gegenüber unserem Verlag zumindest als groben Vertrauensbruch. Wenn Sie auf eine weitere Zusammenarbeit mit uns an dem begonnenen Projekt Wert legen, muß ich Sie bitten, alle in obengenannter Richtung unternommenen Aktivitäten sofort zu stoppen bzw. rückgängig zu machen. Was mich besonders befremdet, ist die Art und Weise, in der Sie von Bertelsmann und der Frankfurter Allgemeinen Zeitung schreiben, als seien dies zwei Einrichtungen in der DDR und nicht in der BRD. Ich bin mir – offen gestanden – noch nicht im klaren darüber, ob ich dies als Naivität oder als eine Herausforderung betrachten soll. Sie schreiben in Ihrem Brief: ›Ich will wissen, woran ich bin.‹ Angesichts Ihrer Verhandlungen mit Einrichtungen der BRD möchten wir dies auch gern wissen.«

Am 5. März 1976 kam es zum angekündigten Gespräch – vorher aber feierte ich meinen 50. Geburtstag. Des Vormittags schellten eine Dame und ein Herr vom Rat des Bezirks, immerhin, wenn auch niemand von der SED – so hoch stand der Schriftsteller Loest in deren Gunst nun doch nicht. Lektor Hottas überbrachte fröhlich die Glückwünsche des Verlags, von den schwebenden Problemen war natürlich nicht die Rede. Der Verband hatte Nowotny entsandt, mit ihm war ich immer ausgekommen. Noglik, Betreuer so manchen Buches, saß dabei; still und verschwiegen hatte er es gerade hinter Verlagstüren abgelehnt, zu »Es geht seinen Gang« ein Gutachten zu verfassen. Immerzu kamen Telegramme, Anrufe – alles war so, wie es sich gehört, und ich bedachte zwischendurch, wie es mir denn bekäme, wenn ich noch oder wieder das wäre, was ich so manches Jahr gewesen, eine Unperson. Einer, der den gleichen Tag vor sich hatte, fragte: Du, Erich, wie ist das, fühlst du dich beschissen oder großartig oder alles durcheinander oder wie? Und ich antwortete: Mich plagt kein Katzenjammer, ich bin gesund und beruflich im Aufwind. Demnächst werde ich lustige Geschichten im Kabarett »Pfeffermühle« eigenmündig vortragen, stell dir das vor, ich auf meine alten Tage im Show-Geschäft! Mit »Es geht seinen Gang« hab ich den richtigen Stoff gepackt, ich setze mich durch, und wenn die Fetzen fliegen. Letztes Jahr hab' ich so viel verdient wie noch nie, sieben Auflagen mit 185 000 Exemplaren wurden gedruckt und natürlich auch verkauft. Es ist ein guter Tag in einer für mich guten Zeit. Ihr lieben Freunde: Auf mein Spezielles!

Am 5. März 1976 fand in Halle eine Besprechung statt, an der Dr. Günther, Cheflektorin Duty, Lektor Hottas und ich teilnahmen. Zunächst gab Günther meinen bitteren Beschwerden recht, daß über ein halbes Jahr vergehen mußte, ehe der Verlag zu 163 Seiten Manuskript Stellung zu nehmen in der Lage war, und Hottas nahm zerknirscht alle Schuld auf seine Kappe. Dann legte Günther in einem halbstündigen Exkurs seine Einwände dar. Da gerät der Held in das hinein, was der Autor »Die Schlacht auf dem Leuschnerplatz« nennt. Der sechzehnjährige Wülff, von einem Hund gebissen, sieht sich unversehens zum Feind des Staates gestempelt; sein Verhältnis zur Macht wird in einer Weise belastet, daß er sich stärker davor fürchtet, Macht ausüben zu müssen als zu erleiden. Das treibt ihn ab in Passivität und Scheu vor Verantwortung, er verkümmert zum Mitläufer, dessen Horizont von Schrankwand und Couch bestimmt wird. Günther gab zu, daß es solche Leute gebe, schränkte aber sofort ein, sie entsprächen keineswegs dem Geist der Epoche. Frau Duty riskierte die Bemerkung, *entgegen* meiner Absicht komme heraus, die Staatsorgane hätten damals *Fehler* gemacht, und Wülff nehme seinen negativen Weg durch die Schuld eben dieser Behörden. Die brave Parteifrau verstummte irritiert, als ich versicherte, dies alles erfahre der Leser nicht *entgegen,* sondern *mit* meiner Absicht. Daraufhin entwickelte Günther seinen zweiten Punkt. Wülffs Chef bricht unter Arbeitsüberlastung zusammen, was Wülff in seiner Abneigung, Leiter zu werden noch bestärkt. Was komme für den Leser dabei heraus? In unserer Wirtschaft würden die Leiter durch den Streß kaputtgemacht! Immerhin, räumte Günther ein, sei es gewiß nicht in Ordnung, daß er mit seinen 45 Jahren sich demnächst einer Herz-Kreislauf-Kur unterziehen müsse. Aber wie könnte solch eine Romanstrecke von Mißgünstigen interpretiert werden! Drittens: Da schriebe ich, wie Vorschulkinder beim Schwimmenlernen ins Wasser gestoßen würden – dichtete ich da nicht unserer humanen Leistungsgesellschaft einen unmenschlichen Zug an? Es sei zu bezweifeln, ob ein Buch, das dem Geist der Epoche entsprechen soll, aus solcher Froschperspektive erzählt werden könne, und er rate, es von einem erhöhten Standpunkt aus noch einmal zu versuchen.

Zur Leipziger Buchmesse im März 1976 quetschten wir uns in eine Pappkoje und führten unsere Debatte weiter. Ich hielt mit meiner Auffassung nicht hinter dem Berg, ich würde nicht grundlegend umarbeiten, sondern nur hier und da kosmetisch verbessern, und bezeichnete es als nicht außerhalb meiner Vorstellungskraft, am Ende gäbe es seine Meinung und meine Meinung und keine Überbrückungsmöglichkeit; dann zöge ich weiter zu einem anderen Verlag. Da erwiderte Günther, er fände es unfair, Ratschläge einzuholen, die Verhandlungen abzubrechen und beim nächsten Verlag eine Fassung anzubieten, in der eben die Ratschläge des ersten Verlags befolgt wären, und unterstellte, dies hätte ich schon bei »Schattenboxen« getan. Frau Duty unterstützte diese Auffassung, sie war ja die Urheberin dieser Version. Ich brachte Gegenbeweise vor – Beschuldigungen, Gezänk. Am Ende versicherte Günther, er werde es nicht ein drittes Mal darauf ankommen lassen, daß ich mit einem Manuskript, das von seinem Verlag gefördert worden war, ein anderes Haus beglücke, und würde deshalb, falls wir mit »Es geht seinen Gang« zu keiner Übereinstimmung kommen sollten, auch an einer bereits begonnenen Polenreportage kein Interesse haben. Ich sagte: Junktim. Günther widersprach: Kein Junktim. Am Ende gefielen wir uns im Schlagwortabtausch. Dr. Günther: Es liegt eine große Verantwortung darin, ein Buch herauszubringen. Ich: Es liegt eine große Verantwortung darin, ein Buch *nicht* herauszubringen.

Manchmal besuchte ich Walter Janka, den gewesenen Spanienkämpfer und Leiter des Aufbau-Verlags; unter der Dusche im Zuchthaus Bautzen hatten wir zum ersten Mal miteinander geredet. Wir besprachen die alten und die neuen Zeiten, und ich staunte, wie unverdrossen er an seinen kommunistischen Idealen festhielt. Gustav Just, auch ein Ex-Bautzner, der, aus Böhmen stammend und Übersetzer aus dem Tschechischen, mich zur Zeit des Prager Frühlings mit den heißesten Neuigkeiten versorgt hatte, schwärmte vom Bauernhof, den er ausbaute – wir dürfen uns, so seine Devise, von denen da oben nicht zwingen lassen, unsere eigene Galle aufzufressen! Er hatte immer die neuesten Witze parat.

Einmal kamen Annelies und ich von einer Reise zurück, ich hielt den Telefonhörer ans Ohr – das war ein ungewohntes Gefühl. Ich besah das Ding und merkte, daß die Kappen fürs Hören und Sprechen vertauscht waren; beide hatten das gleiche Gewinde. Nur unser Jüngster, Robert, war in der Wohnung gewesen. Robbi, sagte ich, warst du's? Er verneinte.

Wir redeten tagelang auf ihn ein. Es wäre verständlich, aus der Überraschung heraus zu schwindeln, das hätte ich als Junge auch gemacht. Und es wäre ja nicht schlimm, wenn er den Hörer aufgeschraubt und die Kappen verkehrt aufgesetzt hätte. Also?

Ein technisch versierter Freund nahm Hörer und Apparat auseinander, er konnte nichts Anormales entdecken. Nun bekniete unser Ältester, Thomas, seinen Bruder: Wenn nicht er an dem Hörer gefummelt hätte, könnte es nur die Stasi gewesen sein, und es wäre doch leicht zu ermessen, was das für die Eltern bedeutete. Robert beharrte auf seiner ersten Antwort, und auch jetzt, viele Jahre später, geht er nicht von ihr ab. Also hatten uns die Genossen der Stasi-Abteilung 26 in unserer Abwesenheit mit ihrem Besuch beehrt. Nun durften wir spekulieren: Hatte ein Späher hinaufgewinkt, daß Robert die Straße entlangkäme, hatten die oben hastig und schludrig ihr Kundschafterwerk unterbrochen? Hatten sie mir bewußt signalisieren wollen: Freundchen, unser Arm reicht weit? Später entdeckten wir einmal einen besonderen Draht, und immer, wenn wir eine Störung hatten, besuchten uns die beiden selben Monteure, kultivierte Herren beide. Gelegentlich schenkte ich ihnen ein Buch. Mal sehen, ob mir, wenn ich in Leipzig bin, einer auf der Straße begegnet.

Bezirksverwaltung Leipzig
Abteilung XX/7

Leipzig, den 5.9.1976
Cl/Schö

Maßnahmeplan
zur Bearbeitung der OPK Loest, Erich

Der L. wurde bereits 1971/72 in OPK wegen Verdacht strafbarer Handlungen nach §§106 und 107 bearbeitet. Auf Grund der Tatsache, daß 1972 keinerlei Anzeichen hinsichtlich staatsfeindlichen Wirksamwerdens erarbeitet wurden, erfolgte die zeitweilige Einstellung der Bearbeitung mit der Maßnahme der Wiederaufnahme in Spannungszeiten.

Seit 1975 gibt es Anzeichen, daß L. versucht in seinen literarischen Arbeiten, Prinzipien der gesellschaftlichen Entwicklung der DDR in Frage zu stellen um sich damit für Verlage und westliche Massenmedien interessant zu machen.

Offiziell als auch inoffiziell wurde bekannt, daß er die Verbindungen zum »Hessischen Rundfunk« dazu nutze, um weitere Kontakte zum »Bertelsmann-Verlag« und zur »Frankfurter Allgemeinen« herzustellen und diese als Druckmittel zur Realisierung seines Romanvorhabens »Es geht alles seinen Gang« beim MdV Halle benutzt.

Die Zielstellung der weiteren operativen Bearbeitung des L. besteht darin, aufzuklären, welche pol.-ideol. Position er gegenwärtig einnimmt und zu verhindern bzw. einzuschränken, daß von ihm erneut feindliche oder politisch negative Handlungen ausgehen. Weiterhin ist der Charakter der Verbindungen des L. insbesondere zum »Hessischen Rundfunk«, zum »Bertelsmann-Verlag«, zur »Frankfurter Allgemeinen« und zum ehemaligen staatsfeindlichen Personenkreis, denen er angehörte, aufzuklären, um Pläne und Absichten hinsichtlich der Person des L. in Erfahrung zu bringen.

Einsatz von IM/GMS der eigenen Diensteinheit
IMV »Frank«; GMS »Brauer«

Der Einsatz des IMV sowie des GMS erfolgt im Schriftstellerverband der DDR in Leipzig. Die Kontakte sind dahingehend zu nutzen um Vorhaben in schriftstellerischer Hinsicht und die derzeitige pol. Haltung des L. in Erfahrung zu bringen. Dazu ist die ehemalige Verbindung im Freizeitbereich (Besuch von Sportveranstaltungen, gemeinsame Skatrunde) wieder aufzubauen.

IMS »Hans Heiner«; IMS »Richard Moritz«

Der Einsatz beider IMS erfolgt entsprechend ihrer Möglichkeiten im Freizeitbereich des L., mit der Zielstellung der Herausarbeitung des aktuellen Umgangskreises. Zur Erreichung der Zielstellung ist auf der

Basis des Bekanntseins von IMS »Hans Heiner« mit dem L. einen familiären Kontakt aufzubauen.

IMS »Grit«

Auf der Grundlage des bereits seit längerer Zeit bestehenden Kontaktes des IMS zu L., ist dieser in der Richtung zu aktivieren, die Zielstellung, Erarbeitung von Informationen über literarische Vorhaben, Veröffentlichungen und Verlagsverbindungen, ermöglicht.

GMS »Dozent«

Der Einsatz des GMS erfolgt im Präsidium des Schriftstellerverbandes mit der Zielstellung, Erarbeitung von Hinweisen von Verbindungen des L. zu Schriftstellern, die Mitglied des Präsidiums oder des Zentralvorstandes sind und zu geplanten Auslandseinsätzen, die im Auftrag des ZV erfolgen.

GMS »Burkhard« (Schlüsselposition)

Durch den GMS sind bei Kenntnis über öffentliches negatives Auftreten Auseinandersetzungen mit dem L. zu führen und Informationen für das Ministerium für Kultur zu erarbeiten, damit ein weiteres negatives Wirksamwerden in der Öffentlichkeit verhindert bzw. eingeschränkt wird.

Einsatz von IM/GMS anderer DE
IM Abt. XV (Gen. Bols)

Über den Gen. Bols ist zu prüfen, welcher Art der Kontakt seines IM zu L. ist und welche Möglichkeiten eines weiteren Einsatzes zur Aufklärung der Person des L. bestehen.

Einsatz eines IM der Abt. 26 (A)

Zur Konkretisierung und weiteren Aufklärung von L. ist der Einsatz eines IM der Abteilung 26 (A) zu gewährleisten.

Zur weiteren Kontrolle und Aufklärung der Person des L. als auch seines Verbindungskreises sind einzuleiten:
Kontrollmaßnahmen der Abteilung M

- Kontrollmaßnahmen der Abteilung PZF
- Wohngebietsermittlung

In Absprache mit der HA XX/7 sind Informationen anzufordern, die zur weiteren Aufklärung der Person des L. beitragen.

- Wertung zum künstlerischen Schaffen, wie Romanvorhaben und Veröffentlichungen über den HV Verlag.
- Informationen über Verlagsverbindungen, speziell auch zu Lektoren von denen er betreut wird.
- Informationen über eventuell bestehende Verbindungen zu Berliner Schriftstellern als auch Wertung des Charakters der Verbindungen.

- Informationen zu bestehenden Kontakten zu Verlagen und Medien aus der BRD sowie Informationen zu Presseveröffentlichungen und Rezensionen, die in der BRD zu ihm erscheinen.

Aufklärung bereits bekanntgewordener Verbindungen.

An Hand des bereits vorhandenen Materials der Abteilung M und PZF ist der postalische Kontaktkreis des L. in einer Verbindungsübersicht in schriftlicher Form zu dokumentieren und zu werten.

Die Zielstellung weiterer Maßnahmen der Abt. M und PZF besteht in der Kontrolle und Aufklärung des postalischen Kontaktkreises von L., speziell des Personenkreises von 1958, denen er angehörte und wo mehrere Personen wegen Staatsverrat verurteilt wurden.

Erarbeitung eines Sachstandsberichtes über den Stand der operativen Bearbeitung.

Termin: 27.10.76
verantw.: Gen. *Claus*

Referatsleiter
Tinneberg
Hauptmann

Im Juli 1990, bei der letzten Durchsicht meines Buches, beschnüffle ich dieses Dokument und wende es mit spitzen Fingern. »Offiziell als auch inoffiziell« haben die Genossen vielerlei erfahren, das wesentliche stand in meinem Brief an den Mitteldeutschen Verlag. Ihr kleinen Leipziger Spitzel »Frank« und »Brauer«, möge euch die Erde leicht werden. »Hans Heiner« und »Richard Moritz« sind mir wohlbekannt und haben ihr Päckchen zu tragen. Wer »Dozent« war, könnte die Arbeitsgruppe zur Erforschung der Schriftsteller-Verbandsgeschichte in Berlin herausfinden. Die Abteilung 26 (A) war für die Telefonabhörung zuständig, später kam 26 (B) für die Wanze hinzu.

»Burkhard« dürfte in der Schlüsselposition des Mitteldeutschen Verlags gesessen haben, den Dr. Günther noch immer leitet.

Herr Dr. Günther, haben Sie eine Idee, wer's war?

2.

Lipsia, mein Leben bedenkend, komme ich zur Überzeugung, du hättest zu dieser Zeit zufrieden sein sollen mit deinem Stadtbürger Erich. Denn ich verlangte nichts Unmögliches. Ich begehrte kein Auto, folglich brauchte ich nicht hinter Reifen und jedem denkbaren Verschleißteil herzusein. Vor Jahren hatte ich Coopers »Lederstrumpf« bearbeitet, immer wieder einmal wurden ein paar tausend Exemplare in der Bundesrepublik abgesetzt, dafür bekam ich Verrechnungsscheine, mit denen ich im Intershop westliche Köstlichkeiten kaufen konnte. Ach, mir ging es so viel besser als den meisten. So sagte ich mir und Annelies und meinem Vater, der, ein leidenschaftlicher Kaufmann, das gerne hörte, eigentlich bin ich richtiggehend reich.

Aber da quälte mich dieses Manuskript. Hottas hatte nach der nunmehr fünften Fassung geschrieben: »Wir haben, wie Du aus dem Gespräch mit dem Verlagsleiter, dem Cheflektor und mir hier im Verlag weißt, große Einwände gegen diesen Roman. Diese Einwände sind, nachdem nun das vollständige Manuskript vorliegt, nicht kleiner geworden. Wir wollen aber genau prüfen und brauchen deshalb mehr Zeit als die übliche Frist. Dieser Zwischenbescheid, den ich Dir im Auftrag der Verlagsleitung übermittle, soll zunächst einmal lediglich besagen, daß Dein Manuskript nicht automatisch als angenommen gilt, wenn diese Frist überschritten wird.« Die Hallenser waren auf der Hut.

Doch dann, im September, als sich nach der Sommerflaute das kulturelle Leben wieder zu regen begann, sikkerte diese Nachricht zu mir durch: Joachim Nowotny hatte ein Außengutachten beisteuern sollen, ein ablehnendes, und das hatte er nicht getan. Ihr täuscht euch, Leute, hatte er wissen lassen, vielleicht, daß man hier und da etwas mildert, aber für eine generelle Ablehnung gebe ich mich nicht her. Nun galt Nowotny als integrer Genosse und sollte es noch zum Vizepräsidenten bringen; er war Dozent am Literaturinstitut in Leipzig. Günther horchte auf. Kommando zurück! entschied er, erneut prüfen, erneut lesen!

Einer immerhin aus dem Mitteldeutschen Verlag wollte mir wohl, der saß eines Tages bei mir und sagte: Es ist zum Totlachen, jetzt polt der arme Hottas sein Gutachten um, aus Ablehnung macht er Zustimmung. Wie wär's, tastete ich, du könntest mir dieses Prachtstück herausschmuggeln, und wenn es nur für eine Nacht wäre? Das bräuchte ich für meine Sammlung. Unmöglich, erwiderte der Informant, so was läßt Hottas doch nicht rumliegen!

Da tauchte ein Mann bei mir auf, den ich seit langem kannte: Klaus Walther, dem Mitteldeutschen Verlag als Außenlektor locker verbunden und Mitglied der Bezirksleitung Karl-Marx-Stadt der SED. Ich hatte Walther immer sympathisch gefunden, einen großgewachsenen Mann um die vierzig, von unkompliziertem Gehabe. Walther eröffnete, Günther schicke ihn, man wolle sich noch einmal über »Es geht seinen Gang« unterhalten. Im Verlag hätten sich neue Meinungen gebildet, Hottas habe sich im nun schon ein Jahr währenden Ringen verschlissen, Helga Duty wolle sich heraushalten, es solle sich eine veränderte Mannschaft ans Werk machen, bestehend aus mir, Günther und ihm. Er sei dem Manuskript zugetan und durchaus guter Hoffnung. Na?

Donnerwetter, sagte ich. Hat Nowotny etwas damit zu tun? Und Klaus Walther antwortete mit unschuldig runden Augen: Nicht, daß ich wüßte.

Allmählich fanden wir zur Sache. Wülff brauche ein Gegengewicht, entwickelte Walther, und da habe er eine Idee: Ein *Erzähler* solle eingeführt werden, der das, was Wülff da erzähle, seinerseits erzähle und dabei zurechtrücke. Man müsse bloß ...

Moment, unterbrach ich, das ist genau die Methode, die einmal dem dicken Neutsch nahegelegt worden ist, als er seinen »Gatt« entwickelte. Da hat man ihm einen Erzähler angeraten, und mit dem hat Neutsch dann sein Buch gründlich verdorben. Aber wie wäre denn das: Ich füge hin und wieder eine Fußnote hinzu, und da erteile ich Zensuren: Hier irrt Wolfgang! Kollegiales Verhalten: 3 minus. Fehlendes Vertrauen in die Kraft der Arbeiterklasse, zurück auf Seite 21 und noch einmal würfeln!

Wir lachten. Du hast doch, empfahl Walther dann, den alten Huppel, er sitzt Wülff am Schreibtisch gegenüber. Huppel hat die Aufbaujahre der DDR mitgemacht wie du und ich – könnte nicht Korrektur von ihm ausgehen? Huppel sollte die alten Ideale vortragen und zu Wülff sagen: Bist ein Spießer!

Jetzt kam es darauf an, guten Willen zu zeigen. Warum nicht hier und da zehn Zeilen anfügen und sie bei späterem Arbeitsgang leise wieder rausstreichen? Gut, versprach ich, ich nehme mir das Manuskript noch mal vor. Und vor allem, hat Günther etwas von einem Vertrag gesagt? Direkt nicht, dämpfte Walther.

Da stürzte von einem Tag auf den anderen die Welt ein, wenigstens die kulturpolitische der DDR. Nichts vorher wühlte so auf, polarisierte, stürzte so viele Menschen in unberechenbare Wirbel wie die Ausbürgerung Wolf Biermanns durch die Behörden der DDR und der darauf folgende Protest. Am 17. November 1976 behaupteten alle Zeitungen der DDR, Wolf Biermann habe sich bei einem Konzert in Köln die DDR schädigend aufgeführt. Nun sei er kein Bürger des Arbeiter- und Bauern-Staates mehr. Zwölf Schriftsteller, alle bekannten Namens, baten Honecker, diese Maßnahme zu überdenken; ihre Petition übergaben sie auch einer französischen Nachrichtenagentur. Dutzende von Künstlern schlossen sich an, es begann eine Kette von Parteiversammlungen, Ausschlüssen, Gegenerklärungen, Rücknahmen, Treueschwüren und Verunglimpfungen. Die Taten und Untaten von damals wirken nach in den Lebensläufen aller, die betroffen waren.

Still saß ich im fernen Leipzig. Ich war Biermann nie begegnet. Jetzt fragte mich keine der streitenden Parteien, ob ich mich auf ihre Seite schlüge. Gut so, meinte ich, ich muß nicht in jede Kreissäge, die sich da dreht, den Finger stecken. Aber als Dr. Günther anrief und fragte, ob er mich zwei Tage später sprechen könnte, wußte ich, was die Stunde geschlagen hatte. Schnell fiel mir noch ein: Ob er vielleicht bei dieser Gelegenheit *den Vertrag* über »Es geht seinen Gang« mitbringen könnte? Da stockte er sekundenlang, dann sagte er: Ja, vielleicht.

Günther war erschöpft. Bei de Bruyn sei er gewesen, bei Heiduczek – aber erst einmal das: Und Günther zog aus der Tasche, worum nun seit länger als einem Jahr gefeilscht worden war. Ich las: »Das Werk soll folgenden Bedingungen entsprechen. Es wird die Geschichte des Ingenieurs Wolfgang Wülff in der Sprache unserer Tage erzählt. Dabei werden gesellschaftliche Zusammenhänge aufgedeckt, wie der einzelne die gebotenen Möglichkeiten wahrnimmt bzw. wie W. an keiner Weiterentwicklung interessiert ist.« Das hielt ich nun nicht gerade für glasklaren Stil (Hottas?), aber damit konnte man leben. Ich blätterte: Die Nebenrechte werden im Verhältnis 75 zu 25 zugunsten des Autors geteilt, das ließ sich hören. Verbreitung ab 1977, also rasch. Die Auflagenhöhe: 12 000 Exemplare. So wenig nur? fragte ich; 10 000 galt als normale Startauflage, natürlich lag sie bei den Großen der Zunft wesentlich höher. Das sollte mich nicht verstimmen, erwiderte Günther, er könne ja schnell, vielleicht im selben Jahr noch, eine zweite Auflage nachschieben. Das Honorar sollte 15 Prozent vom Ladenpreis betragen, also den höchstmöglichen Satz. So zückten wir unsere Kugelschreiber und signierten, dabei bemühten wir uns um maßvolle Feierlichkeit.

Dann begann der Verleger mit dem Thema, dessentwegen er gekommen war: Die heiße, vertrackte Biermannsache, es sei ein Skandal, wie der Mann sich in Köln aufgeführt habe, und was wäre denn der DDR anderes geblieben, als ihm den Stuhl vor die Tür zu setzen? Ausbürgerung habe seit Nazitagen einen schlimmen Klang, erwiderte ich, nun stecke man im Schlamassel. Aber anderenfalls hätte man Biermann bei der Rückkehr den Prozeß machen und ihn einsperren müssen, argumentierte Günther, das hätte noch größere Aufregung gegeben. Der Staat könne sich das nicht bieten lassen, das verstünden manche Kollegen nicht, dem Genossen Honekker hätten sie ein Ultimatum gestellt, nun, wenigstens dem Chefredakteur von »Neues Deutschland«. Jetzt heule die Westpresse auf.

Man habe eben in der DDR die wirklich brisanten Dinge nicht ausdiskutieren können, da sei es kein Wunder, daß Schriftsteller sich anderweitig Gehör verschafften – das hielt ich entgegen, Günther gab es halb und halb zu, verwies aber darauf, was nun gemacht worden sei, verschlimmere alles nur, geduldig hätte ...

Nach einer Stunde sagte ich, ich hätte bisher nicht gegen die Ausbürgerung Biermanns protestiert, niemand habe mich darum ersucht, und sollte es noch geschehen, würde ich mich verweigern. Aber ich wolle mich auch nicht auf die Seite derer schlagen, die der Ausbürgerung zujubelten. Als ich ins Zuchthaus gegangen sei, habe das keinen meiner Kollegen auf die Barrikaden gebracht, andererseits sähe ich keine Veranlassung, eine Polizeimaßnahme zu lobpreisen.

Diese Argumentation, antwortete Günther, finde er brüchig, aber daß ich den Aufruhr nicht noch vergrößern wolle, sei schon etwas. Und über gewisse Änderungen im »Gang«-Manuskript werde man noch reden?

Zum Umfallen erschöpft machte sich Günther davon. Am nächsten Tag, murmelte er, stünden drei weitere Hausbesuche auf dem Programm. Und ich versicherte zum Abschied: Ich möchte jetzt nicht in deiner Haut stecken, Eberhard.

Ein langer, schlimmer Winter folgte: In Berlin tobten Parteiversammlungen und Ausschlußverfahren. Ich schrieb. In der Deutschen Bücherei las ich Wollschlägers Karl-May-Biographie und blätterte in den dicken Faksimile-Drucken der frühen Kolportageromane meines sächsischen Landsmanns. Jetzt stand ich jede Woche einmal, zweimal auf der Kabarettbühne der »Pfeffermühle«. Als dieses Programm zusammengestellt worden war, hatten wir gemeint, würden wir dreißigmal damit auftreten, hätte sich die Mühe gelohnt. Jetzt war die fünfzigste Aufführung vorbei, jede ausverkauft, ein Ende nicht abzusehen. Ich half mir über Abstumpfung hinweg, indem ich meine Conférence ausbaute. Meist spielten wir nach der regulären Vorführung bis Mitternacht. Dann ein Bier im Kollegenkreis, um die Anspannung abklingen zu lassen. Zu Fuß nach Hause, durchgeatmet. Nun sagte ich den betrübten Kollegen, sie möchten bitte meine Texte unter sich aufteilen, ich müsse wieder an den Schreibtisch zurück.

Beim Schriftstellerverband in Berlin (GMS »Dozent«) hatte ich unterdessen den Antrag gestellt, ein weiteres Mal in die Bundesrepublik reisen zu dürfen, denn ich war zu Lesungen eingeladen. Da baten mich meine Leipziger Kollegen an ihren Tisch, und Vorsitzender Pfeiffer fragte, wie ich wohl inzwischen über die Biermann-Ausbürgerung denke. Ich erwiderte, ich enthalte mich jeglicher Stellungnahme, denn in diesen Komplex spiele vieles hinein, dessentwegen ich im Knast gesessen hätte. Zunächst war Stille wie immer, wenn ich meine Zuchthausstrafe erwähnte, denn hier wußte jeder, wie unberechtigt sie gewesen war. Schließlich beschied Pfeiffer, in dieser Zeit verschärfter Spannungen dürfe nur der nach dem Westen fahren, der in der Biermann-Frage eindeutig zu Partei und Regierung stehe.

Endlich, inzwischen war es April geworden, rief Günther an: Er habe nach aufreibenden Wochen die Zeit gefunden, das »Gang«-Manuskript gründlich durchzuarbeiten, man könne, wenn man sich noch über einige Punkte einige, es letztlich wohl doch annehmen. Ein Termin wurde vereinbart, Günther packte den Papierstapel aus und sprach gewichtige Worte: Heute muß die Glocke werden! Er hub zu einstündigem Vortrag an, ich wußte, daß er derlei liebte. Nach notwendigem, klärendem Ringen in der Biermannfrage sei man an einem Ruhepunkt angelangt, endlich müßten alle wieder in ihre Arbeit finden, müßten Groll begraben, ohne grundsätzliche Positionen aufzugeben. Im zur Debatte stehenden Roman sehe er inzwischen – es habe bei ihm auch andere Blickwinkel gegeben, und dazu sei durchaus Anlaß gewesen – einen interessanten und erwägenswerten Versuch und so weiter; ich hörte still zu. Wülff sei, so finde Günther unterdessen durchaus, ein Mensch unserer Gesellschaft, der durch Konflikte hindurchgehe und nicht so passiv sei, wie manche Kritiker gemeint hätten. Erich, wenn wir uns heute über 26 Punkte einigen, reiche ich morgen das Manuskript beim Ministerium ein. Ich sagte: Denn mal los.

Wir debattierten vier Stunden lang. Anfänglich ging es um die härtesten Brocken, hier um zehn Zeilen, dort um fast eine halbe Seite aus dem heißesten Kapitel. Da hieß es: »In diesem meinem Rückblick kommt mir der Gedanke, daß der Polizeigeneral, der damals den Sieg auf dem Leuschnerplatz errungen hat, heute gar nicht allzu stolz sein dürfte, wenn er daran erinnert wird. Ich jedenfalls denke so: Macht wird stets ausgeübt von jemandem *gegen* jemanden. Und der, der Macht ausübt, sollte sich den, der sie zu spüren bekommt, haargenau ansehen.«

Im Sozialismus, meinte Günther, werde keine Macht *gegen* irrende Jugendliche angewendet, Verantwortung sei etwas ganz anderes. Erich, erklärte Günther, ich sag es dir klipp und klar: Wenn du auf diesem Satz bestehst, reiche ich deinen Text nicht ein. Ich nahm den Kugelschreiber und strich. Dasselbe, beharrte Günther, treffe auf den Schlußabsatz des Kapitels zu: »Letzten Sommer, als ich sonntags morgens mit Bianca zur Russischen Kirche pilgerte, damit wir dort unter Gebimmel unsere Runden zelebrierten, kam ich am Hochhaus vorbei, in dem der Parteisekretär des Bezirks wohnt, das Mitglied des Zentralkomitees, und da dachte ich, was würde der verehrte Genosse wohl antworten, wenn ich ihm meinen Hintern hinhielt und fragte: Na, wie findest du das nach zehn Jahren? Ich müßte gewiß lange reden, ehe ich ihm begreiflich gemacht hätte, daß ein Hundebiß noch andere Narben hinterließ, unsichtbare auf der Seele und auf diesem rotfunkelnden Organ, das politisches Selbstbewußtsein heißt. Ich malte mir aus, wie der Genosse zuhörte und nicht lachte wie immerzu in der Zeitung. Ich hoffte, er sagte nicht: Davon weiß ich nichts, damals war ich in Berlin. Und ich hoffte noch viel weniger, daß er sagte: Vielleicht hast du dich an einem Haken auf dem Boden gerissen, Junge, hast du nicht damals deine Luftmatratze gesucht? Spinnerei. Aber eines halte ich für erwiesen: Daß, wo geschlagen wird, immer zwei sind.«

Auch hier ginge ich, so Günther, am Geist der Epoche vorbei, sozialistische Demokratie und Verantwortung seien ungleich komplizierter. Und wieder strich der willfährige Autor. Ein paar Seiten vorher, im Vorfeld der Schlacht: »Mobilmachung. Es war eine Stimmung wie im Film ›Der stille Don‹: Die Deutschen hocken in ihren Schützengräben hinter den Maschinengewehren, die Kosaken sitzen auf ihren Pferden; es ist unglaublich still, als ob früh um sieben die Welt wirklich in Ordnung wäre. Und diese Stille zittert vor einem ganz großen Knall.« Kriegsstimmung? fragte Günther, Bürgerkriegsstimmung? So denn nun doch nicht! Und abermals zeigte sich der Autor streichbereit.

Dann ging's um ein Wort, um eine Zeile, um die Unschärfe eines Begriffs. Nach dem neunten Einwand sagte ich: Du, Eberhard, für mein Selbstgefühl ist es allmählich nötig, daß auch mal ein Punkt an mich geht. Der nächste nicht, erwiderte Günther, aber der übernächste – na gut. Unsere Anspannung sackte ab, nach drei Stunden fragte ich, ob wir uns wohl allmählich ein friedliches Schlückchen leisten könnten? Noch ein paar Kleinigkeiten, einmal wußte Günther nicht mehr so richtig, was er gegen eine bestimmte Wendung gehabt hatte. Das da – nicht so wichtig. Das da – na, soll's stehenbleiben. Das da – und ich gestand: Eberhard, in dem Punkt hast du einfach recht.

Dann saßen wir ergriffen und dachten an das, was hinter uns lag. Nachgiebig, feige gar, hatte sich keiner von beiden gezeigt, wir hatten uns mit aller Kraft aufs Auge geschlagen. Wir fühlten Achtung voreinander wie Boxer, die sich das Letzte abverlangt hatten. Es war nicht die schlechteste Eigenschaft Günthers, einen beim Abschied fest die Hand zu drücken, an sich heranzuziehen und ihm in die Augen zu blicken. Mach's gut Eberhard! Mach's gut, Erich! Und das fügte Günther noch an: Wenn alles einigermaßen abliefe, sollte das Buch zu Weihnachten auf dem Tisch liegen.

Es wurde Frühling und Sommer, ich arbeitete an meinem Karl-May-Roman, sprach mit meiner Lektorin Sibylle dieses und jenes durch – allmählich rundete sich das Buch. Wenn mein Blick stumpf zu werden drohte, notierte ich einiges über meine Jugendzeit: Nachkriegsära, als Volontär der »Leipziger Volkszeitung« in Rochlitz, als Redakteur in Leipzig. Als ich den Roman »Jungen, die übrig blieben« schrieb. Als ich Mitglied der SED wurde. 17. Juni 1953, Parteiverfahren. Normalerweise schrieb man ja Memoiren, wenn man richtig alt war, aber ich fand: Jetzt erinnerst du dich besser als in zwanzig Jahren.

In der DDR gibt es eine Reihe ähnlich dem TATORT, sie heißt »Polizeiruf 110«. Ein fröhlicher Dramaturg versuchte mich anzuheuern, denn ich hätte ja Krimis geschrieben. Ich lehnte ab. Konfliktlos ging es im »Polizeiruf« zu, ich hatte einen Streifen gesehen, da lag ein Toter in einer Badekabine – Mord? Aber nein, am Ende stellte sich heraus, er war von der Leiter gefallen, und ein anderer hatte Sand geklaut. So nicht! Aber da geschehe in Leipzig etwas Aufregendes, ein Messerstecher gehe um, der Frauen überfalle, und die Presse schwiege dazu. Der Dramaturg sagte: Und wenn ich Ihnen die Unterlagen brächte?

Ein Jahr später hieb er mir ein Bündel auf den Tisch: Die Polizeiakte über den Messerstecher! Ich las die halbe Nacht, dann schrieb ich und schrieb, und es kam, wie nicht anders zu erwarten: Eines Tages holte der forsche Vorpreller die Akte kleinlaut wieder ab – er war unter lächerlichen Argumenten zurückgepfiffen worden. Da entwarf ich eine Geschichte über diese Geschichte: Ein Dramaturg des Fernsehens und ein Schriftsteller waren nun die Hauptpersonen und nicht mehr der Junge, der in der Dämmerung von einem Fahrrad aus auf Frauen eingestochen hatte. Publikationspflicht und Offenheit waren mir zum Thema geworden, die Filmidee bekam eine andere Dimension. Da tauchte bleich vor Ärger eine Regisseurin bei mir auf. Bei allem, was wir zusammen unternähmen, zürnte sie, sei Solidarität eine Grundvoraussetzung, es sei gemein von mir, den Eifrigen in die Pfanne zu hauen, denn mir müsse doch klar gewesen sein, daß er mir die Akte gar nicht hätte überlassen *dürfen.* Und nun schilderte ich ihn auch noch kenntlich bis zur Schuhgröße hin! So fiele ich allen, die versucht hätten, einen Weg zu finden oder auch zu erschleichen, in den Rücken. Man müsse sich wirklich überlegen, ob mit mir Zusammenarbeit noch möglich sei.

Kleinlaut gab ich dem Wagemutigen ein anderes Aussehen. Nun lag wieder eine Geschichte in meinem Kasten, für die sich in der DDR kein Verlag finden würde. Flink baute ich sie zum Hörspiel um, Hendrik Bussiek, ein Westberliner Journalist, nahm das Manuskript mit und brachte es nach Köln, beim WDR wurde es produziert; »Messerstecher« stieg zum Hörspiel des Monats auf. Wieder belasteten meine Oberen mein Minuskonto mit einer kräftigen Anmerkung.

War es dennoch eine gute Zeit? »Es geht seinen Gang« war über die Bühne, allerdings konnte es in diesem Jahr nicht mehr erscheinen, wieder einmal war das Papierkontingent gekürzt worden. Aber gleich zu Beginn des kommenden Jahres! Und ich sagte meinen alten Bautzener Spruch her: Wir haben warten gelernt.

Zur Herbstmesse strömten Besucher in die Stadt, und wer vom Kulturvolk auf sich hielt, ergatterte eine Karte für die »Pfeffermühle«. Nach der Vorstellung drängten sich Ostler und Westler in der Kantine bei Bier und Schnaps und systemübergreifendem Gespräch, überragt vom ARD-Korrespondenten Fritz Pleitgen. Da raunte mir einer ins Ohr, ob ich einen westdeutschen Verleger kennenlernen wolle, und ich erwiderte: Warum nicht? So wurde vorgestellt: Herr Böckel aus Stuttgart, Herr Loest, sehr angenehm. Und Böckel entwickelte in einer vom Gesprächslärm überhallten Ecke, er hege kein Interesse, von dem einen Autor mal das, von dem anderen jenes zu bringen, er wolle einen Autor über Jahre hinweg aufbauen und keinen kurzatmigen Kleinkram. Ich erzählte von »Es geht seinen

Gang«. Diesmal sah ich keine Veranlassung zum Alleinritt wie fast zwei Jahre vorher, als ich mir bei der Autoren-Edition in München eine Abfuhr geholt hatte. Noch während dieser Messe konferierten Böckel und Günther, und schon am 22. September 1977 erhielt ich aus Halle ein feines Schreiben: »Wir freuen uns, Ihnen mitteilen zu können, daß die DVA in Stuttgart 3000 Exemplare Ihres neuen Werkes ›Es geht seinen Gang‹ von uns mitproduzieren läßt. Sie haben die Möglichkeit, 35% des Honorars in Valutaschecks zu erhalten. Bitte teilen Sie uns mit, ob Sie diese in Anspruch nehmen wollen.«

Ich nahm mit Vergnügen.

Zu dieser Zeit bummelte ich eines Samstagnachmittags vom Fußballstadion heimwärts. Durch den Südfriedhof spazierte ich zu Seiten des Völkerschlachtdenkmals und kam an der Grabreihe entlang, in der Leipzigs antifaschistische Opfer beerdigt sind. Ein verdienter Genosse war soeben gestorben, sein Grab war überhäuft mit Kränzen, und da gewahrte ich eine Schleife: »Unserem teuren Toten – Ministerium für Staatssicherheit, Bezirksverwaltung Leipzig.« Und ehe ich recht nachdachte, beugten sich meine Knie, nestelten meine Finger in grabschänderischer Weise, und hast du nicht gesehen, hatte ich das Band gelöst und gerollt und in der Jacke verstaut. Rasch schritt ich weiter, als könnte ich kein Wässerchen trüben, scheel nach allen Seiten sichernd. Da wußte ich schon: Mensch, wenn sie dich jetzt eben erwischt hätten!

Was ich mit meiner Beute anstellen wollte, überlegte ich erst daheim. Meine Tochter bat ich, mir daraus eine Krawatte zu nähen, das tat sie.

An meinem nächsten Geburtstag wähnte ich meine Stunde gekommen. Gegen Mitternacht band ich das Stück um und verkündete in erstaunte und auch betretene Gesichter hinein, diesen Ehrenschlips hätten mir meine Genossen am Morgen in den Diensträumen an der Runden Ecke – sie wurde in den Herbsttagen 1989 weltbekannt – angesichts meiner treuen Taten verliehen. Mancher betastete mein Frevelstück, jaja, es war echt. Freude oder Jubel kamen nicht auf, ich hatte wohl schon frischer gescherzt.

Am nächsten Morgen beim Aufräumen suchte und suchte ich, das Ding war nicht zu finden. Ich fragte Annelies: Ja, erwiderte sie, noch am Abend, als der letzte Gast gegangen und ich schon im Bett war, hätte sie das blöde Stück in den Ofen gesteckt und bis zur letzten Faser verbrannt. Wenn irgend einmal jemand sie bei einer Vernehmung fragen sollte: Und was taten Sie, als Ihr Mann das Ansehen des Ministeriums für Staatssicherheit in ungeheuerlicher Weise schändete? Nie wäre etwas derartiges geschehen – sie würde leugnen bis zum letzten Augenblick! Wer hatte dieses Märchen aufgebracht? würde sie rückfragen, wer war der Verleumder, was spann er sich zusammen in seinem Suff?

Still dachte ich bei mir: Das war das bestmögliche Ende. Mit Albereien dieser Art hatte sich mancher die Karriere verdorben, mancher ein paar Monate Knast eingehandelt. Ich schüttelte über mich selber den spätpubertären Kopf.

Später entnahm ich meiner Stasi-Akte: Dank einer von der Abteilung 26 schlau plazierten Wanze hatten die Genossen auch diesen Streich spitzgekriegt.

3.

War's kühler geworden in der Kulturpolitik? Eine Äußerung des Kulturministers dort, die Ablehnung eines Manuskripts hier – Klima setzt sich aus vielen Komponenten zusammen. Es war ja immer so gewesen, wenn die Politik ins Schleudern gekommen war, nach dem

17. Juni 1953, nach dem XX. Parteitag der KPdSU drei Jahre später: Langsam und leise hatten sich die beharrenden Kräfte, die Hüter des Sozialistischen Realismus, des positiven Helden und der führenden Rolle der Partei konsolidiert. Der Biermannstunk hatte konservative Thrönchen wackeln lassen; es kam die Zeit, daß sich die, die auf ihnen saßen, wieder zurechtrückten.

Anfang Februar 1978 gab mir Günther meine Memoirenbruchstücke zurück. Seine Haltung war ohne einen Lidschlag heimlichen Einverständnisses. Er könne dieses Manuskript nicht bringen, teilte er nüchtern mit, und er wolle es auch nicht. Was ich über Hitlerjugend, Nazischule und Krieg berichte, gehe an, aber je weiter ich mich in die Zeit der DDR vorwärtsschreibe, desto fragwürdiger werde es. Wie ich die Wandlung der SED zur Partei neuen Typus und gar den 17. Juni 1953 schildere, wie ich mein Parteiverfahren danach darstelle und die Rolle, die ich einem verdienten Genossen, dem jetzigen Stellvertreter des Kulturministers Siegfried Wagner dabei zumesse, finde seine entschiedene Ablehnung. Versöhnlerisch ginge ich mit Bloch, Hans Mayer und Zwerenz um, die längst im Lager des Gegners stünden – eine Unmöglichkeit also für einen sozialistischen Verleger. »Dieses Manuskript«, schloß er, »riecht nach Fortsetzung. In welche Zeiträume und Gefilde du dann vorstoßen mußt, wissen wir beide. Ich warne dich, Erich. Über eines mußt du dir im klaren sein: Wenn du das etwa im Westen herausbringst, ist hier für dich kein Platz mehr.«

Jetzt las ich hin und wieder öffentlich aus dem »Gang«-Manuskript. In der Schwimmhalle des Oktoberbeton ließ ich Wülff mit einem schwarzbehaarten, energischen Elternteil mit Bauchansatz zusammenprallen, das seinen Jungen, *seinen* kleinen Jungen zum Schwimmen abrichtete; den Mann schimpfte Wülff in ungebremster Wut einen Faschisten. Und wieder las ich über

Wasserwerfer und Hundebiß, so auch vor Studenten einer Fachschule in Markkleeberg. Danach fragte ein Zuhörer ernsten Gesichts, ob er denn recht gehört habe, dieser Roman werde demnächst richtig und legal in den Buchhandlungen zu kaufen sein? Mit dieser Passage? Da versicherte ich abermals in staunende Ohren hinein: Ich habe die Druckfahnen abgesegnet, nur noch wenige Wochen, und das Buch wird für acht Mark wohlfeil sein. Das, bekannten die Studenten, hätten sie nie und nimmer für möglich gehalten, und sie gelobten, in ihnen hätte ich meine ersten Käufer.

Ein freundlicher Mensch nahm mich anschließend in seinem Auto mit zurück in die Stadt. Tags darauf sprach er, der bewährte Stasispitzel IM »Bernd«, mit seinem Führungsoffizier: Er hätte Loest kennengelernt. Sein Aufgabengebiet wurde erweitert, »Bernd« war jahrelang um meine Familie und mich herum, eines Tages klärte er sogar mein Umfeld in Osnabrück auf. Dieser Abend hatte sich für ihn gelohnt.

Anfang April 1978 rief der Pförtner einer Druckerei in der Oststraße an; ich konnte vom Erker meiner Wohnung aus das Tor sehen. Wir haben ein Buch von Ihnen gedruckt, sagte der Pförtner, sollen wir Ihre Belege rüberschicken? Was, schrie ich, ich komme sofort!

Minuten später hielt ich die ersten Exemplare von »Es geht seinen Gang« in den Händen, schwarz-gelb die Ostausgabe, schwarz-weiß die für die Bundesrepublik, die Westware natürlich auf besserem Papier. Ich blätterte, las und bedachte wie jedesmal, wenn ich ein frisches Buch in der Hand hatte: Das ist nicht mehr rückgängig zu machen, jeder kann dich nun preisen oder es dir um die Ohren hauen. Nie war mir ein Buch so schwer gemacht worden, nie hatte ich es mir selbst so schwer gemacht. Feierstunde. Jetzt ganz leise reden, auf den Balkon gehen und in den Garten schauen, zurück in den Erker. Einen Freund anrufen: Du, das neue Buch ist da, nein, ich verkohl' dich nicht! Weißt du noch, als du geunkt hast: Das wird nie was?

Zwei Wochen lang schrieb ich keine Zeile. Ich signierte und brachte zur Post, Freunde kamen, um sich ihr Exemplar zu holen, das war Anlaß zu manch kleiner Feier. Festwochen. In sie hinein paßte dieser Brief:

»Lieber Erich Loest! Du hast meines Erachtens ein wichtiges Buch geschrieben, das sicher bei vielen Zustimmung wie auch manchen Widerspruch hervorrufen wird. Aber so soll es ja sein – im Interesse der Autoren, unserer Leser, unserer Literatur überhaupt. Ich bin davon überzeugt, daß dein Buch – um den Titel einmal zu variieren – seinen Weg machen wird. Unsere Zusammenarbeit bis zu diesem für uns alle freudigen Ereignis war nicht immer bequem. Wir haben uns nicht nur Freundlichkeiten zu sagen gehabt, haben uns gestritten und dann verständigt. So soll es auch bleiben. Laß uns noch viele Bücher zusammen machen! Herzliche Grüße, auch an Deine Frau, Dein Eberhard Günther.«

Die Hinrichs'sche Buchhandlung unweit von »Auerbachs Keller« hatte eine Signierstunde angekündigt, dafür hatte sie fünfzig Exemplare bereitgestellt. Mehr anzubieten war bei solchem Anlaß nicht üblich, meist war weniger abgesetzt worden. Als ich mich dort einfand, lungerten Leute an den Regalen und vor der Tür, als ich mich ans Tischchen setzte, bildete sich im Nu eine Schlange. Ich maß sie mit den Augen und entschied: Pro Person nur ein Exemplar, bitte. Dann numerierte ich und schrieb die Namen meiner Leser hinein: »Nr. 1 der Signierstunde herzlich für ...« – so zog ich die Prozedur in die Länge. Dann stand ich noch ein wenig herum, und eine herzliche Dame schenkte mir eine Flasche Sekt.

Das erste Echo kam von Günter Kunert:

»Lieber Erich, Du weiß ja, daß Schriftsteller eigentlich von ihren Zeit- und Landesgenossen kaum was lesen, in der irrigen Meinung, nichts Wesentliches erfahren zu können. Nun enthält auch Dein Buch keine Enthüllungen irgendwelcher Geheimnisse, das ist auch nicht der frappierende Zug daran, sondern die Intensität, mit der die Misere dargestellt ist, und – natürlich – daß sie überhaupt dargestellt ist. Ein erstaunliches Buch! Es ist wahrscheinlich das erste, das keinen faulen Kompromiß eingeht und seine kritischen Intentionen am Ende ins Harmonische abbiegt. Aber das weißt Du alles selber und ich kann dir weiß Gott nichts anderes mitteilen als meine Hochachtung vor diesem absolut gelungenen Unternehmen, das nicht, wie so vieles, sinnlooous ist. P.S. Kannst Du mir noch ein Exemplar schikken?«

»Ich bin kein Held, sagt Wülff. Ist er deshalb ein Versager?« So überschrieb Christel Foerster ihre Kritik in der »Leipziger Volkszeitung«, die erschien, ehe sich in Chefredaktion oder Bezirksleitung eine Meinung bilden konnte. »Die zu diesem Leben gehörende, keineswegs krause Geschichte« hieß es da, »erzählt Wülff manchmal dem Leser direkt, manchmal dem Schreibtischpartner, ›Kollegen, Freund, Gegner im Gerangel um die Verzinkerei, mit mir im Gespann täglich für acht und eine dreiviertel Stunde‹, dem ›guten alten Huppel‹. Eine liebenswerte, wahrhaftige Figur. Die Grunderlebnisse Wülffs kommen aus dem Milieu dieser Stadt Leipzig, genauer: aus einem Teil der ›inneren Ostvorstadt‹, aus der Gegend südlich der Thälmann-Straße. ›Ich bin, wie ich bin‹, sagt er einmal – hier erfuhr er erste soziale Bindungen, hier wurde das Zoon politikon Wolf Wülff geprägt. Zu der natürlichen Skepsis, die den Leuten im Leipziger Osten schon immer Lebenshilfe gewesen ist, kommt ein wehmütiger Sarkasmus, der Wülff zwar nicht zum Bruder, aber doch zum Verwandten des Plenzdorf-Wibeau macht. Niemand zeihe den Autor, nur weil er ›kleine‹ Leute in ihren kleinen Verhältnissen und mit ihren kleinen Wünschen darstellt, der Kleinbürgerlichkeit. Nein, Loest ist ein genauer Chronist mit Ansprüchen an die Moral. Binsenweise steht auf Seite 188 der Satz: ›Wer liebt, ist verletzlich.‹ Ich ahne in ihm eine Art Schlüssel zum Buch. Nicht daß es irgendwo etwas zu dechiffrieren gäbe, erklügelten Allegorien hängt Loest ohnehin nicht an. Dieser Satz will ihn, glaub' ich, schützen vor denkbaren Verdächtigungen, er würde am Ende nur ›meckern‹ wollen. Loest liebt Menschen, verletzlich ist er, wenn ihnen Unrecht oder nicht schnell genug Recht widerfährt. Und auf ganz normale, uns gewiß ungewohnte Weise unterhält sich Wülff sogar mit so bedeutenden Leuten wie 1. Sekretären, mit Augenzwinkern natürlich, denn nur der Leser erfährt davon; auch das ist kein bloßer Kunstgriff des Autors, sondern ein, noch dazu freundliches, Bekenntnis zum Realismus. Auf vordergründige Weise ermutigt der Roman kaum, eher geht Wehmut von ihm aus, trotz der eingefangenen Alltagsschnoddrigkeit junger Leute, und doch berührt dieses Buch, macht betroffen. Meinem Geist war es nützlich, und meinem Herzen gab es Mut.«

Von der Ostseeküste schrieb der Kollege Wolfgang Schreyer: »Der ›Gang‹ hat bis zum Ende für mich durchgehalten. Ihr bestes Buch! Ich las es mit gleichem ästhetischen Genuß wie Schlesingers ›Alte Filme‹. (Haben Sie Schlesingers Adresse? Hinstorff gibt sie mir nicht! Lachhaft.) Ganz abgesehen von den erfrischenden Spezialeinlagen, die Geschichte ist rund, die Charaktere sind vorhanden – sie vertragen diesmal die Naturalismen und gewinnen dadurch an Profil. So wie ich dazu neige, im Dokumentarischen der Zeitgeschichte zu versacken, so droht Ihnen oft der Absturz in Alltagsbanalität; das scheint in unseren Talenten halt so angelegt, es nimmt unseren Texten auf jeden Fall Breitenwirkung – solange eben nicht der Funken einer Idee zur Story und

Figuren aufspringt; dann kann das Laster zur Bereicherung werden, und das ist beim ›Gang‹ geschehen.«

Fritz Rudolf Fries, in Leipzig aufgewachsen, jetzt Schriftsteller in der Nähe von Berlin:

»Lieber Loest, ich glaube, hier ist Ihnen alles gleich gut gelungen, Figur und Sprache und Fabel, es hat die Schnoddrigkeit im Ton, die angemessen ist, es belegt das Neudeutsch unserer hemustrunkenen Menschen, das Schrankwand/Regalwand-Klischee ist ein Alptraum, und noch bei der Erotik kriegt man lesend eine Gänsehaut. Die Schnoddrigkeit geht ja auch übers Lokale hinaus und tradiert den amerikanischen Roman, Selby oder C. Bukowski, den mir neulich der Zoll ausm Auto zog und für sich behielt wegen schweinisch.«

Ach, Kalliope, die Muse der Epikerei, konnte sich nicht genug tun, füllhornweis das Glück über mich auszukippen; bisher war sie ja mehr anderweitig beschäftigt gewesen. Wie hatte sich mir neidvoll das Zwerchfell verhärtet, hörte ich, daß Christa Wolf nach New York flog, Kunert nach London, Fries war in Paris gewesen und hatte Portugal im Visier, Fühmann in Hamburg, Kant am Rheine, Heiduczek wollte zu Schiff nach Indien – nun dampfte auch ich mit gültigem Visum in die weite Welt, in Amsterdam verfrachtete mich Professor Labroisse in eine bolseigene Kneipe und lehrte mich, wie man jungen Genever aus übervollem Glase schlürft. Zu Abend hatte seine Frau aufgefahren, was gut und landesüblich war. Da speise ich vier Matjesfilets, dann Pastete, noch mal zwei Filets, von jedem Käse ein bißchen und zum Schluß noch mal zwei Filets, weil ich dachte, so könnte ich der Hausfrau eine Freude machen. Als ich tags darauf in einem Geschäft entdeckte, daß ein Filet 2.20 Gulden kostete, schämte ich mich gebührlich.

Diese Stadt! Zwei halbe Tage blieben – Reichsmuseum oder Van-Gogh-Museum, für beide reichte die

Zeit nicht. Schiffchenfahrt durch die Grachten, die enge Treppe im Anne-Frank-Haus hinauf. Rasch nach Utrecht, dort leitete Gregor Laschen das Seminar, auch hier vermochten niederländische Germanistikstudenten dem Geschehen im Leipziger Osten zu folgen. Welches Glück, Schriftsteller im Aufwind zu sein! Gehabte Schmerzen, die hatte ich gern.

Stefan Heym: »Ich habe Ihr Buch in einem Zug durchgelesen. Nicht nur, daß Ihre Menschen leben und daß die Erzählung technisch hervorragend gemacht ist, sondern vor allem, daß es ein liebenswertes Buch ist. Ich habe lange nach diesem Wort liebenswert gesucht, um das Gefühl zu beschreiben, das ich von dem Buch hatte, als ich es zuklappte. Und eigentlich ist es ein Propagandabuch für die DDR, denn immerhin sagt Autor Loest aus, daß dies ein Land ist, wo ein anständiger Kerl wie Ihr Wülff doch sein Glück finden kann.«

Aus meiner Stasi-Akte

BV für Staatssicherheit — Leipzig, den 19.5.1978
Abteilung XX/7 — Cl/Lei

Maßnahmeplan zur operativen Bearbeitung des
L o e s t, Erich

Die Zielstellung besteht in der Aufklärung und Kontrolle der Aktivitäten des Gegners, L. zu einem Stützpunkt der PID und der fKP auszubauen und im rechtzeitigen Erkennen hinsichtlich seines feindlich-negativen Wirksamwerdens gegenüber der Kulturpolitik unseres Staates sowie in der Einleitung schadenverhütender Maßnahmen und der Erarbeitung von Parteiinformationen.
Besonders ist bei den negativen Aktivitäten das konzeptionelle gemeinsame Vorgehen von L. und Heiduczek zu beachten und seine Verbindungen zu Mattheuer.

1. Einsatz von IM und GMS

1.1. IMS »Frank«, GMS »Dozent«, GMS »Brauer«, GMS »Lothar«

Der Einsatz des IM als auch der GMS erfolgt im SV/DDR Leipzig. Die bestehenden Verbindungen sind zur Aufklärung von Kontakten im SV/DDR, Vorhaben des L. in schriftstellerischer Hinsicht, zur Reisetätigkeit und zum Auftreten und Verhalten im Bezirksverband sowie zur Erarbeitung seiner derzeitigen politischen Haltung, zu nutzen. Darüber hinaus hat der Einsatz des IMS »Frank« im Freizeitbereich (Besuch von Sportveranstaltungen, gemeinsame Skatrunde) mit gleicher Zielstellung zu erfolgen.

1.2. IMS »Hans Heiner«; IMS »Richard Moritz«

Über den Gen. Heinig ist zu prüfen, welche Möglichkeiten des Einsatzes beider IM im Freizeitbereich des L. zur Aufklärung des aktuellen Umgangskreises gegeben sind.

1.3. GMS »Burkhard«

Durch den GMS »Burkhard« sind bei Kenntnis über öffentliches negatives Auftreten Auseinandersetzungen mit dem L. zu führen und Informationen für das MfK und die BL zu erarbeiten, damit ein weiteres negatives Wirksamwerden in der Öffentlichkeit verhindert bzw. eingeschränkt wird.

1.4. AIM »Grit«

Die Kontaktaufnahme zum AIM erfolgt mit dem Ziel der Erarbeitung von Informationen über literarische Vorhaben, Veröffentlichungen und Verlagsverbindungen zur Person des L.

1.5.

In Absprache mit dem Genossen Bachmann, Abt. II, ist zu prüfen, welcher Art der Kontakt seines IM zu L. ist und welche Möglichkeiten für einen zielgerichteten Einsatz zur Aufklärung der Person des L. bestehen.

1.6.

In Absprache mit der BV Halle, Abt. XX/7, ist der konkrete Einsatz des IM, der zu Loest Verbindung hat, festzulegen. Wesentlich dabei ist die Erarbeitung von politisch-ideologischen Haltungsfragen des L. und die positive politische Einflußnahme auf geplante Veröffentlichungen im MdV Halle. Desweiteren sind Verbindungen des L. nach dem NSA und deren Charakter aufzuklären.

4. Koordinierung mit anderen Diensteinheiten

4.1.

Zur Gewährleistung einer umfassenden und zielgerichteten operativen Bearbeitung des L. sind eingeleitete Maßnahmen mit der HA XX/7 abzustimmen und in die Gesamtkonzeption der operativen Bearbeitung von oppositionellen Schriftstellern einzugliedern.

4.2.

In Absprache mit der Abt. II ist eine ständige Aufklärung der Kontakte des L. mit BRD-Journalisten und MA der ständigen Vertretung der BRD zu gewährleisten.

5. Bearbeitung von Verbindungen zu Personen aus dem SPB

Im Ergebnis der bisherigen operativen Bearbeitung wurden der Schriftsteller Heiduczek, Werner und der bildende Künstler Mattheuer, Wolfgang als Verbindungen bekannt. Der H. als auch der M. werden ebenfalls mit gleicher Zielstellung bearbeitet. Aus vorliegenden Bearbeitungsergebnissen ist ersichtlich, daß die Genannten untereinander befreundet sind und ähnliche politisch-ideologische Haltungen einnehmen, wobei die Gefahr einer politisch-ideologischen Plattformbildung, die insbesondere gegen die Kulturpolitik unseres Staates gerichtet ist, besteht.
Aus diesen genannten Gründen erfolgt eine koordinierte Bearbeitung und Auswertung der drei OPK.

6.

Auf der Grundlage der erarbeiteten operativen Ergebnisse zu L. ist eine analytische Aufbereitung des Materials für die Zuarbeit der an die Hauptabteilung XX in Vorbereitung des VIII. Schriftstellerkongresses vorzunehmen.
Termin: 20.4.1978

7.

In der operativen Bearbeitung des L. sind die Kontakte zu dem Renegaten Zwerenz, Gerhard; dem BRD-Journalisten Dr. Corrino, Karl und die Verbindungen zum BRD-Verlag Hoffmann und Campe aufzuklären.
Auf der Grundlage der Überprüfung der Personen Zwerenz und Corrino ist bei vorliegender Erfassung dieser mit der zuständigen DE die Bearbeitung zu koordinieren. Bei Nichterfassung sind über beide Personen parallel zur Bearbeitung des Loest Handakten zu führen.

Termin der Überprüfung: 31.5.1978
verantwortlich: Oltn. *Claus*

Als Referatsleiter XX/7 unterschrieb der Genosse Tinneberg, mein langjähriger Chef-Eckermann. Unterdessen war er Major geworden.

4. KAPITEL
Warnschüsse

1.

Zehn Wochen nach Erscheinen des Buches eilte Verlagsleiter Günther erregt nach Leipzig. Im Ministerium für Kultur habe man ihm weitere Auflagen von »Es geht seinen Gang« und Heiduczeks »Tod am Meer« untersagt. Erschrocken fragte ich nach dem Warum, und Günther versicherte, er wisse es nicht. Nun war ich in meinem Roman mit Polizisten, Armee-Offizieren und Sporthäuptlingen spöttisch umgesprungen, hatte meinen Helden in Gedanken ein Gespräch mit dem obersten Parteisekretär des Bezirks führen lassen und mir vorgestellt, Honecker käme zu ihm, die beiden hockten da in ihren ausgewaschenen Blauhemden von dereinst – so mancher Mächtige konnte sich auf den Schlips getreten fühlen, aber wer? Alles Raten bringt uns nicht weiter, entschied Günther. Verblüffenderweise schlug er vor, ich solle eine der brisantesten Szenen mildern. Er hatte schon Stellen angestrichen. Wenn ich dies und das herausnähme, könnte er im Ministerium geltend machen: Seht, wir entschärfen – vielleicht ginge es so?

Ich war viel zu verstört, um wütend sein zu können. Mensch, Eberhard, sagte ich, das Buch ist in der Bundesrepublik erschienen, nun käme eine zweite verwässerte Auflage – stell dir doch vor, was das für die Westpresse für ein Fressen wäre! Wir tranken Weinbrand bei diesem Gespräch, im Lauf des Abends eine ganze Menge. Und Heiduczek? fragte ich. Da käme der Schuß aus der sowjetischen Botschaft, da sei wahrscheinlich überhaupt nichts zu machen. Aber bei »Es geht seinen Gang« könnte man Verbesserungen anbieten. Mir war klar:

Wenn du in dieser Weise nachgibst, schlägst du dir selber beide Beine weg.

Zwei Tage später schrieb ich an Günther. Zunächst zählte ich penibel seine Streichungsratschläge auf, darunter Reizsätze wie: »Inzwischen kämpfte der Wasserwerfer in der Schillerstraße, wir wagten uns wieder vor und sahen durch die Bäume hindurch, wie die Polizeikette mit den Hunden auf der Straßenkreuzung siegte.« Oder: »Ich haßte dieses Hundevieh und hatte die Gesichter der Polizisten nicht vergessen, aufgeheizt und rot und wütend, vielleicht hatte denen jemand eingetrichtert, jeder von uns hätte einen Schlagring in der Tasche, und unsere Anführer besaßen Pistolen.« Ich zog meinen Schluß: »Dieser Änderungsvorschlag für eine weitere Auflage ist für mich ohne Beispiel. Doch: Fallada änderte, als die Nazis kamen, in ›Kleiner Mann, was nun?‹ einen SA-Schläger in einen Fußballflegel um. Man hat ihn später deswegen der Charakterlosigkeit geziehen. In meinem Fall hießen diese Änderungen, dem Buch den Konflikt zu entziehen, Wülffs Wut und Enttäuschung herauszufiltern. Ich würde damit dem Buch seine Grundlage nehmen. Zum zweiten aber: Wie soll ich denn vor meinen Lesern argumentieren, die natürlich diese Lücken aufspüren werden? Wird die Westpresse in diese Lücken hineinstoßen, und was sage ich dann? Zum dritten: Wie wollen wir mit dem Vertragspartner Deutsche Verlags-Anstalt in Stuttgart verfahren, wenn der weiterhin die erste Auflage verbreiten will und nicht die kastrierte zweite? Ein aus mehreren Gründen unzumutbarer Vorschlag also. Ich willige nicht ein und melde gegen einen Auflagenstopp meinen Protest an. Die rechtlichen Mittel, die mir zur Verfügung stehen, werde ich ausschöpfen. Zunächst einmal ist mir eine Auflage von 22 000 Stück für den Herbst zugesichert. Diese Auflage erscheint, oder der Verlag wird sie mir bezahlen. Erinnerst Du Dich noch an den Skandal um ›Christa T.‹? Heute blicken die, die ihn verursacht haben, mit Scham auf ihn zurück. Wenn es einen Skandal um ›Es geht seinen Gang‹ geben sollte: Ich werde mich nicht zu schämen haben. P.S.: Einen Durchschlag schicke ich sofort an Verbandspräsidenten Hermann Kant.«

Ihm, der vor wenigen Wochen als Nachfolger von Anna Seghers gewählt worden war, schrieb ich: »Vier Jahre Arbeit sind für die Katz, eine nervliche und seelische Anspannung, wie ich sie vermutlich nicht noch einmal aufbringen kann, scheint vertan. Meine Antwort auf unzumutbare Vorschläge schicke ich Ihnen. Wirklich, ich fürchte den Skandal. Ich suche die Konfrontation nicht, ich möchte friedlich leben und arbeiten, bin aber auch nicht bereit, mir selber einen Fuß abzuhakken. Vielleicht ist es dem Verband möglich, eine Eskalation abzuwenden? Ich bitte um Ihre Hilfe.«

Wenige Tage danach war Günther wieder bei mir. Er habe gehört, das Präsidium des Verbandes habe getagt. Sowohl Kant als auch Höpcke, der Chef der Zensur, seien im Besitz meines Briefes gewesen, dennoch sei mein Problem nicht zur Sprache gekommen. Nun sehe er für mein Buch keine Chance mehr. Er schlage als Ersatz eine Krimi-Auflage vor. Mein Einwand: Ich wolle nicht von mir aus auf eine »Gang«-Auflage verzichten. Er: Das solle ich auch nicht, er wolle einen Brief schreiben, in dem er erkläre, aus den »Dir bekannten Gründen« könne er keine Neuauflage bringen. Günther stellte es sich so vor: Der Verlag behält die Rechte, ich toleriere, daß keine DDR-Auflage gebracht wird, und er vertritt das Buch weiterhin im Ausland. Am Ende spendete er mir Trost: Ich würde noch viele Bücher schreiben, man denke nur an Fontane! Wie wäre es mit einer Liebesgeschichte ähnlich »Gripsholm«?

Kant antwortete auf einer Postkarte: »Lieber Erich Loest, ich habe Ihren Brief erhalten und mich sofort an

Klaus Höpcke gewandt. Wenn ich helfen kann, werde ich es tun. Jedenfalls bleibe ich an der Sache, bis eine akzeptable Lösung gefunden ist. Ich glaube, Sie werden bald vom Verlag hören. Entschuldigen Sie bitte das Handschriftliche in schrecklicher Schrift, aber ich bin wieder einmal im Krankenhaus. Mit besten Wünschen und mit Dank für den Vertrauensbeweis. Ihr Hermann Kant.«

Ein paar Wochen lang hatte ich über allen Wolken geschwebt, nun war ich auf die DDR-Erde hinabgestürzt. Jetzt nichts gefallen lassen! nahm ich mir vor. Mit meinen Freunden hechelte ich diesen Komplex durch, und die Klügeren unter ihnen konstatierten: Das Unnormale, Absonderliche war *das Erscheinen* von »Gang«, mit dem Auflagenstopp ist alles in die gehörige Ordnung zurückgekehrt. Willst du das nicht endlich begreifen?

Diese Überlegungen konnten mich nicht abhalten, meinem Verleger in hellem Zorn zu schreiben:

»Lieber Eberhard Günther,

ich schicke Dir diesen Brief nach Hause, damit er Deine Akten nicht belastet. Geschrieben muß er werden, damit Du über den Inhalt nachdenken kannst, sonst würde unsere nächste Unterredung – falls es noch zu einer kommt – endlos lang und verworren werden. Denn es ist Dir, wenigstens kenne ich Dich so, besser möglich, den eigenen Standpunkt darzustellen, als den eines anderen zu begreifen.

Ich möchte aber, daß Du mich begreifst. Ich möchte fair zu Dir sein. Du hast keinen großen Spielraum, vielleicht hast Du gar keinen. Und da möchte ich Deine Möglichkeiten, das Gesicht und die Position zu wahren, nicht noch zusätzlich verengen. Deine Position sehe ich so: Du mußt Befehle ausführen, auch wenn sie Dir nicht passen, so ist das nun mal mit Befehlen. Aber zusätzlich, und das ist das Schlimmste, mußt Du auch noch so tun, als fälltest Du die Entscheidung und wärest auch noch damit einverstanden, Du darfst die nicht nennen, die befehlen. Als Du Verleger wurdest, wußtest Du das, Du hattest ja jahrelang selbst kraft Deiner Befehlsgewalt, vom Ministerium aus, andere Verleger in solche Situationen gebracht. Jetzt steckst Du selber drin. Ich bin kein Marxist-Leninist, vielleicht darf ich da von bürgerlichen ethischen Normen ausgehen. Diesen Normen nach müßtest Du jetzt Deinen Hut nehmen.

Meine Situation: Ich habe mit aller Energie, die ich aufbringen kann, diesen Roman geschrieben und – auch und vor allem gegen Dich – durchgeboxt. Die erste Auflage ist erschienen und findet ein enormes Echo, nun werden weitere Auflagen verboten. Ich nenne es so, Du findest dieses Wort scheußlich, ich weiß. Diejenigen, die den Roman verbieten, bleiben im Dunkel und schieben Dir die Verantwortung zu. Du möchtest auch nicht gern als der dastehen, der verbietet, aber wie soll Dir das gelingen.

In den nächsten Tagen werde ich die Auslandsrechte zurückfordern. Du kannst mich gar nicht im Ausland vertreten – wie willst Du für das Buch werben? Wie willst Du es dort anpreisen und hier nicht drucken? Eine schizophrene Lage. Also vertrete ich mein Buch selber. Ich werde auch alle Werknutzungsrechte zurückfordern. Die DDR-Rechte kannst Du, wenn Du willst, behalten. Wenn Dir das nicht paßt, nehme ich alle Rechte zurück, da debattiere ich auch nicht lange, den Brief tippe ich in zehn Minuten.

Und dann diese 22 000. Du möchtest mir einen Brief schreiben, in dem steht, ›aus den Dir bekannten Gründen‹ würdest Du die Auflage nicht bringen. Nun gut, bei diesem Gespräch war bei beiden Seiten allerhand Weinbrand im Spiel, wir wollen das nicht überbewerten. Damit würdest Du mir die Verantwortung zuschieben, dann könnte es eines Tages so aussehen, als hätte ich freiwillig auf diese Auflage verzichtet und mich gern bereiterklärt, dafür eine Krimiauflage anzunehmen. Das ist natürlich nicht diskutabel. Wenn Du mir keinen Brief schreiben kannst, aus dem klar ersichtlich ist, daß Du keine weitere ›Gang‹-Auflage bringst und warum, kann ich darauf nicht eingehen. Alles hängt von der Klarheit dieses Briefes ab. Du bist, der verbietet, und wenn Du das nicht ausdrücken kannst, dann wirst Du zahlen. Damit Du auch das nicht unterschätzt: Ich bin schwer angeschlagen. Meine literarische Sicht auf unsere Welt ist also nicht tragbar. Ich habe aber keine andere Sicht und kann auch nicht in die Idylle ausweichen, wie Du es mir rietest, ich kann keinen ›schönen Liebesroman‹ schreiben. Ich weiß überhaupt nicht, was ich nun schreiben werde. Gewiß brauche ich jetzt erst einmal viel Zeit, um mich von diesem Schlag zu erholen ...«

Günther antwortete nicht weniger schroff. Er erklärte sich außerstande, den Brief als Privatbrief zu behandeln, und wies die Bemerkungen über seine Stellung als Verleger entschieden zurück: »Sie zeugen nicht nur von einem völligen Unverständnis gegenüber dem Prinzip des demokratischen Zentralismus, sondern auch von einem tiefen Mißtrauen gegenüber den Leitungsorganen unseres Staats.« Günthers Kernsatz war: »Um Ihnen also das Schreiben der ausdrücklich angekündigten Vertragslösung zu ersparen: Hiermit gibt Ihnen der Mitteldeutsche Verlag wunschgemäß mit sofortiger Wirkung alle Rechte an dem Roman zurück.«

Wir sind uns nicht wieder begegnet. Im Gewühl der Frankfurter Buchmesse ragte einmal sein silberweißer Kopf über die Menge; ich sah keinen Anlaß, auf ihn zuzugehen. Ich hörte, daß ihn meine Schilderung vom Entstehen und Sterben des Romans »Es geht seinen Gang«, die unter dem Titel »Der vierte Zensor« erschien und der ich hier verknappt folge, verärgert hat. Manches, so hat er geäußert, könne er *so* nicht sehen. Aber wie dann? Der gebeutelte Hottas zog aus meiner Darstellung die Lehre, Ablehnungen nicht mehr schriftlich zu geben. Lieber nahm er weite Reisen in Kauf, um seine Bedenken vorzubringen. Diesen Spruch kenne ich aus dem Knast, und Hottas lebte nach ihm: Wer schreibt, bleibt.

Immerhin, einen Verlag hatte ich in der Hinterhand, die Deutsche Verlags-Anstalt. So schrieb ich nach Stuttgart, ich sei nun im Besitz aller Rechte. Über Lizenzvergabe und Mitdruck hätte ich gern verhandelt. Schon einmal hatte ich mich mit einem Verlagsvertreter in Ost-Berlin getroffen, der hatte mich herzlich zur Buchmesse nach Frankfurt eingeladen und eine anschließende Lesereise durch süd- und westdeutsche Buchhandlungen zugesichert. Was ich jetzt mitzuteilen hatte, hielt ich für alarmierend. Um einen Anruf bat ich und um ein erneutes Treffen in Ost-Berlin. Aber es war Urlaubszeit, und so schnell mahlten Verlagsmühlen nicht.

Da erschien am 30. Juli 1978 im »Sonntag«, der Zeitschrift des Kulturbundes in Ost-Berlin, eine vernichtende Kritik. Der Verfasser war der Literaturprofessor Werner Neubert. Da hieß es: »Sicherlich hat jeder Mensch zwei oder drei Grunderlebnisse, die seine künftigen Haltungen und Entscheidungen teils bewußt oder auch unbewußt mitprägen. Bei Wülff ist es die Erfahrung, die er mit der Staatsmacht bei einem Radau einiger Beat-Fans auf dem Leuschnerplatz der Messestadt gemacht hat. Hier hat ihn ein sogenannter Diensthund gebissen, und später schickt ihn ein Offizier kurz vor der ordnungsgemäßen Entlassung aus der NVA noch einmal per Befehl zum Friseur. Hieraus entwickelt Wülff nun ununterbrochen seine Selbstwarnung vor allem, was mit Machtausübung und Autorität zusammenhängen könnte, seine ganze Lebenskonzeption. Mit der Wertung dieser Episoden, die die Gesamtsicht seines Ich-Erzählers bestimmt, geht Loest jedoch am Wesen der Beziehungen von Individuum und Gesellschaft im Sozialismus völlig vorbei. So entsteht, trotz seiner Detailbeobachtung im Alltag, insgesamt ein DDR-Bild, das nicht unser reales Verhältnis von Macht und Verantwortung und der Teilnahme jedes einzelnen wiedergeben kann.«

Am Ende verurteilte Neubert: »So gerät das Buch zunehmend in den Ton des bloßen Räsonierens über das Problem von Macht und Verantwortung bei uns. Der ›klein-bleiben-wollende Mann‹ reagiert sein Mißbehagen ab, das er selbst immerzu in sich produziert. Wenn Loests zentrale literarische Figur sich den Luxus solcher durchweg für den Sozialismus unproduktiver, zuweilen fast neurasthenischer Übersensibilität leisten kann, dann wirklich nur, weil Millionen keineswegs weniger Empfindsamer, aber fest Entschlossener im Lande Deutsche Demokratische Republik seit dem 8. Mai 1945 Tag für Tag und Stunde für Stunde das getan haben und tun, was revolutionäre sozialistische Tat, Pflicht und Verantwortung heißt!«

Der Maler Wolfgang Mattheuer, der mit seiner Frau Ursula »Es geht seinen Gang« für den Kunstpreis der Stadt Leipzig vorgeschlagen hatte – den ich natürlich nicht erhielt – schrieb eine Gegenkritik. In ihr heißt es: »Herr Neubert erhebt sich auf den Sockel der objektiven und geschichtlichen Wahrheit und erkennt von dort oben, ungestört von Tages Qual und Müh, daß des Wolfgang Wülffs Detail- und Tagesbeobachtungen, die zahlreichen und ärgerlichen, ›die ihn wundstoßen‹, nichts als Zufall sind. Zufall das alles, was der Autor ›geschickt in eine Fabel bindet, die auch zum kritischen Spiegel‹ werden soll. Warum nicht? Fragt Herr N. – wen? – und kommt zu einer griffigen Feststellung: ›Aber jeder Spiegel zeigt nur das, was man ihn reflektieren läßt ... ‹ Das klingt stolz. Aber stimmt es auch? Kann man die Welt verstecken im Spiegel – wollte man's? Loests Buch ist mir ein realistischer Roman der siebziger Jahre in unserem Land, über dieses und über uns. Vom Leipziger Osten aus die nächste Welt gesehen, so scharf, so genau, als sollte von der ganzen weiten gesprochen werden: voller kritischer und heiterer Sympathie für Stadt und Land und arbeitsame Leute. Die Rezension von W. Neubert und das Nichterscheinen einer zweiten Auflage zeigt wieder, wie schwer es realistische Kunst hat, auch dort, wo sie passieren soll und darf.«

Auch der Literaturkritiker Günter Ebert protestierte beim »Sonntag«, aber weder er noch Mattheuer erhielten eine Antwort, geschweige, daß ihr Beitrag abgedruckt wurde. Neubert durfte scharfrichten, Rehabilitierung war nicht erlaubt. Günter Kunert, selbst tief durch DDR-Kritiker verwundet, schickte seine Denkschrift »Deutschkunde« an den »Sonntag«, wo sie unterschlagen wurde. Bei Kunert hieß es: »Zu den vielen öffentlichen Geheimnissen hierzulande gehört auch dies: Daß es eigentlich keine Literaturkritik gibt, nur ideologische Zensuren für künstlerische Produkte aller Gattungen. Was jedoch das Besondere und Außerordentliche an Neuberts Rezension ausmacht und was über die bekannte Schwarz-Weiß-Manier des ›terrible simplificateur‹ hinausgeht, ist der Verlust an Selbstkontrolle des Rezensenten, und dieser Verlust, weil symptomatisch, soll selber Gegenstand des Besprechens, des Darübersprechens sein. Kenntlich wird eine Über-Reaktion, eine Aggression, die man, im Vergleich zu klinischen Fällen, nicht scheuen sollte, hysterisch zu nennen.«

Zwölf Jahre später ging eine veränderte Redaktion des »Sonntag« daran, in die Vergangenheit ihres Blattes hinabzutauchen. Regina Giebel wendete sich an die Redakteure: »Da Ihr die Leserbriefe zur Verteidigung von Loest gegen Neubert nicht mehr habt, kann ich zumindest mit meinem damaligen Brief aushelfen ... Die Wasserwerfer auf dem Leipziger Leuschnerplatz 1965, an die Loest in seinem Buch erinnert, trafen uns Studenten der Theaterhochschule seinerzeit gleichsam wie eine kalte Dusche. Man unterstellte uns, wir hätten mit einer pazifistisch orientierten Resolution die geistige Plattform für die ›Randalierer‹ auf dem Leuschnerplatz geschaffen ... Mit der Rezension von Werner Neubert wurde die Konfrontation öffentlich. Nun gab es eine Adresse für öffentlichen Widerspruch, der freilich niemals veröffentlicht wurde. Wie ich damals auf Nachfrage beim ›Sonntag‹ erfuhr, hatte es viele empörte Zuschriften gegeben, darunter auch eine sehr vehemente Erwiderung von Günter Kunert. Auf mysteriöse Weise sind alle diese Briefe in irgend einem Panzerschrank und aus der Redaktion des ›Sonntag‹ verschwunden. Ich entsinne mich, daß auch Mitarbeiter des ›Sonntag‹ darüber empört und ratlos waren. Es ist nicht einmal sicher, ob die Post, wenn schon nicht in die Öffentlichkeit, so doch wenigstens an den Adressaten gelangt ist.«

So reich an Panzerschränken, wie vermutet, waren Redaktionen damals keineswegs ausgestattet. Mißliebiges flog in den Papierkorb.

Lebt Neubert noch?

BV für Staatssicherheit
Abteilung XX//

Leipzig, den 25. 8. 1978
Tbg/Lei

Operativ-Plan

Entsprechend der Aufgabenstellung aus dem Operativ-Plan der HA XX vom 10. 8. 1978 – VVS 1783/78 zur Bearbeitung von feindlich-negativen Kulturschaffenden – wird durch unsere DE der

Loest, Erich
geb. am 24. 2. 1926 in Mittweida
wh. in 705 Leipzig, Oststr. 5

bearbeitet, da er entsprechend seiner feindlichen Grundeinstellung durch literarische Veröffentlichungen in der DDR und BRD wesentliche gesellschaftliche Bereiche unserer sozialistischen Entwicklung angreift und weitere derartige Veröffentlichungen vorbereitet und sich unter Nutzung bestehender sowie Aufnahme weiterer Kontakte zu Mitarbeitern der BRD-Vertretung, BRD-Journalisten, BRD-Verlagsmitarbeitern und anderen als gegnerische Kräfte erkannten Personen in die feindliche Zielstellung zur Herausbildung und Formierung einer »kulturellen Opposition« in der DDR einordnet.

Zielstellung der Bearbeitung ist:

1. Nachweisführung und Dokumentation der inspirierenden und organisierenden Rolle feindlicher Zentren, Organisationen und Einzelpersonen, Journalisten, Vertreter westlicher Verlage sowie aus der DDR ausgewiesener bzw. in die BRD übergesiedelter Personen, ihres Zusammenwirkens mit Loest, seiner Bereitschaftshaltung zur Unterstützung deren feindlicher Pläne und Absichten und der davon ausgehenden feindlichen Aktivitäten.
   Einleitung geeigneter Maßnahmen zur Unterbindung/Einschränkung des Zusammenwirkens Loests mit äußeren feindlichen Kräften in Abstimmung mit der Partei und den staatlichen, kulturellen und gesellschaftlichen Organen.

2. Einleitung erster Zersetzungsmaßnahmen

   Die Bearbeitung erfolgt im OV »Autor II« wegen Verdacht nach §§ 100, 106, 107 StGB.
   Vorgangsführender Mitarbeiter ist Genosse Hptm. Baumheier, stellv. Referatsleiter XX/7. In die Vorgangsbearbeitung ist Genosse Oltn. Claus einbezogen.
   Die Bearbeitung steht unter Anleitung und Kontrolle des stellv. Leiters der Abteilung XX, Genosse Major Lühr.

Zur Realisierung dieser Zielstellungen sind folgende Maßnahmenkomplexe durchzuführen:

1. Gewährleistung der ständigen Auskunftsfähigkeit über
   - die politisch-ideologische Haltung des Loest, insbesondere zu aktuellen, kulturpolitischen Problemen und Entscheidungen;
   - kulturpolitische und andere operativ-relevante Aktivitäten des Loest;
   - den Umgangskreis des Loest und seine politisch-operative Differenzierung.

   Einsatz der IM/GMS zur Erarbeitung von Informanten über das Verhalten des Loest im Schriftstellerverband und bei Lesungen sowie anderen öffentlichen Veranstaltungen.

Zum Einsatz gelangen:

- IMS »Frank«
- GMS »Brauer«
- GMS »Lothar«
- GMS »Johannes«
- GMS »Burkhardt«
- KP Almuth

Einsatz der IM »Hans Heiner« und »Richard Moritz« zur Erarbeitung von Informationen aus dem familiären Bereich durch Intensivierung der privaten Verbindungen entsprechend der bereits erteilten Aufträge und Verhaltenslinie.

2. Wirkungsvolle Anwendung von Differenzierungs- und Zersetzungsmaßnahmen, um die Herausbildung feindlicher Gruppierungen und Plattformen zu verhindern und Loest von den im Operativ-Plan der HA XX bearbeiteten Personen, insbesondere St. Heym und W. Heiduczek, zu isolieren.
3. Rechtzeitige Feststellung der Pläne und Absichten des Loest, um provokatorische Handlungen und feindliche Veröffentlichungen in und außerhalb der DDR im Zusammenwirken mit der Partei und den zuständigen staatlichen Organen zu verhindern und geeignete offensive Gegenmaßnahmen einzuleiten.
4. Verhinderung und Unterbindung jeglichen feindlich-negativen Einflusses des Loest unter Nutzung seiner Möglichkeiten im Verlagswesen, in Massenmedien und bei öffentlichen Lesungen.
   Unterbindung feindlich-negativer Beeinflussung von Nachwuchsautoren durch Loest.

Entsprechend dieser Zielstellung konzentriert sich der vorliegende Operativ-Plan auf folgende Teilziele:

1. Entwicklung umfassender politisch-operativer Kontrollmaßnahmen über Loest zur Gewährleistung der ständigen Auskunftsfähigkeit über feindlich-negative Pläne, Absichten und Aktivitäten des

Loest, um rechtzeitig geeignete Maßnahmen zu ihrer Unterbindung einleiten zu können.

2. Durchsetzung des einheitlichen, abgestimmten Handeln aller wesentlichen Organe und Einrichtungen in der DDR, in denen Loest Wirkungsmöglichkeiten hat, zur Verhinderung öffentlichkeitswirksamer feindlich-negativer Handlungen und der Unterbindung einer weiteren Förderung des Loest durch politisch-operative Einflußnahme auf die Schlüsselpositionen der betreffenden Organe und Einrichtungen im eigenen Verantwortungsbereich, durch die HA XX und die zuständigen DE anderer BV.

3. Analysierung der vorhandenen Archiv-Materialien über Loest zur Bestimmung der Personen aus den früheren Kontaktkreisen des L., die erneut politisch-operativ relevant sind, um geeignete Maßnahmen zur Verhinderung ihres erneuten Zusammenschlusses einleiten zu können.

3. Einsatz der IM der Hauptabteilung XX/7 zur Erarbeitung von Informationen über den Kontaktkreis des Loest in Berlin und seiner politisch-operativen Differenzierung.

4. Weiterführung des Einsatzes des IM der Abteilung 26 A in der Wohnung des Loest und Auswertung der erarbeiteten Informationen.

5. Einsatz eines IM der Abteilung 26 B in der neuen Wohnung des Loest (geplanter Umzug im IV. Quartal 1978.)

6. Weiterführung der Kontrollmaßnahmen der Abteilung M und des SR PZF sowie zeitweilige gezielte Kontrollmaßnahmen im Rahmen des Inlandpostverkehrs.

7. Auswertung der relevanten Informationen zu Loest aus der Bearbeitung seiner Verbindungen im SPB des Referates XX/7, Heiduczek, Mattheuer, Gosse, Tetzner und Foerster.

8. Auswertung der bei der Bearbeitung des Stefan Heym bekanntwerdenden operativ-relevanten Hinweise zu Loest durch die Hauptabteilung XX/OG.

9. Analysierung der vorhandenen Archivmaterialien über Loest zur Bestimmung der Personen aus den früheren Kontaktkreisen des L., die erneut politisch-operativ relevant sind. Erarbeitung einer aktuellen Verbindungsübersicht und Einleitung der erforderlichen Überprüfungsmaßnahmen.

10. Das bei der Hauptabteilung VII vorliegende belastende Material über die Schröder, Ingeborg ist dahingehend zu überprüfen, inwieweit die Möglichkeit einer Werbung der Sch. unter Druck gegeben ist.

Veröffentlichungen in der DDR

- Einsatz der IM »Willi«, »Barbara Seidel« (BV Halle, Abteilung XX/7), IM »Dorothee« (Abteilung II unserer BV) und des GMS

»Verleger« unserer Diensteinheit zur Erarbeitung von Hinweisen über eingereichte Manuskripte beim MDV Halle und deren Einschätzung.
Diese IM haben unter Nutzung ihrer beruflichen Funktionen rechtzeitig über alle eingereichten Vorhaben sowie die verschiedenen Manuskriptfassungen zu informieren und im Rahmen ihrer funktionellen Pflichten Einfluß darauf zu nehmen, daß bei der HV Verlage keine Veröffentlichungen mit feindlich negativer Aussage beantragt werden.
Durch diese IM ist im Zusammenwirken mit den Schlüsselpositionen der HV Verlage darauf Einfluß zu nehmen, daß der geplante Text-Bild-Band »Das flache und das steile Polen« nicht mit einer negativen Aussagen veröffentlicht wird.
Durch die Hauptabteilung XX/7 sind alle bei der HV Verlage vorliegenden Gutachten zum Roman »Es geht seinen Gang«zu beschaffen.

Verantw. für laufende Koordinierung mit BV Halle, Abt. XX/7: Gen. Hptm.
Termin der Grundsatzabsprache mit Ref.-Ltr. XX/7 der BV Halle: 15.9.78 Gen. Major

- Durch die Hauptabteilung XX/7 ist entsprechend der operativen Zielstellung Einfluß auf
  - die HV Verlage im Ministerium für Kultur,
  - die Redaktionen der NDL und des »Sonntag«,
  - die zuständigen Redaktionen des Fernsehfunks der DDR und der DDR-Rundfunksender

  zu nehmen, um geplante Veröffentlichungen des Loest mit feindlich-negativer Aussage zu unterbinden und den Umfang anderer, auch vertretbarer, Publikationen zu reduzieren.
  Weiterhin ist die Sicherung der notwendigen Informationen an unsere Diensteinheit über zentrale kulturpolitische Entscheidungen betreffs Loest durch die Hauptabteilung XX/7 zu gewährleisten.
- Einflußnahme auf geplante Veröffentlichungen von und über Loest im Bezirksorgan der SED, »Leipziger Volkszeitung« über Schlüsselpositionen/IM der HVA entsprechend der politisch-operativen Zielstellung.

Veröffentlichungen in der BRD

- Durch die Hauptabteilung XX/7 ist ständig über geplante Vorhaben von Auslandsveröffentlichungen des Loest, die beim Büro für Urheberrechte eingereicht werden, zu informieren, auf die Entscheidung zentraler Organe entsprechender Einfluß zu nehmen und unsere Diensteinheit über die Ergebnisse in Kenntnis zu setzen.

Maßnahmen zur Einschränkung der feindlichen Wirkungsmöglichkeiten des Loest

Neben den im Punkt 2. festgelegten Aufgaben sind folgende Maßnahmen zu realisieren:

Zuverlässige Schlüsselpositionen in den Einrichtungen, in denen Loest wirksam wurde und wird, sind über die feindliche Rolle Loest's unter Wahrung der Konspiration in Kenntnis zu setzen, um seine weitere Profilierung als Autor zu unterbinden und seine generellen Wirkungsmöglichkeiten einzuschränken.
Im Verantwortungsbereich unserer Diensteinheit betrifft dies

- die Vizepräsidenten des Schriftstellerverbandes der DDR,
- das Mitglied des Rates für Kultur,
- den Leiter der Kulturredaktion der LVZ,
- den Vorsitzenden des Bezirksverbandes Leipzig des SV/DDR,
- die Direktorin des Senders Leipzig.

Die entsprechenden Funktionäre zentraler Einrichtungen sind durch die Hauptabteilung XX/7 zu informieren.

Regelmäßige Einzelinformationen an den 1. Sekretär der Bezirksleitung der SED Leipzig, Genossen Horst Schumann. Auf der Grundlage des vorliegenden Auskunftsberichtes ist eine Erstinformation zu geben.

Mit dem Ziel der Einschränkung des feindlichen Zusammenwirkens des Loest mit Stefan Heym ist durch die Hauptabteilung XX/OG bei der Bearbeitung des Heym das Material dahingehend zu analysieren, inwieweit abwertende Urteile Heym's über die literarischen Qualitäten Loest's bekannt werden und durch gezielte Indiskretionen verbreitet werden könnten.

Ständige Analysierung des erarbeiteten Materials im Rahmen der Bearbeitung des Heiduczek zur Erarbeitung von Ansatzpunkten der Zersetzung des Kontaktes zu Loest.

Die bereits vorliegenden Informationen aus dem Einsatz des IM der Abteilung 26B bei Heiduczek sind dahingehend zu überprüfen, inwieweit unter Wahrung der Konspiration durch den Einsatz zuverlässiger IM gezielte Indiskretionen verbreitet werden können, die darauf schließen lassen, daß Heiduczek die Partei und die staatlichen Organe in der Auseinandersetzung mit Loest durch entsprechende Hinweise unterstützt.

Über die Kinder Loest's sind umfassende Aufklärungsmaßnahmen einzuleiten, um in deren Ergebnis weitere Ansatzpunkte zur Herbeiführung von privaten Konfliktsituationen zu erarbeiten.

In Absprache mit der zuständigen Diensteinheit ist eine offizielle Dokumentation über die Feindtätigkeit des Gerhard Zwerenz zu erarbeiten. In Auswertung der Kontrollergebnisse über Loest ist sein Kontakt zu Zwerenz in geeigneter Weise zu dokumentieren, um eine offizielle Auswertung zu ermöglichen.

Auf der Grundlage dieser offiziellen Angaben ist Loest durch eine geeignete Schlüsselposition zur Einstellung des gemeinsamen feindlichen Wirksamwerdens mit Zwerenz aufzufordern.

Die bei der Bearbeitung des Loest sowie des Härtl (OV »Anthologie II«) und des Hilbig (OPK KD Altenburg) festgestellten feindlichen Aktivitäten des BRD-Journalisten Dr. Karl Corino sind in einer Auskunft zusammenzufassen und der Hauptabteilung II zur Entscheidung über Maßnahmen der Einschränkung seiner feindlichen Wirkungsmöglichkeiten in der DDR durch die zuständigen staatlichen Organe zu übersenden.

Verantw.: Leiter der Abteilung XX Gen. OSL Wallner
Referatsleiter XX/7: Tinneberg, Major
Stellvertreter Operativ: Göricke, Oberstleutnant

2.

Der Buchhandel des Bezirks Rostock hatte zu seinem sommerlichen Basar geladen, zum ersten und bisher letzten Mal war ich dabei. Die Rostocker Buchhändler horten für dieses Spektakel alles, was begehrt und selten ist, sie packen es auf Tische, hinter denen Schriftsteller sitzen, signierbereit. Wer von den Urlaubern weit herum in seinen heimischen Buchläden vergeblich nach einem Geheimtip gefahndet hat, stürmt hier an. Vierhundertmal war »Es geht seinen Gang« bereitgestellt worden, es waren die letzten Exemplare, die es im DDR-Buchhandel gab. Von der ersten Minute an drängten sich die Leute um meinen Tisch und schoben mich gegen die Hauswand. Manche versuchten, mehrere Exemplare zu ergattern und grapschten von hinten über die Schultern der Vorderleute. Ich signierte, eingekeilt in diesen Trubel, und mir, der ich überglücklich hätte sein sollen über diese handgreifliche Abstimmung, war es schwer ums Herz. Da ging Stück für Stück weg, Stücke waren es von mir, sie wurden abgetrennt, losgerissen. Dann war der Tisch blank, die, die leer ausgegangen waren, zerstreuten sich. Wann denn eine

Nachauflage käme? Wahrscheinlich nie, antwortete ich. Manche nickten und sagten: Das haben wir uns gedacht.

Genauso geschah es tags darauf in Wismar. Ich war von Freunden beauftragt worden, für sie stoßweise Exemplare abzuzweigen, nun kaufte ich mein eigenes Buch auf. Dann war auch hier abgeräumt.

Für den Abend waren die Autoren zur Bezirksleitung der SED geladen, auf dem Büfett lockten Aal und Lachs, Schinken und Pasteten zwischen Bananen und Ananas, in kupfernem Kessel brodelte Gulaschsuppe, Steaks dufteten vom Grill. Auf jeden Schriftsteller kamen drei Funktionäre. Da lernte ich den Sekretär für Kultur der Stadtleitung kennen, auch den der Kreisleitung Rostock-Land, der Stadtleitung Wismar, den zweiten Sekretär für Kultur der Bezirksleitung, den Sekretär für Kultur der Kreisleitung des Gewerkschaftsbunds, und sie alle ließen es sich wohlsein. In mir wuchs Wut. Mit Heiduczek und unseren Frauen wollte ich mich in eine Ecke zurückziehen, da wurde uns bedeutet, dieser Tisch sei *fürs Personal.* Reg dich nicht auf, sagten Annelies und Heiduczeks, du änderst nichts, sie verstehen dich nicht mal, kaufst dir das nächste Mal deine Bockwurst wieder selber. Die Idee sprang auf, eine Bittschrift für die beiden verfemten Bücher an den Staatsratsvorsitzenden zu richten. Kriegten wir ein Dutzend Schriftsteller zusammen? Eine Petition hatte nach der Biermannausweisung das Unterste zuoberst gekehrt, sollten wir das wiederholen? Wenn überhaupt, dann kein Wort an die Westpresse! Abwarten, riet Heiduczek, noch seien die normalen Mittel nicht erschöpft. Er entwerfe gerade ausführliche Briefe an Abrassimow, den sowjetischen Botschafter, und Kurt Hager. Antwort sei nicht zu erwarten, aber dann habe er wenigstens seinen Standpunkt klargelegt.

Während dieser Prasserei sprach mich Heinz Knobloch an, der republikbekannteste Feuilletonist; in der letzten Phase der DDR wurde er ihr PEN-Präsident. Er lobte meinen jüngsten Roman über den grünen Klee. Als er geendet hatte, verblüffte ich ihn mit der Geschichte des Auflagenstops. Er werde doch wohl, da er so begeistert sei, seinen Namen unter eine Bittschrift setzen? Knobloch fing sich sofort: Das betrachte er als keinen wirkungsvollen Weg. Vielmehr werde er als Beiratsmitglied des Mitteldeutschen Verlags beharrlich im Sinne weiterer Auflagen vorstellig werden. Glaubte er wirklich, dieses Feigenblattgremium habe den geringsten Einfluß gehabt? Nie vernahm ich ein Wörtlein über eine Knoblochsche Aktivität.

Unterdessen erschienen die ersten Kritiken in westdeutschen Zeitungen. In der FAZ urteilte Sabine Brandt: »Ein politischer Roman? Ja, weil das bei diesem Sujet nicht anders sein kann. Nein, weil von Menschen erzählt wird, die zwar in einer durch und durch politisierten Umwelt leben, aber zunächst einmal Wesen aus Fleisch und Blut sind, ehrgeizig und faul, zufrieden und engagiert, lieb und widerwärtig. Es ist ein Roman über die ganz anderen Deutschen, die wenig anders sind als wir. Was uns hier vorgeführt wird, ist eine Form von Staatsverdrossenheit. Daß es dieses Phänomen auch in unserer Hälfte Deutschlands gibt, haben uns unsere jungen Leute während der letzten zehn Jahre lautstark gezeigt. Loests junger Mann ist auf stille Art verdrossen, was mit einem gravierenden Unterschied in der gesellschaftlichen Entwicklung hüben und drüben zusammenhängt. Die Wurzeln des Phänomens aber sind einander ähnlich. Wie geht das Ganze aus? Eigentlich gar nicht. Jutta findet einen neuen Mann, Wolfgang eine neue Frau, alles geht weiter seinen Gang. Bedenkt man die vielen alten Tabus, gegen die Erich Loest auf dreihundertzwanzig Buchseiten verstoßen hat, so kann einen das schon nachdenklich machen.«

Im Streit um diesen Roman wurde das Bedürfnis geweckt, nicht nur schnell mal am Telefon einen Glückwunsch anzubringen oder einem Zorn Luft zu machen. Mancher Schriftsteller spannte so viele Durchschlagpapierbögen wie möglich in seine Maschine und verschickte die überzähligen an Kollegen.

»Lieber Erich Loest, seit vier, fünf Wochen will ich Dir schon schreiben. Ich hab' Dein Buch gelesen und möchte meine Freude darüber ausdrücken. Dir ist, finde ich, etwas Wichtiges gelungen, nämlich Alltag wahrheitsgetreu zu beschreiben, frei von rosa oder grünen oder sonstigen Ideologie-Brillen. Manche Szenen gehen noch darüber hinaus: Besonders die am Anfang auf dem Leuschnerplatz und die in der Schwimmhalle, die sind erstaunlich in ihren Konsequenzen. Und sonst ›riecht‹ man geradezu DDR-Wirklichkeit: Im Neubauviertel, im Büro und in der Altbauwohnung, das stimmt einfach alles, so leben die Leute, so reden sie, so richten sie sich ein. Ich hab's in einem Zug durchgelesen, war sehr froh, daß einer, daß gerade Du das gemacht hast.

Klar, was und wie das kritisiert wird, es wird Dich nicht erstaunen. Ich habe auch einen Einwand, der ist aber anders gelagert als die der Offiziellen: Mir kommt es so vor, als würden die Personen mit Fortschreiten des Textes etwas zu leblos in der Konstruktion hängen, zu stark von den einmal gegebenen Prämissen bestimmt sein, ohne daß Du Dich um feinere oder tiefergehende Motivierungen allzu sehr kümmerst; das betrifft, finde ich, besonders die Jutta, die nun schon fast zu glatt und berechnend und bös wird, bar menschlicher Regungen gegen den ehemaligen Gatten, das störte mich dann (den Typ der Überangepaßten zu beschreiben, find' ich wichtig, versteh' meinen Einwand nicht falsch). Oder irre ich mich da?

In diesem Land versteht man ganz gut, einander fertigzumachen, besonders unter Autoren, da sollten wir doch auch ein bißchen darauf achten, uns, wenn es möglich ist, gegenseitig zu bestärken. Das wollte ich eigentlich, und mich bedanken als Leser. Ich hoffe, es geht Dir gut und Du kannst normal arbeiten. Sei gegrüßt! Deine Christa Wolf.«

Der Schriftsteller und Maler Armin Müller schrieb aus Weimar: »Laß Dich von ganzem Herzen beglückwünschen. Das ist ein unersetzbares schönes Stück Literatur, eine wichtige Leistung. Es hat uns ziemlich berührt mitzuerleben, wie einer die Dinge aus einer Perspektive sieht, die der vielzitierten Sicht der Planer und Leiter zumindest optisch entgegengesetzt ist. Diese Leistung wird Dir bleiben, niemand kann sie Dir nehmen. Das Buch ist im Gespräch, die Leute fragen danach, es geht von Hand zu Hand. Ich werde diese Meinung bei jeder Gelegenheit, im Verband und anderswo, öffentlich und nichtöffentlich, sagen. Denn was Dir oder Heiduczek geschieht, kann morgen mir oder einem anderen geschehen.«

In diesen Sommertagen ging, kroch, schleppte ich mich in einen der widerwärtigsten Winkel Berlins zwischen Brandenburger Tor und Reichstag, er war unaufgeräumt, als sei der Krieg gerade erst vorbei. In einem Hintergebäude hatte sich das Büro für Urheberrechte eingerichtet. Vom Hof aus ging der Blick an der Mauer hinauf, obendrauf war Stacheldraht, dahinter ragte ein Eckturm des Reichstagsgebäudes. Beim ersten Besuch trug ich einer Dame mein Begehren vor: Der Verlag Hoffmann und Campe in Hamburg beabsichtige die Herausgabe eines Sammelbandes von Erzählungen, einige davon seien in DDR-Verlagen erschienen, vier hingegen nicht. Unter den Schriftstellern der DDR meinte damals jeder zu wissen, Texte, die von drei DDR-Verlagen oder Zeitungen abgelehnt worden seien, könne man ohne weiteres »drüben« herausbringen; wo das schwarz auf weiß festgelegt war, wußte allerdings niemand. Ich zählte die Titel der Geschichten her: »Zwei Briefe von Rohdewald«, »Löffel-Franz«, »Eine ganz alte Geschichte« und »Natürlich ein Stoff« hätte ich beim Mitteldeutschen Verlag, Verlag Neues Leben und den Zeitschriften »Sinn und Form« sowie »Neue Deutsche Literatur« angeboten wie sauer Bier, niemand hätte sie haben wollen. Die Dame versicherte, je öfter die Geschichten in der DDR abgelehnt worden seien, desto größer wäre die Möglichkeit, die Genehmigung für den Westdruck werde erteilt. So schied ich in guter Hoffnung.

Ein paar Wochen später war ich wieder in Berlin, wollte nachfragen und fand das Haus still; leer lagen die Korridore. Auf mein Klopfen hin erschien ein kleiner, feiner Herr, stellte sich als Adolf vor, der Direktor. Ob ich angemeldet sei? Das wurde verneint; Herr Adolf zog die Brauen sanft hoch ob dieser Ungebührlichkeit. Er habe von dem betreffenden Vorgang gehört, antwortete er schließlich, zu gegebener Zeit werde ich eine Einladung erhalten. Da entschuldigte ich mich, so hereingeschneit zu sein, und sagte ein Sprüchlein auf, mit dem ich im Knast manches Mal die Wärter verblüfft hatte: »Ich sehe meinen Fehler ein und will's nicht wieder tun.« Herr Adolf blieb ungerührt.

Draußen entsann ich mich, was unter Kollegen gelästert wurde: Herr Adolf kam von der Komischen Oper.

Lebt Adolf noch?

3.

»Du willst weg«, sagte Lipsia, als wir uns wieder vor dem Völkerschlachtdenkmal trafen. »Halsstarrig benimmst du dich, rechthaberisch auch. Unser sächsisches Wesen ist anpassungsfähiger und sanfter. Hast du den berühmten Bautzenspruch vergessen oder nimmst du ihn nicht mehr ernst?«

»Das sagten wir gern im Knast: Wir haben warten gelernt. In diesem Satz liegen auch Trotz und Härte, hörst du sie nicht heraus? Kant und Höpcke halten mich hin und lassen alle Termine platzen. In der Bundesrepublik erschienen herzwärmende Kritiken von Wolfgang Weerth und Manfred Jäger über mein Buch. Was meinst du, sollte ich tun?«

Da legte sich Lipsias schöne Stirn in Falten, ihrem Busen entrang sich ein Seufzen. »Du weißt genau, was du nicht tun darfst!« Ihre Stimme klang wieder fest. »Halte dich an deinen Spruch, wenn du mich liebst!«

Ein Löwengespann trabte herbei, sie sprang auf den güldenen Sitz und zockelte davon. Ich rief ihr nach: »Aber natürlich liebe ich dich!«

Schon einmal hatte Lipsia den Rubikon erwähnt, den Grenzfluß, hinter dem das andere Land beginnt. Bisher hatte ich mich, vom Ausflug nach München abgesehen – der folgenlos geblieben war, denn die Kollegen der Autoren-Edition waren nicht auf mein Angebot eingegangen – an die Forderung gehalten, die von Staat, Partei und Verband aufgestellt worden war: Strittige Dinge im eigenen Haus klären, sich nicht westlicher Presse anvertrauen! Die Deutsche Verlags-Anstalt in Stuttgart hatte ich nur in groben Zügen informiert, von dort war zu meiner Enttäuschung nicht die geringste Reaktion erfolgt. Immerhin, mit meinen Briefen und Kopien, die ich anderen Autoren der DDR geschickt hatte, war von mir doch einiges Geräusch im Publikum verursacht worden, so ganz Bittgänger war ich nicht geblieben.

Den Antrag, zur Buchmesse nach Frankfurt zu fahren, hatte ich seit langem gestellt, das Visum bekam ich in letzter Minute. Am Stand der Deutschen Verlags-Anstalt begegnete ich unbekannten Gesichtern. Eberhard Böckel hatte den Verlag verlassen, auf fast allen Plätzen saßen neue Leute. Ich war eingeladen worden, man hatte die Organisierung einer Lesereise zugesichert – nichts war geschehen. Für den Verlag selbst war ich ein Autor unter vielen, von dessen Buch bisher gerade ein paar hundert Exemplare verkauft worden waren. Briefe während des Sommers? Tja, man sei im Urlaub gewesen, eine Lektorin, Österreicherin, habe Stallwache gehalten, sie, unkundig deutschdeutscher Querelen, habe meine Hilferufe nicht richtig eingeschätzt. Gerade in diesem Herbst seien viele bekannte Autoren mit neuen Titeln auf dem Markt, da sei es schwierig, eine Buchhandlung für eine Lesung zu gewinnen.

Meine Erwartungen sackten in sich zusammen. Ich streunte durch die Messehallen, sah Bücher, Bücher, es würden, hörte ich, achtzigtausend angeboten, also achtzigtausend Hoffnungen, mein Buch war eine davon. Überlebensgroße Fotos hingen an den Wänden, meins war nicht dabei. Unter Schmerzen begriff ich, was ich war: ein Greenhorn. Kostbar war jeder Tag, den mir die DDR freigegeben hatte, und nun versickerte einer nach dem anderen. Hätte die Pressedame des Verlages, Renate Federhen-Roske, mich nicht behutsam unter ihre Fittiche genommen, hätte ich mich bei meinem Freund Zwerenz draußen in Offenbach vergraben und meinen Gram in mich hineingefressen. Immerhin, Wolf Biermann schloß mich in die Arme, bisher hatten wir uns nur von ferne gekannt. Winfried Schoeller baute seine Kameras am Stand der DVA auf und interviewte mich; was er aufnahm, wurde auch in die DDR hinübergestrahlt. Da fühlte ich mich schon nicht mehr als der Achtzigtausendste dieser Messe, sondern meinte, mein Buch sei zwischen die fünfzig hinaufgerutscht, von denen die Medien Notiz nahmen. In der »Zeit« rezensierte Fritz J. Raddatz: »Daß eine solche unaufgeregte, protokollführende Erzählung von der Müdigkeit, sich ständig in Anspruch nehmen zu lassen, die DDR-Kulturbürokratie bereits so trifft, daß man das Buch nicht zu dulden vermag, zeigt auf verquere Weise zugleich seine Wichtigkeit, zumal wenn man es mit der Lieblingslektüre des DDR-Kulturministers vergleicht, mit dem Buch ›Eine Anzeige in der Zeitung‹ von Günter Görlich, das Hans Joachim Hoffmann auf der letzten Leipziger Buchmesse trotzig als neue Möglichkeit den abgewanderten Dissidenten entgegenhielt. Auch hier die Fabel vom unbequemen, sich nicht anpassen wollenden, von dem jungen Lehrer, der die ausgefahrenen pädagogischen Bahnen einer gemächlich dahinzuckelnden Modellschule sprengen will. Auch hier der einzelne als Störfaktor, das Ganze aber geglättet, gefällig gemacht und zu einem positiv überschminkten guten Ende geführt. Der Selbstmord des Lehrers schließlich ist nur die Verzagtheit eines jungen Menschen vor unheilbarer Krankheit, ist das Wegwerfen eines Lebens, das aus medizinischen Gründen als nicht mehr lebenswert empfunden wird. Damit biegt Görlich einen moralischen Konflikt in einen medizinischen um, ein politisches Problem in ein technisches. Das ist das bewährte Muster aller Trivialliteratur, wo Konflikte bloßgelegt werden müßten, werden sie zugeschüttet. Die beiden schmalen Prosabände sind gleichsam konvergierende Signale für den augenblicklichen Stand der Literatur-Entwicklung in der DDR.«

Dann Tübingen. Bei meiner Lesung saß in der ersten Reihe Carola Bloch, sie fragte mich: Haben wir uns eigentlich damals in Leipzig kennengelernt? Und ich antwortete, einmal beim Geburtstag von Wieland Herzfelde habe sie mir die Hand gegeben, das sei leider alles gewesen. Sie lud mich zum Mittagessen.

Wann habe ich den entscheidenden Schritt getan, von dem aus es kein Zurück mehr gab, von dem aus es weiterlief bis zur Ausreise im März 1981? Ich sehe ihn an jenem Morgen, als ich in Tübingen einen Vertrag unterschrieb, in dem ich der Deutschen Verlags-Anstalt Stuttgart die Rechte an diesem Roman für die westliche Hemisphäre übertrug. Ich bemühte nicht das Büro für Urheberrechte der DDR und machte mich damit strafbar. Wir wollen, bat ich meinen Partner, diese Sache hübsch für uns behalten, mein Vertragsexemplar nehme ich nicht mit nach Hause, sondern deponiere es bei Zwerenz. Meine Oberen werden, wenn das Buch hier weiterhin erscheint, schon Lunte riechen. Mal sehen, wie ich mich dann rausreden kann.

Daheim war es kalt um mich geworden. Es sprach sich im real existierenden Sozialismus schnell herum, wenn da einer in die Klemme geraten war. Die Mächtigen verfügten über viele Kanäle, zu signalisieren, wem der Brotkorb höher gehängt werden sollte. Da war nun doch eine Lesung nicht abgesagt worden, seit dem Sommer war sie vereinbart, und die Wachsamen hatten die Zeichen der Zeit sehr spät mitbekommen. Die Lesung sollte im Physikalischen Institut der Universität stattfinden, fünf Minuten von meiner Wohnung entfernt. Dort hatte Annelies vor Jahren gearbeitet, sie war neugierig, Bekannte zu treffen.

Drei Tage vor dem Termin klingelte einer der Studenten, mit dem die Lesung verabredet worden war, bei mir und bat mich, ich möge mich zehn Minuten vor Beginn an einem Seiteneingang einfinden, denn des zu erwartenden Andrangs wegen würde am Haupteingang kontrolliert. Ihr macht es ja spannend, sagte ich, und der Student berichtete, erst vor wenigen Tagen sei der Leitung des Instituts und der Uni ins Auge gesprungen, was da beabsichtigt sei. Nun sei der Wirbel irrsinnig, man habe sie für politisch blind erklärt und aufgefordert, die Lesung rückgängig zu machen, dann aber gemerkt, daß das die Aufregung nur noch schüren würde. Nur ruhig Blut, riet ich, wir werden mit alledem schon fertig werden.

Auf die Minute genau waren wir am verabredeten Punkt. Dort lag alles im Halbdunkel, wir wurden von stummen Gestalten erwartet; der junge Mann, der bei mir gewesen war, öffnete die Tür und schloß sie sofort wieder. Durch Kellergänge, unter Bündeln von Heizungsrohren entlang wurden wir kreuz und quer gelotst und kamen in der Halle hinter dem Haupteingang heraus. Dort herrschte Aufregung, Belagerung, denn draußen ballten sich Studenten – nur wer Karten habe, dürfe herein, wurde gerufen, der Raum sei überfüllt, und von draußen wurde gebrüllt, das sei *ihr* Club, da säßen welche drin, die gar nicht hierher gehörten, *sie* wollten hinein, und die anderen müßten hinaus! Annelies flüsterte mir zu, der da sei Professor, den da kenne sie auch, und der da sei gar der Direktor des Hauses, Nationalpreisträger und weithin berühmt. Händeschütteln – lange nicht gesehen, Frau Loest! Die Kinder sind nun schon groß? Wir wurden Treppen hinaufgebeten. Im Clubraum war tatsächlich jeder Platz besetzt, sechzig oder achtzig hockten da, fast nur Männer, und eine Anzahl war älter, als es Studenten sind. Ein Vertreter der Klubleitung sprach begrüßende Worte, in sie hinein hallte das Klopfen und Schreien von unten, und ich fragte mich, ob ich unter diesen Umständen überhaupt lesen sollte. Aber da kam mir auch die Idee, daß es vielleicht einigen ganz recht wäre, wenn ich die Segel striche. Eine Provokation gar, mich zum Aufgeben zu bringen?

Das Rumoren draußen verebbte, die Truppe, die das Haus schützte, war Herr der Lage geblieben, und ich las in eine Stille hinein, die ich als bedrohlich empfand. Es war halbdunkel im Raum, so daß ich, wenn ich über die Brillengläser linste, auf den Gesichtern keine Regung erkennen konnte. Kälte griff nach mir, als ob ich in einem leeren Raum läse, Drang wuchs, das Buch zuzuklappen und zu fragen: Soll ich überhaupt weitermachen, oder was ist los? Hier ging so wenig mit rechten Dingen zu, daß ich vieles für möglich hielt. Doch es war gute zwanzig Jahre her, daß ein Kampfgruppenkommando die Bühne der »Pfeffermühle« gestürmt, daß »Werktätige« des Kirow-Werkes den Jazz-Boten Reginald Rudorf vertrimmt hatten.

Nach einer Dreiviertelstunde war ich zu Ende. Nach dem Sinn der gehörten Szene im Buch wurde ich gefragt, nach dem Anliegen des Buches überhaupt. Die Studenten saßen stumm, die Debatte wurde von Älteren geführt, es waren Assistenten und Doktoren aus anderen Disziplinen, Gesellschafts- und Kulturwissenschaftler, neben ihren Stühlen standen Aktentaschen, man hatte die Genossen kurzfristig hierherbeordert. Die klare Linie der Partei und des Staates sollten sie vertreten – nun wurden Probleme zur Sprache gebracht, deren Behandlung nicht alltäglich war, sie mußten sich einhören, und so blieb ihre Kritik anfänglich in Fragen verpackt: Leistungsverweigerung, Machtverweigerung gar, Ablehnung von Verantwortung? Und einer bekannte, er kenne zwar das Buch nicht, wohl aber die Kritik des Professor Neubert. Legal erschienen, erwiderte ich, legal nach dem Westen verkauft, und – übe ich denn Kritik? Zeige ich nicht *Probleme* auf? Das wäre zu wenig, meinten da die Theoretiker, ein Schriftsteller müsse seine Figuren *führen,* nicht dem Leser alle Entscheidungen anvertrauen – und schon waren wir im Disput über den positiven Helden und die Verantwortung, und da fühlte ich mich ja nun dank fast dreißigjähriger Erfahrung in allen Sätteln gerecht.

Keiner der Ankläger mochte in die Mottenkiste greifen und sich als Dogmatiker von dunnemals belächeln lassen, keiner den Hammer heben. Sie alle wollten sich den Anschein geben, prinzipienfest und fair zu Werke zu gehen, absolut auf der Höhe der Zeit. Die Frist der Vorbereitung war für die Genossen knapp gewesen, genügend Exemplare des gefährlichen Buches konnten sie nicht auftreiben, und so mußte mancher mit dem

Satz beginnen: Ich hab' das Buch zwar nicht gelesen, aber! Aus diesem Umstand drehte ich keine billige Munition, stieg mit aufs Seil, und nicht ein einziges Mal in anderthalbstündiger Debatte kam ich ins Straucheln. Auch dieses Buch passe, so meine Linie, in den Sozialismus dieser Tage, es sei ihm nützlich, da es Probleme aufwerfe und beispielsweise einen Disput wie diesen nötig mache. Mein bester Schachzug war, als ich nach besonders geschliffenem Argument der Gegenseite vorschlug, dieses zum Finale zu erklären – warum müßte ich das letzte Wort haben? Und Dank allen, die mit Sachverstand und Engagement diesen Abend möglich gemacht hatten!

Danach war ich so erschöpft, als hätte ich fünfzehn Seiten Text in einem Ritt geschrieben. Ich hatte einigen Studenten vorexerziert, wie man mit Funktionären dieses Kalibers fertig wurde, aber ich wußte auch, daß ich sie nun wieder ihren Abhängigkeiten überließ. Ich hatte heiße Fans gewonnen, aber was nutzte das, wenn sie meine Bücher nicht in den Läden finden konnten? Meinen Gegnern hatte ich meine Gefährlichkeit bewiesen; ungern erinnerte ich mich, daß ich reichlich zwanzig Jahre vorher an der Seite von Zwerenz den Parteioberen von Leipzig eine ideologische Schlappe nach der anderen beigebracht hatte, und am Ende hatten sie mich ins Zuchthaus gesteckt und Zwerenz in die Flucht geschlagen. Zu Hause fragten wir uns: Wie alt waren die neuen Zeiten, und wohin fuhr der Zug, in dem wir nun saßen?

In diesen Novembertagen 1978 betrat ich abermals das Hinterhaus, in dem das Büro für Urheberrechte einquartiert war; es war nicht möglich, sich ihm zu nähern, ohne daß Gitterzäune und Draht, Wachhäuschen und Bewaffnete aufs Gemüt drückten: »Moderne Grenze«. Diesmal war ich zu Herrn Adolf gebeten. Ich wurde durch Gänge geführt, in denen Teppiche lagen und Gemälde hingen. Stille überall. Herr Adolf kam um seinen Schreibtisch herum und bot Platz und Kaffee an, ich gewahrte eine dünne Heftmappe, sonst deutete nichts auf Arbeit hin. Um vier Erzählungen ginge es, eröffnete Adolf, ich hätte es mir wohl gedacht. Leider müsse er mir mitteilen, daß er den Abdruck nicht genehmigen könne. Welche Einwände er denn gegen die Geschichten habe, fragte ich, und hörte, Herr Adolf habe sie nicht gelesen, es sei auch nicht seines Amtes, sich mit der Literatur zu befassen, deren Weitergabe oder Ablehnung er veranlasse; auch sei er ja kein Literat. Die Ablehnung erfolge aus rein rechtlichen Gründen. Verstünde ich nicht, erwiderte ich, die Geschichten würfen Probleme auf, für die sich hiesige Verlage und Zeitschriften nicht interessierten, aber deshalb seien sie doch nicht *feindlich!* Adolf wiederholte: Er kenne die Geschichten nicht und dürfe sie nicht werten, aber eine Druckgenehmigung fürs westliche Ausland könne er ebensowenig erteilen. Leise und höflich sprach Adolf, ich merkte, daß er sich unwohl fühlte in seiner Amtshaut. Ob denn diese Geschichten für mich wirklich so wichtig wären? Mancher Funktionär hätte jetzt einen Angriff auf anderem Terrain vorgetragen und von Feinden gedröhnt, die dem Sozialismus ans Leder wollten, da könne eben nicht jeder herausposaunen, was ihm in den Kopf komme! Nicht so Adolf. Er sei, schloß er, dem Ministerium für Kultur – Höpcke? – unterstellt und erhalte von dort seine Anweisungen. Punkt. Diesmal schickte die Zensur einen Buchhalter vor. Wozu noch Scheiterhaufen? Draußen dachte ich: Ein armes Schwein. Viel später überlegte ich: War auch ein armes Schwein ein Schwein?

4.

Damals studierte mein Sohn Thomas Theologie, unter seinen Kommilitonen traf er Suchende, Fragende, sie nahmen ihn mit in ein Dorf in der Nähe von Zwickau. Der Pfarrer war jung und von Leukämie gezeichnet, er und alle um ihn wußten, daß er nicht mehr lange zu leben haben würde. An seiner Seite stand ein dreißigjähriger Polsterer, ein stämmiger Arbeiter, Christ, Ehemann und Vater. Sie hatten von mir gehört und fragten, ob sie mich besuchen dürften. Der Pfarrer und ich sprachen miteinander, der Polsterer litt Höllenqualen, denn er war so erkältet, daß er kaum einen Satz herausbrachte, und er hatte doch so viel fragen wollen. Am Ende tastete der Pfarrer vor, ob ich einmal bei ihnen lesen wollte. Ja, sagte ich, aber ich besäße kein Auto, wie käme ich hin und zurück? Das hätten sie schon alles geplant. Und welches Honorar ich beanspruchte? Oh, erwiderte ich, das wäre eine diffizile Frage: Ob es in Königswalde wohl Flugenten gäbe?

Königswalde war und ist ein Bauerndorf mit ein paar hundert Seelen. Der Pfarrer und sein Helfer hatten schon einmal das Kirchengestühl ausgebaut und Tische in den Kirchenraum gestellt, dort hatten dann junge Frauen und Männer miteinander gegessen und gesungen und diskutiert, wie sie ihren Kindern in dieser waffenstrotzenden Zeit friedliche Eltern sein könnten. Sie hatten Zeichnungen an die Wände geheftet; Blumen blühten auf Kanonen, ein Panzer hatte einen Knoten im Rohr. Die beiden Kirchenmänner hatten mit den Alten im Dorf, dem Gros der Gottesdienstbesucher, geduldig debattieren müssen, denn da nahte langhaariges Volk, und nun sollten sie auch noch Quartier stellen. Aber die Jungen gewannen durch ihre Fröhlichkeit und Sanftheit Respekt, und beim zweiten Mal blieben sie nicht mehr ganz unter sich. Doch ein drittes Mal würde nicht in dieser Weise eine Dekade vom Freitag bis zum Sonntag der nächsten Woche verbracht werden können, das alte Mobilar verkraftete eine erneute Demontage nicht.

Zu mir kamen an die fünfzig junge Leute, zum Teil in vollgepferchten Trabis aus entfernten Orten. Ich erzählte von meinem Schreiben und Treiben und las aus dem Manuskript, aus dem das Buch »Durch die Erde ein Riß« werden sollte. Wir sprachen darüber, behutsam, sorgsam. Ich lernte Menschen kennen, die sich fragten, wie sie ihren Kindern gegenüber Schule und Jugendverband beistehen könnten, daß sie nicht zu Doppelzünglern würden. Sie trauten es sich keineswegs zu, diese Gesellschaft zu ändern, sie waren weder übermütig noch größenwahnsinnig. Sie suchten Raum für Güte und Gewissen. Einer ihrer Freunde war verhaftet worden, weil er den Wehrdienst verweigerte, wir sammelten für seine Frau und sein Kind. Brot, Schmalz und Äpfel standen auf dem Tisch, wer hereinkam, nahm sich.

Zum Schluß sagte der Pfarrer: »Wer mag, kann mit uns beten.« Er begann: »Herr, wir danken dir für diesen Tag.« Es waren keine vorgestanzten Worte, er schilderte diesen Abend und erwog, was wir hinübernehmen könnten in den Morgen darauf. Dann heimste ich meinen Leselohn ein, eine Flugente und zehn frische Eier.

Bei der nächsten Friedensdekade wachten Doppelposten der Kampfgruppen an allen Zufahrtsstraßen und an den Weggabeln im Dorf. Sie hielten niemanden an, sie standen nur da. Aus Holland traf ein Brief ein, eine Friedensgruppe versprach Material und Geld. Der Pfarrer und sein Helfer beschnupperten diesen Brief, er war ihnen nicht geheuer. Sie zeigten ihn mir, ich zog wachsam die Brauen hoch. Drei Tage später trugen sie ihn zur Abteilung Inneres. »Gut, daß Sie uns das zeigen«, sagten die Genossen. Sonderlich überrascht schienen sie nicht zu sein.

Dann luden sie den Ostberliner Schriftsteller Frank-Wolf Matthies zu sich. Er las Gedichte; später, endlich einmal vor Publikum, ließ er sich zu barschen Worten gegen die Staatsmacht hinreißen, die diese Friedensgruppe bespitzele und ihnen allen die Luft zum Atmen nähme.

Am Tag darauf wurde der Polsterer verhaftet. Nicht Matthies, das hätte Aufsehen nach Westberlin hinüber erregt. Nicht der Pfarrer, das hätte womöglich die Bischöfe zur Intervention gezwungen. Ein Arbeiter erschien der Arbeiter- und Bauernmacht als das schwächste Glied. So hofften sie, einen Kopf von Königswalde auszuschalten und die anderen einzuschüchtern. Den Häftling verteidigte Rechtsanwalt Schnur, der von Rügen aus durchs Land eilte und Christen und Wehrdienstverweigerern beisprang und sie gleichzeitig an die Stasi verriet. Der Polsterer wurde wegen Hetze und Ähnlichem zu zwei Jahren Gefängnis verurteilt und, vier Monate hatte die Untersuchungshaft gedauert, am nächsten Tag zur Überraschung aller freigelassen. Der Staatsanwalt riet ihm, sich weiterer Aktivitäten bisheriger Art zu enthalten. Ich traf den Überglücklichen, da war er noch blaß und ziemlich durcheinander. Ich fragte: Und? Er sagte: Natürlich mache ich weiter.

So war es in Königswalde und anderen Dörfern und Städten in Sachsen und Thüringen. Studentenpfarrer und junge Geistliche ertasteten die Grenzen ihrer Möglichkeiten und gingen schrittweise darüber hinaus. Unter ihren Dächern wurde über eheliche Gemeinsamkeit, Literatur, Kinderpsychologie und Wehrersatzdienst und in immer stärkerem Maß über ökologische Fragen diskutiert. Diese evangelischen Pfarrer und ihre Verbündeten begannen mit dem, was dann nach Leipzig und Ostberlin vordrang. Sie arbeiteten eingezwängt zwischen der Staatsmacht und ihren eigenen Kirchenoberen, die den Status, den sie mit der SED ausgehandelt hatten, nicht gefährdet wissen wollten. Die Geschichtsschreibung wird nur wenige ihrer Namen nennen.

Aus meiner Stasi-Akte

Bezirksverwaltung für Staatssicherheit — Leipzig, 27.9.1978
Abteilung XX

OV »Autor« II — Reg.-Nr. XIII 848/78 (Neuanlage)
Delikt: — §§ 100, 106, 107 StGB
Name: — Loest, Erich

Zeitraum des gültigen Operativplanes: Sept. bis 30.11.1978

Insbesondere seit dem Erscheinen seines Romans »Es geht seinen Gang« im MDV Halle und in der BRD waren verstärkte Aktivitäten gegnerischer Kräfte zur Nutzung Loests für die Hetze gegen die Kulturpolitik der DDR, insbesondere von Versuchen des Nachweises einer »literarischen Opposition«, zu verzeichnen. In Sendungen mehrerer Rundfunkanstalten der BRD sowie in BRD-Presse-Rezensionen wurde umfangreich über L. und seinen Roman berichtet.

Seit 24.8.1978 wurde eine Reihe weiterer profilierter DDR-Autoren bekannt, die sich schriftlich und mündlich mit L. solidarisieren, gegen die Aussetzungen der Nachauflagen protestieren und L. zu seinem Roman beglückwünschen. Dabei erreichten sie zum Teil eine erhebliche Öffentlichkeitswirksamkeit.
L. selbst sieht sich durch die im Juli/August erfolgten Auseinandersetzungen aufgewertet.

Am 1.9.1978 wurde L. durch den stellv. Kulturminister Höpcke informiert, daß die Entscheidung betr. der Nachauflage nochmals überprüft werde. L. geht davon aus, daß er sich durchgesetzt hat, sein Roman weiter erscheinen kann, und der MDV Halle gezwungen ist, wieder mit ihm zu arbeiten.

Gleichzeitig liegen Hinweise auf die Abstimmung Loests mit Journalisten der BRD/WB hinsichtlich gezielter Sendungen der westlichen Massenmedien über L. zur weiteren Aufwertung seiner Person und Angriffen gegen die DDR-Kulturpolitik vor.

Eingesetzte IM:
- unmittelbar: IMS »Willi« (BV Halle)
- mittelbar: IMV »Frank«
GMS »Dozent«

Realisierung des Operativplanes Nr. 1

Schwerpunktaufgaben:
- Einsatz Abteilung 26/B
- Zersetzungsmaßnahmen im familiären Bereich
- Koordinierung mit BV Halle, Abt. XX/7 betr. MDV und HA XX/7 betr. Zentralorgane und Massenmedien

Entsprechend des Operativplanes erfolgt am 30. 11. 1978 Berichterstattung bei der HA XX.

Leiter der Abteilung XX

Wallner	*Baumheier*
(Oberstleutnant)	(Hauptmann)

5. KAPITEL
Pyrrhussieg

1.

Nachdem ich zwei Monate lang nichts von Höpcke gehört hatte, rief er mich an; er hätte in Leipzig zu tun, ob ich ihn im Kulturbund treffen könnte. Er kam pünktlich aus einer Sitzung heraus. Unser Gespräch dauerte vielleicht fünf Minuten. Höpcke riet noch beim Händedruck, ich solle doch »Es geht seinen Gang« dem Greifenverlag in Rudolstadt anbieten. Ich erwiderte überrascht, mit diesem Haus hätte ich nie zu tun gehabt. Beim Mitteldeutschen Verlag ginge nichts mehr, meinte Höpcke, da sei mein barscher Brief an Günther schuld. Ob denn der Greifenverlag auch Papier für mich hätte, fragte ich noch, um überhaupt etwas zu sagen. Unbegrenzt nicht, antwortete Höpcke, immerhin in gewissem Rahmen. Einverstanden, erwiderte ich, ich schreibe sofort.

So bewahrt es mein Gedächtnis. Die Hauptabteilung XX des Ministeriums für Staatssicherheit dokumentierte am 20.11.1978 so:

Aus meiner Stasi-Akte

Information

Der stellvertretende Minister für Kultur, Genosse Höpcke, teilte am 17.11.1978 mit, daß er am 15.11.1978 mit dem Leipziger Schriftsteller Erich LOEST ein kurzes persönliches Gespräch geführt hat.
Dabei habe Genosse Höpcke den Loest davon in Kenntnis gesetzt, daß er sich bezüglich einer Nachauflage seines Romans »Es geht seinen Gang« an den Greifenverlag Rudolstadt wenden kann. Außer der Tatsache, daß Loest über die Wahl des Verlages verwundert war, zeigt er keine Reaktion. Dazu wurde ihm vom Genossen Höpcke erklärt,

daß Loest durch seine persönlichen Angriffe gegen den Mitteldeutschen Verlag und seinen Leiter sich selbst die Möglichkeit genommen habe, mit diesem Roman nochmals beim Mitteldeutschen Verlag zu erscheinen.

Genosse Höpcke erklärte, daß die Entscheidung über eine Nachauflage dieses Loest-Romans zwischen dem ZK der SED, dem Präsidium des Schriftstellerverbandes und dem Ministerium für Kultur getroffen wurde.

Mit dieser Entscheidung ist nach Auffassung des Genossen Höpcke auch die von Loest angestrebte Klage gegen den Mitteldeutschen Verlag (Forderung von Schadeneresatz wegen Vertragsbruch) gegenstandslos.

In den nächsten Tagen erklärte ich meinen Freunden, mir sei jeder Verlag recht, selbst eine Postkartenklitsche. Also teilte ich nach Rudolstadt mit, ich hätte da einen freien Titel und böte ihn höflichst an. Prompt kam Antwort, und dann tauchten die beiden Verantwortlichen des Greifenverlags in Leipzig auf. Sie erschienen mir als Männer, die mit einer Mission betraut waren, deren Hintergründe sie nur zum Teil kannten, und die lieber in klareren Gewässern gefischt hätten. Ja, sie wollten das Buch bringen. Und zwar in einer Auflage von zehntausend Stück. Das sei wenig, erwiderte ich. An welche Höhe ich denn gedacht hätte? Vierzigtausend, pokerte ich. Da offenbarten sie mir, sie dürften zehntausend drucken und nicht mehr, auch nicht im nächsten und nicht im übernächsten Jahr, zehntausend und kein Stück darüber.

Ich fragte: Also ohne Nebenrechte, wie da wären Übersetzungen, Verfilmung und so weiter? Die Herren nickten.

Die Stimmung war unbehaglich, aber ohne Aggressivität. Ich sah die Grenzen meiner Partner, und es gab keinen Grund, sie zu beschämen. Und Sie würden diesen Vertrag unterschreiben? fragten die Rudolstädter. Ich würde auch einen Vertrag über fünfhundert unterschreiben, antwortete ich. Der Schwarze Peter lag nicht bei mir.

Weihnachten nahte, viel würde bis dahin nicht mehr geschehen. Günter Kunert schrieb: »Lieber Ärich, schön, daß du herumgekutscht bist und dich an manchem delektiert hast: Ja, man muß immer mal wieder raus aus dem Käfig. Man – mit ›man‹ meine ich immer nur mich: so verallgemeinerungswürdig bin ich mir – kann wohl nur noch arbeiten, wenn man die permanente und wachsende Kulturkrise hierzulande ignoriert. Oh, Hamlet, welch ein Abfall! Shakespeare meinte aber wohl etwas anderes. Inzwischen hat mir Jacobus mein Manuskript ›Deutschkunde‹ mit einem unglaubwürdigen Brief zurückgeschickt; unglaubwürdig insofern, daß seine Erklärungen über die Dauer seiner Antwort geradezu grotesk sind. Das werde ich ihm auch schreiben. Und der obskure Neubert hat mir heute einen schlecht gereimten Vierzeiler geschickt, den ich dir nicht vorenthalten will:

Für G. K.
Ein garstig Kübel
sollt' sich über meinen Kopf ergießen,
item – es stinkt
nur unter Fiesen...

Eigenartig, daß solche Dreckschleudern nicht in der Lage sind, ihren eigenen Dreck zu erkennen!«

Die harte Gangart hielt an: Die Bezirksleitung Halle der SED hatte unterdessen, ohne Rücksicht, was in der Schwebe sein mochte, Verlagsleiter Günther, Cheflektorin Duty und Lektor Hottas vor den Schranken ihrer Kontrollkommission beschuldigt, gegenüber Manuskripten von Heiduczek und Loest nicht wachsam genug gehandelt zu haben. Das Ergebnis: Rüge für Günther und Duty, Verweis für Hottas, der obendrein seiner Funktion als Parteisekretär verlustig ging. Unter diesen

Umständen eine zweite Auflage im Greifenverlag? Absurdes Theater.

Wieder standen wir mit Freunden, Mattheuers waren dabei, in der Silvesternacht auf dem Trümmerberg über der Stadt, von Nordosten her fiel grausame Kälte auf das Land. Mit einem Schlag legte sich Dunkelheit über die westlichen Stadtteile: Dort war der Strom abgeschaltet worden. In den Kraftwerken erstarrte die Kohle, die Leistung fiel rapide ab, Tiere erfroren in den Ställen, in anderen erstickten sie, weil die Ventilation aussetzte. Als wir nach Hause stapften, knirschte unter unseren Schuhen der Schnee. Das Thermometer fiel auf fünfundzwanzig Grad Minus.

Jedesmal, wenn Thomas uns besuchte, beschwor er mich, vorsichtig zu sein: Du wirst abgehört, Vater, sie kontrollieren deine Post, sie überwachen dich in jeder nur denkbaren Weise! Ach was, erwiderte ich, wer bin ich denn schon, wäre ich Atomphysiker, dann hättest du sicherlich recht. Ich quatsche bißchen rum, na schön, deshalb sollte der Staat solchen Aufwand treiben? Derlei sprach ich in der von der Stasi-Abteilung 26 sorgsam verwanzten Wohnung. Mein leichtfertig Wort wurde weitergestrahlt und in indirekter Rede zu Papier gebracht, es kam zu den Akten. Später, nachdem die Mauer gefallen und die Stasi zerstoben war, stand ich fassungslos vor 31 (einunddreißig) Heftmappen von je etwa 300 Blatt, die allein zwischen 1975 und 1981 über mein Reden und Schreiben aufgehäuft worden waren. Ich wollte prüfen, ob Kopien, die mir zugespielt worden waren, echt seien. Sie waren es. Ich wüßte heute gern, was das alles gekostet hat.

Aus meiner Stasi-Akte

Ministerrat der Deutschen Demokratischen Republik
Ministerium für Staatssicherheit
Hauptabteilung XX
Leiter

Berlin, den 21.12.1978
Tgb.-Nr. XX/7/IV/16750/78/100
Pö/Lü

Bezirksverwaltung der Staatssicherheit
Abteilung XX
Leiter

Leipzig

Veröffentlichung von Erich LOEST in der BRD-Zeitung »Deutsches allgemeines Sonntagsblatt«
Schreiben vom 7.12.1978, Tgb.-Nr.: 6033, ehr

Im Auftrag des Präsidenten des Schriftstellerverbandes der DDR, Genosse Kant, beauftragt der 1. Sekretär des Schriftstellerverbandes der DDR, Genosse Henniger, den in Leipzig wohnenden Vizepräsidenten des Schriftstellerverbandes, Genossen Joachim Nowotny, und den Vorsitzenden Ihres Bezirksverbandes, Hans Pfeiffer, mit Loest eine Aussprache zu dieser BRD-Veröffentlichung und die politisch-ideologische Auseinandersetzung mit diesem zu führen.

Gen. Nowotny wird weiter beauftragt, am 17.1.1979 dem Präsidenten des Schriftstellerverbandes der DDR über das Ergebnis dieser Aussprache und die Stellungnahme des Loest zu berichten.

Entsprechend der Verhaltensweise von Loest wird dann im Präsidium beraten, wie in dieser Angelegenheit weiter verfahren werden soll.

Sie werden gebeten, die Reaktionen Loests auf dieses Gespräch festzustellen. Das Ergebnis Ihrer Feststellungen ist der HA XX/7 bis zum **15.1.1979** mitzuteilen

Die Festlegung des Termins für das Gespräch mit Loest ist Joachim Nowotny und Hans Pfeiffer überlassen.

Kienberg

Generalmajor

Für den 11. Januar 1979 wurde ich von Nowotny ins Literaturinstitut gebeten. Nowotny informierte mich, Kant sei ärgerlich über mein Interview im »Deutschland Archiv«. Kant habe sich für mein Buch eingesetzt und finde es schädlich, nun die Debatte in die BRD zu verlegen. Seit dem letzten Schriftstellerkongreß hätten nur Kunert – dessen »Deutschkunde« nun in der ZEIT erschienen war – und ich die geforderten Spielregeln verletzt. Ich erwiderte, seit meinem Brief an das Präsidium vom letzten August hätte ich nicht die geringste Antwort erhalten. Neubert habe das Feld der Kritik bestimmt, ohne daß ihm widersprochen werden durfte, die Redaktion des SONNTAG habe auf Gegenmeinungen nicht reagiert. Die Verhandlungen mit dem Greifenverlag wären eingefroren und alle Termine wieder einmal verstrichen. Um mich herum breite sich Kälte aus; genauso ergehe es Heiduczek. Nowotny und Pfeiffer gestanden ein, es sei ein unmöglicher Stil, mich fünf Monate lang ohne Nachricht zu lassen. Sie beklagten das Verhältnis zur Presse, man müsse aber alles innerhalb der DDR und nicht zum Fenster hinaus erwirken, sonst würde den gutwilligen Kräften im Verband nur geschadet. Das Gespräch verlief ohne Schärfe, eher in einem bittenden Ton. Nowotny machte auf mich einen wenig kämpferischen, überanstrengten Eindruck.

Aus meiner Stasi-Akte

TELEGRAMM

BV Leipzig, Abt. XX/7
MfS Berlin, HA XX/7 Leipzig den 16.1.1979

Ihr Schreiben vom 21.12.1978, Tgb.-Nr. XX/7IV/16750/78 zum Gespräch des Vizepräsidenten des Schriftstellerverbandes der DDR, Nowotny, Joachim mit dem Loest, Erich

Das Gespräch mit dem Loest, Erich durch Nowotny und dem Vorsitzenden des Leipziger Schriftstellerverbandes, Pfeiffer, Hans, fand am 11.1.1979 im Institut für Literatur statt. Inoffiziell wurde festgestellt, daß die Zielstellung des Gesprächs, eine politisch-ideologische Auseinandersetzung mit Loest bezüglich seines Interview in der BRD-Zeitschrift »Deutsches allgemeines Sonntagsblatt« zu führen, nicht erreicht wurde.
In der Hauptsache begründet L. sein Interview damit:
- er fühlt sich gegenwärtig in der DDR isoliert;
- bis jetzt sei das Erscheinen seiner Nachauflage durch den Greifenverlag noch nicht klar - es kam zu keinem Vertragsabschluß;
- ein öffentlicher Meinungsstreit zu seinem Roman wurde in der DDR vermieden; aus diesem Grund müsse er sich dort an die Öffentlichkeit weden, wo sein Roman gedruckt werde (BRD):

Loest sieht in der Veröffentlichung kein politisches Fehlverhalten, sondern eine Möglichkeit, auf persönliche Probleme in Verbindung mit seinem Roman aufmerksam zu machen. Den Interviewpartner Prof. Mohr bezeichnete er als eine linksliberale Persönlichkeit mit einer objektiven Haltung gegenüber der DDR, ohne antikommunistische Zielstellungen.
Gen. Nowotny schätzt ein, daß es ihm nicht gelang, seine eigene kritische Haltung zu Loests Aktivitäten diesem im genügenden Maße deutlich werden zu lassen, da ihm auch eine Reihe Sachkenntnisse fehlten. Loest habe das Gespräch als eine erste Reaktion auf ein nach seiner Darstellung bisher unbeantwortetes Schreiben an Hermann Kant vom Sommer 1978 gewertet und hofft auf weitere Gespräche mit kompetenten »Spitzenfunktionären«
Über Reaktionen des L. gegenüber anderen Personen auf das Gespräch liegen bisher keine Hinweise vor.

Geschrieben: Uffz. Pieczynski

In diesen Monaten wechselte ich Briefe mit Erwin Strittmatter. Wir hatten uns 25 Jahre vorher kennengelernt und waren gut miteinander gefahren. Dann wurde er Vizepräsident des Verbandes und mehrmaliger Nationalpreisträger. Er lud mich zu sich, alte Sympathie erwachte. Strittmatter, nun allmählich der große alte Mann des Verbandes, hatte seine eigenen Schwierigkeiten, der 3. Band seines »Wundertäter«-Romans lag beim Aufbau-Verlag seit einem Jahr auf Eis. Wir beide steckten gleichermaßen in den Mühlen der Bürokratie, ich wehrte mich rabiat, er keuchte im Geschirr der Disziplin. Wir tauschten Erfahrungen aus und sprachen uns Mut zu. Strittmatter mahnte zur Geduld. Er hörte gewiß manches, das mir verborgen blieb, aber aus der Schule plauderte er nicht.

Schneemassen waren gefallen, der Nordteil der DDR röchelte unter ihrem Würgegriff. In Leipzig wurden die Briketts knapp, mit meinem Schlitten zog ich kreuz und quer, um irgendwo einen Zentner zu ergattern. Jahrgangsweise verheizte ich alte Zeitschriften, darunter das kostbare »Sinn und Form«. Ich meinte, alle Möglichkeiten ausgeschöpft und lange genug gewartet zu haben. Seit acht Monaten war ich keinen Schritt weiter gekommen. So setzte ich mich am kälteklirrenden 22. Januar an die Maschine und schrieb:

»Lieber Hermann Kant!

Von Joachim Nowotny hörte ich kürzlich, Sie hätten sich über mich geärgert. Im Oktober 78 hatte ich westlicher Presse einige Umstände des leidigen Schicksals meines Romans ›Es geht seinen Gang‹ genannt. Und Sie hatten doch auf dem letzten Schriftstellerkongreß die Forderung erhoben, unsere Probleme im eigenen Land zu klären.

Ich hatte mich aber auch über Sie geärgert. Am 16. August 1978 hatte ich das Präsidium des Verbandes informiert, daß die Neuauflagen meines Romans gestrichen seien, und den Verband um Hilfe ersucht. Daraufhin bestätigten Sie fernmündlich den Erhalt eines Briefes und versprachen Unterstützung. Wäre nicht am 11.1.79 das Gespräch mit Joachim Nowotny gewesen, hätte ich bis zur Stunde nichts erfahren – fast fünf Monate ohne Bescheid, so sollte man in einer demokratischen Organisation mit einem Mitglied nicht umgehen. Ich fühle mich auch in anderer Beziehung im Stich gelassen: Prof. Dr. Neubert durfte im SONNTAG auf mein Buch einschlagen, aber dieses kulturbundliche Organ ließ bis zur Stunde kein Widerwort zu, nicht von Kunert, nicht von Mattheuer, nicht von v. Tümpling. Und so ging dann schließlich auch Kunert eigene weite Wege. Diese Behandlung durch die Presse ist nicht das, was ich als Klärung von Problemen im eigenen Land bezeichnen kann; Kunert nannte sie unzivilisiert.

Das Präsidium des Verbandes hat sich also am 1.9.78 für Nachauflagen meines Buches ausgesprochen, so hörte ich endlich am 11.1.79 von Joachim Nowotny. Dieser Aktivität wird es zuzuschreiben sein, daß es am 7.12.78 zu einem Gespräch mit Herrn Sauer, dem Leiter des Greifenverlages, kam. Nun hatte ich zwar nie mit diesem Haus zu tun, auch schien es mir ungewöhnlich, wenn nicht diskriminierend, daß ein Einmalig-Vertrag über 10000 Stück abgeschlossen werden sollte und sonst gar nichts. Dennoch war ich bereit zu unterschreiben, denn Besseres bot sich mir nicht. Herr Sauer meinte, er wolle sich noch einmal an seine vorgesetzte Behörde wenden, um umfassendere Bedingungen zu erwirken, versprach Klärung binnen zehn Tagen und ließ trotz Mahnung nichts mehr von sich hören. Ich muß schließen, daß dieses Vorhaben auf ein Riff gelaufen ist.

Da stehe ich mit meinem Roman, und nichts ist gebessert; das Bemühen des Präsidiums ist ohne Ergebnis geblieben. Nun haben mir aber viele namhafte

Schriftsteller der DDR ihre Zustimmung zu diesem Buch ausgesprochen, und es vergeht kein Tag, an dem ich nicht mindestens einen anerkennenden Brief oder Anruf von Lesern bekomme, die meisten haben sich das Buch über drei Ecken ausgeborgt. Es breitet sich aber auch Kälte aus: Kaum noch werde ich zu Lesungen eingeladen, kurzfristig werden Veranstaltungen abgesagt, meist aus fadenscheinigen Gründen. Verbotsgeruch ist um das Buch und auch schon um den Autor.

Da der Verband nichts erwirken konnte, da die Presse keine Debatte zuläßt, überlege ich, ob ich einer Idee folgen sollte, die unter Kollegen im letzten Jahr immer wieder auftauchte: Eine von zwei oder drei Dutzend Schriftstellern unterzeichnete Bittschrift an den Staatsratsvorsitzenden zu richten. Vielleicht könnte dann von der Machtspitze her aufgetaut werden, was unten eingefroren ist. Hin und wieder dachte ich, mein Fall sei nicht wichtig genug, aber es geht ja einigen anderen Kollegen nicht besser; vielleicht kann man so auch für sie das Eis brechen.

Lieber Hermann Kant, ich wüßte nun gern, ob der Verband eine solche Petition guthieße. Und: Dürfte ich Sie gegebenenfalls um Ihren Namenszug bitten?

Mit freundlichen, kollegialen Grüßen!«

Diesmal machte ich so viel Geräusch im Publikum wie nur möglich. Hans-Martin Kählitz, ein Freund, der im Betrieb den Schlüssel für den Kopierer besaß, erbot sich, dreißig Exemplare heimlich abzuziehen. Und, fragte ich ihn, wenn's rauskommt? Er erwiderte, das sei ihm die Sache wert. Ich schickte Kopien an alle, die sich bislang für mein Problem interessiert hatten, manche wollten den Brief ihrerseits weiterverbreiten. Samisdat in der DDR, ein seltener Fall.

Kant antwortete sofort:

»Die Leitung Ihres Berufsverbandes hat sich wiederholt und an verschiedensten Stellen um ihre Angelegenheit bemüht und war dabei auf gutem Wege. (Ich hatte Ihnen sofort telefonisch *und* brieflich zugesichert, daß ich mich um die Sache kümmern wolle – ich habe mein Wort gehalten.) Sie haben davon gewußt (siehe Ihr Interview im ›Deutschland Archiv‹), aber anstatt mit uns gemeinsam eine Lösung anzustreben, haben Sie sich fragwürdige Bundesgenossen in der BRD gesucht. Ein solches Verhalten kann ich nicht billigen, ganz abgesehen davon, daß es überhaupt nicht zweckdienlich ist. Wenn Sie sich ›im Stich gelassen fühlen‹, so ist das eine Frage der Verläßlichkeit ihrer Gefühle, aber nicht der Tatsachen. (Das betrifft auch die ›Sonntag‹-Rezension. Sie hören doch sicher gelegentlich vom Kollegen Kunert; vielleicht fragen Sie ihn einmal dazu.)

Was Ihre ›Idee‹ angeht: Ich kann Ihnen in aller Kollegialität nur raten, sich schnell von ihr zu verabschieden – sie ist nicht gut. Ihre Frage, ob Sie mich auf Ihre Liste der künftigen Petitionisten setzen dürfen, will ich einmal als versuchten Humor nehmen. Aber ich habe nicht sehr gelacht.«

Doch Kant handelte. Im Dezember 1989, als er als Verbandspräsident zurücktreten mußte, äußerte er sich in einem Interview so:

STERN: Ihr Name löst in der Bundesrepublik unter Schriftstellern aus der DDR Panik aus. Sarah Kirsch sagt: Ein grauenvoller Mensch. Erich Loest sagt: Er hat einen Pakt mit dem Teufel geschlossen. Reiner Kunze sagt: Er ist schamlos. Bedrückt Sie dies Urteil?

KANT: In jedem Fall tut es weh. Ich möchte von keinem Menschen so im Munde geführt werden, von keinem. Wenn es drei gibt, gibt es sicher eine ganze Menge mehr.

STERN: Gibt es. Aber Kirsch, Loest und Kunze sind von Ihnen schwer verletzt worden.

KANT: Diese Behauptung ist so nicht gerechtfertigt. Sarah Kirsch hat einem Schweizer Journalisten, als der sagte: Kant schreibt doch eigentlich ganz kritisch, mal erzählt: Der erkundigt sich auch vorher, ob er das schreiben darf. Ich weiß nicht, wie eine Autorin so etwas sagen kann.

STERN: Und Erich Loest?

KANT: Das ist ein Unterhaltungsschriftsteller, der durch üble Erfahrungen, die er machen mußte, verständlicherweise sehr böse geworden ist.

STERN: Sagen wir, verbittert. Loest war sieben Jahre lang zu Unrecht im Gefängnis. Und dann bahnt sich ein großer Erfolg mit dem Buch »Es geht seinen Gang« an. Und dann soll keine zweite Auflage erscheinen.

KANT: Das war einer der wenigen Fälle, wo ich ein Entweder-Oder zu Honecker gesagt habe. Ich bin zu Honecker gegangen und habe gesagt: Entweder ihr druckt das Buch unverändert weiter – man wollte es geändert wissen –, oder ihr sucht euch einen neuen Präsidenten des Schriftstellerverbandes. Und aufgrund dieses Entweder-Oder ist das Buch weitergedruckt worden.

STERN: In kleiner Auflage.

KANT: Ja, aber das ging vielen von uns nicht anders.

Von uns? Wieso bezieht Kant sich ein?

Es vergingen nur drei Tage, und der Leiter des Greifenverlags rief bei mir an, er wolle mich so bald wie möglich besuchen. Und Erwin Strittmatter, der Macht ausgeübt und Macht erlitten hatte, der erfahren war im Umgang mit ihr wie wenige sonst, schrieb mir in freundlicher Gesinnung:

»Nach meinen Erfahrungen will man sich nicht drängen lassen; es soll nicht so aussehen, als ob man einem gewissen Druck nachgegeben hätte. Seit dem 17. Juni – irgendwann – werden Fehler nicht mehr eingestanden bzw. später, viel später und sehr leise. Als Christa Wolfs ›Nachdenken über Christa T.‹ eine Weile nicht gedruckt wurde, sagte man mir, als ich dieserhalb vorstellig wurde: ›Gut, wenn du verlangst, daß das Machwerk gedruckt werden soll, müssen wir die Nachauflage von deiner abziehen!‹ – ›Ja, bitte!‹ sagte ich, ›tut das, es würde mich freuen.‹ So etwas Kindisches! Es wurde trotzdem nicht gedruckt, aber als eine Weile vergangen war und das Gerede über das Buch von Christa Wolf abebbte, war es still, still, still wieder da. – Lieber Erich, es gibt Leute, die darauf warten, daß Du ›durchbrennst‹, damit sie sagen können: Da habt ihr euren Loest! Und hatten wir nicht recht, so zu handeln, wie wir taten? Wenn Du diesen Leuten nicht entgegenkommen willst, ihnen die Freude nicht machen willst, so treib nichts auf die Spitze, bitte. Freilich, recht unkollegial, das Schreiben von Kant. Halten wir ihm zugute, daß er sich vor Schmerzen windet mit seinem Arm. In den nächsten Tagen reist er nach Moskau zur x-ten Operation. Ich grüße Dich herzlich. Dein Erwin.«

Günter Gaus, der Ständige Vertreter der Bundesrepublik in der DDR, hielt an manchem Abend an der Chausseestraße die Tür fürs Kulturvolk offen, dort traf ich Kunerts, Wolfs, redete mit Günter de Bruyn und seiner Frau und mit all denen, die vom Westen akkreditiert waren, Fritz Pleitgen und Lutz Lehmann, Dirk Sager und Joachim Jauer. Es waren fröhliche und lange Abende, für mich nahmen sie Druck von der Brust. Wer will, darf darüber lächeln, daß ich Partyhäppchen mit Lachs und Aal dutzendweis in mich hineinfutterte, ich, ein hergelaufener Provinzler, und daß es für meine Frau (und ihre mitberatenden Freundinnen) ein aufregendes Problem war, was sie denn für so einen Abend anzöge. Das Wort »overdressed« machte die lerngierige Runde. Ein Dutzend und mehr Frauen und Männer der Vertretung fühlten mit mir und meinen Problemen, mancher Faden ist nach zehn Jahren nicht abgerissen.

Wie aber kann jemand ein braver Bürger der DDR sein, der murrt, wenn ihm auf die Füße getreten wird, und sich nicht bescheidet zu bitten, man möchte doch wenigstens eine Zehe auslassen? Ein Untertan hat leise zu sein. Ich aber gewöhnte mich ans Schreien. Das war wie in meinen besten Zuchthausjahren: Wenn ein Wachtmeister laut wurde, brüllte ich mit doppelter Stärke zurück. Natürlich konnte das nicht die Methode sein, die sich ein Staat wie die DDR gefallen ließ. Zwei Dickhäuter begannen einen Wettstreit um das hartnäkkigste Gedächtnis und übten sich in der Kunst des Nachtragens. Diese Methode, bei der keiner bereit ist, einen Pflock zurückzustecken, schlägt beiden Seiten Wunden. Sie birgt die Gefahr der Selbstgerechtigkeit in sich: Schaut her, was für ein aufrechter Mensch ich bin! Das ist wie in »High Noon«, – es half mir nicht, daß ich manches Mal dachte: Benimmst dich wie ein Rabauke und schaust dir dabei auch noch bewundernd zu.

Am 2. Februar 1979, ganze elf Tage, nachdem ich meinen Brief an Kant in den Kasten gesteckt hatte, saßen die Herren des Greifenverlags wieder in der Oststraße. Ich fragte, ob sie mir seit Dezember nicht wenigstens einen Zwischenbescheid hätten zukommen lassen können, und einer murmelte: Noch nicht einmal das konnten wir.

Der Vertrag war nicht länger als eine Seite.

Paragraph 1: Der Verfasser überträgt dem Greifenverlag das Recht, eine einmalige Auflage seines Werkes »Es geht seinen Gang« herauszugeben. Paragraph 3: Die Höhe der Auflage beträgt 10 000 Exemplare. Paragraph 6: Mit dem restlosen Absatz der vereinbarten Auflage fallen die Rechte an den Autor zurück.

Weder die Verlagsvertreter noch der Autor waren froh über das, was da erreicht worden war. Einen Pyrrhussieg hatte ich errungen, ich hatte die Staatsmacht zu einem Zugeständnis genötigt, das würde sie mir heimzahlen. Eine Auflage hatte ich ertrotzt, dafür würde sie mir etliche Nachauflagen streichen. Die zweite Auflage, sagten die Herren aus Rudolstadt, solle sich im Text in nichts von der ersten unterscheiden, Schutzumschlag und Einband freilich wollten sie neu gestalten, und für die Herstellung hätten sie schon einen kleinen Leipziger Betrieb im Auge.

Gut, sagte ich. Wir drei redeten leise wie nach einer großen Anstrengung.

Aus meiner Stasi-Akte

BV für Staatssicherheit Leipzig, 19. Februar 1979
Abteilung XX/7 tbg-wei

Aktennotiz

OV »Autor II« / »Schreiber«)

Am 29. 1. 1979 erfolgte beim Leiter der HA XX/7, Gen. OSL. Brosche, eine Absprache zu den der HA XX vorliegenden Hinweisen über Loest und Heiduczek und unserer Information vom 25. 1. 1979, die bei der Absprache persönlich übergeben wurde.

- Die von der HA XX/7 übergebenen Informationen über die Aussprachen des stellv. Ministers für Kultur, Gen. Höpcke, bestätigen die durch uns inoffiziell erarbeiteten Informationen.
- Am 29. 1. 1979 findet ein Gespräch des Gen. Erich Honecker mit dem Minister für Kultur, Gen. Hoffmann, statt, in dem u. a. über die weitere Kulturpolitische Auseinandersetzung mit Loest beraten werde.
- Die von Loest verfaßte »Petition« des Loest liegt der HA XX/7 vor und wird uns übersandt. Hermann Kant habe sofort in scharfer abweisender Form dem Loest geantwortet (wird durch einen uns vorliegenden Brief des Loest bestätigt; L. reagierte sehr erschrokken auf Kants Antwort.)
- Gen. OSL. Brosche wies darauf hin, daß die uns übergebenen Informationen nur zur eigenen Kenntnis, nicht zur Auswertung an andere Organe, geeignet sind. Er verwies darauf, daß die zuständigen Funktionäre der Parteiführung durch die HA XX bzw. über Schlüsselpositionen vom Sachverhalt zu Loest und Heiduczek informiert sind und eine Parteiinformation auf Bezirksebene nicht zu Überschneidungen führen dürfe.

Tinneberg
Major

BV für Staatssicherheit
Abteilung XX/z

Leipzig, 26. März 1979
tbg-wi

Information

Durch mehrere inoffizielle Quellen wurden zu Loest folgende operativ-relevante Sachverhalte bekannt:

1. Verfilmung seines Romans »Es geht seinen Gang«

- Gegenwärtig besteht durch die beim DEFA-Spielfilmstudio Potsdam-Babelsberg tätigen Regisseure Christel und Roland Gräf die Absicht, Loest's Roman - wenn auch mit erheblichen Veränderungen - zu verfilmen, da beide den Stoff für außerordentlich wichtig und gestaltenswert halten und mit diesem Film bei ihren Kollegen den Eindruck einer »kritischen« Haltung erwecken wollen.
  Beide führten bereits diesbezügliche Gespräche mit Loest. Das Vorhaben war zunächst vom Chefdramaturgen Gen. Jirschik in Unkenntnis der kulturpolitischen Auseinandersetzungen mit Loest bestätigt worden. Durch operative Einflußnahme der BV Potsdam, Abt. XX, ist gesichert, daß es nicht zu einer Realisierung des Vorhabens kommt.
- Aus einem Schreiben des BRD-Verlages »Hoffmann und Campe« vom 12. 3. 1979 an Loest geht hervor, daß seitens des ZDF Interesse an einer Verfilmung des Romanes besteht. Entsprechende Verhandlungen werden durch den Verlag mit einem Produzenten des ZDF geführt.

Maßnahmen:

Überprüfung durch HA XX/7 beim Büro für Urheberrechte sowie durch BV Halle, Abt. XX/7 beim MDV betr. der Rechtslage.

- Aus Andeutungen des Loest in einem Gespräch mit Inge Schröder am 17. 3. 1979 geht hervor, daß Loest mit vermutlich drei anderen Autoren, darunter der negative Schriftsteller Ulrich Plenzdorf (HA XX/7) eine Fernsehfilmproduktion plant, die - nach seinen Worten - zu »98 % sicher« sei. Um welchen Stoff es sich dabei handelt und ob es ein Vorhaben beim Fernsehen der DDR oder der BRD ist, geht aus der vorliegenden Information nicht hervor.

Maßnahmen:

1. Überprüfung der Information durch unseren IM »Kaufmann«
2. Information an HA XX/7 mit der Bitte um entsprechende Überprüfungen.

2. Veröffentlichung des Erzählungsbandes »Pistole mit 16« in der BRD

Aus dem Ankündigungsdienst des BRD-Börsenblattes geht hervor, daß der o.g. Erzählungsband vom Verlag »Hoffmann und Campe« verlegt und ab 9. 3. 1979 ausgeliefert würde. Für diese Edition hat Loest keine Genehmigung des Büros für Urheberrechte der DDR.

In dem bereits unter 1. angeführten Gespräch mit Inge Schröder äußerte Loest, daß er sich dieser Tatsache und der damit verbundenen Verletzung devisenrechtlicher Bestimmungen bewußt ist. Um möglichen Sanktionen entgegenzuwirken, will er – wie bereits bei Heiduczek bekannt – das Honorar vom BRD-Verlag an das BfU überweisen lassen, auch wenn ihm dadurch ein hoher Anteil an DM verlorengehe.

Maßnahmen:

Information an HA XX/7 mit der Bitte um Überprüfung der Rechtslage beim BfU und Mitteilung evtl. Konsequenzen gegenüber Loest.

3. Geplante BRD-Reise des Loest ab 19.3.1979

Wie bereits berichtet, wurde die von Loest geplante Reise zu Lesungen in der BRD bisher nicht genehmigt. Zu den dadurch ausfallenden Lesungen wurde jetzt bekannt, daß sich darunter eine auf Initiative von Prof. Mohr (Universität Osnabrück, bereits operativ bekannt als Verbindung von Loest) organisierte Lesung in Ibbendüren befindet, die von der Abt. Volkshochschule der Stadtverwaltung Ibbendüren organisiert war.
Inoffiziellen Hinweisen zufolge soll Loest bei seiner Reise, die er immer noch anzutreten hofft, das erste Kapitel seines »Juni-buches« (vmtl. handelt es sich um das bereits inoffiziell bekanntgewordene Manuskript seiner autobiographischen Darstellung des 17. 6. 1953) zur Übergabe an Prof. Mohr mitnehmen.

Maßnahmen:

Rücksprache mit Abt. VI betr. der Möglichkeit einer Intensivkontrolle des L. bei seiner Ausreise nach entsprechender leitungsmäßiger Zustimmung.

Information an HA XX/7 — *Tinneberg*
KK-Ergänzung. — Major

Was sollte ich tun; was tat ich? Mein Lebensbericht zwischen meinem zehnten Jahr und meiner Haftentlassung im September 1964 wuchs. Wenn ich um das Völkerschlachtdenkmal strich, dachte ich über Preußen und Sachsen, Napoleon, Hitler und Honecker nach und suchte nach einer Fabel, die hundertfünfzig Jahre Leipziger Geschichte bündeln sollte. Der Freundeskreis schrumpfte; einer, den ich seit dreißig Jahren kannte und der mir gegenüber wohnte, wies mir die Tür. Ich schrieb, was sollte ich weiter tun. Ich glaubte nicht mehr, daß das, was da entstand, in der DDR einen Verleger finden würde, und legte meinen Gedanken keine Zügel an.

Unterdessen ließ der Greifenverlag die vereinbarten zehntausend Exemplare von »Es geht seinen Gang« drucken. Der Buchhandel bestellte 96 000 Stück.

Da saßen eines Tages Klaus Schlesinger und Kurt Bartsch auf meinem Balkon. Stefan Heym hatte seinen »Collin«-Roman ohne Genehmigung der DDR-Behörden bei Bertelsmann veröffentlicht, nun sollte er wegen Devisenvergehens bestraft werden. Die beiden hatten einen Text vorbereitet, mit dem Honecker aufgefordert werden sollte, Verschärfung der Zensurpraxis nicht zuzulassen. Ein wenig strichelten wir im Entwurf herum, dann sagte ich: Ja, ich bin dabei. Wir hatten nicht vergessen, wie mit denen umgesprungen worden war, die sich gegen die Biermann-Ausbürgerung verwahrt hatten.

Der Wirbel war riesig. Auf drei Seiten von »Neues Deutschland« gelobten Kulturschaffende ihre Treue zum Staat und ihre Abscheu gegen uns. Die »Tagesschau« der ARD hatte ihre Spitzenmeldung und nannte die Namen der acht Unterzeichner. So weit ich weiß, ist der Inhalt des Briefes bis zur Stunde nicht veröffentlicht worden. Manches kriegt einer lebenslang nicht aus dem Gedächtnis seiner Zeitgenossen heraus, so wird es Dieter Noll ergehen, der uns »kaputte Typen« schimpfte.

Am 15. Oktober 1989, zehn Jahre später, erschien meine Kritik über Stefan Heyms »Nachruf« in der FAZ. In ihr heißt es:

»Staat, SED und Verband entfachen einen Wirbel wie weiland beim Biermann-Krach. Im Roten Rathaus zu Ost-Berlin wird die Endschlacht geschlagen, ›die Anklage- und Verdammungsrede hält der Genosse Hermann Kant, der stets hinzugezogen wird, wenn der Dolch im Gewande erforderlich‹. Heym hält eine seiner brillantesten Reden, sie ist schon in die Zeitgeschichte eingegangen. Er wird von einem Gericht in Köpenick zu 9000 Mark Strafe verurteilt. Im ›Nachruf‹ heißt es dazu, ›sind die 9000 Mark (Ost) die beste Investition seines Lebens; sie steigern die Auflage (West) des Collin, und indirekt die seiner anderen Titel‹. Ein paar Zeilen weiter: ›Zur Ehre der literarischen Gilde der Republik sei gesagt, daß ein Halbdutzend Schriftsteller ihre Stimme gegen das Urteil erhoben; Kurt Bartsch, Adolf Endler, Karl-Heinz Jakobs, Klaus Poche, Klaus Schlesinger, Dieter Schubert. Sie wurden dafür, zusammen mit Heym, aus dem Schriftstellerverband ausgeschlossen.‹

Kein Wort, daß sich für sie die Intervention für ihren Kollegen Heym keineswegs ausgemünzt hat. Bartsch, Schlesinger, Jakobs und Poche wurden aus dem Land geekelt, für keinen taten sich in der Bundesrepublik goldene Weiten auf. Schubert und Endler wurden jahrelang geschurigelt und gedemütigt. Es waren aber nicht sechs, die sich Heyms wegen in einem Brief an Honekker wendeten, sondern acht. Der siebte, von Heym übersehen, war Martin Stade, vor ihm standen schwere Jahre. Der achte, damals mit Heym in engem Kontakt, denn wir saßen im selben Boot, war ich. Wäre ich nicht aus dem Verband ausgetreten – ich wollte vermeiden, daß einige Kollegen für mich stimmten und dann in die Klemme gerieten –, wäre ich gefeuert worden. Für mich schlossen sich nun in der DDR alle Tore, es blieb nur noch die Ausreise. Wir acht haben, während Heym glänzend investierte, die Zeche bezahlt. Er hätte es anmerken dürfen.

Auf der letzten Seite steht dann als Quintessenz, Heym habe, ›der Freiheit ein winziges Gäßchen geschlagen‹. Das ist nun wieder untertrieben. Er hat durch seinen Mut und seine Halsstarrigkeit dafür gesorgt, daß sich kein ernst zu nehmender Autor der DDR mehr hindern läßt, im Westen zu publizieren. Diese Leistung genügt für ein Leben.«

BV Leipzig
Abt. XX/7

Leipzig, den 2. 6. 79

Information zum OV »Autor II« und OV »Schreiber« durch den IM »Rose« und dem VIM »Faust«

Der Brief des Berliner Schriftstellers Dieter Noll und die Aktivitäten von acht DDR-Schriftstellern (Protestbrief) führten bisher im SV/DDR Leipzig zu recht unterschiedlichen Haltungen und Meinungen unter den Schriftstellern. Durch fast alle Schriftsteller wird der Ausdruck in Nolls Brief »kaputte Typen« kritisiert. Unterschiedliche Meinungen liegen zum Anliegen des Briefes vor.
Am 24. 5. 79 erfolgte im Parteilehrjahr eine kurze Auswertung der Präsidiumssitzung durch die Genn. Marianne Schmitt (Institut für Literatur). Nennenswerte Reaktionen gab es zu diesem Zeitpunkt unter den Autoren noch nicht, da sie wenige Einzelinformationen zum Geschehen hatten.

Im Auftrag des Präsidiums als auch des ZV des SV/DDR (Rede des Verbandspräsidenten Kant), haben sich die Bezirksverbände mit den Mitunterzeichnern des Protestbriefes auseinanderzusetzen.
In Einzelgesprächen zwischen Verbandsfunktionären und Gen. Keller (SED-BL) erfolgte bisher die Analysierung der Situation im Verband.
Durch den Verbandsvors. Pfeiffer als auch den Parteileitungsmitgliedern im Verband Künne und Brinkmann wird darauf verwiesen, daß gegenwärtig seit den Auseinandersetzungen mit Biermann, noch keine politisch klare Atmosphäre herrscht und bei einer Abstimmung für oder gegen Loest, die Entscheidung nicht absehbar ist.
Taktisch unklug ist das Verhalten des Vizepräsidenten des Verbandes Nowotny zu werten, im ZV des SV/DDR offiziell diese Situation im Leipziger Verband ansprach und versuchte entgegen der zentralen Weisung, eine Auseinandersetzung mit Loest zu hintertreiben.

Für den 5. 6. 79 ist für 15. 00 eine Mitgliederversammlung der Genossen Autoren und für 17.00 eine Versammlung aller Verbandsmitglieder und Kandidaten im Institut für Literatur angesetzt.
Gegenstand der Verbandsveranstaltung ist das Verhalten des Loest.
Die Verbandsveranstaltung trägt reinen Verbandscharakter, sie wird ohne Beteiligung von Genossen der BL als auch des Staatsapparates stattfinden.

Im Rahmen der durch den Gen. Keller geführten Einzelgespräche kann eingeschätzt werden, daß Heiduczek mit seiner Haltung, er ist gegen Maßnahmen zur Person des Loest, einen Unsicherheitsfaktor darstellt. Die Gefahr bei dem H. besteht auch darin, daß er in der Diskussion, ähnlich wie bei den Auseinandersetzungen um Biermann, zum Führer von oppositionellen Haltungen anderer Schriftsteller wird.

Im Auftrag des Staatssek. Löffler, MfK, führte der Abt.-Ltr. für Kultur beim Rat des Bez. Leipzig, Gen. Geldner, mit dem Loest am 1.6.79 ein Gespräch.
Dieses Gespräch sollte zur Klärung der Haltung des L. zum Protestbrief dienen.
Im Bericht des Gen. Geldner wird besonders auf den Passus hingewiesen, wo L. sich gegen eine Veröffentlichung des Protestbriefes in westlichen Medien ausspricht.
Das Gespräch selbst verlief äußerst sachlich. Es machte aber auch deutlich, daß L. ernsthafte Vorbehalte gegenüber unserer Kulturpolitik hat.
Aus dem Gesamtverhalten L. ist jedoch nicht einschätzbar, wie er sich in der Verbandsveranstaltung verhalten wird. Zur Entstehung des Protestsbriefes machte L. keine Bemerkungen.

Gegenstand der Verbandsveranstaltung in der Auseinandersetzung mit Loest wird das Statut des SV/DDR sein. In der Hauptsache geht es dabei um den Punkt wonach die Arbeiterklasse die führende Rolle in unserem Staat ausübt.
Es wird in der Auseinandersetzung kein Beschluß gefaßt, sondern Meinungen sondiert und Haltungen zum Sachverhalt dargelegt. Die Leitung des Gespräches hat bei der Verbandsveranstaltung der Parteisek. Gen. Schuckelt und bei der Mitgliederversammlung der Verbandsvors. Gen. Pfeiffer.
Jenachdem welche Haltung durch L. eingenommen wird, erfolgt eine weitergeführte Auseinandersetzung mit ihm oder nicht. Die Zielstellung besteht in einem öffentlichen Bekenntnis des L. gegen den Mißbrauch des Protestbriefes in westlichen Medien.

Im Ergebnis des Gespräches mit L. durch den Gen. Geldner, schrieb L. einen Brief an Gen. Hoffmann mit der kurzen Schilderung zur Sendung des ARD. (Kopie des Briefes liegt vor) Weiterhin liegt eine Aktennotiz zum Gespräch selbst vor.

Maßnahmen:

Bei sich ergebenden neuen Sachverhalten wird der IM »Rose« sofort informieren.
Der VIM »Faust« wird zur weiteren Vorbereitung der Verbandsveranstaltung als auch zur Durchführung dieser am 5.6.79 informieren.

Oltn.

BV für Staatssicherheit
Abteilung XX

Leipzig, 18. September 1979
7 tbg-pie, Tel. 2488

KD Leipzig-Stadt
Bezirkskrankenhaus für Psychiatrie

Inoffiziell wurde bekannt, daß im Rahmen der »Woche der Kultur« des BKH für Psychiatrie am 4.10.79, 19.00 Uhr, im Haus B4 eine Lesung des feindlich-negativen Schriftstellers Erich Loest geplant ist.

Der Zuhörerkreis werde sich auf Ärzte, Schwestern u. a. medizinisches Personal beschränken.
Loest will aus seinem Roman »Es geht seinen Gang...« lesen, dessen zweite Auflage trotz negativer Aussage im Juli 1979 in der DDR erschien.
Zu Ihrer Information teilen wir Ihnen mit, daß gegenwärtig im Leipziger Schriftstellerverband die prinzipiellen Auseinandersetzungen mit Loest vorbereitet werden mit dem Ziel seines Ausschlusses aus dem SV/DDR.
Unsererseits wird ein Schlüsselposition-IM beauftragt, sich mit den zuständigen bezirklichen Organen hinsichtlich einer evtl. Absetzung dieser Lesung abzustimmen.
Sie werden gebeten, vorbeugend den Einsatz geeigneter inoffizieller Kräfte zur offensiven Auseinandersetzung mit Loest beim Stattfinden der Lesung vorzubereiten, um sein feindlich-negatives Wirksamwerden während der Aktion »Jubiläum 30« einzuschränken.
Zuverlässige IM/GMS können dazu über offiziell auswertbare Erkenntnisse zum Zusammenwirken Loest's mit äußeren gegnerischen Kräften informiert werden. Diesbezügliche Rücksprachen bitten wir mit Gen. Major Tinneberg zu führen. Bei einer Einflußnahme auf die geplante Lesung darf das Wirksamwerden unseres Organs nicht erkennbar sein.

Stellv. Leiter der Abteilung
Böttger (Major)

2.

Die Versammlung im Verband verlief chaotisch. Schon in der vorbereitenden Parteisitzung waren die Wogen hochgegangen. Die Leitung war im Besitz unseres Protestbriefes – woher? –, wollte ihn jedoch nicht verlesen; dennoch sollten die Genossen Abscheu bekunden. Heiduczek nannte dies lächerlich, Zoppeck fand es ganz natürlich, schließlich setzte sich Heiduczek durch. Zu Beginn der Verbandszusammenkunft erklärte ich, und es war die Wahrheit, es wäre ausgemacht, den Brief nicht im Westen bekannt werden zu lassen, ich wüßte nicht, wie er dorthin gekommen sei, und es fände meine Mißbilligung. Eine Resolution wurde verlesen, die wohl einer veralteten Vorstandsmeinung, nicht aber dem Stand der Debatte entsprach; wegen einer großen

Zahl von Stimmenthaltungen fiel sie durch – ein unerhörter Vorgang. Dann wurde eine zweite Resolution verfaßt, der, so lästerte ich, sogar ich beinahe zustimmen könnte – die war später nicht auffindbar. Ich wurde aufgefordert, eine Erklärung zu verfassen, ich schickte sie an den Verband und an die »Leipziger Volkszeitung«, wo sie der Chefredakteur sofort beschlagnahmte. Zu meinem Leidwesen kann ich in meinen Unterlagen keinen Durchschlag finden. Das ganze endete in Spötterei und Konfusion. Leipzigs Poetenvolk zerstreute sich in den Urlaub.

Im Juli 1979 besuchte Heinz Klunker, Redakteur des Deutschlandfunks, Theaterkritiker und mein Freund, die DDR. Für das »Deutsche Allgemeine Sonntagsblatt« schrieb er:

»Es war wie ein Spuk und dauerte kaum zehn Minuten: In der Leipziger Franz-Mehring-Buchhandlung tauchte Ende Juli ein Buch mit grünem Schutzumschlag auf, in zwei knappen Schüben, und die Kunden bedienten sich ohne Umschweife. Jemand nahm, leicht verlegen, gleich vier Exemplare – sein Beliebtheitsgrad unter den mitversorgten Bekannten wird steigen. Verkauft wurde nämlich die zweite Auflage eines Romans aus dem Leipziger DDR-Milieu, Erich Loests ›Es geht seinen Gang oder die Mühen in unserer Ebene‹. Erich Loest – ist er nun kein Fall mehr, obwohl ihm im März eine westliche Lesereise verwehrt wurde, obwohl er zu den Kandidaten für den Ausschluß aus dem Schriftsteller-Verband gehörte, weil er eine gegen seinen Willen im Westen bekanntgewordene Petition an Honecker mitunterzeichnet hat?

Im Gegensatz zu den Berliner Ausschlüssen konnte sich die Leipziger Versammlung nicht dazu entschließen, Loest zu maßregeln. Sie formulierte gar eine die harte Linie unterlaufende, bis heute unveröffentlichte Resolution. Ganz offensichtlich aber sollte das letzte

Wort erst noch gesprochen werden. Inzwischen nämlich erschien in der ›Leipziger Volkszeitung‹, dem Bezirksblatt der Einheitspartei, ein Artikel, der die agitatorische Sommerflaute überbrücken helfen und den Leipziger Schriftstellern ihre Pflicht klarmachen sollte.

›Über Schriftstellerei‹ ist die auf den ersten Blick sachlich-unverdächtige Überschrift dieses Beitrages, dessen Anspielungen nur von seinen Unterstellungen übertroffen werden. Autor ist Germanistik-Professor Claus Träger, dem es mit schäbigem Feuilletonismus überzeugend gelingt, seine Herkunft aus dem Schülerkreis von Hans Mayer und Werner Kraus zu verleugnen. In intellektuellen Zirkeln der Messestadt hat er sich den Spitznamen Zu-Träger zugezogen.

›Eine Revolution ist ein schwieriges Unterfangen, aber ein nötiges. Der Schriftsteller hat ein schwieriges Amt, aber ein nötiges.‹ So beginnt oberlehrerhaft ein Professor, der selbst nicht einlöst, was er von anderen fordert, ›die Anstrengung des Begriffs‹ nämlich. Da ist vom Schafott der Französischen Revolution die Rede, wovor heutige ›humane Gesetzlichkeit‹ schütze. Doch wer sich ›auf die entrückten Ideale vergangener Revolutionen‹ berufe, sollte auch deren Kehrseite bedenken, auch ›Unbedachtheit‹ schütze da nicht. Da wird den Dichtern eingeräumt, Gerichtstag über sich selbst zu halten, die anderen aber gefälligst in Ruhe zu lassen, da wird von Anstand geredet und von Verantwortung und höhnisch gefragt: ›Wer könnte uns sonst vor den Selbstgerechten schützen, wenn nicht wir selber im Bunde mit der Gerechtigkeit ....‹ Und da wird endlich die atemberaubende These aufgestellt, Lessing und Becher seien zu Klassikern geworden, weil bei ihnen ›das schwierige Amt des Schreibens ... gelegentlich mit der notwendigen Kälte des politischen Verstandes kollidierte‹ und sie beide damit fertig geworden seien.

Die Kulturpolitik des VIII. Parteitages, die er offensichtlich noch heute für wirksam hält, nennt Träger ›die freieste und zugleich prinzipiellste, die es je in deutscher Geschichte gegeben hat‹, sie sei ›kein Tummelplatz für Spiele mit dem Feuer‹. Zumal, da noch manch einer von den Schriftstellern ›unendlich mehr Privilegien oder mehr individuelle Vorteile genießt oder sich selber zumißt, als gerade denjenigen schon zugestanden werden könnte, um derentwillen die Revolutionen unseres Jahrhunderts überhaupt stattfinden‹. Da wird sich die Arbeiterklasse, die hier wahrheitsgemäß zum Objekt der Revolution degradiert wird, weil sie ihr Subjekt nicht sein darf – als hätte Rosa Luxemburg nie gelebt! –, aber freuen. Vorteile können ihr noch nicht zugestanden werden. Und die Partei hat immer recht.

Der Leipziger Professor, dem eigentlich Klemperers Studien über die Sprache des Dritten Reiches (LTI) geläufig sein müßten, bedient sich bedenkenlos aus dem Wörterbuch des Unmenschen. Er macht die ideologischen Abweichler zu Patienten, deren Geist verfalle in einem sonst intakten Körper. Karl-Heinz Jakobs etwa, den sein Verlag ›Neues Leben‹ wie eine heiße Kartoffel fallen ließ, wird eine ›regressive Metamorphose‹ angedichtet, zurückzuführen auf seinen Kontakt mit dem ›imperialistischen Herbst‹, wo er doch früher einmal ›ganz menschlich und heiter einen sozialistischen Sommer beschrieb‹. Das Vokabular der Seuchenbekämpfer soll jene treffen, die eines ›kameradschaftlichen Disputs‹ nicht länger für würdig erachtet werden. Wer von den Übeln der kranken westlichen Gesellschaft angesteckt und ›womöglich hingerafft werden sollte‹, so Claus Träger, ›den wird, wenn auch nicht mit Freuden, die nichtangesteckte Mitwelt meiden und erst recht eine vollends gesundete Nachwelt schließlich dem Vergessen anheymfallen lassen, wovon niemand erloest.‹ Und in einem zynischen, aber DDR-realistischen Vergleich heißt es weiter: ›Freunde sind nicht auswechselbar wie Ersatzteile, aber kostbar wie diese.‹ Der Fall Loest ist also durchaus noch anhängig. Träger macht sich mit Schillers Kanaille Franz gemein, mit dessen ›Bis hierher und nicht weiter!‹ und wendet Loests Titel-Einfall gegen diesen selbst: ›Es wird nur das seinen Gang gehen, wovon wir selber wollen, daß es seinen Gang geht.‹«

Unter der Überschrift »Allerlei Büttel« urteilte Karl Corino. »In Leipzig steht fürwahr ein heißer Herbst bevor. Aber nicht nur dort. Zu Jubiläen, Staatsfeiertagen gab es früher, auch in den ›Volksdemokratien‹, Amnestie. Die Schriftsteller der DDR haben zum 30. Jahrestag dieses Staates mit einer bürokratischen Mnemotechnik zu rechnen, deren Symbol ein Unendlichkeitszeichen aus Stahl ist: eine Acht um die Handgelenke.«

Lehrt Träger noch?

Es geschahen aber auch Kuriositäten. Karl May wurde in der DDR totgeschwiegen. Ich versuchte das Tabu zu brechen, über seine Zuchthaustage in Waldheim fabulierte ich – die Novelle erschien in einem Geschichtenband. Dann baute ich meine Anfänge zum Roman aus. Die Verlagsleitung hatte immer nur einen Einwand: Wenn wir Ihren Roman bringen, werden die Leser auch wieder Bücher von Karl May verlangen! Und das wollten Verlagsleiter und Cheflektor auf gar keinen Fall. Darüber mußten ein paar Jährchen ins Land gehen, und inzwischen drucken und drucken sie den ehemals Verfemten in Großauflagen auf miserablen Papier und sahnen Kaufkraft ab – was schert sie ihr Geschwätz von gestern.

Da reiste der Leiter des Verlags Neues Leben, Chowanetz, an und teilte mir mit, sein Verlag, der der Freien Deutschen Jugend gehöre, könne und wolle kein Buch von jemandem bringen, der den Genossen Honecker mit solch einem Brief belästigte. Dabei zuckte sein

Mundwinkel – sollte das heißen, er empfinde das ganze so absurd wie es war? Einen Satz später erfuhr ich, das Unternehmen sollte nun vom Verlag Das Neue Berlin weitergeführt werden. Samt Papierkontingent wurde »Swallow, mein wackerer Mustang« ein paar hundert Meter umgesetzt. Ich verlor keine Mark, und der Zeitverlust betrug kaum zwei Wochen.

Kunze war fort, Jurek Becker hatte ein befristetes Visum erhalten, Sarah Kirsch wohnte nun in Westberlin. Kunert hatte Koffer und Katzen gepackt. Mit Schlesinger, Bettina Wegner und Kurt Bartsch beratschlagte ich, ob wir bleiben oder auf Ausreise drängen sollten. In diesem Sinne schrieb ich abermals an Klaus Höpcke. Mit ihm führte ich Gespräche, in denen er versuchte, mir meine Lage in der DDR als gar nicht so aussichtslos darzustellen. Einmal spazierten wir durch Leipziger Schrebergärten, andermal saßen wir in seinem Büro. Er versicherte, mit Verlagen oder »einer anderen Stelle« reden zu wollen, nannte Termine und konnte sie nicht halten.

Beim fünften oder siebten Gespräch zitierte ich Fühmann, der das Naturrecht des Schriftstellers über die Gesetze der DDR stellte. Ich werde, sagte ich Höpcke, meine Manuskripte in der DDR anbieten, wenn sie nicht genommen werden, ersuche ich um Genehmigung, sie im Ausland veröffentlichen zu dürfen, wenn das nicht gestattet wird, erscheinen sie dort eben ohne Erlaubnis. »Dann«, schloß ich, »mache ich mich strafbar, und Sie müssen reagieren. Ist es Ihnen dann nicht lieber, ich bin nicht mehr hier?«

BV Leipzig
Abt. XX/7

Leipzig, den 7.8.79

Information der Kontaktperson »Ruth« zum OV »Autor II«

Über die Bezirksleitung der SED erfuhr die Kontaktperson, daß eine zentrale Weisung existiert, wonach die Auseinandersetzungen um und mit Loest, Erich, nicht wie von vielen Schriftstellern des Bezirksverbandes erwartet, beendet sind, sondern weitergeführt werden. Geplant ist die Weiterführung der Auseinandersetzungen mit L. mit der Zielstellung des Ausschlusses aus dem Schriftstellerverband der DDR. Der voraussichtliche Termin für die Gespräche mit L. ist Ende August bis Mitte September diesen Jahres.

Gegenwärtig laufen dazu bereits Vorbereitungen dahingehend, zwei Arbeitsgruppen zu bilden.
Die erste AG unter Leitung des Gen. Dr. Zschuckelt, hauptamtlicher Parteisek. (Institut für Literatur und SV/DDR Leipzig) soll Analysen zum Thema: Zu erwartende Reaktionen von Mitgliedern des SV/DDR Leipzig erarbeiten.
Die zweite AG unter Leitung des Gen. Dr. Zoppeck, ehemaliger Parteisek. des Instituts für Literatur, soll Analysen zum Thema: Veröffentlichungen von und mit L. in westlichen Massenmedien erarbeiten.
Nach Abschluß der analytischen Arbeit werden Beratungen zwischen der BL und dem engsten Kreis von Genossen Autoren folgen, wo weitere Schritte zur Durchsetzung der Zielstellung beraten werden. Noch nicht klar ist, welcher Genosse Schriftsteller mit wem zu sprechen hat.

Die Vorbereitungen zur Auseinandersetzung mit L. laufen seitens der BL über den Gen. Roth, da der Gen. Keller z. Z. in Urlaub ist.
Der KP ist nicht bekannt, wer bereits vor dem Vorhaben außer ihr darüber informiert ist.
Bei weiteren Informationen dazu, wird die KP sofort berichten.

Die Information der KP ist nicht überprüft.

Maßnahmen: Einsatz von IM in Schlüsselpositionen zur Konkretisierung der Information.

Claus
(Oltn.)

BV für Staatssicherheit
Abteilung XX/7

Leipzig, 19.9.1979
str-rog

Bericht

Am heutigen Tag fand durch unterzeichnetem Mitarbeiter mit dem GMS »Johannes« ein Treff statt. Durch den GMS wurde dargelegt, daß die Vorbereitung der Auseinandersetzung mit dem Leipziger Schriftsteller Loest, Erich, in ihr entscheidendes Stadium getreten sind.
Am 13.9.79 fand bei Gen. Horst Schumann in Beisein des Gen. Dieter Keller eine Parteiversammlung der GO-Literatur statt. An ihr nahmen die Genossen Zschuggelt, Zoppeck, Schulz, Schmidt, Richter, Hiebel, Nowotny, Hector und Pfeiffer teil. Im Ergebnis dieser gemeinsamen Beratung wurde folgender Ablauf für die Auseinandersetzung mit Loest festgelegt.

25.9.79 – Aktivtagung der GO des Schriftstellerverbandes mit ausgewählten Genossen

26.9.79 – Parteiversammlung aller Genossen des Schriftstellerverbandes des Bezirkes Leipzig

27.9.79 – Mitgliederversammlung des Schriftstellerverbandes des Bezirkes Leipzig

Die Ausführung auf der Mitgliederversammlung zu dem statutwidrigen Verhalten des Loest werden durch den Gen. Zschuggelt gemacht. Der Mitgliederversammlung wird ein Beschluß unterbreitet, der dem des Berliner Beschlusses ähnelt. In den Grundsatzausführungen wird nachgewiesen, daß sich Loest durch sein Verhalten und durch seine Haltung außerhalb der Normen des Statuts stellt und der Verband aus diesem Grunde den Ausschluß beantragt.

Da den Genossen des Schriftstellerverbandes/Bezirk Leipzig bekannt ist, daß es eine Reihe von Mitgliedern im Leipziger Verband gibt, die eine schwankende Haltung einnehmen bzw. gegen den Ausschluß von Loest stimmen werden, wurde vereinbart, daß führende Genossen mit einigen Mitgliedern vor der Versammlung am 27.9. nochmals eine grundsätzliche Aussprache führen sollen, um sie mit dem Anliegen, der Notwendigkeit und den Zielsetzungen vertraut zu machen und um sie für unsere Sache zu gewinnen.

So soll z.B. der Gen. Zschuggelt mit der Elisabeth Schulz-Semrau sprechen; der Gen. Prof. Max Walter Schulz mit dem Steinhausen, Klaus und Gosse, Peter; der Gen. Manfred Künne mit dem Schütte, Wolfgang und der Gen. H. Richter mit dem Heiduczek, Werner.

Die Genossen der Parteileitung des Schriftstellerverbandes schätzten nach jetziger Erkenntnis ein, daß 30 Mitglieder für den Ausschluß stimmen, 17 gegen den Ausschluß und bei 18 die Entscheidung noch unklar ist.

Wie zunächst geplant, wird der Präsident des Schriftstellerverbandes, Hermann Kant an der Mitgliederversammlung am 27.9.79 in Leipzig nicht teilnehmen. Es werden aber die Gen. Henniger und Holz-Baumert als Gäste des Präsidiums teilnehmen.

Mit dem GMS wurde vereinbart, daß er selbständig Verbindung zum operativen Mitarbeiter während der Tage der Auseinandersetzung aufnimmt, wenn es aus politisch-operativer Sicht notwendig ist. Für den 28.9.79 wurde der nächste Treff mit dem GMS geplant, um ihn ausführlich über den Verlauf und das Ergebnis der Beratung und der Mitgliederversammlung abzuschöpfen.

Ltn.

BV Leipzig
Abt. XX//

Leipzig, den 21.9.79

Kurzinformation zum OV »Autor« II des IM »Rose«

Der IM informierte heute über eine Information des Gen. Keller (SED-BL), wonach der Nichtausschluß des Loest, Erich auf Grund eines direkten Gespräches zwischen dem Gen. Hager und des 1. Sek. Gen. Schumann zurückzuführen ist.
Der Gen. Hager erklärte sich mit der Vorbereitung zum Ausschluß des L. durch den Bez.-Verband Leipzig nicht einverstanden, da dies in Vorbereitung auf den 30. Jahrestag erfolgen sollte (Zeitraum).
Die Auseinandersetzung mit L. soll deshalb nicht aufgehoben werden.
Nach Kenntnis des IM soll die Auseinandersetzung nach dem 30. Jahrestag, Termin ist dem Gen. Schumann noch nicht bekannt, entsprechend der Zielstellung weitergeführt werden.
Bei Kenntnis wird der IM dazu berichten.
Die Information ist nicht offiziell auswertbar.

Claus (Oltn.)

BV Leipzig
Abt XX/7

Leipzig, den 21.9.79

Information zum OV »Autor« II durch den IM »Frank«

Der IM informierte am heutigen Tag über die Zusammenkunft der Parteileitung des SV/DDR beim 1. Sek. Gen. Schumann. Die Zusammenkunft war kurzfristig angesagt worden. Sie dauerte von 10.00 bis 11.15.
Bei dieser Zusammenkunft erklärte Gen. Schumann, daß auf Grund einer zu geringen Teilnahme an der am 27.9.79 geplanten Verbandsvollversammlung wo Loest ausgeschlossen werden sollte, diese abgesagt wird. Gen. Schumann sprach dabei von einem aufgeschobenen Termin, nicht aufgehoben. Nach seiner Meinung bedarf der Ausschluß von L. einer größeren und langfristigen Vorbereitung.

Auf die Frage von Brinkmann, Jürgen, wer denn abgesagt hätte, wurde keine Erklärung gegeben.
Die Reaktion der Parteileitungsmitglieder ist, daß sie diese Begründung als einen Vorwand auffassen.
Selbst die Mitarbeiter der SED-BL Gen. Keller und Roth waren über den Sachverhalt erschrocken.
Eine weitere Begründung wegen der Aussetzung des Ausschlußverfahrens gegen L. wurde durch Gen. Schumann nicht gegeben.

Der Fizepräsident des SV/DDR Nowotny erklärte der Quelle im Anschluß an die Beratung, daß er am 20.9.79 in Berlin weilte und dort ein kurzes Gespräch mit der Leiterin der Abt. Kultur beim ZK, der Genn. Rackwitz hatte, die sich bereits gegen einen Ausschluß des L. aus dem Verband aussprach.

Über eventuell noch bekanntwerdende Reaktionen mit Mitgliedern des Bez.-Verbandes zu dem Sachverhalt, wird der IM noch berichten. Der IM vermutet jedoch, daß bei bekanntwerden des Faktes viele Leipziger Schriftsteller diesen Schritt als einen Rückzug ansehen.

Claus (Oltn.)

Ein Monat ist eine lange Zeit für jemanden, der sich danach wieder unter die Zensurgesetze der DDR beugen soll. Heinrich Mohr, Osnabrücker Professor, organisierte Lesungen. Ob ich's im Westen schaffe? Nahe Itzehoe versicherte Kunert, darüber müßte ich mir nicht die geringsten Sorgen machen. Nach Köln fuhr ich und fand im Deutschlandfunk alle Türen offen. An ihnen standen Namen, die ich im Radio gehört hatte: Heribert Schwan, Klaus Sauer. Zum Klang kamen Psychognomien und Staturen. Die DDR mit ihren Zwängen lag weit weg. War das der Westen? Er war es auch. Und ich war Gast, ein wenig Exot.

Klunker nahm mich mit zu sich nach Hause auf Bonn zu mit dem Blick auf die rheinische Ebene und des abends glitzernde Lichter der Chemiewerke. Wir fuhren an die Ahr zu einem Winzer, von dem er seine Rotweine bezog. Keiner sagte: Bleib doch einfach da. Ich reiste nach Holland und an den Bodensee, und in Hamburg unterzeichnete ich bei Hoffmann und Campe einen Vertrag über einen Erzählungsband mit dem Titel »Pistole mit sechzehn«. Vier nicht genehmigte Geschichten waren darin. Eberhard Böckel, der hierhergewechselt war, fragte: »Dein Rubikon?« Mein Schicksalsfluß hat wohl mehrere Arme.

Am letzten Tag der Monatsfrist fuhr ich zurück, und ich wollte fort.

Die Genossen an der kulturellen Front stritten unterdessen weiter, wie mit mir verfahren werden sollte: Ausschluß oder nicht?

Aus meiner Stasi-Akte

BV für Staatssicherheit
Abt. XX/7

Leipzig, den 11. Oktober 1979

Information

Beim Treff am 4. 10. 79 informierte der IM »Rose« darüber, daß die am 27. 9. 79 abgesetzte Auseinandersetzung mit Erich Loest nach seiner Kenntnis erst im November 79 erfolgen wird. Der 1. Sekretär der BL der SED Leipzig, Gen. Horst Schumann, habe sich intern dahingehend geäußert, daß er neuen Aktivitäten zur Auseinandersetzung mit Loest erst zustimmt, wenn durch ihn eine Konsultation mit dem Mitglied des Politbüros der SED, Gen. Kurt Hager, erfolgt ist.
Zur Haltung des Vorsitzenden des Leipziger Schriftstellerverbandes, Gen. Hans Pfeiffer, bstätigte der IM die vorliegenden Hinweise auf dessen resignierende Stimmung. Neben seiner Enttäuschung über die Nichtverleihung des ihm zugesagten Nationalpreises sieht er vor allem das Verhalten der Berliner verantwortlichen Funktionäre der Abt. Kultur des ZK (bes. der Leiterin der Abt., Genn. Rackwitz) als eine Diskriminierung seiner politischen Funktion und Verantwortung. Er ist gegenwärtig nicht bereit, darüber eine sachliche Aussprache zu führen, sondern will sich von allen Aktivitäten im Bezirksverband zurückziehen.

Maßnahmen:

Information an HA XX betr. Pfeiffer

Tinneberg (Major)

5. Dezember 1979

Genossen
Prof. Dr. Kurt Hager
Mitglied des Politbüros und
Sekretär des ZK der SED

102 Berlin
Marx-Engels-Platz

Lieber Genosse Kurt Hager!

Der Leipziger Schriftsteller Erich Loest sucht in einem vom 23. November 1979 datierten Brief an die Hauptverwaltung Verlage und Buchhandel unseres Ministeriums »um die Erlaubnis nach, die DDR auf drei Jahre verlassen zu dürfen« (Kopie des Briefes anbei).

Ich schlage vor, dem Ersuchen Loests nicht stattzugeben, da die von ihm angeführten Gründe, wie aus der beiliegenden Stellungnahme ersichtlich, zum großen Teil nicht stichhaltig sind. Loest sollte mitgeteilt werden, daß Genosse Klaus Höpcke bereit ist, ihn Anfang Januar 1980 zu einer Aussprache zu empfangen; im Verlauf dieser Aussprache wäre Loest auf die in der Stellungnahme angeführten Tatsachen hinzuweisen, aus denen sich ergibt, daß seiner weiteren schriftstellerischen Arbeit hier, sofern sie sich nicht gegen den Sozialismus richtet, nichts im Wege steht.

Mit sozialistischem Gruß
Hoffmann
Klaus Höpcke

10. 1. 1980

Information
über die Ergebnisse der Aussprache des Stellv. Ministers für Kultur, Gen. Höpcke, mit dem Schriftsteller Erich LOEST am 9. 1. 1980

Auf der Grundlage der durch die Kulturabteilung des ZK der SED bestätigten Vorlage für dieses Gespräch teilte Gen. Höpcke dem Loest mit, daß die Begründung für seinen Reiseantrag falsch und deshalb nicht einleuchtend sei.

Loest habe im Jahre 1980 mit der 1. Auflage in Höhe von 25 000 Exemplaren seines Karl-May-Romans »Swallow, mein wackerer Mustang« beim Verlag Das Neue Berlin zu rechnen. Hinzu kommen Nachauflagen von »Ich war Dr. Naß« beim Eulenspiegelverlag (7 500 Exemplare) und »Rendezvous mit Syrena« beim Mitteldeutschen Verlag (15 000 Exemplare). Die daraus resultierenden Einnahmen seien im Gegensatz zu den Behauptungen von Loest in seinem Antrag vom 23. 11. 79 sehr gute Existenzbedingungen. Loest habe in der DDR Auflagen wie ein Nationalautor und einen Verdienst wie ein Generaldirektor und deshalb wurde seine angegebene Begründung nicht passen.

Loest warf hier ein, daß er von den geplanten Nachauflagen bisher keine Ahnung gehabt habe und diese Information deshalb mit Freuden zur Kenntnis nehme.

Was die Aufkündigung der Zusammenarbeit des Verlages Neues Leben mit Loest betreffe - legte Gen. Höpcke weiter dar - so wisse Loest sehr genau, daß diese Zusammenarbeit nahtlos an den Verlag das Neue Berlin überging. Hieraus Konfliktstoffe zu konstruieren, sei einfach unsinnig und unwahr. Sie können deshalb auch nicht für eine Begründung zur Ausreise herhalten. Loest greife nur immer kleine Details auf und versuche sie zu Konfliktstoffen aufzubauschen.

Loests Einwurf bezüglich der Diskussionen über seinen Roman »Es geht seinen Gang« begegnete Gen. Höpcke mit der Feststellung, daß Loest auch hier durch Interviews u. a. Dinge in westlichen Medien unbedeutende Details aufgebauscht und der Bereitschaft des Gen. Höpcke, des Verlages und anderer gesellschaftlicher Kräfte zur sachlichen, produktiven Diskussion entgegengewirkt hat.

Hierbei wurden vom Gen. Höpcke nochmals konkret Loests Äußerungen im »Deutschlandarchiv« u. a. westlichen Medien angesprochen.

Hinsichtlich der Bemerkung von Loest in seinem Schreiben vom 23.11.1979, daß er im Zusammenhang mit seiner beantragten Reise aus dem Schriftstellerverband der DDR austreten wolle, wies ihn Gen. Höpcke darauf hin, daß Loest damit bei ihm als staatlicher Leiter an der falschen Adresse sei. Mit einer derartigen Absicht müsse sich Loest schon an den Schriftstellerverband selbst wenden, da Gen. Höpcke nicht - wie Loest annahm - Mitglied des Präsidiums des Schriftstellerverbandes der DDR ist, sondern von Zeit zu Zeit geladener Gast. (Diese Hinweise wurden von Loest mit Erstaunen und einer gewissen Enttäuschung zur Kenntnis genommen, da er glaubte, den Diskussionen mit dem Verband aus dem Wege zu gehen.)

Zusammenfassend erklärte Gen. Höpcke, daß nach allem Gesagten Loests Begründung für seinen beabsichtigten Schritt nicht einleuchtend sei.

Danach versuchte Loest, mit weiteren Beispielen die Notwendigkeit seines Schrittes zu begründen:

Was Loest jetzt hier in der DDR schreibe, könne in der DDR nicht veröffentlicht werden. Er habe zwei Erzählungen dem Greifenverlag Rudolstadt, drei dem Verlag Das Neue Berlin, Auszüge aus seiner Biographie dem Mitteldeutschen Verlag Halle und ein Hörspiel dem Rundfunk gezeigt. Überall habe er den ablehnenden Hinweis gehört, es sei zwar literarisch nicht schlecht, aber »so etwas geht hier nicht zu machen«. In der Art, wie den erwähnten abgelehnten Arbeiten, schreibe er aber jetzt etwas Neues. Er könne selbst gut genug einschätzen, daß diese neue Arbeit hier auf keinen Fall eine Veröffentlichungschance hat. Er müsse deshalb für einige Zeit aus der DDR weg, um in Ruhe schreiben zu können und Konfrontationen zu vermeiden. Loest wolle die Situation nicht verhärten, um nicht in Positionen wie Stefan Heym zu geraten, der als alter Mann hier verbiestert herumläuft und nur noch die Konfrontation sucht.

Was seinen beabsichtigten Austritt aus dem Schriftstellerverband der DDR betrifft, so wolle Loest damit seinen dritten Ausschluß verhindern. Es habe in der letzten Zeit im Leipziger Bezirksverband eine Reihe von Auseinandersetzungen mit Loest gegeben, die mit der Forderung verbunden waren, daß Loest von seiner Unterschrift unter das Solidaritätsschreiben für St. Heym von 8 Schriftstellern an den Generalsekretär des ZK der SED zurücktritt und daß er künftig die bestehenden Gesetze bei der Vergabe urheberrechtlicher Nutzungsbefugnisse an Verlage außerhalb der DDR einhält.

Beide Forderungen könne Loest nicht erfüllen. Er sei schon in früheren Jahren von einmal gemachten Äußerungen oder schriftlichen Darlegungen nicht zurückgetreten und könne dies auch heute nicht. Zum anderen habe er im Leipziger Verband deutlich gesagt, daß eine Verpflichtung zur Einhaltung der Gesetze für heute reine Heuchelei wäre. Er wisse genau, daß er in ca. zwei Jahren ein Manuskript fertig haben wird, was hier in der DDR keiner druckt und für das er wahrscheinlich auch keine offizielle Genehmigung zur Vergabe an Verlage im Ausland erhält. Er wäre deshalb dann gezwungen, nach illegalen, gegen die Gesetze verstoßenden Wegen zur Veröffentlichung seines Manuskriptes zu suchen. Was solle deshalb jetzt eine heuchlerische, nur dem Verband zeitweilig befriedigende Verpflichtung. Dies alles habe er im Leipziger Verband dargelegt. Auf die Feststellung einiger Leipziger Verbandsmitglieder, daß diese Haltung von Loest mit einer Mitgliedschaft im Schriftstellerverband unvereinbar sei, habe Loest sofort seinen Austritt angeboten. Auf dieses Angebot sei man in dieser Zusammenkunft jedoch nicht eingegangen.

Weiterhin versuchte Loest, auf seine angebliche Isolierung von der Öffentlichkeit (Lesungen u. a.) einzugehen, was von Gen. Höpcke jedoch sofort zurückgewiesen wurde. Loest habe wie andere DDR-Autoren Jahre, in denen er sehr viele öffentliche Auftritte hatte - meist mit neuen Titeln verbunden - und solche, in denen es weniger waren. Er bilde deshalb keinerlei Ausnahme, sondern könne sich auch hier - wie bei Auflagen und Einnahmen - mit anderen »großen« DDR-Autoren vergleichen. Dem müßte Loest zustimmen.

Auf den Einwand des Gen. Höpcke, ob Loest nicht von falschen Überlegungen ausgeht, wenn er glaubt, daß sich bei einem Aufenthalt in der BRD sein Verhältnis zur DDR »entkrampfen« werde, gab Loest zu, daß bei einigen »Weggegangenen« die guten Vorsätze nicht aufgegangen seien. Loest wurde darauf hingewiesen, daß man in der BRD nicht in einer »keimfreien« Umgebung lebt und schon aus ökonomischen Gründen abhängig ist und voll integriert wird.

Mit dem nochmaligen Hinweis, daß die angeführte Begründung für seinen Schritt nicht einleuchtend ist, wurde das Gespräch mit Loest durch Gen. Höpcke beendet.

Diese Information ist so vollständig wie nur möglich, und ich nenne sie korrekt. Das Gespräch fand in Höpckes Dienstzimmer statt, mir wurde Kaffee angeboten, weder Höpcke noch ich hoben auch nur einmal die Stimme. Ich hielt nicht hinter dem Berg mit meiner Meinung, ich würde, wenn ich in der DDR keinen Verlag für meine Texte fände, diese im Westen anbieten und dabei die Gesetze der DDR bewußt mißachten. Höpcke, für gewöhnlich ein Lächler wie Krenz, verhielt sich ernsthaft und verzichtete auf agitatorische Einsprengsel. Seine Information ist akribisch – wurde sie von einem Tonband übertragen? Die mir vorliegende Kopie hat einen Mangel: Der Adressat wird nicht genannt. Unterdessen brachte Höpcke es zum Volkskammerabgeordneten der PDS. Wer schrieb diese Information? An wen ging sie? Wie kam sie in die Stasi-Akte?

Erinnert sich Höpcke noch?

Und wieder diskutierten Leipziger Kollegen mit mir, diesmal Pfeiffer und M.W. Schulz. Ihre Worte klangen ohne Schärfe, eher traurig. Einer von ihnen würde ja die Verdammungsrede halten und den Antrag auf Ausschluß stellen müssen. Nicht allen liegt derlei wie etwa Kant. Da tastete ich zu ihrer Verblüffung vor: »Wie wäre es, ich träte aus?« Ich wollte Nervenkraft sparen und einige meiner Kollegen nicht in Gefahr bringen. Sie, integre Frauen und Männer, würden gegen den Ausschluß stimmen und ihre Tapferkeit mit dem Verlust von Nachauflagen bezahlen müssen – das wäre das mindeste gewesen. Am Schluß des Gesprächs versuchte ich noch, Austritt und Ausreise zu verquicken, das mißlang. Max Walter Schulz, damals Direktor des Literaturinstituts und später Herausgeber von »Sinn und Form«, flüsterte mir unter vier Augen zu, als Pfeiffer im Nebenzimmer war – »das darf auch der Hans nicht wissen« – Höpcke habe ihm versichert, mit meinem Visum auf drei Jahre ginge alles klar. Nur dürfte ich den Staat nicht zu einem Junktim zwingen. Erich, tritt aus, danach geht alles so, wie du es willst!

Annelies und die Kinder waren einverstanden: Ich sollte auf Zeit ausreisen, Annelies konnte mich, da sie Invalidenrentnerin war, hin und wieder in der Bundesrepublik treffen. Vielleicht stellten später alle Ausreiseanträge? Sie wußten, daß ich mit meiner Kraft am Ende war und trösteten: Wirst schon drüben zurechtkommen.

Und die Stasi hörte und schnitt alle unsere Debatten mit.

Aus meiner Stasi-Akte

BV für Staatssicherheit | Leipzig, 28. Januar 180
ABTEILUNG XX/7 | STR-WI

Mündlicher Bericht des IMW »Frank«

Im Zusammenhang mit der Vorbereitung der Verbandswahlen des Bezirksverbandes des SV der DDR/Leipzig legte die zentrale Parteileitung des Bezirksverbandes fest, daß gegenüber dem Schriftsteller

Loest, Erich

sollte er bis 29. 1. 1980 nicht seinen Austritt aus dem Verband schriftlich erklären, nach der Wahlversammlung ein Ausschlußverfahren gegen ihn wegen fortgesetzten statuswidrigem Verhalten eingeleitet wird.

Diese Maßnahme ist mit der Abt. Kultur der Bezirksleitung der SED Leipzig abgesprochen.

Soweit bekannt, erklärte Loest nach der Aussprache am 22. 1. 1980 mit den Genossen M. W. Schultz und H. Pfeiffer, daß er bis zum 25. 1. 1980 das Verbandsbüro des Bezirksverbandes aufsuchen wird, um sein Mitgliedsbuch des SV und die schriftliche Austrittserklärung abzugeben.

Strenger
Oberleutnant

»Frank« unterrichtete also wieder einmal, er hieß mit dem Klarnamen Manfred Künne. Er starb im Januar 1990. Die Abteilung Kultur der Bezirksleitung der SED in Leipzig unterstand Dr. Dietmar Keller, in der Regierung Modrow fungierte er als Kulturminister; zu der Wahl am 8. März 1990 war er der Leipziger Spitzenkandidat der PDS. Sollte er sich wieder einmal für ein demokratisches Amt bewerben, werde ich ihn an seine Kumpanei mit der Stasi erinnern müssen.

Aus meiner Stasi-Akte

B - 8291 I.S.
Leipzig, 29. 1. 80/Ei.
26/B/92/79

Informationsbericht vom 28. 1. 1980 »Autor«

Bis 20.38 Uhr halten sich die L's. im Zimmer auf und sehen BRD FS.
Um 20.38 Uhr geht Frau L. zu Bett, da es ihr nicht gut geht. L. hält sich zu diesem Zeitpunkt allein im Zimmer auf. Ruhe im Objekt.
21.10 Uhr bekommt er den Anruf vom Heiduczek. Er muß direkt neben dem Telefon gesessen haben, denn es wird sofort abgehoben.
Nach diesem Telefonat hantiert er noch in der Wohnung. (Legt Kohlen auf)
21.45 Uhr wird vom L. wieder FS der BRD gesehen.
Ab 0.33 Uhr ist Ruhe im Objekt.

vom 29.1.1980 II. S.

Gegen 7.00 Uhr schreibt L. auf seiner Schreibmaschine. (etwa 1,10 Minuten)
Dieses Schriftstück wird neu in die Maschine eingespannt und wieder ausgespannt.
Auf Grund der Handhabung der Maschine ist vermutlich ein kurzes Schreiben verfaßt worden.
Anschließend hantiert L. im Wohnzimmer. Ab 7.50 Uhr ist Ruhe im Objekt.

Hätten mir die Genossen nicht nur akustisch, sondern auch visuell nachgeforscht, so hätten sie festgestellt, daß das kurze Schreiben lautete: »Hiermit trete ich aus dem Schriftstellerverband der DDR aus.« Am Vormittag des 29.1.80 zwischen 9.21 und 9.25 gab ich es zusammen mit meinem Mitgliedsbuch im Verbandsbüro ab. Nachmittags wurde in der Verbandsversammlung kurz mitgeteilt, Loest sei ausgetreten. Darüber gab es keine Debatte.

Aus meiner Stasi-Akte

Beobachtungsbericht vom 29.1.1980, 7 bis 19 Uhr
HA VIII/1
HA XX

7.00 Uhr wurde mit der Beobachtung von »Mark« an dessen Wohngrundstück in 7027 Leipzig, Schönbachstraße 34, begonnen.

7.56 Uhr verließ »Mark« sein Wohngrundstück, überquerte die Schönbachstraße weiter durch E.-E.-Kisch-Weg, Naunhofer Straße zur Straßenbahnhaltestelle Friedhofsweg in Richtung stadteinwärts.

8.17 Uhr bestieg »Mark« eine ankommende Straßenbahn der Linie 21 in Richtung Eutritzsch. Er stieg in den mittleren Wagen ein und nahm im vorderen Teil auf der linken Seite desselben platz.

8.29 Uhr verließ er an der Haltestelle Grünwaldstraße die Straßenbahn. Er überquerte die Kreuzung am Roßplatz und begab sich in die Telefonzelle Universitätsstraße, Ecke Schillerstraße, welche er 8.30 betrat. Hier führte er ein Gespräch von ca. 2 Minuten. Beim Wählen des Anschlusses konnten die Ziffern 907 oder 807 als zuletzt gewählt erkannt werden. Es wurde nicht gesehen, wieviel Ziffern zuvor gewählt wurden. Die Rufnummer wählte er, ohne diese aus Unterlagen abzulesen. Nach Verlassen der Telefonzelle ging er durch die Schillerstraße, Markgrafenstraße, überquerte den Burgplatz, Lotterstraße, Rudolphstraße durch die Grünanlagen in die Reichelstraße zur Friedrich-Ebert-Straße.

8.42 Uhr lief er in Richtung Eingang zum Wohngrundstück 7010 Leipzig, Friedrich-Ebert-Straße 25, welcher sich an der Giebelseite desselben befindet. In diesem Wohngrundstück sind Gewerberäume des Volksbuchhandel der DDR Zentrale Leipzig. Es konnte gesehen werden, wie er sich mit einer weiblichen Person an der Eingangstür unterhielt. Das Gespräch dauerte ca. 4 Minuten.

8.46 Uhr verließ er das Grundstück und lief durch die Friedrich-Ebert-Straße weiter ca. 50 m in die Reichelstraße. Hier blieb er stehen und öffnete ein Briefkuvert. Diesem entnahm er einen Bogen A 4, welchen er las. Nach ca. 6 Minuten ging »Mark« zügiger weiter. Wohin er den Brief gesteckt hatte, konnte nicht gesehen werden. Er ging durch die Grünanlagen zur Rudolphstraße, weiter durch die Lotterstraße, überquerte den Burgplatz, durch die Markgrafenstraße zur Schillerstraße. In der Schillerstraße betrat er

8.56 Uhr die Zweigstelle der Sparkasse Leipzig. »Mark« nahm an einem Schreibpult platz und füllte ein Formular aus. Er hatte mehrere Formulare bei sich. Auf einem war der Betrag von 10 000,-- Mark zu erkennen. Danach begab er sich zum Kassenschalter und ließ sich 4 000,-- Mark auszahlen.

9.11 Uhr verließ »Mark« die Sparkasse und lief durch den Neumarkt, die Reichsstraße und zum Sachsenplatz. Am Pavillon »Bauplatz Leipzig« schaute er sich die Auslagen intensiv an. Nach ca. 1 Minute überquerte er den Sachsenplatz und betrat 9.21 Uhr das Grundstück 7010 Leipzig, Katharinenstraße 23 (Romanushaus). In diesem begab er sich vermutlich in die erste Etage. Hier befinden sich unter anderem Räume des Schriftstellerverbandes der DDR.

9.25 Uhr verließ er das Grundstück und ging durch den Brühl, den Durchgang an der »Konsum-Kaufhalle« zur Richard-Wagner-Straße. Hier betrat er

9.28 Uhr die Delikat-Abteilung der Kaufhalle. »Mark« kaufte mehrere Flaschen Spirituosen.

9.32 Uhr verließ er die Kaufhalle und begab sich über die Fußgängerbrücke zur Zentralhaltestelle Fr.-Engels-Platz. Hier stellte sich »Mark« an Gleis 2 in Richtung Hauptbahnhof. Als eine Straßenbahn der Linie 4 einfuhr, begab er sich zum letzten Wagen und wartete. Nachdem die Bahn abfuhr, überquerte er die Gleise und bestieg eine angekommene Straßenbahn der Linie 21 in Richtung Probstheida.

9.26 Uhr nach dem Einsteigen in den mittleren Wagen, setzte er sich im hinteren Teil auf einen Platz der linken Seite. Mit der Straßenbahn fuhr er bis zur Haltestelle Friedhofsweg.

9.57 Uhr verließ er die Straßenbahn und ging langsam durch die Naunhofer Straße, E.-E.-Kischweg zu seinem Wohngrundstück, welches er 10.05 Uhr betrat.

10.35 Uhr verließ »Mark« sein Wohngrundstück. Bei sich trug er einen Beutel und einen Korb. Beides war mit leeren Flaschen gefüllt. Kurz hinter der Ecke Schönbachstraße betrat er in der Holzhäuser Straße den hier befindlichen Lebensmittelladen. Hier gab er das Leergut ab und kaufte Brot, Wurst, Milch und mehrere Flaschen Bier.

10.49 Uhr verließ er das Grundstück und begab sich zurück zu seinem Wohngrundstück.

10.51 Uhr betrat er dieses. Bis

19.00 Uhr verließ »Mark« das Wohngrundstück nicht wieder. Zu dieser Zeit wurde die Beobachtung beendet.

Bei der nächsten Unterredung zeigte sich Höpcke keineswegs verlegen. So, das habe Schulz gesagt? Nein, in diesem Sinne habe er nie mit Schulz gesprochen. Wütend rief ich Schulz an. Da habe sich die Wetterlage gewendet, barmte er, nein, er könne gar nichts für mich tun, gerade jetzt habe er sich wiedermal Zorn von oben zugezogen, und außerdem sei er krank, so krank!

Einmal wurde ich in eine Leipziger Kirche eingeladen. Da versammle sich ein Elternkreis, sagte mir der Pfarrer am Telefon, so an die zwanzig Mitglieder, vielleicht brächte der eine oder andere einen Freund mit. Mit meinen beiden Söhnen ging ich hin, die hatte ich jetzt abends gern dabei. Der Pfarrer empfing mich im Vorraum in Wirbel und Gedränge, ich dachte, da wäre noch eine andere Veranstaltung. Aber sie wollten alle, alle zu mir, eine Faltwand mußte beiseitegeschoben, Stühle mußten aus allen Ecken herbeigeschafft werden. Waren es zweihundert, dreihundert Besucher? Einen Teil hatte ich im Rücken in der Tiefe des dunklen Kirchenraumes, das war für mich kein schönes Gefühl. Ich hätte eine Geschichte geschrieben, begann ich, für die es in der DDR keinen Abnehmer gäbe. »Aber vorlesen kann ich sie Ihnen ja mal.« Und ich las »Zwei Briefe von Rohdewald« in eine Stille hinein, daß ich manchmal meinte, niemand atmete mehr. Meine Söhne schilderten mir hinterher, minutenlang seien alle wie von einer Starre befallen gewesen. Danach führten wir, es war ein Wunder von Übereinstimmung, eine literarische und keine politische Diskussion. Nur einmal fiel ein junger Mann aus der Rolle: »Wir dürfen es uns nicht gefallen lassen, daß solche Geschichten nicht gedruckt werden, wir müssen ... « Da donnerte ich ihn zusammen, derlei wäre hier nicht am Platz, dies sei ein literarischer Abend und sonst gar nichts! Nun lebt dieser Mann seit einer Weile in der Bundesrepublik, er hat mir geschildert, was er damals alles nicht wußte und ahnte, und hat sich entschuldigt.

Am Ende schenkte mir der Pfarrer eine Flasche Wein und eine Kerze. Wenige Minuten stand ich mit ihm im Gespräch, da merkte ich plötzlich: Wir waren allein. Sonst zieht sich solch ein Abschluß eine Viertelstunde lang hin: Jemand will ein Autogramm, dort palavert ein Grüppchen – diesmal gingen alle stumm auseinander. Wir traten auf die Straße – auch dort war niemand mehr. An der Straßenbahnhaltestelle gegenüber begegnete ich keinem Gesicht, das mir während der Lesung aufgefallen wäre – es war, als hätten wir einen Spuk erlebt.

In den Tagen danach überlegte ich: Und wenn ich mit solchen Lesungen jemandem Mut machte, auch so zu schreiben, auch so aufzutreten? Waren nicht immer wieder junge Leute wegen ihrer Gedichte und Lieder ins Gefängnis gegangen? Geriet ich in die Rolle eines Rattenfängers?

»Swallow, mein wackerer Mustang« erschien – es war ein anstrengendes Tauziehen gewesen, eine Leipziger Buchhandlung, in der gewöhnlich Premieren stattfanden, dafür zu gewinnen. Plakat? Eine Annonce gar? Dazu mochte sich niemand durchringen. Einen Zettel verschwommenen Inhalts heftete die Leiterin immerhin ans Schaufenster. Doch alle meine Freunde und Bekannten hatten unter allen ihren Freunden und Bekannten die Kunde verbreitet; so bildete sich, kaum hatte ich am Signiertisch Platz genommen, eine Schlange. Fünfzig Mal schrieb ich meinen Namen, dann war der Vorrat aufgebraucht. Die vier Stasileute, die in der Eisdiele gegenüber Posten bezogen hatten, konnten ihrer Firma melden, daß alles ohne Aufmupf und Turbulenz verlaufen war.

Hoffmann und Campe brachte einen Mitdruck aus einer DDR-Werkstätte, kaufte somit billig ein und verhalf der DDR zu Devisen. Das Produkt entsprach nicht recht dem, was in der Bundesrepublik üblich war, mancher Buchhändler rümpfte die Nase. Die Presse aber zeigte sich voller Lob. So Gerd Ueding in der FAZ:

»Warum schreibt ein Schriftsteller unserer Tage die Biographie eines toten Kollegen, noch dazu von zweifelhaftem Ruf? Da war sicher vor allem die Betroffenheit des ›tua fabula narratur‹, der eigenen Geschichte, die das Leben des Landsmannes aus Hohenstein-Ernstthal seinem Nachfahren erzählte. Der Leipziger Erich Loest... kennt nicht nur die geographischen Verhältnisse seines Stoffes; die zwielichtige Welt seines Helden ist ein Stück weit auch die eigene, bis hin zu Beschuldigungen, Verfolgungen, Absturz. Da gewinnt das Verhältnis von Literatur und Leben eine andere Bedeutung, auch eine andere Brisanz von anderswo. ›Hoffnungen können Glück sein.‹ – Wo auch gibt es das sonst noch? Ein Schriftsteller, der am Ende seines Lebens, gedemütigt, von gewissenlosen Tagesschreibern und bigotten Religionswächtern verfolgt, nochmals neu beginnt und seine Fabelwelt nun ganz bewußt zum Symbol verdichtet. Geschichte wiederholt sich nicht, Geschichten aber manchmal.«

Dr. Klaus Hoffmann, Karl-May-Kenner und -Forscher, schrieb mir:

»Lieber Erich Loest, gestern war der große Tag für Dresdens Buchhandlungen: der ›Swallow‹ wurde ausgegeben. Nach Auskunft der beiden größten Buchhandlungen – Haus des Buches auf der Thälmann-Straße und Buchhandlung der Technischen Universität – kam kein einziges Exemplar in den Verkauf, weil nicht einmal die vorliegenden Vorbestellungen in ihrer Gesamtzahl berücksichtigt werden konnten. Ein bemerkenswertes Interesse, wozu man uneingeschränkt gratulieren muß. Unter jenen, deren Bestellwunsch keine Erfüllung fand, bin auch ich. So bleibt mir nichts weiter übrig...«

Er erbat drei Exemplare für sich und heißinteressierte Freunde.

6. KAPITEL
Die Stasi war mein Eckermann

Ein Jahr verstrich zwischen meinem Austritt aus dem Verband und der Ausreise aus der DDR, es war unproduktiv, quälend und gesundheitsschädigend. Die Wanze wachte bei Tag und Nacht. Wenn der Abend lang wurde, besonders zu Messezeiten mit nicht abreißendem Besuch, wuchs sich ein Protokoll auf zwanzig Seiten aus. Im Hauptpostamt fotokopierten Spitzel jeden ein- und fast jeden ausgehenden Brief, im Laufe der Zeit wuchs ihre Beute auf acht Heftmappen zu je dreihundert Seiten an. Ich dachte jeden Tag darüber nach, ob ich bleiben oder gehen sollte. Darüber sprach ich mit Annelies und den Kindern, mit Freunden und Kollegen, meine amtliche Bezugsperson war Klaus Höpcke. Von größtem Interesse war es für die Stasi, was mit dem Manuskript geschehen würde, das noch den Titel »Spurensicherung« trug und im Herbst 1981 als »Durch die Erde ein Riß« erscheinen sollte. Unter dem Vorwand, sich brennend für mein Schreiben und natürlich auch für mich als wunderbaren Menschen zu interessieren, schlichen sich drei weitere Spitzel an mich heran. Einer von ihnen lieferte eine Kopie von »Spurensicherung« aus, die Stasi ließ ein Gutachten anfertigen – für alle Fälle. Ich wüßte gern, wer dieses Dreckstück geschrieben hat.

Über dieses Jahr gebe ich den anderen das Wort.

Abteilung XX/7 Leipzig, den 10. März 1980

Information - OV »Autor II«

Aus einem Bericht der Abt. 26/B vom 1.3.80 über den Besuch des zum op. rel. Kontaktkreis von Loest gehörenden Dr. Strube, Wilhelm (Mitglied des SV/DDR, Verdächtiger im OV »Philosoph« der KD Grimma) bei Loest am 29.2.80 gehen folgende op.-rel. Hinweise hervor:

In der Arbeit an dem Manuskript »Spurensicherung«, in dem Loest an Hand seiner Entwicklung kulturpolitische und gesellschaftliche Konflikte in der Geschichte der DDR darstellt und zu antisozialistischen Angriffen nutzt, ist er offensichtlich kurz vor dem Abschluß. Das Buch soll 15 Kapitel erhalten, in dem u.a. im bereits fertigen 13. Kapitel die Inhaftierung Loest's 1957 und der Prozeß gegen die staatsfeindliche Gruppe Schröder/Loest 1958 vorgestellt wird und eine »Auseinandersetzung« mit dem § 13 StEG erfolgt. Loest hofft, daß das Buch in der BRD bis zum Herbst 1980 erscheint. Die Veröffentlichung des 7seitigen Artikels über ihn im »Stern« vom 7.2.80 wertet er bereits als »Werbemaßnahme« für sein neues Buch.

Während Strube in der Diskussion mit Loest die Auffassung vertritt, daß sich der »Sturz der Diktatur« in der DDR durch äußeres gewaltsames Eingreifen unter Nutzung einer sich ständig verschlechternden inneren Lage in der DDR vollziehen muß, da eine »Befreiung von innen heraus« aufgrund der »gut organisierten Abwehrsysteme« nicht erfolgen könne, ist Loest der Ansicht, daß aufgrund oppositioneller Kräfte im Innern eine Diktatur beseitigt werden könne, wie sich dies auch in Spanien und Iran gezeigt habe. In der DDR könne es nur darauf ankommen, daß noch mehr Leute die bestehenden Gesetze nicht anerkennen, so wie er selbst. Der Prozeß einer Veränderung in der DDR könne sich an der »Nahtstelle« BRD-DDR nicht durch militärische Gewalt ergeben, auch nicht, wenn sich die DDR eine »Blöße« gibt. Aus den Gesprächen mit den Mitarbeitern der BRD-Vertretung habe er entnommen, daß durch die Bonner SPD/FDP-Regierung eine geschickte, langfristige »Deutschlandpolitik« betrieben wird, die mit der zunehmenden wirtschaftlichen Durchdringung der DDR die Voraussetzungen für angestrebte Veränderungen schaffe.

Tinneberg, Major

BV für Staatssicherheit
Abteilung XX/7

Leipzig, 15. März 1980

Operativinformation Nr. 7/80

Nachdem bereits 1979 auf die Entwicklung L o e s t s zum festen Stützpunkt des Gegners für seine subversiven Aktivitäten bei der Formierung einer »legalen Opposition« im kulturellen Bereich und als Quelle zur Erlangung kulturpolitischer Information für die Hetze gegen die DDR aufmerksam gemacht wurde (siehe Schreiben vom 10.12.79 an Gen. Generalmjaor K i e n b e r g, Leiter der H.A. XX), muß im Ergebnis der bisherigen Vorgangsbearbeitung seit Beginn dieses Jahres eingeschätzt werden, daß L o e s t gegenwärtig im Zusammenwirken mit äußeren gegnerischen Kräften neue feindliche Vorhaben plant und zum Teil bereits realisiert, von denen eine hohe Gesellschaftsgefährlichkeit ausgeht:

Nachdem L o e s t aufgrund ihm gegebener Zusicherungen über eine Genehmigung seines Antrages auf eine dreijährige Ausreise aus der DDR (als DDR-Bürger) am 29.1.80 ohne provokatorisches Auftreten aus dem Schriftstellerverband der DDR ausgetreten war, erfuhr er am 22.2.80 durch den stellv. Minister für Kultur, Gen. H ö p c k e, daß seinem Ausreiseantrag nicht stattgeben wird. Daraufhin erfolgten intensive Absprachen L o e s t s mit Mitarbeitern der Ständigen Vertretung der BRD in der DDR, wobei L o e s t durch den Leiter der Vertretung, G a u s, persönlich konkrete Hilfe und Unterstützung zugesichert wurde, verbunden mit Festlegungen über das taktische Verhalten L o e s t s zur Durchsetzung seines Ausreiseantrages.

Diese Absprachen, zu deren Inhalt uns nur die inoffiziell bekanntgewordene Wiedergabe durch L o e s t vorliegt, haben bei ihm eine neue Verschärfung seiner gegen die DDR gerichteten feindlichen Haltung und Absichten hervorgerufen. Während L o e s t bis zu diesem Zeitpunkt bestrebt war, seine Sympathien unter den Leipziger Schriftstellern nicht durch von ihm initiierte »Solidaritätsaktionen« im Zusammenhang mit seinen Konflikten zu belasten und ihnen Schwierigkeiten für ihre weitere Entwicklung in der DDR zu ersparen, ist er nunmehr an der Herbeiführung offener Konfrontationen dieser Autoren mit den geltenden kulturpolitischen Normen und bestehenden Rechtsnormen interessiert. In inoffiziell bekanntgewordenen Absprachen fordert er, daß diese Schriftsteller - so wie er - offen gegen Gesetze der DDR verstoßen sollen (Urheberschaftsrecht, Zoll- und Devisenbestimmungen), um damit zu einer Destabilisierung der inneren Lage in der DDR beizutragen.

Einen wesentlichen Beitrag zur Hetze gegen die DDR, insbesondere zur Aufwiegelung der DDR-Bevölkerung gegen die Partei und die staatliche Ordnung will L o e s t mit seinem vor dem Abschluß stehenden Roman »Spurensicherung« leisten.

In diesem Buch, das L o e s t als sein »Hauptwerk« ansieht, ist aus vorliegenden Manuskriptseiten und den inoffiziell bekanntgewordenen

Aussagen Loests über Ziel und Inhalt bekannt, daß es intensive, unverholene Angriffe auf die gesellschaftliche Entwicklung der DDR und übelste offene Diskriminierungen führender Repräsentanten von Partei und Staat sowie Kulturfunktionären beinhaltet.

Bereits seit längerer Zeit wurde Loest von bekannten äußeren gegnerischen Kräften dazu gedrängt, durch die Darstellung seiner persönlichen Entwicklung und seiner Konflikte in der DDR für den Gegner nutzbare und für den »DDR-Leser« wirksame literarische Angriffe auf die gesellschaftliche Entwicklung in der DDR zu gestalten. Nachdem Loest zunächst nur Konfliktsituationen bis 1956 (u. a. die mit ihm geführten Auseinandersetzungen im Zusammenhang mit dem 17. 6. 53) gestalten wollte, bezieht er nunmehr in dem in 15 Kapitel gegliederten Manuskript den Zeitraum bis 1964 ein.

Besonders auf Forderung des bereits benannten Prof. Mohr schildert Loest in diesem autobiographisch angelegten Machwerk die Zerschlagung der parteifeindlichen Gruppierung Harich/Janka/Schröder/Loest 1957/58 und seine Hafterlebnisse bis 1964. Dabei beachtete Loest sowohl die gegnerische Forderung nach einer Massenwirksamkeit in der DDR (Verwendung »eingängiger«, allgemeinverständlicher Gestaltungsmittel) - nach Einschätzung Loests Ehefrau würde dieses Buch bei den Arbeitern in der DDR spontane Streikaktionen auslösen - als auch sein persönliches Interesse an einer finanziell für ihn lukrativen Verbreitungsmöglichkeit in der BRD.

Wallner, Oberstleutnant

BV für Staatssicherheit — Leipzig, 2. April 1980
Abteilung XX/7 — str-pie

Quartalseinschätzung I/80

OV »Autor II«
Delikt: §§ 100, **106,** 107 StGB
Name: Loest, Erich
gültiger Operativplan: Sept. 1978 mit Ergänzung vom 15. 4. 79

Zu dem operativ-relevanten Verhalten des Verdächtigen, zu seinen Aktivitäten, Plänen und Absichten konnten im Berichtszeitraum eine Reihe wesentlicher operativ-bedeutsamer Hinweise und Feststellungen erarbeitet werden.
Als Grundtendenz ist eindeutig ersichtlich, daß Loest der derzeitig wichtigste Anlaufpunkt des Gegners unter Schriftstellern und anderen Kulturschaffenden des Bezirkes Leipzig ist, besonders unter dem Gesichtspunkt der Umsetzung seiner feindlichen Kontakttätigkeit und Kontaktpolitik.

- Bei einer genehmigten Studienreise ab 17.4. 80 in die BRD plant Loest eine Rundreise zu allen ihm bekannten bzw. mit ihm in Verbindung stehenden Personen und Institutionen. Er beabsichtigt, Festlegungen für weiteres gemeinsames Handeln bzw. für weitere gemeinsame Vorhaben zu treffen.

- Operativ interessant ist, daß Loest westlichen Reportern und Journalisten differenziert Informationen zukommen läßt. Entsprechend ihrer Glaubwürdigkeit und dem Nutzen, den sie den Plänen/Absichten Loests bringen, informiert er über Vorhaben bzw. Details, scheut auch nicht davor zurück, bestimmte Dinge unvollständig oder falsch darzustellen, wenn er z. B. den Journalisten nicht traut.
- Während der Leipziger Frühjahrsmesse 80 fand zwischen Loest und dem Mitarbeiter der USA-Botschaft in der DDR, Edward Ceaton, ein Zusammentreffen statt. Ceaton ist um vielfältige Kontakte zu DDR-Künstlern/Schriftstellern bemüht. Besonders interessiert er sich für Schriftsteller aus dem Nachwuchsbereich.

Loest lehnt, angeblich im Interesse der »jungen Leute« solche Kontakttierungen ab, da er glaubt, daß diese dadurch Schwierigkeiten durch die Staatsorgane der DDR bekämen. Er verweist Ceaton auf Dr. Georg Giradeth (Leiter der Kulturabteilung der BRD-Vertretung), der eine Reihe junger Autoren kennt und zu diesen Verbindungen unterhält.
Umfangreich informiert Loest den C. über uns bekannte Verbindungen zu anderen Schriftstellern (Poche, Schlesinger) und über seine persönliche Entwicklung in den letzten Jahren sowie seine Pläne/Absichten/Vorhaben.

Befragt von Ceaton, schätzt Loest seinen politischen/gesellschaftlichen Standpunkt in der DDR so ein, daß er nicht gegen die Ziele und die Philosophie unseres Staates konträr steht, sondern lediglich die »jetzige politische Praxis« nicht akzeptiert.

Eingesetzte IM mittelbar: IM »Rose«; IM »Dozent«; IM »Frank«

Auf der Grundlage des gültigen Operativplanes sowie dessen Ergänzung ist unter Beachtung der Leitungsentscheidung der Operativ-Information eine Konzentration auf folgende Schwerpunkte notwendig:

- Durch umfassenden und koordinierten Einsatz aller eingesetzten und einsetzbaren inoffiziellen Kräfte sowie der vorhandenen operativ-technischen Mittel und Möglichkeiten ist eine umfassende Kontrolle und lückenlose Dokumentation aller Aktivitäten Loests innerhalb der DDR sowie seines Zusammenwirkens mit äußeren feindlichen Kräften zu gewährleisten.
- Erarbeitung einer umfangreichen Aufstellung bezüglich des operativ-relevanten Umgangskreises Loests unter dem Gesichtspunkt der Suche und Auswahl einer geeigneten inoffiziellen Kraft zur weiteren inoffiziellen vorbeugenden und aufklärenden Absicherung des Verdächtigen.

Weiterhin ist die Erarbeitung eines aktuellen Sachverstandberichtes und auf dessen Grundlage die eines neuen Operativplanes zum OV Schwerpunktaufgabe.

Leiter der Abteilung
Wallner, Oberstleutnant *Strenger* Oberleutnant

BV für Staatssicherheit
Abteilung XX

Leipzig, 19. Mai 1980
7/str-ehr/Tel. 2489

Abteilung XV
Gen. Oberst
persönlich

Im Rahmen der operativen Bearbeitung des Schriftstellers Loest, Erich (OV »Autor II« unserer Diensteinheit) wurde bekannt, daß am 6. 4. 80 der BRD-Schriftsteller und Mitarbeiter des ZDF, Berndt, Karl-Heinz den L. aufsuchte. Er führte u. a. aus, daß seine Freundin (Name unbekannt) »Oberamtsrätin« im Bundeskanzleramt sei (vgl. beiliegenden Bericht 26 B/92/79/70 vom 10. 4. 80, S. 2 unten).

Bei operativem Interesse für o. g. Beamtin des Bundeskanzleramtes ist eine weitere Aufklärung möglich.

Nach Kenntnisnahme des Berichtes bitten wir um Rückgabe der Kopie.

Leiter der Abteilung (Oberstleutnant)

Anlage

BV für Staatssicherheit
Abteilung XX/7

Leipzig, 30. Juni 1980
lej-pie

Quartalseinschätzung II/80

OV »Autor II«
Delikt: §§ 100, 106, 107 StGB
Name: Loest, Erich (DDR)
gültiger Operativplan: Sept. 1978 mit Ergänzung vom 15. 4. 79

Nach der Genehmigung seiner 3-monatigen Studienreise in die BRD führte Loest, Erich eine Absprache mit dem im OV »Schreiber« unserer DE operativ bearbeiteten feindlich-negativen Schriftsteller Heiduczek, Werner durch. Unter anderem sicherte Loest dem H. eine risikolose Übermittlung des Manuskriptes von H. in die BRD zu (Romanmanuskript »Die Verfehlung«).
Vor dem genehmigten Ausreisetermin traf Loest in Berlin mit Mitarbeitern der Ständigen Vertretung der BRD in der DDR,

Schmidt-Goedelitz, Axel und
Giradeth, Georg

zusammen (17.4.80).

Während des gesamten Zeitraumes des BRD-Aufenthaltes des Loest wurde inoffiziell erarbeitet, daß er bestrebt war, mit jenen äußeren Kräften Kontakt aufzunehmen, die ihn maßgeblich unterstützen können. Dies trifft vor allem auf die BRD-Journalisten Maaß, Wienfried, Giordano, Ralph, Klunker, Heinz zu. In Hamburg hatte er desweiteren Kontakt zum Verlagsleiter von Hoffmann und Campe, Böckel, Eberhard.

L. führte Gespräche mit dem Mitarbeiter des ZDF, Sauer, in deren Ergebnis im Herbst 1980 ein Film in der BRD von ihm aufgeführt werden soll (näheres dazu wurde noch nicht bekannt). Vom ehemaligen DDR-Schriftsteller Kunert wurde Loest für den Fallada-Preis vorgeschlagen (für »Spurensicherung«).
Weiter traf Loest in der BRD mit Wolf Biermann und dem Renegaten Gerhard Zwerenz sowie dem in vorangegangenen Einschätzungen genannten Prof. für Literatur, Mohr, Heinrich, zusammen. Loest unterbrach seine Studienreise lediglich, um am 28.5.80 an einer Signierstunde in der Hinrichsschen Buchhandlung in Leipzig teilzunehmen, die im wesentlichen einen Erfolg für Loest darstellte.

In Abstimmung mit dem Gen. Schumann, 1. Sekretär der SED-BL und dessen Zustimmung wurde in einem Schreiben an Gen. Generalleutnant Mittig vorgeschlagen, dem Antrag des L. auf eine auf 3 Jahre befristete Ausreise in die BRD stattzugeben. Das würde der Rolle Loests als Träger und Instrument der PID innerhalb der DDR die Grundlage entziehen.

Eingesetzte IM: eingeführt IM Abt. XV
mittelbar: IM »Frank«
IM »Rose«

Wallner (Oberstleutnant) *Lejsek* (Leutnant)

3217 I./
Leipzig, 11 Juli 1980/Ka/
26/B - 92/79/74

Informationsbericht vom 7.7.80 - »Autor«

Kurz vor 18.00 Uhr kommt Herr Loest mit Gitta und Robert in die Wohnung.
Zunächst halten sie sich längere Zeit außerhalb auf. Thomas ist ebenfalls anwesend und sie sprechen über das morgige Begräbnis. Die Frau vom Thomas muß auch anwesend sein. Die weitere Unterhaltung hat belanglosen Charakter. Der L. erzählt von den Verhältnissen in der BRD usw.

Sie sprechen dann über Literatur und L. bemerkt, er hat sich jetzt auch über die Bedeutung der DDR-Literatur überzeugen lassen. Er meint weiter, ob die Zensur-Bestimmungen nun so hart sind, daß nichts mehr kommt im Lande, daß weiß er nicht. Wenn die Literatur sich dann bloß noch im Ausland abspielt, da kriegt sie wieder ein anderes Gesicht. Wie lange ein KUNERT dann noch als ein DDR-Schriftsteller gilt und wie lange noch DDR-Thematik behandelt wird, daß sieht man bei BIERMANN, wie schnell die Thematik aufhört, denn Biermann ist heute absolut ein bundesdeutscher Autor.

L. führt noch den VOLKER Hauff an, der bei HAGER gewesen ist und der meint, die DDR-Führung hat richtige Angst vorm Krieg. Deswegen haben sich die beiden deutschen Staaten so aneinandergeklammert und der HONECKER redet in seinen Interviews auch schon wieder von »den Deutschen« und der Verantwortung der Deutschen für den Frieden. Die haben richtige Angst, daß es knallt, denn da wäre hier alles kaputt. Alle Rüstungskontrollen laufen weg und er hat jetzt erst wieder gelesen, daß die Amerikaner die Neutronenbombe haben. Die Franzosen haben sie auch.

L. spricht von weiteren Ländern, die an dieser Bombe arbeiten. Auch GADAFI ist daran interessiert und der hat in 10 Jahren kein Öl mehr und Libyen ist ein Beduinen-Staat (??). Das da unsere Leute hier Angst kriegen ist zu verstehen. Große Angst haben sie vor diesem CARTER, denn der ist unberechenbar.

Th. fragt wiederum, was will er machen, wenn sie sich nicht für ihn einsetzen.

L. weiß es noch nicht.

Die Schwiegertochter erkundigt sich, ob die Möglichkeit besteht, daß er trotzdem dableibt. L. bejaht es.
Er weiß nicht genau, was er da macht, doch es könnte auch sein, er erzieht sich langsam dazu, daß gar nicht wichtig zu nehmen – Staaten und Gesetze und Grenzen – da muß er sich zu großer Arroganz erziehen, denn wichtig ist das, was er schreibt und danach mögen die sich dann richten. Wichtig ist, daß man einen Freund hat und er freut sich jetzt auf das Buch »Spurensicherung« ... ... Völkerschlachtdenkmal und dann schreibt er »Spurensicherung III« (oder II) und diese kleinen Dinge, wie heißt er doch gleich – HÖPCKE oder ... (spricht leiser).

Th. spricht dann von denen, die Angst vor dem Buch haben und von der ganzen gespannten Situation. Der genaue Sachverhalt ist nicht zu verstehen.

L. entgegnet, daß kann man ganz schwer einschätzen und heute kann man nicht einschätzen, wie in einem Jahr die Deutsch-Deutsche Frage ist.

Wie ist eben die Lage, können die einen Störenfried überhaupt nicht gebrauchen oder sie brauchen ihn gerade.

L. spricht von Arroganz, einer wunderbaren Arroganz, denn Arroganz macht immer Spaß und vielleicht ist es die einzige Möglichkeit um das zu schreiben, was man schreiben will.

L. führt an, daß er die elektrische Schreibmaschine hat und allen Leuten, die er trifft, sagt er, wie er »Völkerschlachtdenkmal« zu schreiben gedenkt.
L. findet es schon ganz prima für sich und seinen seelischen Haushalt, daß er nicht mehr in diesem Schriftstellerverband ist und daß er schon ein viertel Jahr hier weg ist. Er wird es auch nicht wieder anfangen, denn was hat ihn dieser Verband schon für Nerven gekostet.
Ihre Gesetze hat er gebrochen und auch daran hat er sich gewöhnt.
22.25 Uhr unterhält sich Herr L. mit seiner Tochter.
Kurze Zeit später gehen sie zu Bett.

F.d.R. Hptm.

BV für Staatssicherheit Leipzig, 26. Juli 1980
Abteilung XX/7 tbg-pie

Bericht
OV »Autor II«

Am 25.7.80 erfolgte beim stellv. Ltr. der HA XX, Gen. Oberst Stange, eine Absprache zum OV »Autor II«. An der Absprache nahmen teil:

Gen. Oberst Paroch, stellv. Ltr. der HA XX
Gen. OSL Brosche, Leiter der HA XX/7
Gen. Major Lühr, stellv. Leiter der Abt. XX der BV Leipzig
Gen. Major Tinneberg, Ref.-Ltr. XX/7 der BV Leipzig.

Gegenstand der Beratung war der Auftrag des Stellv. des Ministers, Gen. Generalleutnant Mittig, in der weiteren Bearbeitung des OV zu erreichen, daß der Verdächtige Loest noch in diesem Jahr aus der Staatsbürgerschaft der DDR entlassen wird und aus der DDR für ständig ausreist, um zu sichern, daß Loest beim Erscheinen seines Hetzromanes »Spurensicherung« in der BRD 1981 und der im Frühjahr 1981 geplanten Werbekampagne für diesen Roman nicht mehr als DDR-Autor in Erscheinung treten kann, so daß die beabsichtigte Provokation vor bzw. während des X. Parteitages der SED - Notwendigkeit staatlicher Sanktionen gegen Loest als DDR-Bürger - verhindert wird. (s. Vorschlag vom Mai 1980 an den Stellv. Minister, Gen. Generalleutnant Mittig) Diese Zielstellung ist mit den zentralen Parteiorganen abgesprochen und bestätigt.
Im Ergebnis der Beratung wurde folgendes taktische Vorgehen festgelegt:

Loest wird am 29.7.80 durch den Gen. Lindorf - Ministerium für Kultur - aufgefordert, seinen Reisepaß mit dem ihm erteilten Dienstvisum des MfK vom 20.4.80–31.10.80 abzugeben, da die ihm erteilte Reisegenehmigung für 3 Monate in die BRD abgelaufen ist. (Sofern es sich um einen privaten Reisepaß des L. handelt, wird die Gültigkeit des eingetragenen Visums aufgehoben.) Bei diesbezüglichen Protesten Loest's wird ihm erläutert, daß ihm bei der Aushändigung des Visums die Befristung der Reiseerlaubnis bis 31.7.80 ausdrücklich mitgeteilt worden ist und die eingetragene längere Gültigkeitsdauer lediglich für Fälle einer Erkrankung o.ä. in der BRD erfolgte, um ihn nicht in Konflikte mit dem Paßgesetz der DDR zu bringen.

Da inoffiziell bekannt ist, daß Loest am 3.8.80 unter Mißbrauch der Gültigkeitsdauer des Visums erneut in die BRD ausreisen will und bereits umfangreiche vorhaben für den Zeitraum bis 31.10.80 plante, ist damit zu rechnen, daß er sofort erneute Anträge auf Ausreisen aus der DDR stellen wird.
Seitens des Gen. Lindorf wird Loest erklärt, daß er nicht befugt ist, neue Reiseanträge von Loest entgegenzunehmen, sondern vom stellv. Minister für Kultur, Gen. Höpcke, lediglich mit der Rückforderung des Visums beauftragt ist; Loest soll sich ab 7.8.80 an Gen. Höpcke persönlich wenden (Rückkehr vom Urlaub).

Gen. Höpcke wird beauftragt, Loest klarzumachen, daß er mit keinerlei Ausreisegenehmigungen - weder kurzfristige noch die bereits abgelehnte 3-Jahres-Reise - rechnen kann.
Die Auseinandersetzungen sind taktisch so zu führen, daß Loest deutlich wird, daß er nur durch Antragstellung auf Entlassung aus der DDR-Staatsbürgerschaft und ständiger Ausreise die Möglichkeit zum Verlassen der DDR hat, ohne ihm dies direkt anzubieten. Die sich aus der Zuspitzung dieser Konfrontation möglicherweise ergebenden zeitweiligen feindlichen Aktivitäten Loest's in der DDR und in den Westmedien sind einkalkuliert. Die erforderliche Abstimmung mit der Leiterin der Abt. Kultur im ZK der SED, Genn. Rackwitz, wird durch die HA XX gesichert.

Sobald Loest den entsprechenden Antrag stellt, wird dieser kurzfristig positiv entschieden. Die Regelung bezüglich seiner Ehefrau erfolgt entsprechend deren Wünschen.

Zur Verhinderung einer Ausreise des Loest mit dem noch in seinem Besitz befindlichen Visum wird durch unsere DE eine Ausreisesperre bei der HA VI eingeleitet, wobei Loest bei einer versuchten Ausreise an der GÜSt mitzuteilen ist, er habe sich an die Dienststelle zu wenden, die für ihn das Dienstvisum beantragt hat. (Die Ausreisesperre wurde am 25.7.80 eingeleitet und ist unter der Fahndungs-Nr. 255706 bereits wirksam.)

Tinneberg, (Major)

BV für Staatssicherheit Leipzig, 11. August 1980
Abteilung XX/7 tbg-rog

Bericht »Autor II«

Entsprechend unseres Schreibens an die Abt. XV vom 28.7.80 zum weiteren Einsatz eines IM der Abt. XV mit vertraulichen Beziehungen zur Familie Loest im OV »Autor II« erfolgte am 29.7.80 durch Gen. Dr. Jung die Instruierung dieses IM.

Auf Grund der durch die Abt. 26/B festgestellten Teilnahme des IM an einer Zusammenkunft bei Loest am 30.7.80 führte Gen. Jung am 31.7.80 einen Kurztreff mit dem IM durch und übermittelte danach folgende Erstinformationen:

Die telefonische Aufforderung des MfK an Loest zur Abgabe des Visums hat bei Loest große Unsicherheit, z.T. Angst hervorgerufen und tatsächlich zu Magenbeschwerden geführt. Loest geht nach wie vor davon aus, daß das Visum bis zum 31.10.80 gültig ist und will nach seinen Angaben gegenüber dem IM am 31.7.80 über die GÜSt Friedrichstraße nach WB ausreisen (Diese Angaben wurden sowohl von Frau Loest in der Küche gegenüber dem IM gemacht als auch von beiden Loest wiederholt, als alle anderen Besucher - Kählitz, Dr. Strube, Liane (vermutl. Wenzel - Tbg) - gegangen waren; den anderen Besuchern gegenüber erklärte Loest nur, daß er in den nächsten Tagen wieder fahren werde).

Loest hat fest mit der erneuten Ausreise gerechnet und führte die bekannten Vorhaben an. Neu sind seine Ausführungen darüber, daß er auch anläßlich der geplanten Sendung einer Fernsehverfilmung seines Romans »Es geht seinen Gang« im Oktober 1980 in der BRD anwesend sein will. Der Film würde mit seinem Wissen durch das ZDF produziert (ist bereits abgedreht), das Szenarium habe Ulrich Plenzdorf geschrieben. Unter den Darstellern befindet sich der ehemalige Leipziger Schauspieler Pampel (Nichtrückkehrer von Gastspielreise des Leipziger Schauspielhauses in der BRD).

Loest hat gegenwärtig – im Gegensatz zu seiner Haltung vor der Dreimonatelesereise durch die BRD – nicht die Absicht, zu einem bestimmten Zeitpunkt (Erscheinen seines Romans »Spurensicherung« in der BRD) endgültig aus der DDR auszureisen. Er plant, nach dem 31. 10. 80 für die folgenden Monate intensiv an einem neuen Manuskript zu arbeiten. Dabei soll es sich um sein »großes Alterswerk« handeln. Loest will eine Art Gesellschaftsroman schreiben, in dem der Mißbrauch des Leipziger Völkerschlachtdenkmals« unter den verschiedenen gesellschaftlichen Systemen dargestellt werden soll (Kaiserzeit, Weimarer Republik, Faschismus, DDR).

Die Ernsthaftigkeit dieses Arbeitsvorhabens in der DDR zeigt sich nach Einschätzung des IM auch in einem solchen Detail, daß sich Loest über »Genex-Ost« eine elektrische Schreibmaschine gekauft hat, was er bei Übersiedlungsabsichten entsprechend seines ausgesprochenen Geizes nicht getan hätte, wenn er in absehbarer Zeit die DDR zu verlassen beabsichtigt hätte.

Im Gegensatz zu Erich Loest, der mit keinerlei ernsthaften Schwierigkeiten für sich trotz der Verletzung von Normen der DDR rechnet, bestehen bei Anneliese Loest ernsthafte Bedenken gegenüber Loest's Verhaltensweisen. So befürchtet sie, daß es nach der erneuten Ausreise Loest's zu verschärften staatlichen Reaktionen, u. a. Hausdurchsuchung durch MfS, kommen könne, dessen sie sich nicht gewachsen fühlt.

Zur evtl. Reaktion Loest's auf eine evtl. Verhinderung seiner erneuten Ausreise vom 31. 7. 80 ging aus den Bemerkungen Loest's hervor, daß er keine Schritte unternehmen werde, ohne sich vorher mit dem Leiter der Ständigen Vertretung der BRD in der DDR, Gaus, konsultiert und mit seiner Frau abgestimmt zu haben.

Auffallend für den IM war die Tatsache, daß von Loest während des gesamten Abends keine Bemerkungen zur geplanten Herausgabe seines Romanes »Spurensicherung« in der BRD gemacht wurden. Der IM vermutet, daß es Schwierigkeiten mit dem BRD-Verlag geben müsse, mit dem Loest diesbezüglich in Verbindung steht. (Stimmt mit unseren inoffiziellen Erkenntnissen überein!)
Ein Exemplar des Manuskriptes befindet sich gegenwärtig bei Dr. Strube, von dem es der IM anschließend erhalten soll.

Als Ergebnis der operativen Kontrollmaßnahmen kann eingeschätzt werden, daß der IM besonders seitens der Frau Loest uneingeschränktes Vertrauen genießt, wahrheitsgemäß von Loest informiert wird, objektiv darüber berichtet und in der Lage ist, gültige Schlußfolgerungen und Bewertungen zu treffen.

Tinneberg, (Major)

Hauptabteilung XX Berlin, 5.8.1980

Information
über ein Gespräch des stellvertretenden Ministers für Kultur, Genossen Klaus Höpcke, mit dem Leipziger Schriftsteller Erich LOEST am 4.8.1980

LOEST war am 26.7.1980 von seiner genehmigten dreimonatigen Reise durch die BRD zurückgekehrt.

Inoffiziell wurde bekannt, daß LOEST unter Mißbrauch der ihm durch das Ministerium für Kultur ausdrücklich nur bis 31.7.1980 erteilten Reisegenehmigung unmittelbar nach seiner Rückkehr aus der BRD für längere Zeit nach England reisen wollte.

Zur Verhinderung dieses Vorhabens wurde gegen LOEST bei der HA VI eine Ausreisesperre mit der Maßgabe eingeleitet, ihn zur Abgabe seines Reisepasses im Ministerium für Kultur zu veranlassen.

Der Aufforderung des Ministeriums für Kultur, seinen Reisepaß abzugeben, kam LOEST nicht nach, sondern er versuchte, am 31.7.1980 erneut aus der DDR auszureisen. LOEST wurde zurückgewiesen.

Nach erneuter Aufforderung zur Abgabe seines Reisepasses erschien LOEST am 4.8.1980 beim stellv. Minister für Kultur, Genossen Klaus Höpcke.

Sein Versuch zur Ausreise aus der DDR am 31.7.1980 wurde von LOEST im Gespräch beim Genossen Höpcke mit keinem Wort erwähnt.

Im Zusammenhang mit der Schilderung seiner Eindrücke von der beendeten BRD-Reise traf LOEST zu Beginn des Gespräches die Schlußfolgerung, daß er in der BRD weitaus größere berufliche Chancen habe als in der DDR, und er deshalb seinen Antrag auf ein Dreijahresvisum erneuern wolle.

Genosse Höpcke erinnerte LOEST daraufhin an sein letztes Gespräch am 22.2.1980, wonach LOEST's letzte Reise ein einmaliges Entgegenkommen war. Ihm wurde vom Genossen Höpcke verständlich gemacht, daß LOEST künftig keine kurz- oder langfristigen Reisen in nichtsozialistische Länder erhalten kann.

Loest reagierte daraufhin mit der Bemerkung, daß für ihn dann nur eine ständige Ausreise aus der DDR in Frage komme. In diesem Falle möchte LOEST seine Familienangehörigen (Ehefrau, drei erwachsene Söhne, eine Schwiegertochter und einen Enkel) mitnehmen. Falls eine solche Lösung möglich sei, wolle er sich mit seiner Familie darüber beraten.

Genosse Höpcke schlug vor, sich am 11. 8. 1980 in Leipzig, im Klub der Intelligenz, mit LOEST erneut zu treffen und dessen Entscheidung in dieser Frage zu hören. Genosse Höpcke erklärte sich bereit, einen diesbezüglichen Antrag von LOEST entgegenzunehmen.

LOEST war mit diesem Vorschlag einverstanden. LOEST sicherte zu, den Inhalt des Gespräches vertraulich zu behandeln.

Hauptabteilung XX Berlin, 13. 8. 1980

Information
über ein weiteres Gespräch des stellv. Ministers für Kultur, Genossen Klaus Höpcke, mit dem Leipziger Schriftsteller Erich LOEST am 11. 8. 1980 in Leipzig

Auf eine entsprechende Frage des Genossen Höpcke teilte LOEST mit, daß er sich mit seinen Familienangehörigen beraten habe und keiner bereit ist, aus der DDR auszureisen. Er, Loest, habe sich nach gründlicher Überlegung und entgegen der beim vorangegangenen Gespräch mit Genossen Höpcke am 4. 8. 1980 geäußerten Absicht, den Ausreiseantrag zu stellen, dazu entschlossen, ebenfalls in der DDR zu bleiben.

Loest werde von sich aus auf keinen Fall einen Antrag auf Ausbürgerung stellen, denn das sei für ihn eine schwere psychische Last. Das bedeute für ihn, 30 Jahre seines Lebens streichen zu müssen. Das bedeute weiterhin, mit dem Sozialismus überhaupt und mit dem Sozialismus, wie er hier in der DDR praktiziert werde, nichts zu tun haben zu wollen. So sei es aber nicht.

Genosse Höpcke führte an, daß der plötzliche Meinungsumschwung Loests nichts an einer vorauszusehenden Kollision Loests mit der DDR ändere, auf die dieser mit der geplanten Veröffentlichung seines Buches »Spurensicherung«in der BRD zusteuere.

Loest erwiderte darauf, er wolle nur das tun, was Jurek Becker, Günter Kunert und jetzt auch Schlesinger bereits praktizieren.

Auf die Frage Loests, ob er ein Visum für drei oder 10 Jahre beantragen solle, ging Genosse Höpcke nicht ein. Eine von Loest gewünschte Reise zur diesjährigen Buchmesse in Frankfurt/Main lehnte Genosse Höpcke ab. Damit wurde das Gespräch beendet.

Am 12. 8. 1980 übergab Loest den als Anlage beigefügten Brief an Genossen Höpcke, in welchem Loest eine dreijährige Ausreise aus der DDR beantragt.

BV für Staatssicherheit
Abteilung XX

Leipzig, 10. September 180
7/str-pie, Tel. 2489

Ministerium für Staatssicherheit
Hauptabteilung XX
Gen. Generalmjaor Kienberg

Berlin

Loest, Erich

Im Rahmen der Bearbeitung des feindlich-negativen Schriftstellers Erich Loest (OV »Autor II« unserer DE) konnten im Verlauf der Leipziger Herbstmesse 1980 einige wesentliche Erkenntnisse erarbeitet werden.

- Erneut fanden zwischen »Autor« und Korrespondenten westlicher Massenmedien (z. B. Marc Brayn von BBC London, Hendrik Bussiek - Rundfunkjournalist) sowie Mitarbeitern der Ständigen Vertretung (Max Dehmel - Leiter der Abt. Wirtschaft der Ständigen Vertretung) Zusammenkünfte statt, die von »Autor« genutzt werden, um über seine persönliche Lage und die gesellschaftspolitische Situation in der DDR umfassend zu berichten.
- Ansatzpunkte für weitere Auseinandersetzungen auf kulturpolitischem Gebiet ergeben sich aus der in der BRD kurz vor der Vollendung stehenden Verfilmung des Romans »Es geht seinen Gang«. Seitens der DDR liegen dafür keine Genehmigungen vor. Dazu schlagen wir vor, Einfluß auf die zuständigen zentralen Organe zu nehmen, um durch gezielte Auseinandersetzungen zu »Autor« ihn zur Antragstellung auf Entlassung aus der DDR-Staatsbürgerschaft zu veranlassen.
- Bis zum 12. 9. 80 wartet »Autor« auf Antwort des Stellv. Minister für Kultur, Gen. Höpcke, hinsichtlich seines am 12. 8. 80 gestellten Antrages auf 3-jährige Ausreise.
  Sollte diesem nicht stattgegeben werden bzw. er keine Antwort erhalten, plant »Autor« neue Aktivitäten. Bekannt dazu ist lediglich, daß er eine Einzelgenehmigung für den Besuch der Frankfurter Buchmesse im Oktober 1980 beantragen will.
- Im August 1980 konnte das Manuskript von »Spurensicherung« inoffiziell beschafft werden. Eine erste Durcharbeitung des Manuskripts bestätigte die von uns bereits getroffenen Einschätzungen hinsichtlich des hetzerischen Charakters und der feindlich-negativen Grundaussagen. Gegenwärtig bestehen noch keine Möglichkeiten einer offiziellen Auswertung.
- In einem Artikel des BRD-Journalisten Wenderoth in »Die Welt« vom 1.9.80 wurde das Werk »Spurensicherung« offiziell in der BRD angekündigt.

Am 10. 8. 80 wurden dem Gen. Major Gütling (HA XX/7) folgende Kopien von Berichten bzw. Schreiben, aus denen u. a. die getroffenen Festlegungen und Aussagen erarbeitet wurden, übergeben:

- 26/B/92/79/95 vom 18. 8. 80
- 26/B/92/79/98 vom 31. 8. 80
- 26/B/92/79/99 vom 2. 9. 80
- 26/B/92/79/102 vom 5. 9. 80
- 26/B/92/79/103 vom 5. 9. 80
- 26/A/141/80/417 vom 1. 9. 80
- Kopie eines Briefes von Bilke, Jörg an »Autor« mit Zeitungsartikel von Wenderoth aus »Die Welt« vom 1. 9. 80
- Informationsbericht über den Besuch des BBC-Korrespondenten Marc Brayn bei »Autor« vom 5. 9. 80
- Informationsbericht über Verbindungsaufnahme der Renate Federhend (Mitarbeiterin der -dva- Stuttgart) zu Loest vom 3. 9. 80

Leiter der Abteilung
Wallner
Oberstleutnant

BV für Staatssicherheit
Abteilung XX/7

Leipzig, 1. Oktober 1980
tbg-wei

Quartalseinschätzung III/80

OV »Autor II« Reg.-Nr. XIII 848/78
Delikt: II 100, **106**, 107 StGB
Name: Loest, Erich (DDR)
Gültiger Operativplan vom September 1978 mit Ergänzung vom 15.4.79
OV - SPB

Am 25.7.80 erfolgte auf der Leitungsebene der HA XX eine Absprache zum OV »Autor II«. Gegenstand der Beratung war der Auftrag des Stellvertreter des Ministers, Gen. Generalleutnant Mittig, in der weiteren Bearbeitung des OV zu erreichen, daß der Erich Loest noch in diesem Jahr aus der Staatsbürgerschaft der DDR entlassen wird und aus der DDR für ständig ausreist, um eine unumgängliche Konfrontation des L. mit staatlichen Stellen bei Veröffentlichung seines Hetzromans »Spurensicherung« in der BRD im Vorfeld des X. Parteitages zu verhindern.
Dazu wurden folgende Maßnahmen festgelegt:

- Es wurde eine Ausreisesperre für L. eingeleitet, um zu verhindern, daß L. seine inoffiziell bekanntgewordenen Absichten in der BRD (geplanter Besuch in England unter Mißbrauch seines bis zum 31. 10. 80 ausgestellten Passes - die Ausreisegenehmigung datiert jedoch nur bis zum 31. 7. 80) realisieren kann.
- Der stellvertretende Minister für Kultur, Gen. Höpcke, wurde beauftragt, die Gespräche mit L. so zu führen, daß L. erneute Anträge auf Ausreise, die befristet sind und eine mehrmalige Ein- und Aus-

reise gestatten, nicht genehmigt werden und Loest zum Antrag auf Übersiedlung in die BRD veranlaßt wird.

Nach Rückkehr von seiner genehmigten BRD-Lesereise am 27.7.80 versuchte L. in provokatorischer Absicht, eine nochmalige Ausreise in die BRD, indem er Unwissenheit vortäuschte hinsichtlich der abgelaufenen Reisegenehmigung. Entsprechend den festgelegten Maßnahmen erfolgte am 31.7.80 die Zurückweisung des L. an der Staatsgrenze.
Bisher erfolgten seitens des L. keine öffentlichkeitswirksamen Reaktionen auf diese Maßnahmen.

Es wurde bekannt, daß L. am 4.8.80 in der Hauptstadt der DDR mit dem Mitarbeiter der Ständigen Vertretung der BRD, Schmidt-Goedelitz, Axel, zusammentraf, um sein weiteres Vorgehen gegenüber staatlichen Stellen abzustimmen. Am selben Tag fand ein Gespräch zwischen L. und Gen. Höpcke statt, wo L. erklärte, daß er bei Nichtgenehmigung befristeter Ausreisen den Antrag auf Entlassung aus der DDR-Staatsbürgerschaft stellen werde was der operativen Zielstellung entsprach. In einem erneuten Gespräch am 11.8.80 in Leipzig erklärte L. jedoch gegenüber Gen. Höpcke, daß er (L.) nach reiflicher Überlegung zu dem Schluß gekommen sei, nicht endgültig die DDR zu verlassen. Daraufhin stellte L. am 12.8.80 einen erneuten auf 3 Jahre befristeten Antrag auf Ausreise mit mehrmaliger Ein- und Ausreisemöglichkeit.

Am 12.8.80 kam es in der Wohnung der Gerti Tetzner (OPK »Karen« unserer DE) zu einem Zusammentreffen von Christa Wolf, welche zu einer Autorenlesung in Leipzig weilte, und Werner Heiduczek (OV »Schreiber« unserer DE).
L. warnte den H. vor dessen übertriebenen Hoffnungen hinsichtlich seiner Verlagsbeziehungen zu »Hoffmann und Campe« Hamburg.

Inoffiziell wurde weiterhin bekannt, daß Loest von der Mitarbeiterin der DVA – Stuttgart, Renate Federhend, darüber in Kenntnis gesetzt wurde, daß der Film des ZDF nach der Vorlage des Romans von L. »Es geht seinen Gang« nach bisherigen Einschätzungen ein großer Erfolg werden wird. Ungeklärt sind noch die Fragen der Verfilmungsrechte, ob diese bei der DVA Stuttgart oder dem MDV Halle einzuholen sind. Ganz im Sinne seiner Taktik will sich Loest bei möglichen Konflikten mit dem Büro für Urheberrechte unwissend stellen.

Loest nutzte die Leipziger Herbstmesse 80 wiederum zu umfangreichen Absprachen und Kontakten mit äußeren gegnerischen Kräften. Inhaltlich ging es dabei um Loest's eigene kulturpolitische Situation, seinen weiteren taktischen Verhaltensweisen gegenüber den DDR-Staatsorganen, seinen Kenntnissen und Auffassungen zur kulturpolitischen Situation in der DDR sowie seinen Erfahrungen und Meinungen zur allgemeinen innenpolitischen Situation, insbesondere der Stimmungslage unter der Bevölkerung, auch im Zusammenhang mit den Ereignissen in der VR Polen, die er von seiner verfestigten feindlich-negativen Haltung aus begrüßt, derzeit aber keine Möglichkeit für eine derartige Entwicklung in der DDR sieht.

Am 27.9.80 wurde durch die HA XX/7 die Entscheidung des Gen. Prof. Kurt Hager übermittelt, daß Loest die Genehmigung zur Ausreise in die BRD für den Zeitraum vom 26.9.-31.10.80 (Teilnahme an der Buchmesse in Frankfurt/M., Lesung in der BRD) erhält. Demgemäß wurde die laufende Ausreisesperre gegen L. für diesen Zeitraum ausgesetzt. Offiziell wurde bekannt, daß Loest am 29.9.80 seinen Paß im MfK holt, sich mit Mitarbeitern der Ständigen Vertretung der BRD in der DDR in der Hauptstadt der DDR treffen will und vermutlich den ehemaligen Vertretungsmitarbeiter Rainer Haarmann - jetzt Senatsmitarbeiter in WB - besuchen wird.

Eingesetzte IM: eingeführt IM Abt. XV
mittelbar IM »Frank«
IM »Rose«

Aufgrund der durch die zentralen Organe getroffenen Entscheidung auf befristete Ausreisegenehmigung für Loest ist die am 25.7.80 festgelegte operative Taktik zum offensiven Vorgehen gegen Loest erheblich in Frage gestellt. Daher ist eine erneute Beratung mit der HA XX und Abstimmung über das weitere Vorgehen gegen Loest mit den zuständigen zentralen Organen erforderlich.

Unabhängig davon werden folgende wesentliche Maßnahmen realisiert:

- Erarbeitung einer inoffiziellen Einschätzung zum Manuskript »Spurensicherung« durch geeignete Quellen der HA XX.
- Weiterer Einsatz des IM der Abt. XV unserer BV mit vertraulichen Beziehungen zu Loest.
- Werbung des VIM »Mühle« zur direkten Bearbeitung des Loest. (Zum VIM besteht bereits inoffizieller Kontakt; der VIM hat feste persönliche Beziehungen zu Loest; die Bereitschaft zur inoffiziellen Zusammenarbeit ist gegeben.)
- Weiterer Einsatz der IM der Abt. 26/A und B.
- Einleitung operativer Kontrollmaßnahmen über die von Loest geplanten Lesungen in klerikalen Kreisen entsprechend der Möglichkeiten der zuständigen DE.

Tinneberg (Major)

Leiter
der Abteilung XX
Wallner

BV für Staatssicherheit
Abteilung XX

Leipzig, 17. Oktober 1980
7/tbg-pie, Tel. 2488

Ministerium für Staatssicherheit
Hauptabteilung XX/7

Berlin

OV »Autor II«/»Schreiber«

Als Anlage erhalten Sie zwei Informationen über Hinweise des Sekretärs der BL der SED Leipzig, Gen. Dietmar Keller, an den Leiter unserer BV, Gen. Generalmajor Hummitzsch, zu vorgesehenen Maßnahmen gegen die Verdächtigen.
Wir bitten Sie, entsprechend unseres Schreibens vom 10. 10. 80 die Abstimmung mit den zuständigen zentralen Organen zu sichern und uns rechtzeitig über getroffene Entscheidungen zu informieren.

Leiter der Abteilung
Wallner
Oberstleutnant

Anlage

BV für Staatssicherheit
Abteilung XX/7

Leipzig, 17. Oktober 1980
tbg-pie

Aktennotiz OV »Schreiber«

Am 13. 10. 80 wurde durch Gen. General Hummitzsch über ein Gespräch mit dem Sekretär der BL der SED, Gen. D. Keller, informiert, in dem zu Heiduczek folgende Aussagen seitens des Gen. Keller getroffen wurden:

- Die von uns (siehe Zuarbeit vom 6. 10. 80) gegebene Einschätzung zu H. stimmt mit der der Partei voll überein. Dennoch werde die Partei sich weiter um eine positive Beeinflussung Heiduczeks bemühen, allerdings ohne übertriebene Erwartungen.
- Geplant ist eine Aussprache zwischen dem stellv. Kulturminister, Gen. Klaus Höpcke, und Heiduczek, in der dem H. erneut eine längerfristige Schiffsreise mit seiner Ehefrau angeboten wird, um damit H. Abstand von den aktuellen Konflikten gewinnen zu lassen.
- Heiduczek hat einen engen Kontakt zu Eva Lippold (Drehbuchautor des preisgekrönten DEFA-Films »Die Verlobte«). Eva Lippolds konfliktreicher Lebensweg reizte Heiduczek zur literarischen Verarbeitung, was jedoch von der L. abgelehnt wurde.
- Heiduczek erklärte gegenüber dem Keller, daß sein Manuskript »Die Verfehlung« von H. J. Schmitt abgelehnt worden sei (in der jetzigen Fassung). Wo sich das Manuskript befindet, ist unklar. (In diesem Zusammenhang machte Gen. Keller darauf aufmerksam, daß nach Einschätzung des Gen. Höpcke der Führungswechsel beim Verlag »Hoffmann und Campe« nachteilig für die DDR sei.)

Tinneberg (Major)

Bezirksverwaltung für Staatssicherheit | Leipzig, 17.10.1980
Abteilung XX/7 | tbg-pie

Gen. General Hummitzsch zur Kenntnisnahme
Abt. XX zurück

Aktennotiz

OV »Autor II«

Am 16.10.80 wurde durch Absprache bei der HA XX/7 bekannt, daß für die zentralen Parteiorgane ein Entscheidungsvorschlag erarbeitet wurde, der von den durch Gen. Dietmar Keller übermittelten Informationen erheblich abweicht. In diesem, **noch nicht durch den Gen. Minister bestätigten** Vorschlag, ist folgende Verfahrensweise festgelegt:

1. Da Loest von der Absicht der Übersiedlung in die BRD mit seinen Familienangehörigen Abstand genommen hat, wird auf seinen Antrag auf Genehmigung für einen 3-jährigen Aufenthalt in der BRD zurückgegriffen.
2. Durch Loest ist dieser Antrag neu zu formulieren. Er soll noch im November 1980 genehmigt werden.
3. Bei der Mitteilung der Genehmigung an Loest ist ihm gegenüber die »Erbärmlichkeit seiner politisch-ideologischen Position« zu bekunden.
4. Weitere Andeutungen gegenüber Loest erfolgen nicht.

Der Entscheidungsvorschlag umfaßt mehrere Personen im kulturellen Bereich; der »Fall Loest« ist einer dieser Personen (namentlich nicht bekannt geworden).
Eine Orientierung auf Sperre der Wiedereinreise Loest aus der BRD in die DDR nach Erscheinen seines Hetzromanes »Spurensicherung« ist in keiner Weise enthalten.

Am 16.10.89 wurde durch die AKG bekannt, daß in der Ausgabe 42/80 der BRD-Zeitschrift »Zeit-Magazin« unter der Rubrik »Die Story« ein Abdruck der Erzählung »Mein albanisches Wunder« von Loest erfolgte. Diese Erzählung ist Bestandteil des Manuskriptes »Spurensicherung« und entspricht meines Erachtens der in dem vorliegenden inoffiziellen Gutachten der HA XX getroffenen Aussage zum Gesamtmanuskript. (Bei dem Gutachter handelt es sich nach Auskunft der HA XX/7 um einen profilierten, sachkundigen und langjährig bewährten Experten-IM, der die im Manuskript dargestellten Sachverhalte und Personen aus eigenem Erleben kennt und bereits mehrfach in gleicher Weise das MfS unterstützt hat.)

Tinneberg (Major)

Bezirksverwaltung Leipzig | Leipzig, 17. Oktober 1980
Abteilung XX/7 | tbg-pie

Aktennotiz
OV »Autor II«

Am 13.10.80 wurde durch Gen. General Hummitzsch über ein Gespräch mit dem Sekretär der BL der SED, Gen. D. Keller, informiert, in dem vom Gen. Keller zur weiteren Verfahrensweise zu Loest folgendes dargelegt wurde:
Durch den stellv. Minister für Kultur, Gen. Klaus Höpcke, wird ein Vorschlag an Gen. Kurt Hager gerichtet, wonach Loest nach dem Erscheinen des Hetzromanes »Spurensicherung« in der BRD die Wiedereinreise in die DDR nicht gestattet werden soll. Ob dieser Vorschlag die Zusimmung des Gen. Hager findet, kann nicht eingeschätzt werden. Andere Vorstellungen über eine Auseinandersetzung mit Loest existieren zur Zeit nicht.

Tinneberg (Major)

BV für Staatssicherheit | Leipzig, 13. Dezember 1980
Abteilung XX | 7/lej-pie, Tel. 2489

BV Halle und Cottbus
Abteilung XX7/

Einreise Mohr, Heinrich zu OV »Autor II«

Durch einen Hinweis der Abt. VI wurde bekannt, daß der für unsere DE erfaßte

Prof. Mohr, Heinrich,
geb. am 16.7.1938
wh.: D Osnabrück, Natruper Str. 8
Beruf: Germanist/Hochschullehrer
Arbeitsstelle: Universität Osnabrück

(vgl. Operativinformation 54/79 vom 20.9.79 mit Ergänzung vom 24.9.79) beabsichtigt, vom 27.12.80 bis 6.1.81 zum Besuch des feindlich-negativen Schriftstellers Loest, Erich (OV »Autor II« unserer DE) in die DDR einzureisen. Im Rahmen der operativen Bearbeitung des Loest, Erich wurde festgestellt, daß der Mohr, Heinrich wesentlichen Anteil an der publizistischen und verlegerischen Profilierung des L. in der BRD hatte. M. strebt an, Nachwuchsautoren der DDR gezielt in der BRD aufzubauen, um diese Autoren damit in Konflikt mit der Kulturpolitik von Partei und Regierung zu bringen, was letztlich zur Formierung einer oppositionellen Plattform unter Schriftstellern in der DDR führen soll. Der M. ist seinem Wesen nach ein Organisator der PID.
Inoffiziell konnte in Erfahrung gebracht werden, daß Mohr beabsichtigt, während seines DDR-Aufenthaltes neben Loest, Erich den feindlich-negativen Schriftsteller

Strube, Wilhelm
OV »Philosoph« - KD Grimma

aufzusuchen. Loest und Strube vermittelten dem Mohr Kontakte zu den Nachwuchsautoren

Mucke, Dieter
(OV »Schreiber« - BV Halle, Abt. XX/7)

Pech, Christian
(OV »Poet« - BV Cottbus, Abt. XX/7) und
Bernhof, Rainer
(OPK »Boris« - BV Leipzig, Abt. XX/7)

welche Mohr ebenfalls besuchen will. Seitens unserer DE wurde von der Einleitung einer Einreisesperre gegenüber Mohr abgesehen, um seine geplanten Aktivitäten und operativ-relevanten Verbindungsaufnahmen in Erfahrung zu bringen.
Die im Rahmen der operativen Bearbeitung Ihrer Vorgangspersonen bekanntwerdenden Informationen zum feindlich-konzeptionellen Vorgehen Mohrs, insbesondere Erkenntnisse zu den Verbindungen Mohr - Bernhof und Mohr - Strube, bitten wir unserer DE zur operativen Kenntnisnahme und Auswertung zu übersenden.

Leiter der Abteilung
Wallner
Oberstleutnant

TELEGRAMM

Dringlichkeit: dringend Fu/FS-Nr. 408
Absender: BV Leipziger, Abt. XX7/
Empfänger: BV Berlin, Abt. XX

Leipzig, den 22.12.80

Matthies, Frank-Wulf - erfaßt für Ihre Diensteinheit

Inoffiziell wurde bei der Bearbeitung des feindlich-negativen Leipziger Schriftstellers Erich Loest, folgendes bekannt:

Am 16.12.80 wurde Loest von dem Mitarbeiter der politischen Abteilung der USA-Botschaft in der DDR, Edward Ceaton, besucht. Dabei äußerte Ceaton, daß er die Festnahme und spätere Haftentlassung des Matthies als Ausdruck der »Nervosität und Unberechenbarkeit in der Kulturpolitik der DDR« sieht.
Im Zusammenhang mit der Absicht Ceatons, durch Loest an weitere, für ihn interessante Autoren vermittelt zu werden, erläutert Loest mögliche Gefahren und führt als Beispiel seine negativen Erfahrungen mit Matthies an.
Dabei schildert Loest das Auftreten des Matthies im »Königswalder Kreis« im Mai d. J., das er als provozierend und die »Friedensarbeit« dieser kirchlichen Gruppe gefährdend einschätzt. Matthies habe mit seinen Angriffen gegen das MfS den Vorwand für die Festnahme des

Leiters dieser Veranstaltung geliefert. Inwieweit Ceaton dennoch an einer persönlichen Verbindungsaufnahme zu Matthies interessiert ist, geht aus dem vorliegenden Bericht nicht hervor.
Ceaton wird durch die HA II bearbeitet.

BV für Staatssicherheit
Abteilung II/3

Leipzig, den 23.12.1980
gr-hei
Inf. 259/80

Abteilung XX/7

Ihr OV »Autor«

Der von der HA II/3 erkannte Geheimdienstmitarbeiter in der USA-Botschaft Berlin, David Edward Keeton (II. Sekretär in der Politischen Abteilung), hielt sich am 16.12.1980 nach Voranmeldung bei der von Ihnen operativ bearbeiteten Person auf.

Wir senden Ihnen hierzu einige operative Hinweise, die sich aus durchgeführten Kontrollmaßnahmen ergeben haben. Unsererseits werden die Ergebnisse in Zusammenwirken mit Ihrer Diensteinheit sowie der Abt. 26 als wertvoll eingeschätzt.

In Koordinierung mit Ihrer Diensteinheit sowie der HA II/3 sind operative Kontrollmaßnahmen am 29.12.1980 vorgesehen, wenn Keeton erneut »Autor« aufsucht.

Zu Keeton teilen wir Ihnen ergänzend mit, daß dieser subversiv auf den Gebieten der

- nachrichtendienstlichen Abschöpfung in umfassender Form
- Schaffung eines politischen Untergrundes in der DDR (Schaffung politisch feindlicher Stützpunkte) tätig ist.
- Anbahnung weiterer Kontakte in oben genannten Sinne im DDR-Maßstab

tätig ist.

Wir bitten Sie, unserer Diensteinheit die evtl. bei Ihnen vorliegenden Personalien und Speicherhinweise der Personen Bernhoff und Förster zuzusenden, da vorbeugend damit zu rechnen ist, daß Keeton bzw. andere US-Diplomaten zu diesen Kontakte aufnehmen werden. Bei der operativen Bearbeitung des OV »Autor« wird weiterhin um eine enge Zusammenarbeit mit unserer Diensteinheit gebeten, was speziell bevorrechtete Personen betrifft.

Leiter der Abteilung II
Schönley
Oberstleutnant

Bd. 8025 / I.
Leipzig, 2. 12. 80/Ki.
26 / B / 92 / 79 / 111

Informationsbericht vom 28. 11. 80 / »Autor«

Herr Klunker kommt bereits kurz nach 20.00 Uhr zum Ehepaar L. Die haben dort bloß noch solche Mistfilme gezeigt, erklärt er, deshalb ist er schon eher gegangen.

Anfangs unterhalten sie sich über die Kompliziertheit des Alltags in der DDR (wie bereits im Tel.-Gespräch angeklungen - siehe A-Bericht).
Von der Zugfahrt des K. nach Berlin und zurück ist die Rede und von Unhöflichkeit und Pflichtverletzungen in der Gastronomie.

L. legt dar, das ist so üblich, die Mehrzahl der Menschen ist unfreundlich zueinander, einer versucht den anderen zu übervorteilen usw. Er ärgert sich immer, wenn er in der BRD angesprochen wird, daß die Leute in der DDR doch besser miteinander umgehen und zusammenhalten und sich gegenseitig helfen. L. widerspricht solchen Auffassungen immer, das sei gar nicht so. Zum Beispiel in dem strengen Winter hat keiner seine Kohlen mit dem Nachbarn geteilt, wenn dieser keine mehr hatte. Er bringt noch verschiedene Beispiele dafür.

L. wollte gern einmal darüber schreiben, um diese Legende in der BRD zu entkräften, weil er sich jedesmal darüber ärgert. Aber ohne einen Auftrag oder eine vorherige Absprache will er das auch nicht machen.

K. schlägt ihm vor, er soll das auf alle Fälle mal zu Papier bringen, er besorgt dann schon etwas, wo es gedruckt werden kann, entweder in der »Weltwoche« oder anderswo.

K. schätzt ein, in der sogenannten »kalten« kapitalistischen Gesellschaft sind die Menschen freundlicher zueinander als in der DDR. L. ist der gleichen Meinung.
K. findet, diese Gesellschaft hier verliert von Jahr zu Jahr mehr ihre Legitimation. Im Westen ist das zwar auch nicht ideal, da müßte manches anders sein, wie sich die Leute untereinander begegnen, wo die Konkurrenz in persönliche Beziehungen hineingeht. Aber das ist hier alles viel schlimmer.
L.'s legen dar, in ihrem Haus ist in dieser Beziehung ein gutes Milieu.
K. glaubt, das sich das in den letzten Jahren verschlechtert hat. Früher hat man noch öfter mal einen freundlichen Kellner getroffen. Offensichtlich ist das aber nicht die Tücke der Leute, sondern die haben so viele Probleme und bringen die Energie nicht mehr auf für Freundlichkeit.
Sie erörtern die Zustände in der Gastronomie noch weiter und sprechen sich vor allem gegen die Methode des Plazierens aus. Das ist ja z. T. so diffamierend für die Gäste.

L. kommt dann auf die Lesung am gestrigen Abend zu sprechen. Er bedauert wirklich, daß K. nicht dabei sein konnte. Ausführlich berich-

tet er K. über den Verlauf des Abends. Dabei führt L. an, daß der Jugendpfarrer A r i ein Bekannter von seinem Sohn sei. Die haben sich in der Kirche einen sehr schönen Klubkeller ausgebaut.
Der brauchte gar nicht viel Reklame machen, der Keller war voll, obwohl er erst sagte, es kommen nicht so viele. Die Diskussion nach der Lesung dauerte etwa 1 Stunde, es gab keine Pausen.
Wie bereits im A-Bericht angeführt, kam dabei zum Ausdruck, den Jugendlichen genügt nicht die Schilderung, sondern sie möchten vom Autor als dem Erfahrenen mehr hören.
K. bezeichnet es als eine ganz wichtige Rolle der Literatur, dem zum Durchbruch zu verhelfen, was andere fühlen.

Zum Abschluß hat L. Autogramme gegeben, meist in Bücher, die die Jugendlichen bestimmt von ihren Eltern bekommen hatten. Es gab einige Exemplare »Es geht seinen Gang«, einmal »Etappe Rom«, den Erzählungsband, und mehrmals die Taschenbuchausgabe »Schattenboxen«.

K. fragt, ob L. sich so eine Lesung in einer FDJ-Gruppe vorstellen könnte.
Spontan verneint L. dies. So etwas läuft ganz anders, da sind sie im Betrieb, und da sind Ältere und vor allem die Funktionäre dabei, da kommt es zu keiner unbefangenen Diskussion. Allerdings hat L. Lesungen in FDJ-Gruppen nie durchgeführt, weil er von vornherein vom Mißerfolg überzeugt ist.
In Betrieben hatte er schon Lesungen, die immer von den Bibliothekarinnen im Auftrage der Gewerkschaft organisiert wurden.

Dabei sind die Jugendlichen in der Minderzahl. Die L. fügt hinzu, die sagen dort auch meistens nichts. L. könnte nicht sagen, daß er mal in einer FDJ-Gruppe gewesen wäre.

K. meint dann, wenn das alles so junge Leute sind, kann man doch beinahe vermuten, daß da keine Spitzel drin waren. L. antwortet, die versuchen immer, in diese Gruppen Spitzel einzubauen, und das geht oft schief. »Die haben hier in der Studentengemeinde eine Wanze gefunden, und die haben sie dann auch abgeliefert, und es ist nichts passiert.« Sinngemäß fügt L. hinzu, in der Studentengemeinde gibt es ja immer anfällige Leute. Aber in solchen Gruppen kaum, meint er noch. Die sind ja auch zu jung, um richtig berichten zu können.

Die L. ergänzt, es ist jedenfalls keiner dabei gewesen, der eine provokatorische Frage gestellt hätte.

L. berichtet weiter, daß er am Schluß im allgemeinen Gedränge von einem angesprochen wurde, der sagte: »Wir sind ein kleines Kollektiv von Druckern, und wir haben – Ihre Einwilligung vorausgesetzt – beschlossen, uns Ihren Namen zuzulegen.«

K. bricht daraufhin in einen Bewunderungsschrei aus. Ob die denn schon gefragt hatten?

L. hat gleich zu denen gesagt, sie sollen das nicht machen, sonst kriegen sie großen Ärger. Sie waren jedoch der Meinung, das macht ihnen gar nichts aus. K. findet das toll.

Für L. kam die Anfrage sehr überraschend, und er hat gesagt, er möchte das nicht. Seiner Meinung nach sollte man das bei Lebenden überhaupt nicht machen. Er hat es letztlich strikt abgelehnt.

Die können doch so in Teufels Küche kommen, meint er. Und auch er könnte noch Schwierigkeiten bekommen, wenn die vielleicht unter seinem Namen etwas unternehmen.

F.d.R. Oltn.

Bd. 8040 / I.
Leipzig, 4. 2. 81 / Ki.
26 / B / 92 / 79 / 119

Informationsbericht vom 27. 1. 81 / Objekt »Autor«

Am späten Nachmittag kommen Bernd-Lutz Lange und Herr Böhnke zum Ehepaar L.

Ihre Unterhaltung dreht sich anfangs um das Programm der »Akademixer«, weithin um kulturelle und denkmalpflegerische Probleme in Leipzig. Dabei ereifert sich L. wieder besonders über den alten Johannisfriedhof, den man sträflicherweise verkommen lassen hat. Jetzt hat man ihn geschlossen. Die beiden Besucher stimmen ihm zu. Es ist von der Brockhaus-Gedenkfeier die Rede, und dessen Grabstein lag umgestürzt auf diesem Friedhof.

Einer der beiden Gäste, die in der Stimme kaum auseinanderzuhalten sind, berichtet von einer Eingabe, die er mit jemand zusammen gemacht hat wegen alten Figuren an einem Haus in der Innenstadt, die bei der Rekonstruktion einfach verschwunden sind.

Sie kommen dann auf den Film von L. zu sprechen. Dieser legt seine bereits bekannte Meinung dazu dar. Die Besucher haben den Film nicht gesehen. L. hat sich das aber genauso vorgestellt, daß die BRD-Leute unsere Probleme nicht richtig darstellen können, weil sie ihnen in dem Maße nicht so bekannt sind.

Ob L. seinen Roman nicht einmal hier zur Verfilmung angeboten hat? L. legt dar, er hatte schon ein langes Gespräch mit dem Gräf, der ihn machen wollte. Aber sie konnten sich nicht einigen. Der G. sagte, er kann auf keinen Fall die Leuschner-Platz-Szene aufnehmen. L. wollte aber keine Zugeständnisse machen, weil es ja zum Roman gehört. Dann wäre der vielleicht später gekommen und wollte die Szene in der Schwimmhalle auch weglassen. Und für L. ist es überhaupt fraglich, ob der Film besser geworden wäre, wenn man ihn hier gedreht hätte. In Details vielleicht, ob aber das Hauptanliegen hier herausgekommen wäre, weiß man auch nicht. L. schätzt allerdings den Gräf als einen guten Mann ein, und die anderen stimmen ihm zu.

Wahrscheinlich ist es Lange, der dann sagt, es ist eben wirklich ein bißchen tragisch, unter welchen Aspekten die Schriftsteller hier schreiben müssen. Zwar betrifft das nicht alle, aber in der Sowjetunion ist das ja teilweise noch schlimmer. Das Schreiben für die Schublade empfindet er als zutiefst tragisch an dem Beruf.

L. sagt dazu, für ihn ist es entschieden: Schreiben für die Schublade kann er nicht. Er muß wissen, er schreibt das nicht für sich, sondern für eine Veröffentlichung, die relativ nahe, greifbar und absehbar ist. Lange empfindet es auch nicht besonders gut, wenn ein Schriftsteller nicht für hier, für unsere Leute, schreibt,

Frau L. wirft ein, solange er hier schreibt, schreibt er für dieses Land. Jetzt machte Böhnke (?) den Einwurf, er hätte aus gut informierten Kreisen gehört, daß L. demnächst endgültig nach dem Westen geht.

Frau L. lacht darüber, und sie stellen es so hin, als wäre dies überhaupt nicht im Gespräch.

Nachdem sie alle durcheinander geredet haben, meint einer der Männer, er bittet nur um rechtzeitigen Bescheid, falls das wirklich einmal eintrifft, damit er nicht umsonst immer seine Kräfte einsetzt und L. verteidigt, daß er noch hier bleibt.
Lange möchte aber gern wissen, was L. wirklich noch mit diesem Land hier verbindet. Er nimmt an, daß L. nicht gern darüber redet. Aber nach dem, was L. alles hinter sich hat, das ist ja nicht wenig, und mit allem, wo sie beide auch unterschiedlicher Meinung sind, wäre für ihn verständlich, daß L. nicht mehr hierbleiben will.

Nach einigem Zögern antwortet L., das sind schlichte Gründe, ganz normale familiäre Gründe. Er führt Kunert als Beispiel an, der nur seine Marianne und seine Katzen hat. L. dagegen hat seine drei Kinder hier, dann gibt es noch einen Enkel, seine Schwiegereltern und seine Schwester. Er wird 55 Jahre, wähend K. noch jünger ist. Außerdem liegen alle seine Stoffe hier.
Es ist ihm nichts, hier so wegzurennen. Er führt noch etwas von seinen Geschichten an.
Aber er weiß eines, und da gibt es keine Debatte: Wenn die ihm sagen, »wir sperren Sie ein oder Sie gehen« dann geht er. So ein Abenteuer will er nicht noch einmal durchmachen. So ein Held ist er nicht. Aber so Weglaufen, weil dort der Käse besser schmeckt, betont er nochmals, das ist nicht sein Fall.

Solange es noch geht, möchte er es schon noch hier versuchen. Er hat doch auch Hoffnung.
»Und da ich die ›geradlinige‹ Politik der Partei (meint es ironisch) seit 30 Jahren kenne, dann denke ich, es könnte ja wieder mal ein Punkt kommen, wo sie uns brauchen, die Schriftsteller, wie den Kunert oder den Heym oder mich. Und ich denke ja nicht, daß das alles verloren ist in dem Land. Wenn dann ... es wäre wieder was zu machen und ich wäre nutzbar dafür, bloß, es müßte bald kommen. Aber allzuviel Seelenkraft dafür ist nun auch nicht.«

Er spricht weiter davon, daß seine Isolation jetzt total ist. Er hat keine öffentlichen Lesungen mehr seit einem Jahr. Er liest ab und zu mal in einer Kirche. Aber das geht immer so ein bißchen an die Nerven, das kommt so ein bißchen »underground« oder Verschwörung nahe. Ob das den Leuten so gut tut, kann L. nicht mit Bestimmtheit sagen.

Berlin, 13.2.1981

Auf Grund zentraler Entscheidungen erhalten die Bürger der DDR

Loest, Erich
Jakobs, Karl-Heinz (mit Ehefrau und Kind)

ein auf 3 Jahre befristetes Visum zur Ausreise aus der DDR.

1. Entsprechend den innerstaatlichen Festlegungen kann die Visaerteilung wie folgt vorgenommen werden:

- einmalig -

Das bedeutet, daß der Bürger der DDR ausreisen kann und zu jedem beliebigen Zeitpunkt innerhalb der Gültigkeit seines Visums in die DDR wieder einreisen kann.
Nach erfolgter Wiedereinreise erhalten diese Bürger durch die Dienststellen des Paß- und Meldewesens eine Meldebestätigung für den beabsichtigten Aufenthaltszeitraum.
Weitere Ausreisen innerhalb der Gültigkeit des Visums sind ohne erneutes Antrags- und Genehmigungsverfahren jederzeit möglich; es bedarf lediglich einer Visaerteilung durch die Dienststellen des Paß- und Meldewesens.

- mehrmalig -

Das bedeutet, daß der Bürger der DDR ausreisen kann, zu jedem von ihm beabsichtigten Zeitpunkt die Wiedereinreise vornehmen und ohne erneute Visaerteilung ausreisen kann. (Eine Meldebestätigung ist für diese Personen nicht erforderlich)
Sowohl bei einer einmaligen als auch bei einer mehrmaligen Visaerteilung besteht die Möglichkeit, bei zwischenzeitlichem Aufenthalt in der DDR, das erteilte Visum zur Ausreise aus der DDR zu entziehen oder für ungültig zu erklären. (z.B. bei Verstößen gegen die Rechtsordnung der DDR während des Auslandsaufenthaltes)

2. Entsprechend völkerrechtlichen Grundsätzen kann ein Staat **eigenen** Staatsbürgern die Einreise in den eigenen Staat nicht untersagen. Das bedeutet, daß Bürger, die die Staatsbürgerschaft der DDR und einen Reisepaß der DDR besitzen, unabhängig von der im Visum eingetragenen Gültigkeit jederzeit in die DDR einreisen können. Visa zur Einreise in die DDR werden eigenen Staatsbürgern nicht erteilt. (§1 Abs. 2 des Paßgesetzes der DDR)
Dementsprechend kann Loest und Jakobs die **zwischenzeitliche Wiedereinreise** in die DDR – unabhängig von der Art des erteilten Visums – nicht versagt werden.

3. Wiedereinreisen in die DDR wären nur zu verhindern, wenn diesen Bürgern die Staatsbürgerschaft der DDR aberkannt würde. Entsprechend §13 des Gesetzes über die Staatsbürgerschaft der DDR vom 20.2.1967 kann Bürgern der DDR, die ihren **Wohnsitz oder Aufenthalt**

außerhalb der DDR haben, wegen grober Verletzung staatsbürgerlicher Pflichten die Staatsbürgerschaft der DDR aberkannt werden.

Über die Aberkennung entscheidet der Ministerrat der DDR (§ 16 des Gesetzes); die Aberkennung wird mit der Entscheidung wirksam. Die Entscheidung braucht dem Betreffenden nicht schriftlich begründet bzw. mitgeteilt werden.

Bd. 3844 / I.
Leipzig, 16. 2. 81 / Ki.
26 / A / 141 / 78 / 22

Informationsbericht vom 16. 2. 81 / 7.10. - 9.30 Uhr / »Autor«

Klaus Höpcke meldet sich aus BERLIN, und er hat den Wunsch, L. heute noch zu sehen. Am Freitag wollte er L. schon anrufen, hatte aber noch die alte Telefonnummer. L. weiß nicht, wie die Züge fahren.

Als H. vorschlägt, daß sie sich 16 Uhr unterhalten könnten, ist L. einverstanden. Bis dahin ist er bestimmt in Berlin.

Von der Reichsbahnauskunft erfährt L., daß der nächste Zug 12.39 Uhr fährt und 14.47 in Schöneweide ankommt.

Thomas lädt seine Eltern für Mittwoch gegen 18.00 Uhr zum Abendessen ein. L. erklärt sein Einverständnis.
Als Th. nach Neuigkeiten fragt, teilt L. ihm mit, daß sein lieber Minister ihn heute noch sehen will, und er fährt mittags nach BERLIN. Also, er hat es eilig, schlußfolgert L.

Th. meint, das sieht doch gut aus und fragt, ob L. denkt, daß es klappt. L. entgegnet, er denkt gar nichts, er fährt einfach hin.

Th. wünscht ihm viel Erfolg.

L. erkundigt sich, ob was mit den Briefmarken ist, worauf Th. erwidert, er hat erst mal einen Teil zusammengestellt, das wird heute. Sie wollen sich am Mittwoch unterhalten.

F.d.R. Oltn.

MINISTERRAT
DER DEUTSCHEN
DEMOKRATISCHEN REPUBLIK
Ministerium für Staatssicherheit
Hauptabteilung XX
Leiter

Berlin, den 17.2.1981
Tgb.-Nr. XX/7/IV2583/81
ti-dr

Bezirksverwaltung für Staatssicherheit
Abteilung XX
Leiter

Leipzig

Gewährung langfristiger Auslandsaufenthalte

Gemäß einer zentralen Entscheidung erhält der Schriftsteller

LOEST, Erich
geb. 24.2.1926 in Mittweida
wh. 7027 Leipzig, Schönbachstr. 34

die Möglichkeit, einen langfristigen Aufenthalt in der BRD zu nehmen. Er erhält ein Privatvisum für einmalige Ausreise zu dreijährigem Aufenthalt in der BRD.

Am 16.2.1981 erhielt Loest von einem Beauftragten des Leiters der HV Verlage und Buchhandel die Paßantragsformulare ausgehändigt, die er umgehend zur Beantragung seines Ausreisevisums abzugeben hat.
Außerdem erhielt er eine Information über die Möglichkeit des Möbeltransportes.
Loest wurde aufgefordert, sich gegenwärtig und künftig gesellschaftsgemäß zu verhalten und dafür zu sorgen, daß die getroffene Entscheidung nicht durch diskriminierende Verlautbarungen seinerseits in westlichen Medien belastet wird.

Generalmajor

Bd. 2559 / I.
Leipzig, 17.2.81 / Ki.
26 / A / 141 / 78 / 24

Informationsbericht vom 17.2.81 / 14.00 – 16.00 Uhr / »Autor«

Frau L. teilt ihrem Sohn Thomas mit, daß der Vater schon wieder aus BERLIN zurück ist.
Das mit dem Drei-Jahres-Visum stimmt, aber die Sache hat einen Haken: Er hat nur eine Aus- und Einreise dabei. Das heißt also, daß sie ihn heraushaben wollen.
Frau L. hat ihrem Mann geraten, er soll noch einmal an Honecker schreiben. Ihm ist gesagt worden, das ist von oberster Stelle so entschieden worden, das ist nicht Höpckes Sache. Also muß er dort

oben darlegen, was mit Frau L. ist, daß er aufgrund ihres Gesundheitszustandes schon öfters herkommen muß. Das ist das einzige, was man jetzt noch machen kann. Er will das auch machen. Der Vater ist ziemlich fertig, und sie schätzt ein, das ist ja auch eine teuflische Sache.
Für Th. ist auch klar, daß die sich jetzt irgendwie rächen wollen.
Die L. meint, diese Zeit müssen sie jetzt noch abwarten, darauf kommt es auch nicht mehr an.

Sie wollen sich am Mittwoch abend noch unterhalten, wenn die Eltern zu Th. und Elke kommen.

F.d.R. Oltn.

Abteilung XX Leipzig, den 14. März 1981

Aktennotiz

»Autor II«

Am 26.2.1981 fand durch den stellv. Ltr. der Abt. XX, Gen. Major Lühr, und den Referatsleiter XX/7, Gen. Major Tinneberg, eine Absprache zum OV »Autor II« beim amtierenden Ltr. der Abt. XX/7, Gen. Major Pirschel, statt, an der der Referatsleiter Abt. XX/7/IV, Gen. Major Tischendorf, teilnahm.

Durch Gen. Pirschel wurde dargelegt, unter welchen Aspekten es zu der Entscheidung kam, dem Loest ein dreijähriges Visum für den Aufenthalt in der BRD mit einmaliger Aus- und Einreise zu genehmigen und welche weiteren Probleme sich daraus ergeben:

Aufgrund entsprechender Einflußnahme der HA XX wurde durch das Ministerium für Kultur in Abstimmung mit der Abt. Kultur des ZK der SED ein Entscheidungsvorschlag an das Mitglied des Politbüro, Gen. Kurt Hager, gerichtet, in dem auf die von Loest ausgehenden Provokationen gegen die Kulturpolitik der DDR, insbesondere in Zusammenarbeit mit der zu erwartenden Veröffentlichung seines Manuskriptes »Spurensicherung« in der BRD, aufmerksam gemacht und vorgeschlagen wurde, Loest zunächst einmal für längere Zeit aus der DDR zu entfernen, indem die von ihm beantragte Ausreise genehmigt wird.

Dementsprechend wurde durch Gen. Kurt Hager ein Vorschlag an den Generalsekretär des ZK der SED, Gen. Erich Honecker, gerichtet, in dem die o. a. Begründung angeführt wird (auf die Rolle Loest's im System der Feindtätigkeit und sein Zusammenwirken mit äußeren gegnerischen Kräften wird dabei keinerlei Bezug genommen) und davon ausgegangen wird, daß mit der Erteilung des Visum mit einmaliger Aus- und Einreise Loest für 3 Jahre außerhalb der DDR bleibt.
Dieser Vorschlag wurde von Gen. Erich Honecker bestätigt.
Der Annahme, daß Loest mit der Erteilung einer einmaligen Aus- und Wiedereinreise für die Dauer von 3 Jahren nicht in die DDR einreisen kann (es sei denn, er beendet vorfristig die Inanspruchnahme des

Visum) stehen die gültigen staatsrechtlichen Regelungen der DDR entgegen. Dazu wurde eine Einschätzung der Rechtslage übergeben – siehe Schreiben vom 13. 2. 1981.)
Obwohl die Leiterin der Abteilung Kultur beim ZK der SED, Genn. Ursula Rackwitz, durch den Leiter der HA XX, Gen. Generalmajor Kienberg, darauf aufmerksam gemacht wurde, gehen die zentralen Organe offensichtlich von der o. a. Annahme aus.

Durch Loest, der die Rechtslage evtl. nicht kennt, wurden zwischenzeitlich die Unterlagen eingereicht, gleichzeitig jedoch mit Schreiben an den Staatsratsvorsitzenden, Gen. Erich Honecker, um Erteilung der mehrmaligen Ein- und Ausreisemöglichkeiten gebeten. (Siehe dazu Bericht über Gespräch des stellv. Minister für Kultur, Gen. Klaus Höpcke mit Loest vom 16. 2. 1981, Schreiben des Loest an das MfK vom 18. 2. 81 und Vermerk vom 25. 2. 1981)
Die Anträge Loest's wurden zwischenzeitlich dem MdI zur raschen Bearbeitung übergeben.

Bei der Übergabe der Reisedokumente wird Loest nicht auf die Rechtslage aufmerksam gemacht. Es muß jedoch damit gerechnet werden, daß er in der BRD die Möglichkeit der jederzeitigen Ein- und Wiederausreise erfährt und davon Gebrauch macht.

Die ständige Vertretung der DDR in der BRD erhält eine kurze Auskunft zu Loest (siehe Schreiben in der Anlage).

Bei der Beratung wurde durch Gen. Lühr darauf aufmerksam gemacht, daß entsprechend der uns vorliegenden Erkenntnisse mit einem baldigen Erscheinen von »Spurensicherung« gerechnet werden muß. Da Loest dennoch nach wie vor als DDR-Bürger gilt und eine Einreise in die DDR nach der Publikation des Hetzromanes nicht auszuschließen ist, steht die Frage der staatlichen Reaktion darauf offen.

Es wurde festgelegt, daß durch unsere DE nach der erfolgten Ausreise des Loest in die BRD ein Schreiben an den Leiter der HA XX gerichtet wird, in dem die erarbeiteten Erkenntnisse in Zusammenarbeit mit der Ausreise (Vorhaben, Rückverbindungen u. a.) übermittelt werden und um rechtzeitige Entscheidungsvorbereitung in Zusammenarbeit mit der zu erwartenden Veröffentlichung von »Spurensicherung« und der Möglichkeit zwischenzeitlicher Einreisen getroffen wird.

Tinneberg (Major)

Bd. 609 / II.
Leipzig, 15.3.81 / Ki.
26 / B / 92 / 79 / 132

Informationsbericht vom 15.3.81 / »Autor«

Gegen 16.00 Uhr findet sich Hendrik Bussiek zu seinem angekündigten Besuch bei L.'s ein. Er hat etwas zu trinken mitgebracht und dabei mehr auf den Geschmack der Frau L. (alle duzen sich) gezielt.

Die L. muß erst ihren Mann holen, der sich ein bißchen hingelegt hat.

L. beginnt seine Unterhaltung nach den ersten Begrüßungsworten gleich mit der Bemerkung: »Da haben sie zugeschlagen, die Genossen.«
B. versteht wahrscheinlich nicht sofort, worauf L. erläutert, er meint sein Visum. Er hat sich sagen lassen, bei dem Jakobs ist es genauso. Man versteht nicht, was B. dazu sagt. L. äußert daraufhin, das ist eine kalte Form der Ausbürgerung.
B. will wissen, das ist doch befristet und verfällt mal wieder. In drei Jahren, erläutert L., und er betont, er kann einmal raus und wieder rein innerhalb von drei Jahren.

L. zeigt seinem Gast wahrscheinl. den Paß. Sie reden über das Foto. L. mußte zwei abgeben und hat das eine gleich wieder zurückgekriegt. Also gibt es darüber gar keine Akte, nimmt er an.
L. erzählt, daß Höpcke persönlich ihm den Paß ausgehändigt hat. Weiter berichtet er, daß er vor drei Wochen einen Brief an Honecker wegen der einmaligen Ausreise geschrieben hat und wie das ganze verlaufen ist.
L. führt dabei auch wieder die Worte von Höpcke beim Hinausgehen an, daß man von L. erwartet, daß er nun nicht über diesen Staat herfällt. Das was die Frau Röhr dann zu ihm sagte, klang so, als ob er 10 Tage Zeit hätte, bis er fährt.

Nach einer Denkpause meint B., er überlegt, ob man morgen bei der Pressekonferenz darauf kommt. Man könnte die Frage stellen: »Einige Autoren haben ein Drei-Jahres-Visum erhalten und ... nicht wie früher üblich mehrmals kommen, sondern einmalig. Was ist der Grund für ein solches Vorgehen?«

L. ist scheinbar einverstanden, meint aber, warum sollte man nicht sagen, Jakobs, Loest?
B. stimmt zu. Damit ist das aber in der Presse. Das ist L. klar.
L. berichtet, daß er wegen dem Visum schon einmal mit Höpcke ein Gespräch geführt hat und er wurde vom H. darum gebeten es noch geheim zu halten. Jetzt ist alles vollzogen und es gibt keinen Grund es geheim zu halten.

Nach kurzer Überlegung bringt B. zum Ausdruck: »Da müssen wir morgen ... mit daran denken, besteht nicht die Gefahr, daß die dann sagen, ätsch gib mir den Paß wieder.«

Nach einer erneuten Denkpause meint L., er hält es für unmöglich daß die es machen werden. Frau L. wirft ein, das unmöglich kann man nie sagen.

L. erklärt, daß er allen Leuten dort in der Kneipe seinen Paß gezeigt hat, damit sie nicht auf Gerüchte angewiesen sind. Er hat sich gleichzeitig von seinen Freunden verabschiedet, der Schröder war da, Berger usw. L. sieht für morgen da gar keine Gefahr, wenn diese beiden Namen (L. u. J.) genannt werden.

In der weiteren Unterhaltung berichtet B. vom Messerundgang und das sich der Ausspruch von Erich Honecker zur letzten Messe, »lockere Horizonte usw.« bei diesem Rundgang gezeigt hat. Honecker zeigte sich wieder mal von seiner guten Seite, besonders beim Gespräch mit Bölling. H. sprach von guter Zusammenarbeit, von Entspannung usw.

L. fragt, ob Honecker bei diesen Gesprächen auch immer die Wortenden usw. verschluckt hat. (L. führt das Wort sozialistische . . . an. Über dieses Problem lassen alle drei sich längere Zeit aus, sehr negativ.

Die folgende Seite gibt Rätsel auf – wo ist die Seite 1 geblieben? Wem berichtete Höpcke? Kam die Seite 1 in die Akte des Karl-Heinz Jakobs? Das »ebenfalls« läßt darauf schließen, denn Jakobs erhielt durch Höpcke in diesen Tagen ebenfalls ein Visum auf drei Jahre mit einmaliger Aus- und Einreise.

Weiß es Höpcke noch?

Gespräch Gen. Höpcke mit Loest am 16.2.81

Loest sagte ich ebenfalls, daß ich beauftragt bin, ihm mitzuteilen, daß aufgrund zentraler Entscheidung dem in seiner Eingabe enthaltenen Antrag in folgender Weise entsprochen wird:

Er erhält
ein Privatvisum
für **ein**malige Ausreise
zu **drei**jährigem Aufenthalt
in der BRD.

Loest fragt: einmalige Ausreise? Ich bestätigte, daß dies die Regelung sei, die zu der ihm mitgeteilten Entscheidung gehört. Er nickte und stellte keine weiteren Fragen.

Danach übergab Genosse Rainer Sämisch an Loest Paßantragsformulare und Möbeltransportinformationen.

Abschließend brachte ich auch Loest gegenüber die Erwartung zum Ausdruck, daß er über die von mir mitgeteilte Entscheidung keine Verlautbarungen von sich gibt.

Das Gespräch dauerte von 16.30 bis 16.45 Uhr.

Zum Problem der Einschaltung der Botschaft der DDR in Bonn bei der Absicht einer Wiedereinreise: Aus paß- und visarechtlichen Erwägungen dürfte es zweckmäßig sein, bei Aushändigung der visierten Pässe den Hinweis auf ein Vorsprechen bei der Botschaft der DDR vor Antritt der Wiedereinreise als einen politischen Ratschlag nahezulegen oder den Hinweis zu unterlassen; das läßt uns verschiedene Möglichkeiten offen, wenn sie nach der einmaligen Ausreise die damit fixierte eine Wiedereinreisemöglichkeit wahrnehmen wollen.

Klaus Höpcke

TELEGRAMM

BV Leipzig, Abt. XX/Stellv. Leiter, Major Lühr
MfS Berlin, HA XX/Leiter - Gen. Generalmajor Kienberg

Leipzig, den 19.2.81

Reaktion von »Autor II« zur Genehmigung seines 3Jahresvisums

Inoffiziellen Hinweisen zufolge akzeptiert der Verdächtige die Entscheidung und will die erforderlichen Formalitäten realisieren. Er selbst bezeichnet diese Entscheidung als eine teuflische Sache.

Entsprechend einer Empfehlung der Ehefrau plant er, sofort einen Brief an den Generalsekretär des ZK der SED, Genossen Honecker, zu schreiben mit der Bitte um mehrmalige Einreise in die DDR. Er will dies mit dem Gesundheitszustand seiner Ehefrau begründen.

BV für Staatssicherheit — Leipzig, 6. März 1981
Abteilung XX — 7/lej-wei

Kreisdienststelle
Referat Wehrkeiskommando

Leipzig - Stadt

Einberufung zum Reservistendienst, Loest, Robert

Inoffiziell wurde bekannt, daß der

Loest, Robert
geb. am 8.5.1957 in Leipzig
PKZ 080557.4.2499.1
wohnh.: 7030 Leipzig, Hardenbergstr. 18

zum Reservedienst der NVA, Standort Frankenberg, einberufen wird. Beim L., Robert handelt es sich um den Sohn des feindlich-negativen Schriftstellers Erich Loest (OV »Autor II« unserer DE), der gegenwärtig in Besitz eines 3-jährigen Ausreisevisum in die BRD ist.

Wir bitten Sie um Mitteilung an die zuständige DE, um einen Einsatz des Robert Loest, der den Sicherheitsinteressen der NVA entgegensteht, zu verhindern.

Leiter der Abteilung
Wallner
Oberstleutnant

2539 / I. S. -
Leipzig, 20. 3. 1981 / Wo.
26 / B / 92 / 78 / 139

Informationsbericht v. 20. 3. 1981 / »Autor«

5.19 Uhr ist bereits Bewegung im Objekt, Frau L. hantiert außerhalb des Zimmers. Gegen 6.30 Uhr meldet sich Thomas am Telefon (siehe A-Bericht).
Um 7.00 Uhr ist Herr L. und der Besuch zu hören. Sie halten sich nur außerhalb des Zimmers auf, ihre Unterhaltung ist dadurch nicht zu verstehen. Vom L. wird etwas über Osnabrück gesagt.

Frau L. telefoniert mit Marianne in Mittweida (siehe A-Bericht). Von Frau L. wird sehr viel hantiert, gesprochen wird kaum miteinander. Außerdem halten sie sich nur außerhalb des Zimmers auf. L. regelt irgendwie etwas mit Geld. Er sagt zu seiner Frau, hier sind 100 Mark und dazu kommen noch 350 Mark. Weiterhin verspricht er ihr regelmäßig Pakete zu schicken. Von Westgeld ist die Rede. L. gibt wahrscheinlich seiner Frau 500 Mark (?) Danach keinen weiteren Zusammenhang mehr möglich. Zwischen dem Ehepaar L. wird kaum gesprochen.

9.16 Uhr verabschiedet sich Thomas telefonisch von seinem Vater.

II. Seite / 9.30 Uhr

Das Ehepaar hält sich weiterhin außerhalb des Zimmers auf. Von ihrer Unterhaltung kann man jetzt nichts verstehen. Wahrscheinlich verabschiedet sich L. gegen 9.45 Uhr von seiner Frau.

F.d.R
Hptm.

7. KAPITEL

Die Welt zu Füßen

1.

Am 20. März 1981 trug ich zwei Koffer zum Leipziger Hauptbahnhof. Vor dem Blumenladen wartete Lipsia. Es wurde Frühling, und es war windig und kalt. Sie fragte: »Konntest du nicht bleiben?«

»Ich hätte vom Ersparten leben können«, antwortete ich, »sicherlich wäre mir eine Liebesgeschichte abgenommen worden, und das Feld der Historie ist unendlich. Jedes Jahr wäre eine Auflage meines Romans über Karl May abzusetzen gewesen – aber was sollte aus dem werden, was ich da im Koffer trage?« Denn nicht nur Hemden und Socken hatte ich verstaut, sondern zwei Drittel eines Romanmanuskripts. »Völkerschlachtdenkmal« stand auf der ersten Seite.

»Hast du keine Bange, zurechtzukommen mit fünfundfünfzig?«

»In diesem Alter bereitet sich mancher aufs Ausruhen vor, ich beginne noch einmal. Nicht ganz bei Null, aber doch weit unten.«

»Wirst du wiederkommen?«

»Wird sich bei euch etwas ändern?«

Da seufzte meine Stadtgöttin und strich sich durchs löwenblonde Haar, in das so manche fahle Strähne eingemischt war. »Ich muß es probieren«, sprach ich weiter, »sonst würde ich meine Selbstachtung verlieren. Ich kann mich nicht wieder mit Krimis bescheiden, ich käme mir beschissen vor, feig und nichtswürdig. Was macht einer dann?«

»Ein bißchen aufgeschwemmt vom Bier kommst du mir schon vor.«

»Und: Ich kann nicht fünf oder zehn Jahre warten. Was ich jetzt nicht riskiere, geht später zweifelsfrei schief.«

Wir gingen zu den Bahnsteigen hinauf. Ich stieg ein und öffnete das Fenster. Da stand sie, übernächtigt und verfroren. Sie fragte noch einmal: »Kommst du wieder?«

»Ich weiß es nicht.« Über die Umstände, die dazu nötig wären, hätte ich nun sprechen müssen, aber der Zug ruckte an. Ich rief noch: »Aber ich werde über dich schreiben!« Es ist fraglich, ob sie es noch gehört hat.

So sind Millionen weggegangen. Manche haben es beschrieben, auch Hans Mayer, einst Literaturprofessor an der Leipziger Universität. 1962 hatte das Treiben gegen ihn seinen Höhepunkt mit einem Artikel unter der Überschrift »Eine Lehrmeinung zuviel« gefunden. So heißt es in »Ein Deutscher auf Widerruf«: »Ich war sechsundfünfzig. Blieb ich drüben, so gab es nur das amtliche Wohlverhalten, mit Selbstkritik, Annahme amtlicher Belehrung, wie immer. Oder das Weiterleben als tote Seele. Als überflüssiger Mensch. Wie es dabei zugeht, das hatte ich erlebt. Bei Ernst Bloch und bei Peter Huchel. An Huchels sechzigstem Geburtstag, dem 3. April 1963, war die Zahl der Geburtstagsgäste leicht zu zählen. Am Tisch saßen, neben der Familie, die Schriftsteller Stephan Hermlin, Erich Ahrendt und Hans Mayer. Irgendeine Instanz hatte ein Blumentöpfchen geschickt. Es ging in solchen Fällen nicht um Ehre, denn wer verleiht die?, sondern darum, den Status des überflüssigen Menschen nicht innerlich für sich anzuerkennen. Huchel war Lyriker: der hat zu warten, bis das Gedicht heranreift. Außerdem lebte er in seiner märkischen Heimat. Viel mußte geschehen, bis er sogar für sich entschied, es sei an der Zeit, diese Heimat aufzugeben. Ernst Bloch war in Tübingen. Es war richtig, was ich tat. Ankunft im Westen mit leichtem Gepäck: armselig, wenn man den Fall recht bedenkt.«

Magdeburg, Stendal, Öbisfelde – Zöllner spähten unter alle Bänke, Schäferhunde schnüffelten an den Rädern entlang. Hannover, Osnabrück. Armselig mochte ich meine Situation nicht nennen. Von Sachsen war ich nach Niedersachsen gekommen, es war aufregend genug, aber längst nicht so turbulent und schon gar nicht lebensgefährlich wie seinerzeit der Wechsel von der Hitlerei zu dem, was danach kam. Willkommen im Westen!

Tulpen blühten, die Luft roch manchmal nach Meer. Herzlichkeit war um mich und Neugier auch. Mir war taumelig, ich fühlte mich glücklich oder traurig, redete viel oder gar nicht. Wege suchte ich, die wie daheim waren, und fand sie zum Wiehengebirge hin. Unter Eichenbalken lernte ich Tee zu trinken auf friesische Art. An die Hand wurde ich genommen zu ungewohnten Schritten: Copy-Shop. Hermann van Veen in der Stadthalle. Autobahn? Nein, das war nur ein Zubringer, denn Osnabrück ist eine fabelhaft autogerechte Stadt und steht in der Unfallstatistik der Bundesrepublik ganz oben. In einem mittelalterlichen Saal las ich aus »Durch die Erde ein Riß«. Der Oberbürgermeister führte mich ein. Schon vieles hätte er geweiht und eröffnet, aber noch nie einen Schriftsteller begrüßt. Mit dem Intercity war ich in zwei Stunden in Hamburg. Krabbenmayonnaise. Ein Brief aus München brauchte nur einen Tag. Nimm dir Zeit, kannst nicht alles auf einmal lesen!

Ich meinte, zurückschlagen zu müssen und schrieb für DIE ZEIT: »Auf der diesjährigen Pressekonferenz zur Leipziger Buchmesse zeigte sich Klaus Höpcke, der stellvertretende Kulturminister, nicht in bester Form ... Spät in dieser Konferenz, als sich Müdigkeit schon breitmachte, wurde er gefragt, ob es eine Verschärfung der Politik gegenüber ausreisewilligen Schriftstellern darstelle, daß Karl Heinz Jakobs und Erich Loest ein dreijähriges Visum mit nur einmaliger Aus- und Einreise bewilligt worden sei, während bisher mehrmalige Rückkehrmöglichkeit die Regel gewesen wäre. Da antwortete Höpcke, das wäre keine Verschärfung, sondern Jakobs und Loest hätten ›einmalige‹ Aus- und Einreise ›beantragt‹, und ihrem Wunsch sei stattgegeben worden. Ich kann nicht für Jakobs reden, aber was mich anlangt, so muß ich sagen: Herr Minister, Sie haben gelogen.«

Königspilsner. Schnell mal nach Holland rüber. Drei Minuten Fußweg bis zu einer Schwimmhalle, riesengroß und leer erschien sie mir gegenüber der Halle im Oktoberbeton. Stubenkleines Kino. Ich hatte Nachholebedarf und sah »Schiwago« und »Die Brücke am River Quai«.

In Stuttgart wartete Ulrich Frank-Planitz, daß ich mein neues Manuskript zu ihm brächte. Er hatte den Chefsessel bei der Deutschen Verlags-Anstalt eingenommen und hätte mich liebend gern in seiner Autorengemeinschaft gehabt. Er stammt aus Planitz bei Zwickau, der alten Fußballhochburg. Nach dieser Herkunft hat er seinen Namen gebildet – das nenne ich Heimatstolz! Zwerenz-Crimmitschau, Dieter Zimmer-Leipzig und Loest-Mittweida sollten sich daran eine Scheibe abschneiden. Frank-Planitz ist sachsenversessen. Ich konnte nicht wissen, daß er ein ruhender Pol in der quirlenden Verlagslandschaft werden sollte; inzwischen leitet er seit einem Jahrdutzend dieses Haus und gedenkt, bis zur Pensionierung nichts anderes zu tun. Zu den ersten neuen Presse-Erzeugnissen der gewendeten DDR gehörte am Jahreswechsel 1989/90 der »Sachsenspiegel«, Frank-Planitz hatte beide Hände drin. Wäre »Durch die Erde ein Riß« bei ihm erschienen, hätte ich einen Hafen gefunden gehabt, in dem gut Ankern gewesen wäre. Dann gäbe es Umwege und sicherlich auch die beiden Linden-Verlage nicht. Als der Linden-Verlag West zum ersten Mal im Herbst 1989 unter dem Slogan »Ein Verlag – ein Autor – ein Buch« einen Stand auf der Frankfurter Buchmesse bezog, wagte ich mich zaghaft zum Empfang von DVA. Da eilte Frank-Planitz auf mich zu und umarmte den Heimgekehrten, und wie es der blanke Zufall wollte, war eine Fernsehkamera auf uns gerichtet. Und so erlebte Deutschlands literarische Welt dieses epochale Ereignis mit. Später hörte ich, zwei Seelen wären ach in der Brust des Frank-Planitz, einmal wünschte er dem waghalsigen Linden-Unterfangen gutes Gelingen, sodann aber auch einen sanften Tod, um den Landsmann E. L. wiederzuhaben.

Damals jedenfalls meinte ich, Eberhard Böckel nach Hamburg folgen zu sollen und hatte zu Hoffmann und Campe Vertragsfäden geknüpft. Doch dort lenkte unterdessen ein neuer Mann das traditionsreiche Haus, der schloß mit mir einen Vertrag über stramme 50 000 DM ab, das war natürlich ein famoses Startgeld. Sofort erwarb ich rindslederne Sessel, die mir immer voll männlicher Wucht erschienen waren und von denen ich nicht wußte, wie kalt sie dem Hintern begegnen. In einem Lagerkeller, der von englischen Möbeln strotzte, kaufte ich einen Schreibtisch aus Mahagoni mit grünlederner Platte, nach dem mir seit Jahrzehnten der Sinn gestanden hatte. Auf ihn stellte ich eine Lampe, Tiffany-Nachbau mit Bronzefuß.

Ostern auf der Insel Texel, Lämmer wimmelten auf Wiesen und Deichen.

Nie wird herauszufinden sein, wie schnell oder wie langsam ich mit dem verdammten inneren Zensor fertig wurde, der bei jeder Zeile, die ich bisher geschrieben hatte, mit der Warnung dabeigewesen war: Vorsicht, damit kriegst du Ärger! Es ist gar nicht möglich, daß verkleisterte Hirnwindungen im Nu freigewaschen worden sind. Ich schrieb am »Völkerschlachtdenkmal« weiter. Über die Zeit des Ersten Weltkriegs war ich nun hinweg, Fredi Linden wurde von seinem Vater an die Hand genommen, sie schauten zum Denkmal hinauf.

Aus meiner Stasi-Akte

Bd. 2981 / II.
Leipzig, 28. 4. 81 / Ki.
26 / A / 141 / 78 /

Aktennotiz zum Objekt »Autor« vom 28.4. 81

In einem Gespräch mit ihrem Mann, der sich aus der BRD meldet, teilt Frau L. ihm recht aufgeregt mit, daß nebenan ein neues Telefon gelegt worden ist. Da waren so erfahrene mittlere und ältere Arbeiter da. Frau L. hat diese angesprochen, wenn sie hier wieder hantieren, geht bei ihnen der Apparat immer nicht. Die glaubten das nicht, aber tatsächlich ging es nicht. Die waren 1 ½ Stunden in ihrer Wohnung und haben dabei die Nebenleitung von ihrem Vorgänger entdeckt. »Die ist bei uns noch voll im Gange gewesen«, fügt sie hinzu. Weiter sagt die L.: »Und außerdem Anschlüsse hier drin. Das haben die mir alles gezeigt, im Apparat auch. Was die alles herausgemacht haben! Die haben immer gesagt, ›mysteriös‹, ›sagen Sie mal, was haben sie denn für einen Beruf?‹«
Frau L. hat denen dann gesagt, das ganze Gegenteil, und da haben die verstanden.
Die L. ist überzeugt, daß sie jetzt im Moment frei sprechen und keiner ihnen zuhört.
»Das lief also alles, das haben die mir gesagt. Und der alte Arbeiter hat mir das noch einmal leise gesagt.«
L. fragt, das war also noch alles drin. Sie bestätigt es, und es war ein Kuddelmuddel. Das kann nun sein, daß sich mal Leute melden und sagen, hier ist was nicht in Ordnung. Da wird sie diese aber rauspfeffern!
L. nimmt an, die wollen dann die Störung beheben. Beide lachen. Und die L. meint, sie brauchen sich nicht zu wundern. Aber es war für sie sehr interessant, das alles zu sehen, was alles nicht hineingehört. Das haben die ihr ja alles gezeigt. »Also, nicht Wanzen«, fügt sie hinzu, »aber viele Drähte, die sie einfach herausgemacht haben«. Drähte, die irgendwohin gehen, fragt L., und sie bestätigt es.
Sie hat den Arbeitern dann »Es geht seinen Gang« geschenkt, darüber waren sie sehr glücklich. L. ist damit einverstanden

Sie sprechen dann über andere Dinge.

F.d.R. Oltn.

Es sollte zu einem guten Jahr werden, mein erstes Jahr im Westen. Die Stadt Neumünster verlieh mir den »Hans-Fallada-Preis«. Die Laudatio, in der er mich seinen Freund nannte, hielt Hans Mayer. Nachdem er Vergleiche zwischen meinen Erstling »Jungen die übrig blieben« und »Es geht seinen Gang« gezogen hatte, schloß er so:

»Über Hans Fallada und seinen Roman ›Bauern, Bonzen und Bomben‹ schrieb Kurt Tucholsky: ›Was vor allem auffällt, ist die Echtheit des Jargons. Das kann man nicht erfinden, das ist gehört. Und bis auf das letzte Komma wiedergegeben: Es gibt eine Echtheit, die sich sofort überträgt: Man fühlt, daß die Leute so gesprochen haben und nicht anders ...‹ Wort für Wort darf man das auf Erich Loest und sein Buch übertragen. Wer sich auskennt an der Pleiße und an der Elster, im Rosental und in der Gegend des Völkerschlachtdenkmals, dort also, wo wir mit Wolfgang Wülff unseren Umgang haben im Glück und Pech, in der Frechheit, der Faulheit und der berechtigten Empörung, der hört die Leute, und er sieht sie auch zugleich. Allein auch hier gilt der Satz von Fallada, daß dieses Leipzig, eine große Stadt, zugleich steht für tausend andere.«

Danach beging ich einen Fehler von anhaltender Wirkung. Eine Radioreporterin bat mich um ein Interview. Das gab ich ihr und hätte es doch nicht tun sollen – ich wies sie nicht darauf hin, daß Hans Mayer selbstredend den Vortritt habe. Das erboste ihn so, daß er nur mit Mühe zu überreden war, am folgenden Umtrunk teilzunehmen. Von dort verschwand er bald ohne Abschiedswort. Seitdem habe ich ihn nicht wiedergesehen, die Bücher, die ich ihm schickte, erweckten kein Echo, und er hat mich nirgends mehr erwähnt.

In den folgenden Wochen und Monaten las ich in Kiel und Bonn, Landau/Pfalz und Otterndorf, in der Schloßküche von Rheda und im »Cani«-Gymnasium von Lüdingshausen. In Heidenheim waren's nur sechs, die mir lauschten. In Bremen, inmitten der Signierprozedur, sagte eine Dame: »Wenn ich Ihnen helfen kann, lassen Sie es mich bitte wissen«, und gab mir ihre Karte. Es war eine Frau Doktor. Da schrieb ich ihr, wenn sie Ärztin sei, könne mir ihr Beistand womöglich hilfreich werden. Nein, antwortete sie, sie sei Studienrätin für Deutsch. Ich erwiderte, vielleicht hätte sie das eine oder andere Buch doppelt; die meisten meiner Regale wären leer. Sie besäße natürlich Bücher, schrieb sie zurück, aber keine zweifach. In diesem Brief lag ein Scheck über tausend DM zum Bücherkauf.

Da dachte ich nicht lange nach, sondern richtete innigen Dank nach Bremen: Ein paar Bücher wollte ich mir durchaus zulegen, vor allem aber einen Herzenswunsch erfüllen, der seinen berufsnahen Bezug habe, nämlich nach London fliegen. Dort spielten einige meiner Krimis, und nun möchte ich doch gar zu gern an die Stätten meiner verflossenen Kolportagetaten.

In der Deutschen Bücherei in Leipzig hatte ich Ende der sechziger Jahre »London für Anfänger« und ähnliche Werke studiert. Freundliche Mädchen schleppten mir Folianten auf die Ausgabe-Theke: London im Nebel, The Traditional Sights. Ich folgte den bunten Linien der U-Bahn-Karte und ließ meine Krimi-Helden in Oxford-Circus von der Central- auf die Bakerloo-Line umsteigen; sie kauften bei Harrod's ein. Die Handlung spielte 1966, in England tobte eine Fußballweltmeisterschaft. Was also lag näher, als schnöden Mord mit Torschrei zu verbinden? Mein Mörder wurde schließlich im Wembley-Stadion geschnappt, während unten die Herren Stiles und Charlton, Seeler und Haller kunstvoll kickten.

Fünfzehn Jahre später senkte sich eine British-Air-Ways-Maschine auf die Piste von Heathrow. Sogleich deckten sich Vorstellung und Erleben. Links und rechts der Rollbahn in die City hinein standen reihenweise Landhäuser aus Backstein mit weißen Fensterrahmen und Kaminköpfen. Vom Hotel am Hyde-Park war es nicht weit nach Speaker's Corner, wo ein weißhaariger alter Inder einem Australier die Leviten las. Die Posten vor dem Buckingham-Palace hatten wirklich Pelzmützen auf, aber die Wachablösung war »cancelled«, also ausgesetzt, denn es regnete. Fände doch überall Martialisches bei üblem Wetter im Saale oder überhaupt nicht statt, dachte ich, die Genossen Unter den Linden jedenfalls schmissen die Knochen auch bei Hagelschlag. Scotland Yard hatte ich mir traditioneller vorgestellt, mit Plüsch sozusagen. Wenn ich gewußt hätte, daß unweit davon zwischen den blinkenden Betontürmen ein dreistöckiges Haus mit spitzem Dach übriggeblieben war, hätte ich natürlich dort meinen Kommissar seinen Tee kaufen lassen. So entdeckte und verglich ich, und allmählich wuchs in mir ein ganz spezieller trauriger Zorn.

Dabei fühlte ich mich damals, während ich Krimis schrieb, als ziemlich freier Mann. Nach dem Zuchthaus gibt es überhaupt nur Freiheiten. Die Idee, beim Schriftstellerverband einen Antrag zu stellen, zu Studien nach London fliegen zu dürfen, war so absurd, daß überhaupt keiner darauf kam. *Dafür* ein Visum? *Dafür* Devisen? Also fabulierte Walldorf aus zweiter und dritter Hand; aus dem verbrauchten Tee anderer machte er einen weiteren Aufguß.

Pakistani kredenzten in Soho ein Mahl aus Hühnchen in Kokosnußsoße mit Curry, grobem Spinat und ganz wenig Kresse, freundlichst und unter Verneigungen bereiteten sie dem Gast eine Gaumenfreude. Anschließend schlich einer von ihnen über die Straße und kehrte mit einer Tüte wieder, und ich sah die Koch- und Servierkünstler in einer Ecke Hamburger von McDonalds aus der Pappe mampfen. Auf viele Pflaster war an Übergängen aufgemalt: Look right! Look left! So will man, denn es tost ja Linksverkehr, den Verschleiß an kontinentalen Touristen so niedrig wie möglich halten. Ich richtete mich auf diese Erkenntnis ein: Autos kommen immer von allen Seiten.

Natürlich fuhr ich hinaus zum Wembley-Stadion, der Stätte meines kriminalschreiberischen Knalleffekts. Vor Scham und Wut redete ich danach drei Stunden lang kein Wort. Vollkommen waren meine Stadtpläne und Fotos keineswegs gewesen, so daß ich angenommen hatte, das Wembley-Stadion läge inmitten eines städtischen Bezirks mit dichten Straßen, gebaut um die Jahrhundertwende. Ein Tabakladen nicht weit vom Stadion spielt in meiner Geschichte eine zentrale Rolle, gegenüber liegt das Geschäft eines Bäckers – aber dort draußen ist alles windoffen mit Fabriken, Lagerhallen, öden Flächen und Parkplätzen. Wie in der Oststraße von Leipzig hatte ich mir die Szenerie vorgestellt, nun schlug die Wirklichkeit mir mein Buch Seite für Seite um die Ohren. Kein Lektor hatte mir gesagt: Junge, das stimmt doch alles gar nicht! Leserbriefe hagelten keineswegs: Sie haben keine Ahnung, Herr! Die Fernsehzuschauer der DDR, in übergroßer Mehrheit dank umfänglicher Maßnahmen ihrer Regierung nicht weltläufig in westlicher Richtung, waren keineswegs schlauer als dieser Autor. Noch nicht einmal die Fußball-Nationalspieler der DDR hätten sich beklagen können, denn es fügte sich nie, daß sie auf diesen heiligen Rasen aufliefen.

Nach Windsor Castle fuhr ich, hörte die Namen der Könige, die hier gekrönt und begraben wurden, und vergaß sie sofort. Das Wochenende verbringt die erlauchte Familie gern hier, erfuhr ich; wenn sie auf einem der anderen Schlösser weilt, darf das Volk in den Garten. Solches, fiel mir ein, geschah in Wandlitz, wo Honecker und die Seinen wohnten, nicht, wenn diese auf der Krim kurten. Was kostete ein Königshaus? Was kostete ein Politbüro?

Irgendwann einmal mußte ich nach London. Daß es so nötig war, hatte ich nicht geahnt.

2.

Hin und wieder, hier und da traf ich Kollegen aus den alten kalten Tagen, Jentzsch, Kunert, Schlesinger, ich lernte Fuchs, Schädlich und Helga Novak kennen. Ich hörte sarkastische Töne über Verlagshäuptlinge und Funkignoranten und Übergeschnappte in den Fernsehbefehlsständen. Wir trafen Hilfsbereite, viele waren irgendwann »rübergemacht«, manche als Kinder von ihren Eltern mitgenommen worden und hatten ein Stück ihrer Seele zurückgelassen. Eine Dame, nun straff in der CDU, schwärmte mir vor, wie sie als Jungpionier an einer mecklenburgischen Schule dem sie besuchenden Ministerpräsidenten einen Strauß überreichen durfte und dabei fehlerfrei durchs Gelernte gekommen war: »Lieber Genosse Grotewohl!«

Jeder trieb das Seine. Sie mußten Fähigkeiten entwikkeln, von denen sie nicht gewußt hatten, daß sie in ihnen steckten. Entspannung wurde zwischen dem bundesdeutschen Verband und den Verbänden des Ostblocks gesucht, und da waren wir, Querdenker einst, nun Sandkörner und Kieselsteine im Kongreßgetriebe. Verdrossen dachte ich darüber nach, wie es denn wäre, wir Weggegangenen sprächen hier und da mit einer Stimme.

Ich redete zum Fenster hinaus und hörte, wie manche sich amüsierten: Der Erich, Romantiker noch immer, will einen Verein gründen! In Marburg saß ich bei Ludwig Legge, dem Organisator literarischer Veranstaltungen, und spann mein Garn. Da sprang ein Titel auf: »Gruppe 76«, benannt nach dem Jahr der Biermann-Vertreibung. Marburg, spintisierte Legge, könnte er sich als Tagungsort vorstellen, da stünde die Stadthalle bereit, natürlich müßte Geld aufgetrieben werden, dafür wollte er sich starkmachen. Einen günstigen Termin faßten wir ins Auge: Unmittelbar vor der Buchmesse wollten wir uns zusammenrotten, da könnten manche gleich ins nahe Frankfurt weiterfahren. Schon machten wir uns daran, eine Liste der möglichen Teilnehmer zusammenzustellen. Sollten wir auch Vertreter der DDR einladen? Der Plan war da, und heiter zitierte ich Stalin: »Ist die politische Linie einmal gefaßt, entscheidet die Organisation alles.« Das sollte nun zum größten Teil Legges Part sein.

Und wieder Reisen, Lesungen, noch eine Kirche, ein Museum und das Erschrecken vor einem lange gekannten Bild: So also sieht es wirklich aus. Scholle mit Speckwürfeln und Bratkartoffeln in Husum. Forelle im Glottertal, Riesling. Ich genoß das Echo von »Durch die Erde ein Riß«. Wilfried F. Schoeller in der »Frankfurter Rundschau«: »Loest arbeitet gegen einen kollektiven Gedächtnisverlust an, der im Namen einer verheißenen Zukunft die Lebensläufe begradigt. Er erzählt mit der Widerstandshaltung eines redlichen Realisten, der seinem Selbsterlebensstoff nicht den Systemzwang einer schlüssigen Fabel aufzwingen mag. Er schildert sich als listigen ›Simplicius‹, der, nach 1950 freiberuflicher Schriftsteller, in die Wirren und den Strudel der Aufbaujahre hineingerät. Das Tempo des Wandels, der den Spielraum der Reflexion und Selbstbesinnung nicht zuließ, ermittelt er, ironisch unfeierlich gegen sich selbst, an seinen Sätzen: er zitiert Passagen aus hochgemuten Aufbauromanen, horcht den glatten, durch Zweifel nicht verfeinerten Sätzen nach ... Dann die Haft. ›Sie kamen während des Abendbrots. Sie kamen zu dritt und traten ins Zimmer, ohne anzuklopfen, sie waren ins Haus und in die Wohnung eingedrungen, keiner wußte wie... Über den Mitgefangenen Wolfgang

Harich und andere Prominente fallen nur einige wenige bissige Bemerkungen. Hinter der eigentümlichen Undeutlichkeit dieses letzten Drittel ist eine tonlose Wut spürbar, eine Schweigsamkeit aus unterdrücktem Zorn.«

Stephan Reinhardt in der »Süddeutschen Zeitung«: »Dabei hat er auch, um das Gedächtnis zu schärfen, auf Hilfsmittel wie Familienalbum, Gespräche und Zeitungsarchive zurückgegriffen. Nicht alles geben jedoch das Gedächtnis des Fünfzigjährigen und die von ihm benutzten Mittel wieder frei; aber statt diese biographischen Dunkel- und Grauzonen nun zuzudecken, macht Loest sie zugänglich, indem er da, wo das Gedächtnis die Auskunft verweigert, manchmal die Frage stellt: War es wirklich so oder doch nicht oder ein wenig anders? Was diese in Er-Form erzählte Autobiographie angenehm abhebt von dem allzu gewissen Tonfall so mancher Ich-Autobiographie, das ist ihr Charakter der Annäherung, des immer wieder zugegebenen Versuchs, die Wahrheit des Geschehenen nur einkreisen zu können – und sie auch aus den zeitgeschichtlichen Bedingungen heraus begreifen zu wollen.«

Gegenüber meinen Stasi-Vernehmern war ich beim Berichten am zurückhaltendsten gewesen. Jetzt fragte ich mich nach den Gründen. Durch Schlamperei hatte ich einen Namen erfahren, ich hätte Gesichter zeichnen können. So hatten sie gern getönt: »Unser Arm reicht weit!« Ihre Menschenraubpraxis gehörte vergangenen Zeiten an, ich fürchtete keine Bombe unter dem Bett. Jetzt vermutete ich, es wäre so: Ich wollte mit diesem Geheimdienstkrempel nichts zu tun haben, er langweilte mich in seiner öden Nutzlosigkeit. Ich wollte schon gar nicht, daß nun westliche Nachrichtendienstler an meiner Tür schellten: Herr Loest, wir hätten da mal 'ne ganz spezielle Frage.

Heinz Klunker in der »Züricher Weltwoche«: »Alles vorüber, aber nichts vorbei: Erich Loest ist bis heute nicht rehabilitiert worden. Die DDR-Regierung, die ihn und seine Angehörigen ›um Vergebung zu bitten‹ hätte, hat es nicht gegeben. Ihr individueller Terror allerdings hat ihn auch nicht brechen können. Er hat sich freigeschrieben, in die Zeitgeschichte eingeschrieben, aus seiner Vergangenheit nicht weggeschrieben. Loest ist im Westen, ›und das Buch erscheint, ohne daß ich Angst haben muß‹, auch im Westen. An der Reaktion der Kritik, die weitgehend wortkarg-sprachlos blieb, läßt sich die Kluft und Entfremdung ablesen, die sich zwischen östlicher Erfahrung und westlicher Ignoranz schon aufgetan hat. In der DDR wäre dieses Buch ein politisch-literarisches Ereignis mit unabsehbaren Wirkungen. Die ersten Exemplare, hört man, kursieren bereits im Untergrund: Dort wird es gebraucht.«

Zur Frühjahrsmesse 1990 erst lag es in Leipzig auf den Ladentischen.

Bevor ich in Zürich zu lesen begann, sagte Peter Zeindler: »Da werden historische Zusammenhänge am Beispiel eines exemplarischen Lebens aufgezeigt. Und da wird in einem raffinierten Verfahren, in dem der Erzähler L. immer wieder in die Figur des Chronisten ausweicht, auf ironische Distanz gegangen. ›Durch die Erde ein Riß‹ ist die Geschichte – wenn man das so formulieren kann – die Geschichte der Häutung eines Zeitgenossen und der Häutung eines jetzt zweigeteilten Staates. Es ist ein Rechenschaftsbericht und gleichzeitig ein kompaktes Stück Literatur. Und es ist ein Buch, daß so ehrlich ist, wie es nur sein kann. Aber – und wenn ich nun zu Frischs ›Montauk‹ hinüberschiele – es igelt sich nicht im Privaten ein.«

Von Zürich fuhr ich nach Basel, sah die Rodin-Sammlung und durchquerte die Stadt. Abends waren vor mir Gesichter voller Anteilnahme. Die Fragen klangen befangen und waren im Ansatz meist falsch. Ich mußte sie zurechtrücken, ehe ich antworten konnte. Daheim in Leipzig hätte ich einen Sturm ausgelöst, da hatte Klunker ganz recht. Hier erzeugte ich Verlegenheit wie vor einer Krankheit, deren Schmerzen sich keiner vorstellen konnte.

Der Bericht in den »Kieler Nachrichten« reichte über die lokale Klage hinaus: »Viel mehr als siebzig Zuhörer werden es nicht gewesen sein, die sich am Mittwochabend in der neuen Stadtbücherei eingefunden hatten ... Da müht sich ein Mann, der Buchhändler Eckard Cordes, seit Jahren, dem Kieler Publikum ein literarisches Programm zu bieten, das auch einer größeren Stadt zur Ehre greichen würde, da kommt ein Autor von Renommee und Rang, um aus zwei erregenden Büchern vorzulesen, und die Reaktion der Öffentlichkeit (vor allem auch der studentischen) ist schlicht beschämend. Vielleicht ist es auch wirklich so, wie Zyniker meinen, daß DDR-Autoren bei uns nur so lange interessant sind, wie sie mit ihrer Regierung im Clinch liegen. Sind sie erst einmal hier, bieten sie keinen Anlaß mehr zu wohlfeiler Entrüstung, man kann sie vergessen, und die Rechnung der DDR-Kulturverwalter scheint aufzugehen ... «

Ein Bestseller wurde mein Buch nicht, mühselig krochen die Verkaufszahlen den Zehntausend entgegen. Ich schrieb an »Völkerschlachtdenkmal« weiter und gab hin und wieder meinem Lektor eine Probe. Er las »Schattenboxen« und meinte, mit einer erneuten Herausgabe wolle der Verlag doch noch ein Weilchen warten. Ein neuer Geschichtenband? Von »Pistole mit sechzehn«, das auf jeder Seite drei Satzfehler aufwies und mit seinem trüben, konturlosen Schutzumschlag keinen Blick auf sich lenkte, wäre noch reichlich am Lager. Ein paarmal lud ich den Verlagsbesitzer zu mir ein, er versprach baldiges Kommen und fand nie Zeit. Ein einziges Mal besuchte mich der Manager, er sah Fotos an den Wänden und schrie auf: »Das ist ja die Kirche von

Mittweida!« Als Kind hätte er oft eine Tante in einem Dorf nahebei besucht – was, ich stammte aus Mittweida? Ich begriff: Dieser Mann hatte von »Durch die Erde ein Riß« noch nicht einmal die erste Seite des ersten Kapitels gelesen. Da heißt es: »Im April 1936 füllte ein Zehnjähriger den Aufnahmeantrag für das Deutsche Jungvolk aus. Füllte er aus? Tat es die Mutter für ihn? Das geschah auf dem abschüssigen Markt von Mittweida.«

Ich war im eigenen Land, und ich war in der Fremde. Die »Mainzer Allgemeine Zeitung« wählte diese Überschrift: »Der ›dienstälteste Dissident‹ war in Nieder-Olm.« Hatte ich mich in der Diskussion so bezeichnet? Ein anderer Bericht darüber registrierte Ratlosigkeit. »Bester Beweis dafür war die anschließende Diskussion. Denn die wenigen Teilnehmer, die nicht betroffen schwiegen, stellten immer wieder die verzweifelte Frage: ›Was kann man dagegen tun, von hier aus?‹ Und die Antwort ›Von hier aus: Fast nichts‹ ist wohl auch der Grund dafür, daß die DDR die Autoren, die dem Regime nicht passen, in den Westen abschiebt und so entwurzelt.«

Labsal und Trost kamen von einer Frau, die aus der DDR stammt und selbst des Trostes und der Bestätigung bedurfte: Irene Böhme urteilte im Bremer Radio: »Die natürliche wie geistige Landschaft Sachsens erklingt als Leitmotiv. Das ergibt sich weniger aus der Beschreibung von Landstrichen und Städten, das ergibt sich aus der Haltung. Wie verwurzelt Loest im mitteldeutschen Industriegebiet ist, das ist immer gegenwärtig. Sein Heimatgefühl ist Teil seiner selbst, bedarf keiner Erklärung, erhellt sich aus der Art, wie er die Welt betrachtet und die Sätze baut. Das Klischee vom gescheiten, gemütlichen Sachsen, der Sinn fürs Reale, für handfeste Behaglichkeit, für freundlichen Witz hat, hier trifft es zu. Das Sächsische, eine Lebensart. Behandelt Loest sein gestörtes Verhältnis zur Macht – ein wiederkehrender Gesichtspunkt seiner Auseinandersetzung – erscheint das als seine ganz persönliche Sache. Gleichzeitig befindet er sich in der Traditionslinie der besten Bürger und Plebejer dieser Region. In Sachsen gelten bis heute ordentliche Arbeit und ehrlicher Handel als tugendhaft. Die Mentalität dieser Leute neigt wenig zu kriegerischer Eroberung und gierigem Streben zur Macht, was nicht ausschließt, daß geltungssüchtige Personen mit Unterdrückerinstinkt von dort stammen... Heimatgefühl ist ein politischer Faktor.«

Saxonia, es bestand keine Chance für dich, Irene Böhmes Wort zu hören, nicht weit genug trugen die Wellen des kleinen Senders. Lipsia, du hättest mit deinem fortgetriebenen Stadtsohn gefühlt. Vor Jahren hatte Irene Böhme in Leipzig gewohnt; was auf meinem Herzen lag, machte auch das ihre schwer. Später schrieb sie ein kluges Buch: »Die da drüben.« Es erzielte blendende Kritiken und hohe Auflagenzahlen. Lipsia, Saxonia, meine Göttinnen, daß euer getreuer Sprößling nicht absackte in der Fremde, rechnet es auch dieser Frau an.

Aus meiner Stasi-Akte

Bezirksverwaltung für Staatssicherheit — Leipzig, den 19. Okt. 1981
Stellvertreter Operativ — XX/tbg/bz

Ministerium für Staatssicherheit
Hauptabteilung XX
Leiter
Gen. Generalmajor Kienbaum

Berlin

Entsprechend, der am 6. 5. 1981 durch den stellv. Leiter der Abteilung XX, Gen. Major Lühe, mit Ihnen erfolgten Absprache schlage ich vor, daß

1. auf der Grundlage des vorliegenden inoffiziellen Gutachtens durch die HA XX/7 die Erarbeitung eines offiziellen Gutachtens zum Roman »Durch die Erde ein Riß« veranlaßt wird.
2. durch die HA IX/2 eine entsprechende strafrechtliche Einschätzung erfolgt;

3. die zuständigen zentralen Organe um die grundsätzliche Entscheidung zur weiteren staatsrechtlichen Stellung Loests gebeten werden (evtl. Aberkennung der Staatsbürgerschaft der DDR gemäß § 9 des Staatsbürgerschaftsgesetzes).

Ziel dieser Maßnahmen ist die Klärung folgender Fragen

1. Welche rechtlichen Maßnahmen werden gegen Loest auf Grund der erfolgten Veröffentlichung des Romanes eingeleitet?
2. Wie ist zu verfahren, wenn Loest wieder in die DDR einreisen will?
3. Auf welchem Weg soll eine evtl. Aberkennung der Staatsbürgerschaft der DDR gegen Loest realisiert werden?

Nach bisher vorliegenden Erkenntnissen beabsichtigt Loest nicht, in die DDR zurückzukehren, sondern sich eine gesicherte Existenz in der BRD aufzubauen. Es kann jedoch nicht ausgeschlossen werden, daß er mit provokatorischen Absichten eine Einreise in die DDR unternimmt, um die Reaktion der staatlichen Organe zu testen.

Inoffiziell wurde bekannt, daß entgegen früheren Absichten die Ehefrau des Loest und seine Kinder (Personalien liegen Ihrer HA XX/7 vor) eine Übersiedlung in die BRD beabsichtigen. Entsprechend der bereits 1980 getroffenen Entscheidung, einem solchen Vorhaben zuzustimmen, wird eine beschleunigte Bearbeitung diesbezüglich eingehender Anträge vorgeschlagen. Die Genehmigung zur Übersiedlung könnte dann mit der Aberkennung der Staatsbürgerschaft der DDR für Loest und seine Familienangehörigen verbunden werden.

3.

Während die Genossen grübelten, sprach in der GEO-Redaktion von Hamburg Rolf Winter, der Chefredakteur, gewaltige Worte: »Herr Loest, wir legen Ihnen die Welt zu Füßen. Wohin wollen Sie?«

Natürlich wollte ich überall hin. Mit Hermann Schreiber, dem Vize, beratschlagen wir, was im Blatt noch nie behandelt worden wäre und meinem Sehnen entgegenkäme. Schließlich fragte Schreiber: »Wie wär's mit Key West?«

»Aber«, schränkte ich ein, »mein Englisch ist miserabel, und Auto fahren kann ich auch nicht.«

Da glitt Befremden über die Gesichter der Blattmacher – was für einen Provinzler hatten sie sich da eingehandelt? Doch sofort wußte Winter Rat: »Sie sollten mit Erich Hartmann fahren.« Hartmann sei ein weltbekannter Fotograf, mit seinen jüdischen Eltern aus Nazideutschland emigriert, nun in New York wohnend. »Mit dem werden Sie auskommen.«

Und so wartete, als ich in Miami nach DDR-ähnlich rabiater Kofferkontrolle das Flughafengebäude verließ und mir die Schwüle mit dreißig Grad Celsius und horrender Luftfeuchtigkeit den Schweiß aus den Poren preßte, Erich Hartmann mit einem GEO-Exemplar in der Hand auf mich. Wir stiegen in seinen klimatisierten Mietwagen und fuhren nach Südwest.

Eine Insel, riet die Reiseschreibkünstlerin Mary McCarthy, sollte man mit dem Schiff ansteuern, damit sie aus dem Meer herauswüchse wie zu Odysseus' Zeiten. Key West, so wollte ich es ableiten, müßte man über die Inselkette hinweg erreichen, die sie mit der Südspitze Floridas verbindet; weder Schiff noch Flugzeug wären klassisch. Über alle Brücken wollten wir kommen wie einst der Dampfzug. Seine Waggons rollten in Key West auf die Fähre, die sie nach Havanna brachte.

Das Deutsch des Erich Hartmann, der längst Eric Hartman hieß, holperte suchend und fehlerhaft. Seit Jahren habe er nicht mehr deutsch gesprochen, im Grunde nicht mehr seit dem Krieg. Als amerikanischer Soldat war er zurückgekehrt, der Junge aus dem Bayerischen Wald, dessen Vater ein Textilhändler gewesen war. Eine Woche vor der Pogromnacht 1938 waren sie in Bremerhaven aufs Schiff gestiegen – das erfuhr ich stückweise beim Fahren und dem, was unsere Arbeit war. Ob er mit starkem Akzent spräche, fragte er am dritten Tag, und mir fuhr es unüberlegt heraus: »Das kann man wohl sagen!«

Abends pilgerten wir zum Pier, wo der spektakulärste Sonnenuntergang der USA gefeiert wird. Raffiniert geordnete Luftschichten lassen die Sonne riesengroß erscheinen, rasch sackt sie ab, ohne Dämmerung wölbt sich die Tropennacht. Allabendlich versammeln sich Einheimische und Gäste, Hippies und Yuppies. Eine Süßzeugverkäuferin radelte, ihre Ware preisend, durch die Menge, Gaukler schluckten Feuer oder schlugen Rad. In sich gekehrt blies ein sehr schwarzer Schwarzer die Weise vom Old Man River auf winziger Trompete. Über allem Trubel blieben Pelikane in der Luft stehen und betrachteten mit Großonkelblick die Szenerie. Oben hing ein südlicher Mond nachtbereit.

Key West genoß vor dem Zweiten Weltkrieg zum letzten Mal eine gute Zeit, seitdem bröckeln Farbe und Putz. Damals lebte hier Ernest Hemingway. Mit gesammelter Miene, Ehrfurcht in jedem Schweißropfen auf der Stirn, näherte ich mich seinem Haus. Die Literaturgeschichtsschreibung ist sich uneins, was in Key West entstand, es könnten an die fünfundsechzig Prozent seines Wirkens sein. Der Nobelpreisträger ließ sich eine Hängebrücke zwischen Haupthaus und Gästehaus bauen, über sie schwankte er zur Schreibmaschine hin, dort steht sie hinter sicherndem Gitter.

Gruppen werden durchs Haus geschleust wie durch die Goethehäuser in Frankfurt/Main und Weimar. Die Erklärerin verweist auf einen spanischen Schrank, ihn brachte Ernest mit. Dieser Büffelkopf stammt von der ersten Afrika-Safari. An diesem Tisch speisten die Kinder. Damals kreisten Ventilatoren unter den Decken, die wurden leider heruntergerissen. Diese portugiesischen Kacheln mauerte Ernest eigenhändig in die Nische. Das war, wie jeder sehen kann, kein Meisterstück, wie gut, daß er das Haus nicht selber gebaut hat. Hinter Sicherheitsglas gewahrte ich Schnapsgläser, Reliquien. Fotos hingen an den Wänden, da war auch Agnes v. Kurowsky abgelichtet, jene Krankenschwester, in die sich der junge Sanitäter Hemingway im Ersten Weltkrieg in Italien verliebte. Sie gab ihm einen Korb. Wer hier andächtig eintritt, weiß, wie sich diese Begegnung in »A Farewell to Arms« niederschlug. Als diese Frau, die lange Jahre in Key West als Bibliothekarin lebte – die beiden trafen sich nie, und er hat ihr nie verziehen – 1984 im zweiundneunzigsten Lebensjahr starb, schrieb Reich-Ranicki: »Und manch ein Leser wird mit Dankbarkeit der Agnes von Kurowsky gedenken. Auch das ist ein Triumph der Literatur.«

Um drei Ecken strebte ich zu Sloppy Joe's Bar, von Ernests kräftigen Besuchen zehrt der düstere Schuppen noch immer. Dutzende verblichener Fotos an der Wand: Ernest. Eine ungeheure Menge staubiger Flaschen hinter der Theke – wer nach Key West kommt, schaut hier herein und versucht, etwas von dem Geist zu spüren, der über den Feuerwassern des rauhen Gesellen schwebt. Alter Junge, dachte ich bierselig in »Hemingway's Favorite Bar« und hob den Plastikbecher gegen seine Fotogalerie, du standest an der Wiege meiner Schriftstellerei, und wenn ich stupid wiederholte: »sagte er, sagte sie«, meinte ich schon, ich sei Fleisch von deinem Fleisch. Als du dann drüben in Kuba »Der alte Mann und das Meer« schriebst, erfuhr ich am Literaturinstitut zu Leipzig, dieses Buch sei präfaschistisch. Wer dir nacheiferte, wurde der »harten Schreibweise« geziehen. Da konnte schon mal ein Buch unter die Räder kommen, und manchmal ein Schriftsteller dazu.

Hartman und ich streiften durch palmengesäumte Straßen, ich verzehrte meine ersten Austern und durfte hören, dabei hätte ich mich weltmännisch angestellt. Mein Magen krampfte sich beim Hubschrauberflug zusammen: Beinahe im Sturzflug versuchte der Fotograf, das Fort an der Westspitze ins Bild zu kriegen, und zwischen mir und der Karibik war nur noch eine dünne Kette vor meinem Bauch. Über einer Speisebaracke stand: »Fat ist beautiful«, zwei rosige Schweine küßten sich, da traten wir ein und aßen, bedient von kugelrunden lackschwarzen Mädchen, geröstetes Schweinefleisch mit Bohnen und safrangelbem Reis, danach waren wir so müde, daß wir nur mit Mühe unsere Hotelbetten erreichten. Ich notierte, was ich von gays sah und über sie hörte: so heißen in den USA die Homosexuellen, das Wort hat weder einen abfälligen noch einen soziologisch-sterilen Beigeschmack. Die gays von Key West fand ich höflich und nicht aufdringlich. Nie sah ich einen im Wasser. Sie lagen da, sahen aus, flanierten. Andere arbeiteten als Portiers oder Kellner. Gays im Hippie-look verdienten sich stundenweise beim Sortieren von Shrimps so viel, wie sie fürs tägliche Brot und Bier brauchten. Wenn Hartman gegen sie die Kamera hob, drehten sie sich weg.

Dann hatte er genug im Kasten, meine Notizblocks waren gefüllt, und so nutzten wir die dritte Woche, die uns GEO freihielt, noch zu einem Trip durch halb Florida. Im Nationalpark der Everglace stand ich auf einem Steg, Alligatoren blinzelten unter mir. Von einer Schautafel entzifferte ich: Die Mücken waren die Hauptspeise eines gewissen Fischs, von diesem lebte der Alligator. Lehre daraus: Wer eine Mücke erschlug, meinte es mit dem Alligator nicht gut. Wir stellten unser Auto auf einem der unendlichen Parkplätze von Disney-World ab, mit einem Zügle fuhren wir zum Haupteingang und dann weiter mit einer Hochbahn ins Zentrum. Steil ragte himmelbettblau eine schartige Burg ähnlich Neuschwanstein, natürlich aus Steropor. Eine niedliche Westernstadt tat sich auf, alles ein wenig kleiner als in der alten heroischen Zeit und unendlich sauber. Eine Westernlok pfiff, ein Missisippidampfer tutete. Das Wasser unter ihm war vierzig Zentimeter tief, und der Dampfer lief auf Schienen im Kreis. Unterwasserschiffe im Stil von Moby Dick arbeiteten nach ähnlichen Tricks, vor den Bullaugen zog eine Meereswelt vorbei, aus Kunststoff auch sie. Vor so viel hochhygienischer Perfektion schauderte uns, und als ein Ballett aus sechzig Mickymäusen auf eine Bühne hüpfte, flohen wir und machten erst auf dem Raketengelände von Cap Canaveral halt. Vom Tonband schallte Kennedys Stimme, es sei das Ziel der USA, einen Amerikaner zum Mond und zurück zu bringen. Da stand eine echte Kapsel, und ich staunte über die dünne Wand; drei Zentimeter waren zwischen dem Weltraum und den sie durchrasenden Menschen gewesen. Die Riesenhalle stand offen, eine Rakete wurde im Schrittempo zur Rampe hingefahren, senkrecht ragte sie auf ihrem Karren, dem Männer vorausschritten, den Boden musternd, daß da nicht ein Kiesel läge. In den Gräben daneben standen Reiher, unverwundert.

Ein paar Monate später war ich abermals mit Eric Hartman unterwegs, von New York aus fuhren wir den Hudson hinauf und hinüber ins Land des James Fenimore Cooper. Denn Anfang der siebziger Jahre hatte ich dessen »Lederstrumpf« bearbeitet, die schweifende Handlung von vierhundert oder gar siebenhundert Seiten pro Band auf jeweils hundert Seiten zusammengezogen. »Nach zehn Minuten traten sie ans Licht«, hatte ich geschrieben. »Vor ihnen breitete sich ein Wasserspiegel, durchsichtig und von reinem Grün, an die zehn Meilen lang, buchtenreich, gerahmt von Hügeln und einem einzelnen Berg. Der See lag unter einem hellen Himmel zwischen den Wäldern und war von einer Schönheit, wie sie nur die völlig unberührte Natur zeigt, es war ein überschwenglich großartiges Bild, und über allem wölbte sich die mittägliche Stille und der weiche Hauch des Juni. ›Das ist wunderbar‹, sagte Natty ergriffen und lehnte sich auf seine Büchse. ›Kein Baum ist zerstört, alles ist wie am ersten Schöpfungstag. Wie heißt der See?‹«

Nun stand ich ein Vierteljahrtausend später an dieser Stelle. Ein Felsbrocken lag am Ufer – war er hier hingebracht worden, um Literaturgeschehen als Wirklichkeit erscheinen zu lassen? Dort hatte sich Natty Bumppo, genannt Wildtöter, mit seinem Freund Chingachgook verabredet, ein Krieg brach aus, und es begann diese von Tapferkeit, Edelmut und Unwahrscheinlichkeiten strotzende Handlung vor einer romantischen Kulisse. Nun ruderte ich auf diesen See hinaus, sah Häuschen am Ufer, die »Judith« und »Hetty« hießen, und am Bug eines Passagierbootes stand »Natty Bumppo«. Hatte auf jener Landzunge dort Häuptling »Gespaltene Eiche« sein Lager aufgeschlagen gehabt? Und wenn diese Szenerie, von Natty vom Kanu aus beobachtet, schon nicht Wirklichkeit gewesen war, so hatte sich Cooper sie vielleicht dort vorgestellt. Eric Hartman stand im Morgengrauen auf, um einen Nebelschleier zu fotografieren, der über dem See hing, ehe die Sonnenwärme ihn auflöste. Wir fuhren meilenweit zur kanadischen Grenze hinauf und saßen in den Fertighäusern einer Indianer-Reservation. Mohawks lebten hier, nicht zu verwechseln mit Mohikanern, die schon zu Coopers Zeiten ausgestorben waren. Die indianische Bibliothekarin fragte ich nach Cooper, sie hatte nie von ihm gehört. Schließlich stieg Hartman in New York auf Wolkenkratzer hinauf und fotografierte Mohawks, die, schwindelfrei, hoch oben mit Nietbolzen am Gürtel über handschmale Eisenträger liefen, unter sich Straßenschluchten.

Zwei Monate später saß ich mit Hartman, Winter und Schreiber im GEO-Hauptquartier. Von seinen tausend Fotos führte Hartman hundert vor. Klack machte die Apparatur, klack, selten sagte der Chef: Stopp, noch mal bitte. Zehn Fotos wurden in die engere Wahl genommen, fünf oder auch nur drei sollten schließlich das Heft zieren. Alle in diesem Haus waren von Stolz erfüllt. Wir bringen die besten Fotos der Welt!

Vier Wochen später schrieb mir Schreiber, mein Artikel sei nicht gerade eine Meisterleistung, würde aber gerade noch angehen. Die Fotos hingegen erreichten leider nicht das geforderte Niveau.

Damit war auch meine Arbeit umsonst gewesen. Drei Wochen von New York bis zum Sankt Lorenzstrom – ich dachte: Solch eine Panne würde ich einmal in jedem Jahr mit Vergnügen überstehen.

Aus meiner Stasi-Akte

BV für Staatssicherheit — Leipzig, den 14. März 1982
Abteilung XX — 7/tbg-bz

Absprachebericht
OV »Autor II«

Durch Gen. Tischendorf wurden folgende Auskünfte gegeben:

1. Die Rücksprache mit der Hauptabteilung IX/2 ergab, daß keine strafrechtlichen Maßnahmen auf Grund der erfolgten Veröffentlichung des Hetzromanes eingeleitet werden.
2. Eine Aberkennung der Staatsbürgerschaft der DDR des Verdächtigen wird nicht erfolgen.
3. Durch die zentralen Organe erfolgt keine Vorentscheidung zur Verfahrensweise bei einer evtl. Einreise des Verdächtigen in die DDR.
4. Sanktionen gegen die Verletzung des Urheberschaftsrechtsgesetzes und devisenrechtlichen Bestimmungen werden durch die zuständigen Organe nicht veranlaßt.
5. Hinweise über die Antragstellung der Kinder des Verdächtigen bei zentralen Organen liegen bisher nicht vor; eine dementsprechende Prüfung wird erneut erfolgen.

Leiter des Refrates XX/7
Tinneberg
Major

BV Leipzig
Abteilung XX/7

Leipzig, 30. März 1982
str-pie

Quartalseinschätzung 1/82

1. OV »Autor II« - Reg.-Nr. XIII 848/78
Delikt: § 100, **106**, und 107 StGB
Name: Loest, Erich (DDR)
gültiger Operativplan: Sept. 78 mit Ergänzung vom 15. 4. 79 und 14. 10. 81

2. Im Berichtszeitraum wurden keine operativ-relevanten Aktivitäten des Verdächtigen bezüglich der Bearbeitungsrichtung des OV oder gegen das SPB des Ref. XX/7 bekannt.
Während der Leipziger Frühjahrsmesse wurde die Ehefrau von »Autor« durch den Leiter der Wirtschaftsabteilung der Ständigen Vertretung der BRD, Max Dehmel, aufgesucht. Inhaltliche Angaben zum Besuch liegen nicht vor. Der uns operativ bekannte Korrespondent des »Hessischen Rundfunks«, Dr. Karl Corino, traf kurz vor seiner Reise zur Leipziger Buchmesse 1982 in der BRD mit »Autor« zusammen. Dabei erklärte er sich bereit, der Ehefrau von Loest Informationen, die im Zusammenhang mit dem rechtswidrigen Ersuchen auf Ausreise des Sohnes Thomas L. stehen, anläßlich eines Besuches bei ihr, zu übermitteln.
Inoffiziell wurde erarbeitet, daß »Autor« zur Realisierung des Ausreiseantrages seines Sohnes und dessen Familie, seine KP in der Ständigen Vertretung und den ehemaligen Leiter der Ständigen Vertretung und jetzigen Senator von Berlin-West, Günter Gaus, um Unterstützung gebeten hat.

   Hinweis auf operativ-interessierende Rückverbindungen des Verdächtigen in die DDR wurden nicht bekannt.

Eingesetzte IM:	unmittelbar	IM der Abt. II/BV Leipzig
	mittelbar	IM ... /BV Leipzig, XX/7
		IM ... /BV Leipzig, Abt. XV

3. Einleitung entsprechender Maßnahmen, um bei offiziellen Bekanntwerden des RE von Thomas Loest und seiner Familie eine kurzfristige Ausreise von diesen und der Ehefrau von »Autor« sowie den beiden anderen Kindern zu einem Termin zu realisieren.

Leiter der Abteilung
Wallner
Oberstleutnant

Claus
Oberleutnant

8. KAPITEL
Talfahrt und steil nach oben

1.

Sarah Kirsch, Kunert, Becker, Kunze, Schädlich, Biermann, Helga Novak – nun trieb jede das Ihre, trieb jeder das Seine. Ich stellte mir vor, wir über alle Bundesländer Versprengten vereinigten uns. Für die »Frankfurter Rundschau« fabelte ich:

»Die Gründung der Gruppe 76 fand im Schloßhotel Bad Schwarmstein nach Verzögerungen, Umdisponierungen, Absagen, Dementis und Neuansetzungen nun doch statt. Als Alterspräsident Joachim Seyppel die Namen der Anwesenden verlas, ahnte niemand die Kontroversen, die sich sogleich türmen sollten. Fünf Jahre nach der Ausbürgerung Wolf Biermanns trafen sich Dichterinnen und Dichter, die die DDR verlassen hatten, um über Gemeinsamkeiten zu beraten, zu wägen, welche Schritte sie tun könnten, um das zu werden, was sie bisher nicht waren und was weder sie noch irgend jemand in Ost und West vermißt hatte, nämlich eine politische Kraft. Das Telegramm von Manfred Bieler, Horst Bienek und Gerhard Zwerenz: ›Spät kommt ihr, doch immerhin!‹, von Seyppel verlesen, erweckte gepreßte Heiterkeit; leider waren die drei ferngeblieben. Das Referat von Rudolf Bahro: ›Eine Zeile vorwärts, zwei Zeilen zurück?‹, sarkastisch mit einem Fragezeichen versehen, warf eine Fülle von Fragen auf, die auch mit einem geflüsterten Scherz Günter Kunerts an Thomas Brasch: ›Die Wörter sterben vor dem Farbband‹ keineswegs ausgelotet werden konnten. Sarah Kirsch und Bernd Jentzsch brachen unterdessen Salzstangen kunstvoll wie Verszeilen.

In der Pause gab es den ersten Eklat, als der unter Protest angereiste Reiner Kunze augenrollend fletschte: ›Ich bin es müde, Flaggen zu hissen!‹ Er zog sich auf die Hotelterrasse zu erquickendem Kopfstand zurück. Erich Loest versuchte unterdessen, Klaus Schlesinger zu überreden, mit einem Roman über West-Berliner Parteienfilz schonungslos zuzuschlagen, auch stellte er großzügig den Titeleinfall: ›Die Westmark fällt und fällt und fällt‹ zur Verfügung. Wolf Biermann summte unterdessen probierend im Hintergrund: ›Poeten sehn sich alle gleich, lange lebe Marcel Reich.‹

In der Diskussion ballte Siegmar Faust dieselbe und bekannte sich zu demselben in direkter Nachfolge; er drohte eine Erzählung an mit dem Titel: ›Der geschenkte Gaus‹. Als es klopfte, rief Karl-Heinz Jakobs munter: ›Herein, wenn's kein Schneider ist!‹ Es war aber Rolf Schneider, den keiner geladen hatte, der aber trotzdem vorbeischaute. Weiter in der Debatte: Sollte man versuchen, auch Uraltübersiedler wie Walter Kempowski oder Hans Mayer, Martin Gregor-Dellin oder Uwe Johnson zu gewinnen? Würde sich dann nicht verblüffenderweise herausstellen, daß glatt die Hälfte der bundesdeutschen Autoren aus der DDR stammte, würde das die eingeborene Hälfte nicht frustrieren?«

So kalauerte ich ein Weilchen, dann wertete ich meine Kollegen so: »Alle waren politisch geschult, fast alle politisch tätig gewesen, kaum einer hatte nicht der SED angehört. Die wenigsten engagierten sich politisch in der Bundesrepublik, und wenn sie es taten, dann auf eigene Faust. Merkwürdig, daß sie nie öffentlich nachgedacht haben, welche Rolle sie denn nun im Gefüge des einen Staates oder beider Staaten oder an der Nahtstelle dazwischen spielen könnten und sollten. Aus der Politik der DDR waren sie unter Krämpfen und Getöse ausgeschieden, in der Politik der Bundesrepublik sind sie bis heute nicht angekommen ... Die Gruppe 76 wurde niemals gegründet, sie wurde noch nicht einmal vermißt...

Ach, ich stellte es mir schön vor, es gäbe die Gruppe 76. Wir könnten Höpcke einladen, vielleicht käme er, und wir könnten ihn fragen: Wollen Sie uns wiederhaben und unter welchen Bedingungen? Denn das glauben Sie doch wohl selber nicht, daß auch nur einer von uns bereit ist, wieder die führende Rolle von Klaus Höpcke, Hermann Kant und so weiter anzuerkennen! Und Jurek Becker, den ich mir als unseren Verbindungsmann denken könnte, führe nach Ost-Berlin und drohte mit dieser Fürchterlichkeit: Wir kommen alle auf einmal, den Manne Krug bringen wir mit und sogar den Biermann im Kofferraum, und dann stellen wir uns alle zusammen auf den Alex und singen und reden und lesen los...

Die Gruppe 76 stelle ich mir gräßlich vor. Stefan Heym hat einmal gesagt, als man ihm vorhielt, er meinte, die Schriftsteller könnten den Staat lenken wollen, er traue ihnen noch nicht einmal zu, einen Milchladen zu leiten. Und dann zwanzig, dreißig Dichter unter einem Hut? Aber wenigstens ausmalen darf sich ein Schriftsteller die Gründungsversammlung doch?..«

Vom Erscheinen dieses Artikels bis zur Tagung in Marburg verging ein Jahr. In dieser Zeit organisierte Legge Räume, Hotelzimmer und Geld und schrieb Briefe in alle Winde. Auch Schriftsteller der DDR lud er ein. Natürlich kam niemand. Einer schmiß sofort mit Dreck, Stephan Hermlin, der kundtat, er würde sich nicht mit Kriminellen an einen Tisch setzen. Journalisten befragten ihn, wen er denn meine, da geriet er in die Klemme – nein, Fuchs nicht und Biermann nicht und Loest auch nicht. Wen denn dann? Er flüchtete in den alten bewährten Verleumdernebel: Die, die er meinte, wüßten das schon selber. Mitglieder des Schriftstellerverbandes der Bundesrepublik forderten ihren

Vorsitzenden Engelmann auf, er möge bei Hermlin protestieren, das tat Engelmann wohl auch in einem Privatbrief, wir jedenfalls vermißten Härte und Deutlichkeit.

Dann trafen wir uns für anderthalb Tage, Schacht und Faust, Biermann und Zwerenz, Schleef und Zschorsch, Fuchs und Jentzsch, Seyppel und Novak, Matthies und Jakobs und dieser und jener noch, Steinke las zum Auftakt im Café Vetter. Am Abend hieben wir in Hessische Wurstplatten ein, neben mir saß Oberbürgermeister Hanno Drechsler, und siehe da, er war im Vogtland bei meinem Onkel Hellmuth zur Schule gegangen, und seine Frau hatte mit Vetter Hans die Tanzstunde besucht. Am nächsten Tag boten wir in Marburgs Stadthalle vor bisweilen tausend Gästen ein Fünfzehnstundenprogramm mit Lesungen und Debatten, Streitereien und Polemik. Denn Unzufriedenheit gärte im VS, Engelmann betrieb mit den Ostberlinern zu viel Gemeinsamkeiten, so meinten einige von uns, und das würde auf unserem Rücken ausgetragen. Freimut Duve beklagte, daß kein Vertreter des VS gekommen war, und so hieß er unser Begehren von sich aus willkommen. Natürlich war Heinz Brandt da und witterte kommunistische Unterwanderung allerorten. Helga Novak rief: »Hier sitzen hundert Jahre Knast auf der Bühne!« und half anwesender Presse zur Schlagzeile; ich habe nachgerechnet, es waren sechsundzwanzigeinhalb. Am Abend sprengte die mannhafte Helga ein Podium mit Horst Krüger und Karl Corino, dann wußten wir erst einmal nicht weiter – es war chaotisch und nervenaufreibend und herzbeglückend, und zur guten Mitternacht gab Wolf Biermann noch ein zweistündiges Konzert.

Wie weiter? Der Marburger Rausch war nicht wiederholbar. Wir hatten Raketen hochgeschossen, nun mußten wir auf niedriger Flamme köcheln. Ich schaute nach einer Studienstätte oder einer Heimvolkshochschule aus, nach einem Dach, unter das wir kriechen konnten. Der VS hielt sich weiterhin bedeckt, gerade traten Zwerenz und seine Frau, Kroetz und Kipphardt aus. Dr. Mechtenberg vom Gesamteuropäischen Studienwerk in Vlotho an der Weser bot die Hilfe seines Hauses an. Dr. Wiesehöfer lud uns in die Katholische Akademie Hamburgs. In einer Fernsehdebatte sang ich abermals mein Klagelied, da rief am nächsten Tag Dr. Plück vom Gesamtdeutschen Ministerium in Bonn an und sprach erlösende Worte: »Herr Loest, warum wenden Sie sich nicht an mich?« Drei Tage später saß ich in seinem Dienstzimmer, und er bewilligte die Finanzierung eines Aufenthalts für Schriftstellerinnen oder Schriftsteller, die aus der DDR stammten, im Studienhaus von Vlotho für sechs Monate im Jahr. Wir teilten diese Zeit dann in zweimal drei oder dreimal zwei Monate auf. Jeder, dem dieses Stipendium zugesprochen wurde, erhielt zu Kost und Logis ein Taschengeld, er durfte die Bibliothek nutzen und an Seminaren teilnehmen. Mancher schrieb in der Stille, mancher erholte sich nach Strapazen und Querelen und schöpfte Kraft und Mut. Für alle war es eine nützliche Ruhezeit bei einem holprigen Anfang.

Zweimal trafen wir uns in Hamburg in der Katholischen Akademie. Für einen Abend hatten wir zu einer öffentlichen Lesung geladen. Wer wollte aufs Podium? Bitteschön, wir würden uns doch nicht gegenseitig zensurieren! Und so wurde auch einiges geboten, das besser in der Schublade geblieben wäre. Hinterher waren wir klüger, aber wir hatten Ansehen verspielt.

Bald merkten wir, daß wir nur dann Öffentlichkeit mobilisieren konnten, wenn sich namhafte Kollegen beteiligten und Arbeiten von Qualität vorgestellt würden. In Vlotho begegneten wir uns in jedem Herbst für einige Tage, anfänglich hörten uns hochmögende Professoren zu, Verlage hielten Ausschau nach Talenten. Längst war nicht mehr die Rede davon, wir könnten zu einer über Grenzen wirkenden Kraft werden, wir beschränkten uns darauf, den Unerfahrenen und Ankommenden zu helfen. Auch das wurde schwieriger, je weniger Namhafte das Unterfangen begleiteten. Die Gründe mögen bei jedem anders gewesen sein. So manche, so mancher hat sich anderwärts engagiert und solidarisch verhalten. Auf die Initiativen von Marburg, Hamburg und Vlotho jedenfalls reagierten Kunze, Kunert und Sarah Kirsch, Brasch und Bartsch, Schlesinger und Jurek Becker nicht ein einziges Mal.

Ach, und als im Herbst 1989 in Ostberlin und Leipzig und anderswo die Massen auf die Straßen gingen, als sie sich das Menschenrecht auf Reisen und Information, auf Wahl ihrer Oberen und ein besseres Leben ertrotzten, da eilten wir zwar an Radiomikrophone und vor Fernsehkameras, da war jeder von uns ein emsiger Interviewpartner. Aber niemand kam auf die Idee, in uns einheitlichen Willen zu vermuten. Nicht eine Gruppe 76 trat auf, denn sie war zur Freude unserer alten Zucht- und Zensurgesellen, der Ausbürgermeister von Hager bis Kant nicht zustande gekommen. Leise, schlau und schwer zu packen hatten ihnen dabei ihre Verbündeten in westdeutschen Kulturorganisationen bis hinein in den Schriftsteller- und Journalistenverband geholfen. Des barschen Antikommunismus waren wir geziehen worden, des Rückfalls in den Kalten Krieg, da doch Engelmann und Hermlin zu neuen friedfertigen Ufern aufgebrochen waren. Einmal, da tagten West- und Ostpoeten gerade in Ostberlin, putschte hinter der Oder General Jaruzelski gegen sein Volk, während Helmut Schmidt durch die Geisterstadt Güstrow geleitet wurde. An diesem Tag ließ sich sogar der sonst so argwöhnische Grass hinters Licht führen. In den Herbsttagen von 1989 hatten wir uns längst auseinanderdividieren lassen.

Abteilung XX/7 Leipzig, 28. Juli 1982
tbg-ehr

Abschlußbericht
zum OV »Autor II« - Reg.-Nr. XIII7848/78

1. Im OV »Autor II« wird seit dem 14.9.78 der
   Loest, Erich
   wegen Verdacht strafbarer Handlungen gem. §§ 106, 107, 100 StGB bearbeitet.

2. **Ergebnisse der operativen Bearbeitung**

2.1. Zum Verdacht nach § 100 StGB
Im Bearbeitungszeitraum von September 1978 bis März 1981 fungierte Loest als Stützpunkt äußerer gegnerischer Kräfte, indem er diesen Informationen über kulturpolitische Konflikte, Entwicklungsprobleme - insbesondere im Zusammenhang mit dem »Fall Biermann« - sowie andere ihm bekannt gewordene gesellschaftliche Erscheinungen und Widersprüche übermittelte und ihnen Kontakte zu weiteren für sie möglicherweise interessanten Personen, vor allem im kulturellen Bereich, vermittelte. Gleichzeitig ordnete er seine eigenen kulturpolitischen Konflikte (Nichtgenehmigung von Veröffentlichungen, abgelehnte »Lesereisen« in die BRD, Auseinandersetzungen im Schriftstellerverband der DDR bis zu seinem Austritt) in die Hetze des Gegners gegen die Kulturpolitik der Partei ein und steuerte z.T. die Taktik der in den BRD-Medien erfolgten »Auswertung« seines »Falles«.

Zu den operativ-relevanten Verbindungspersonen gehörten vor allem

- Mitarbeiter der Ständigen Vertretung der BRD in der DDR (Gaus, Haarmann, Giradeth, Dehmel)
- BRD-Korrespondenten (Dr. Corino, Klunker)
- Prof. Mohr, Heinrich - Universität Osnabrück, Mitarbeiter eines »Forschungsbeirates« im Bundesministerium für gesamtdeutsche Beziehungen (OPK »Germanist«unserer Diensteinheit).

Durch die operative Bearbeitung konnten wertvolle umfangreiche Erkenntnisse über die Arbeitsweise und Zielstellung dieser äußeren gegnerischen Kräfte und des Mißbrauchs ihrer bevorrechteten Stellung erarbeitet werden. Sämtliche Informationen wurden über die Abteilung II unserer BV den zuständigen Abteilungen der HA II übermittelt. Eine offizielle Auswertung konnte aus Gründen der Konspiration nicht erfolgen (fast alle bedeutsamen Informationen sind durch IM der Abteilung 26 erarbeitet worden).

Seitens der angeführten äußeren gegnerischen Kräfte wurde Loest ständig gedrängt, seine seit 1975 erfolgte offene Konfrontation gegen die Kulturpolitik der DDR zu eskalieren und entsprechend der gegnerischen Zielstellung wirksam zu werden.

Insbesondere Prof. Mohr orientierte den Loest auf eine perspektivische Weiterführung seiner ständigen Auseinandersetzungen mit den zuständigen Organen in der DDR. Es kann eingeschätzt werden, daß der Gegner Loest benutzen wollte, eine erneute Anwendung strafrechtlicher Maßnahmen der DDR-Organe gegen einen Schriftsteller zu provozieren, um mit der vorbereiteten hohen Öffentlichkeitswirksamkeit einen solchen »Fall« wiederum für seine Hetze und internationale Diskreditierung der DDR zu nutzen.
1980 wurde jedoch inoffiziell festgestellt, daß Loest nicht mehr bereit war, persönliche Risiken - bis zur Inhaftierung - auf sich zu nehmen. Im Zusammenhang mit der für 1981 von ihm geplanten Veröffentlichung eines Hetzromanes (siehe 2.3.) und der Tatsache, daß er in der BRD ausreichende finanzielle Voraussetzungen für eine gesicherte Existenz hatte, entschloß sich L., weiteren Auseinandersetzungen in der DDR und möglichen persönlichen Konsequenzen aus dem Weg zugehen, und stellte einen Antrag auf einen langfristigen Aufenthalt in der BRD.

In der BRD entwickelt Loest nach den vorliegenden Erkenntnissen keine Aktivitäten zur Zusammenarbeit mit bekannten Feindorganisationen. Sein Bestreben gilt ausschließlich der Sicherung weiterer Einnahmen aus seiner schriftstellerischen und publizistischen Tätigkeit. In den bekannt gewordenen Veröffentlichungen vertritt Loest seinen DDR-feindlichen Standpunkt.
Alle Informationen sagen aus, daß L. nicht wieder in die DDR zurükkehren wird, so daß ein erneutes Wirksamwerden als gegnerischer Stützpunkt in der DDR ausgeschlossen werden kann. Er gehört auch nicht zu den Personen, die entsprechend der Aufgabenstellung der HA XX/5/IV zur Bearbeitung ehemaliger DDR-Bürger weiterhin vorgangsmäßig zu bearbeiten sind.

2.2. Zum Verdacht nach § 107 StGB

Bis zu seiner Ausreise aus der DDR im März 1981 war Loest Inspirator für feindlich-negative Aktivitäten einer Reihe von Künstlern, die - im Ergebnis der Erkenntnisse aus dem OV »Autor II« - in selbständigen OV/OPK bearbeitet wurden bzw. werden. Dazu gehörten vor allem

Bernhof, Reinhard, OV »Boris«, XX/7
Dr. Strube, Wilhelm, OV »Philosoph«, KD Grimma
Heiduczek, Werner, AOV »Schreiber«, XX/7
Tetzner, Gerti, AOPK »Karen«, XX/7
Mattheuer, Wolfgang, AOPK »Palette«, XX/7

Durch differenzierte, mit der BL der SED Leipzig und den zentralen Organen abgestimmte Maßnahmen, konnte die Herausbildung eines verfassungsfeindlichen Personenzusammenschlusses verhindert werden.

2.3. Zum Verdacht nach § 106 StGB

Im September 1981 erschien beim Verlag »Hoffmann und Campe«/ Hamburg, Loest's Roman »Durch die Erde ein Riß«. In dem vorliegenden inoffiziellen Gutachten zum Manuskript (Arbeitstitel »Spurensicherung«) wird die hetzerische Aussage dieses Machwerkes nachgewiesen. Durch die HA XX wurde 1981 nach Abstimmung mit den zuständigen Organen entschieden, daß keine rechtlichen Sanktionen aufgrund der erfolgten ungenehmigten Veröffentlichung erfolgt, obwohl L. Tatbestände des § 219 StGB erfüllt und weitere Rechtsnormen (Urheberschaftsgesetz, Devisenbestimmungen) verletzt hat.

3. Abschluß des OV

Entsprechend der durch den Leiter der Hauptabteilung XX, Genossen Generalmajor Kienberg, im Oktober 1981 erfolgten Festlegung sind alle Möglichkeiten zu nutzen, um eine Übersiedlung der Familienangehörigen des Loest in die BRD (mit Entlassung aus der Staatsbürgerschaft der DDR) zu realisieren und damit auch die Staatsbürgerschaft des Loest als DDR-Bürger zu klären.
Gegenwärtig erfolgt durch die zuständigen Organe des MdI die Bearbeitung des RE des Sohnes Loest, Thomas und dessen Familie. Es wird operativ Einfluß genommen, daß eine gleichzeitige Übersiedlung aller Familienangehörigen erreicht wird. Die Entlassung des Loest, Erich aus der Staatsbürgerschaft der DDR muß dann durch die zuständigen zentralen Organe erfolgen.

Da im Ergebnis der 1980/81 erfolgten Maßnahmen die feindliche Wirksamkeit des L. im SPB wesentlich unterbunden wurde und gegenwärtig keine diesbezüglichen neuen Aktivitäten von L. ausgehen, wird der OV abgeschlossen und in der Abt. XII gesperrt archiviert. Loest bleibt für unsere Diensteinheit erfaßt.

Leiter der Abteilung
Wallner — *Tinneberg*
Oberstleutnant — Major

2.

Wir saßen in Zürich und speisten Raclette. Der Hausherr wies aus dem Fenster: Über diese Treppe da war Gottfried Keller zu seiner Wohnung hinaufgestiegen, es war ihm oft mühselig angekommen nach frohem Aufenthalt in seiner Stammwirtschaft. Wir waren Autoren, Herausgeber und Kritiker, Durchwurstler alle, keiner von hohem Ruhme. Da brach aus einem, halb gespielt sicherlich, der Zorn gegen die aus der DDR heraus, die mit grellem Bonus im Literaturgetriebe der Bundesrepublik sich tummelten, von der Presse verwöhnt und mit Preisen überhäuft würden. »Wir in der kleinen Schweiz«, rief er aus, »müssen auf den bundesdeutschen Markt, oder wir sind verloren. Erst dann haben wir die Chance, bemerkt, verkauft und übersetzt zu werden. Zehnmal so gut wie ihr müssen wir sein – wo bleibt da die Gerechtigkeit?«

Ja, sie blieb dort, wo sie sich immer aufhält, in den Träumen und Wolken. Ich gab dem Eidgenossen recht – aber was könnte ich dafür? Bei einem Verlag lägen Erzählungen für einen Band, doch die Buchbranche sei in die Klemme geraten. Von der Zensur sei ich in die Krise geschlittert, mir geschähe das beim Übergang vom Staatssozialismus in die Marktwirtschaft, deren soziale Komponente, was unseren Beruf anlange, ich nicht zu erkennen vermöchte. Denn keineswegs hätten die Schriftsteller gegenüber den Verlegern verbriefte Rechte erstritten, weit entfernt seien wir von einem Tarifvertrag, der uns zehn Prozent vom Ladenpreis zusicherte. Ein Streik der Autoren? Die Verleger würden sich kranklachen. Nein, wir seien aus dem 19. Jahrhundert keineswegs heraus.

So sprach ich, schob mein Pfännchen ins heiße Gerät und hörte aufs verwandt klingende Jammern meiner Gastgeber. Dann dachte ich: Du stimmst deine traurige Weise immerhin *in der Schweiz* an – wie würde fast jeder deiner in Leipzig verbliebenen Kollegen aufjauchzen, könnte er mit dir *hier* wehklagen? Ich trat ans Fenster und sah das Mondlicht auf den Schneebergen schimmern.

Nun strebte ich einen Erzählungsband an, ein Stiefkind des Geschäfts. Mein Lektor seufzte. Die eine Geschichte mochte er nicht, bei der anderen strich er den Schluß fort, sie, so fand ich, enthauptend. Von Halle und Berlin waren meine Lektoren oft nach Leipzig gekommen, wir hatten debattiert und geschmaust, gestritten und getrunken. Wenn ich jetzt etwas von meinem Lektor wollte, mußte ich zu ihm. Nicht er wünschte einen Erzählungsband von mir, sondern ich begehrte, daß der Verlag einen herausbrächte, das bestimmte unser Verhältnis. Er besuchte mich kein einziges Mal.

Endlich schlossen wir doch einen Vertrag; Hoffmann und Campe zahlte ganze zweitausend DM. Doch schon Wochen später überlegte es sich der Manager anders. Das Programm hätte verschlankt werden müssen, teilte er mir karg mit, und dabei wäre mein Band auf der Strecke geblieben. Daß er einen Vertragsbruch beging, fiel ihm gar nicht auf. Jetzt müsse er erst einmal in die USA, aber nach der Rückkehr werde man gründlich über alles, alles reden. Dazu kam es nie. Wie ich diese Taktik kannte!

Beim Walter-Verlag in der Schweiz war Bernd Jentzsch hängengeblieben, Lyriker und Redakteur, einst in Ostberlin der Herausgeber der Reihe »Poesiealbum« und Förderer junger Talente. Die Biermann-Ausbürgerung hatte ihn während einer Dienstreise überrascht, er hatte protestiert und war nicht zurückgekehrt. Ihm schickte ich meine Parodie über den NS-Reichsorganisationsleiter und Säufer Dr. Robert Ley, deren Rechte ich vom Ostberliner Eulenspiegelverlag zurückbekommen hatte. Bei Hoffmann und Campe hatte ich das Buch mit »Schattenboxen« zusammen vorgelegt gehabt – vielleicht später einmal, war ich beschieden worden. Mit dem Walter-Verlg schloß ich nun den jämmerlichsten aller meiner Verträge ab: Fünf Prozent bekam ich vom Ladenpreis, ich glaubte, keine andere Wahl zu haben. Sollte ich Hoffmann und Campe wegen des Vertragsbruchs verklagen? Ich fühlte mich zu schwach dazu und fraß den Ärger über meine Kraftlosigkeit in mich hinein.

Aber mit »Völkerschlachtdenkmal« kam ich voran, nun trieb ich dem Schluß entgegen: Honecker, der kleine Saarpreuße, schwenkte in Leipzig sein Hütchen.

Mein Lektor, wenn ich ihn in Hamburg oder Frankfurt aufsuchte, äußerte sich wohlwollend. Ein Vertrag – da wollte er mit der Verlagsleitung reden, doch die Zeiten seien schwer.

»Die Mäuse des Dr. Ley« erschienen im Walter-Verlag. Bei Hoffmann und Campe wurde das unfreundlich aufgenommen: Ich war fremdgegangen. Ein guter Autor hatte ein stiller Autor zu sein, der geduldig wartete, bis für ihn Zeit zu einem Gespräch war, bis sein Manuskript ins Konzept paßte, der dankbar der Honorarzahlung – halbjährig und dann mit vierteljährlicher Verspätung – entgegensah und dem Verlagshaus klaglos die Treue hielt.

Wenigstens war »Völkerschlachtdenkmal« so gut wie fertig, zu einem abschließenden Gespräch wollte ich meinen Lektor in Frankfurt treffen. Da eröffnete er mir zu meiner Bestürzung, dieses und jenes Kapitel betrachte er als unfertig, diese Passage gar als peinlich, und das da, von ihm bisher übersehen, ginge so nicht und das da überhaupt nicht. Größere Umbauten wären unvermeidlich. Er, für gewöhnlich sanft bei einer Neigung zum Fahrigen, zeigte Härte. Barsche Worte zogen mir die Seelenhaut in Streifen herunter.

Ich könnte und wollte ihm nicht folgen, erklärte ich sofort. Bislang habe sein Urteil anders geklungen, ich wollte mein Buch *so.* Über Kleinigkeiten könne man reden, aber das, was er verlange, gehe an die Substanz. Wir schieden ohne Perspektive.

Da fand ich eine Einladung im Postkasten vor: Wollte ich beim Bachmann-Wettbewerb in Klagenfurt lesen? Na klar, antwortete ich, liebend gern! Ich hatte von Turbulenzen bei diesem Spektakulum gelesen, von Peitschenknall und Tränen. Aber ich dachte auch: Du kriegst das Fahrgeld, kommst so umsonst eine Strecke nach Süden, nach Jugoslawien ist es dann nicht mehr weit. Natürlich wirst du aus »Völkerschlachtdenkmal«

lesen, wollen wir doch mal sehen, ob andere auch so urteilen wie dieser Lektor! Vielleicht findest du jemanden, der deinem Manuskript mit mehr Verständnis begegnet? Und einer schließt mit dir einen Vertrag?

Da rief mein Lektor an: Ich wolle in Klagenfurt auftreten, habe er da richtig gehört? Er möchte mich warnen: Meine realistische Erzählweise sei da überhaupt nicht gefragt, das könne für mich böse ausgehen. Ich hätte zugesagt, antwortete ich, und wolle nicht zurück. Drei Tage später rief er abermals an: Mir sei ja bekannt, wie skeptisch er mein Manuskript beurteile, aber da ich hartnäckig bleibe, wolle er für einen Vertrag eintreten. Zehntausend DM als Garantiesumme? Dann fügte er noch hinzu, ich hätte wohl Verständnis dafür, daß er mich nicht in diese Lesehölle begleite, überdies sei er mit Arbeit übel im Druck.

Einige Tage, bevor ich nach Klagenfurt fuhr, unterschrieb ich den Vertrag. Als später das Geld angerechnet wurde, hatte der Verlag die zweitausend, die ich für den Erzählungsband bekommen hatte, widriger Weise einbehalten. Wieder grämte es mich, daß ich mich duckte – spätestens jetzt hätte ich den Justitiar des Schriftstellerverbandes von der Leine lassen sollen.

Mit 57 war ich unter den Lesenden bei weitem der Älteste. Reich-Ranicki griff in den Lostopf, als ersten schickte er mich ins Rennen. Damit sank meine Chance, denn der Eindruck, den meine Lesung machte, würde im Laufe von vier Tagen verblassen.

»Ländlich war hier nichts«, heißt es in einer Bachmann-Novelle, »es war der Stadtrand einer Provinzstadt, die zugleich eine Hauptstadt war, angeschlossen sogar an das internationale Eisenbahnnetz und Flugnetz mit je einem Zug und einem Flugzeug, mit dem man, aus unerfindlichen Gründen, über Frankfurt nach London fliegen konnte. Zwischen Kärnten und England bestanden keine Beziehungen, es hätte welche nach dem Süden und Osten gebraucht, trotzdem waren diese Flugzeuge seltsamerweise ausgebucht, aber die Engländer stiegen vermutlich in Frankfurt aus und die Deutschen in Frankfurt zu, denn nach Kärnten kamen nur Deutsche...«

Zu diesem Wettbewerb streben deutschsprachige Autoren aus der Bundesrepublik und Westberlin, aus Österreich und der Schweiz, als Wohnorte werden bisweilen Rom oder Brüssel genannt. Die DDR sperrte Bewerbern aus ihrem Grenzbereich in der Regel in letzter Minute das Visum, bis dahin schlüpfte nur einer durch und heimste den Hauptpreis ein: Ulrich Plenzdorf. »Klagenfurt« sagte bei der Eröffnung der Vertreter der Stadt, »ist nun für eine Woche die Hauptstadt der deutschen Literatur.«

Wer einen Heinepreis erhält, sollte von der Streitbarkeit und der ironischen Wortkunst des Namensvaters etwas mitbringen, gleiches steht von Büchner-Preisträgern zu hoffen. Anders hier: Nicht Themenwahl und Schreibmethode der Stadttochter I. B. sind gefragt, vielmehr orientieren sich so manche, die hier anreisen, an dem, was im Jahr davor gekrönt wurde, man raunt an den Cafétischen, die oder der habe eigens ein Stücklein ziseliert, damit es vor den Ohren der Schnellrichter Gnade finde. Einige meiner Mitbewerbler und ich wohnten im »Hotel Musil«, literarischer kann's kaum klingen. Jeder von uns wußte natürlich, daß Robert Edler von Musil ein Klagenfurter Kind war, aber Musil ist dort ein Dutzendname wie Müller oder Meier bei uns. Mit uns logierten Wortgefechtsbummler, Journalisten und Verlagsvertreter, ein Leistungskursus für Literatur gar war aus München angereist. Proppenvoll war der Senderaum des ORF-Studios zu jeder Lesestunde über vier Tage hinweg, und in den Vorräumen standen Stuhlreihen vor den Übertragungsschirmen.

Klagenfurt, die Haúptstadt der deutschen Literatur – und die Klagenfurter? Einen Bürger dieser Stadt läßt die Wettbewerbs-Namenspatronin in der erwähnten Novelle denken: »Und nun mußte er noch auf seine alten Tage erleben, daß Kärnten den Deutschen gehörte. Die Bauern hatten praktisch fast alle Grundstücke an sie verkauft, die neuen Besitzer spielten sich schon auf wie die Herren, nicht wie Gäste. Einen Österreicher schaute man während der Saison gar nicht an, und die Speisekarten waren voll von irrsinnigen Ausdrücken, die kein Österreicher verstand, für Topfenkuchen habe er ›Käsesahnetorte‹ gelesen ... «

Dieser Wettstreit war angefeindet und gepriesen, seine Initiatoren und die, die ihn am Leben erhalten, sind befehdet und gefeiert worden, und keiner kam bei Gunst und Schnöde an seiner Hauptperson vorbei, an Marcel Reich-Ranicki. Er habe Tränen und Nervenzusammenbrüche herbeigeurteilt – nicht, als ich dabei war. Als ein Wettbewerbler leibhaftig Blut von der Dichterstirn tropfen ließ, wischte Reich-Ranicki dies als geschmacklos hinweg und redete sofort über das, was ihm ausschließlich wichtig war, das eben gehörte Stück Literatur. So hatte der Besudelte gewettert: »Daß ich jetzt dies Jahr hier schon wieder sitze und schon wieder so ein Blödel liest, die müssen sich ja vier Tage soundsoviele Stunden an den Kopf hauen lassen, die ganze Literatenphantasie, so eine Riesenscheiße, sagte Raspe und Gagarin nickte, und du selber sitzt mitten in der Scheiße drin, das ist das Gute, das Beste an Klagenfurt ist logisch, daß du selber voll in der Scheiße sitzt. So eine Scheiße ist das, sagte Gagarin, das muß ja eine Scheiße sein. Logisch ist das eine solche Scheiße, sagte Raspe und bestellte noch ein Bier.«

Mit Längen siegte Friedericke Roth, von da an ging's mit ihr aufwärts zu Preisen und Aberpreisen. Davon waren die Dame und die Herren an den Richtertischen entzückt: »Eine einfache Geschichte einfach erzählen? Ach, guter Mann, Sie haben die Sache beim Schopfe gepackt. Eine Liebesgeschichte vielleicht? Vom ersten, damals wie immer als heilig empfundenen Kuß eine Folgerichtigkeit des Erzählens bis hin zur Trennung von Tisch und Bett, zum Schnitt zwischen Kopf und Herz?

Eine einfache Geschichte einfach erzählen?

Wirklich, mein Guter, Sie machen mir Spaß. Fast glaub ich, daß Sie ausgestorben sind.«

Natürlich gab es ein Rahmenprogramm, Motorbootfahrt auf dem Wörthersee mit Teilnehmern und dem Troß, Häppchen und Freiwein, und der Oberbürgermeister ließ es sich nicht nehmen. Der Abschluß wurde auf der Halbinsel St. Loretto gefeiert, aber da dunkelte schon Wermut in manchem Becher, denn mit den Siegern standen ja auch die Verlierer fest, und die waren in der Mehrzahl.

Ein freundlicher Rundfunkmensch bot mir sein Waldhäuschen zu Füßen der Karawanken; dort wohnen zur Hälfte Slowenen. Auf den Friedhöfen sah ich Gräber: Eine Frau verlor zwischen 1940 und 1944 vier Söhne als Gebirgsjäger und Infanteristen zwischen Narwik und dem Kaukasus, und ihren Mann dazu. Ich kurvte auf einen Paß hinauf, dort steht ein Denkmal für die KZ-Toten, die für den Nachschub der Wehrmacht zum Balkan hinunter einem Tunnelbau geopfert wurden. Von diesen Bergen stiegen Partisanen, manchmal wehte der Kampflärm bis Klagenfurt. Auf allen Weiden schmausten Kühe, von ihren Fladen stiegen Bremsen auf und fielen über mich her, als ich in der Sonne schmorte. Ich las in den Büchern von Ingeborg Bachmann, wie es sich geziemt: Eine Journalistin ist heimgekehrt aus der weiten Welt, ihren alten Vater besucht sie, dreimal probiert sie, im Kreuzberggebiet wandernd, zum See hinunterzukommen, aber die drei Wege sind versperrt. Sind es die Wege, die in die Kindheit führen sollen? Über die Männer, die ihr begegnet waren, denkt sie schweifend nach – auch zu ihnen führt kein Weg zurück? (»Eine einfache Geschichte einfach erzählen? Wirklich, mein Guter...«) Ich malte mir aus, wie eine dreißigjährige I. B., schräg die blonde Mähne, diese Geschichte vorliest im Funksaal ihrer Heimatstadt inmitten der Jury. Den wohlfeilen Gedanken, ob sie wohl gewonnen hätte, ließen drei Bremsen nicht gedeihen, die mir im konzertierten Angriff Schulter, Hüfte und Knie gefährdeten.

Ich fuhr, weil's nicht weit war, über den Loiblpaß nach Süden. In Ljubljana knipste der Pförtner im Museum, das dem Partisanenkrieg gewidmet ist, für mich das Licht an. Ich blieb für anderthalb Stunden der einzige Gast im mehrsäligen Gebäude. Totenstill wär's gewesen, hätte nicht eine defekte Leuchtstoffröhre geschnarrt. Die Wände waren mit Fotos bedeckt: Männer tragen Waffen, Männer, hier und da unter ihnen eine Frau, stellen sich bewaffnet zum Gruppenbild. Männer erschießen Männer. Sicherlich führte man noch Schulklassen hierher. Alle erwachsenen Slowenen waren wahrscheinlich schon dagewesen, und die Helden von damals waren steinalt oder tot. Als ich hinausging, war auch der Pförtner verschwunden, ich schaute mich nach dem Schalter um: Der Letzte macht ja immer das Licht aus. Draußen schritt ein mächtiger bronzener Tito im offenen Marschallsmantel, fest das Kinn.

Raus aus dem mühseligen Kreisdrehen mußt du, redete ich mir zu, freue dich doch, daß es nun zur Veröffentlichung deines »Völkerschlachtdenkmal« kommt, noch einmal wird dein Manager sein Vertragswort nicht brechen. Renate Federhen-Roske, einst Pressechefin bei der dva in Stuttgart, war mir über den Weg gelaufen, von ihr hatte ich vernommen, dort wäre Ulrich Frank-Planitz noch immer traurig, daß ich nicht unter seinen Fittichen geblieben war. Ich sah keinen Weg zurück.

Ich fuhr hinunter nach Piran, einem ehemaligen Seeräubernest an Istriens Nordküste und suchte am Horizont das Glitzern Venedigs. Ich träumte, hier einen milden Winter zu verleben, auf dem Marktplatz vor einer Taverne den Wein des Landes zu trinken und auf das Denkmal des größten Sohnes der Stadt zu blicken, der kein Politiker und kein Feldherr war, sondern ein Geiger. Dann zöge ich mich in ein Stübchen zurück, das ich in einer der Gassen gemietet hätte, und tippte weiter an einem Roman, der natürlich in Leipzig spielte: Ein Schriftsteller versucht ins westliche Ausland zu reisen, das könnte das Thema sein.

Die letzte Etappe war Motovun, mit italienischem Namen Montona im Herzen Istriens. Aus dem fruchtstrotzenden Tal der Mirna steigt die Straße in Serpentinen auf. Ich kam ins Mittelalter.

Der Blick reicht meilenweit nach allen Seiten über Hügelland mit Weinbergen, Getreide- und Maisfeldern. Gehöfte und Kapellen stehen auf den karstigen Kuppen. Kein Laut dringt herauf, die Luft ist blätterfrisch unter den riesigen Bäumen auf dem Platz vor dem Hotel. In gemessenen Abständen ließ ich mir einen Gespritzten herausbringen. Nach 1945 fiel die Halbinsel ans siegreiche Jugoslawien. Montona hatte siebentausend fast ausschließlich italienische Einwohner gehabt, nur zweihundert blieben in einer Geisterstadt. Inzwischen waren es wieder siebenhundert. Ich ging um die Ringmauer und schaute auf die Ziegeldächer, über die Eidechsen huschten.

Nach zwei Tagen ließ ich die Armbanduhr auf dem Nachtschrank. Wenn die Dunkelheit nahte, bestellte ich gebratenes Fleisch und Salate nach balkanischer Sitte. Motovun hat eine Galerie mit den Werken einheimischer Maler von naiv bis neu-wild, eine Künstlerbar und ein Geschäft, das Kunsthandwerk vertreibt, etwa geschnitzte Teller: Gruß aus Mittenwald, ach nein, eben aus Motovun.

An den Sommerabenden wird auch Motovun vom Massentourismus gepackt. Busse kurven hinauf und ergießen ihre Frachten. Die Besucher werden um die Ringmauer geschleust, währenddessen schlüpft im Hotel eine Schar von Profi-Volkskünstlern in bunte Trachten. Die Busreisenden kaufen Souveniers, fotografieren und treten just in jener Minute auf den Platz, in dem sich die Künstler, jeden Abend an derselben Stelle und zur selben Melodie, sanft zu wiegen beginnen. Rotwein, Brot und Salz werden gereicht, die Musikanten legen ein Zähnchen zu, deuten Lebensfreude und Leidenschaft gar an, schließlich greifen sich die Folkloristen einige wagemutige Touristen heraus und beziehen sie in ihre Tänze ein. Am Ende polonäst der Schwarm durch die Gassen zur Abfütterungsplattform, dort stehen Tische dicht an dicht wie in Grinzing oder am Rheine, es wird geschmaust und gezecht, und eine Band lärmt bis Mitternacht.

Im Hotel ist's derweil nicht auszuhalten, aber der kundige Gast schert und forcht sich nit und steigt ein paar Stufen tiefer zu Olga, einer Italienerin, die mit ihrem kroatischen Mann ein Kneipchen betreibt. Hier rasten auch die schlauen Busfahrer. Wenn tausendfüßiges Trappeln draußen auf der Gasse vom Aufbruch der Fröhlichkeit kündet, kann man sich in die Nacht und in sein Bett wagen. Motovun hat seine Finanzspritze gehabt.

Dann gezahlt und gepackt, und wessen Auto nicht zu schwer beladen ist und keinen Wohnwagen ziehen muß, der kehre nicht gleich an die Küstenstraße mit ihrem sich pressenden Verkehr zurück, sondern fahre über Serpentinen nach Norden, quer durch Istrien hindurch. Bald liegt nicht nur das Tal, sondern sogar der Berg von Motovun unter ihm: Ein Blick, den das Hirn speichern möchte und den keine Kamera erfassen kann. Terrassierte Hänge mit Baumgerippen erinnern daran, daß vor einigen Jahren hier noch Olivenhänge bewässert wurden. Leere Häuser, die Dächer brechen. Halb Istrien wächst zu einem Urwald zusammen, durch den manchmal Bauern mit schnüffelnden Hunden ziehen: Unter den Wurzeln der Eichen wachsen Trüffel.

Ich strebte nach Norden, das Schreiben und Streiten und Hoffen würde mich wiederhaben. Es war ungefährlich, einen Alternativtraum ins Unkraut schießen zu lassen: Ich hatte Muskel- und Nervenkraft gewonnen, es würde mich ein Hohnlachen kosten, mit den ausgemusterten Stahljungs von der Ruhr nach Istrien zu ziehen, falls, wie Verleger und Lektor unkten, sich die Lage auf dem Buchmarkt weiterhin verschlechterte und »Völkerschlachtdenkmal« zu einem Ladenhüter würde. Wir könnten in Ruinen hausen und Schafe züchten, ich würde meine Geschichten in Balladenform gegen den Mond singen. Ich stellte mir vor, wie Paul, mein Trüffelhund, argwöhnisch knurrte, wenn sich ein Reporter durchs Unterholz quälte, wo es am garstigsten, karstigsten war, um herauszufinden, wo der Autor E. L. geblieben. Ich, ein neuer Traven, war in der Etage weiter unten angekommen.

3.

Schon im Winter 83 zu 84 hatte ich erklärte, mich nicht wieder unter die Zensur der DDR beugen zu wollen. Nichts hatte sich seit meinem Weggang geändert, dieselben Leute verfolgten die alte Politik. Es wäre widersinnig gewesen, meine nun gewonnenen Freiheiten aufzugeben. Ostern in Israel? Ostern in Israel!

Endlich erschien »Völkerschlachtdenkmal«. Das Presse-Echo war sofort laut und erfreulich, dreimal tauchte mein Titel in der Bestenliste des Südwestfunks auf.

Wie tat das gut – Sabine Brandt schrieb für den SFB: »Loest ist kein Historienmaler, er ist ein Menschenbildner. Geschichte kommt bei ihm nur vor als Summe der Bedingungen, unter denen Menschen leben müssen. Die Menschen, von denen er erzählt, hat er sich in den untersten Schichten der sächsischen Gesellschaftspyramide gesucht, aus denen er selber gar nicht stammt. Nun könnte man auf die Idee kommen, Loest, der Bürgersohn, der in seinen jungen Jahren dem Symbol der verschlungenen Hände, sprich: dem Einheitssozialismus der DDR verfiel, zolle auch heute noch der proletarischen Schimäre seinen Tribut. Aber diesen Verdacht kann man gleich ad acta legen. Ganz offensichtlich hat Loest die Protagonisten seiner Story deshalb unter den kleinen Leuten gesucht, weil es immer die kleinen Leute sind, denen der Wind der Geschichte besonders heftig ins Gesicht bläst... Woher aber kennt er die Proletarier und Kleinbürger so genau, der Kaufmannssproß Erich Loest? Nicht aus dem Schulungsmaterial der Parteilehrjahre in den Anfängen seiner DDR-Karriere. Eher aus der Zellennachbarschaft und den Hofrunden während der sieben Jahre Zuchthaus, zu denen der SED-Staat ihn verdonnerte...«

Ach, jetzt wurde beinahe täglich heilsame Salbe auf alte Verletzungen gestrichen. Stephan Reinhardt pries in der »Süddeutschen Zeitung«: »Denkmalsanekdoten, Leipziger, sächsische und deutsche Geschichte spiegeln sich wider in Personen, die in der Figur eines leicht sonderlichen Wärters zusammenwachsen; in ihm feiert Phantasie einen Sieg über blutige Geschichte und bornierte gesellschaftliche Verhältnisse. Ein kompositorisch geschlossener Roman, der seiner Tendenz nach ganz offen ist: offen für Phantasie, die versteinerte Verhältnisse mit Witz überwindet. Ein Stadt- und Statt-Buch, mit dem der Erzähler Erich Loest an sein bisher bestes Buch, den Karl-May-Roman ›Swallow, mein wakkerer Mustang‹, Anschluß gefunden hat.«

Dieter Borkowski, DDR-knasterfahren, richtete in der »Berliner Morgenpost« seinen Pfeil wie gewohnt nach Osten: »Erich Loest hat sein bestes Buch in dem Moment geschrieben, als er sich entschloß (und dies öffentlich mitteilte), nicht mehr in die ›DDR‹ zurückzukehren. Dem ›DDR-Kulturminister-Stellvertreter Höpcke (Ressort: Verhinderung des Druckens freiheitlicher Bücher) ist zu kondolieren. Falls er es jüngst, während der Buchmesse in Loests Heimatstadt, noch nicht bemerkte: Dieser Poet wird drüben fehlen. Sensibilität, Schärfe des Blicks, Mut zur unbequemen Aussage, literarisches Talent und – last not least – fünfunddreißig Jahre Erfahrungen, darunter leidvolle in den Zuchthäusern der ›DDR‹, mit dem Aufbau einer sozialistischen Gesellschaft, zu denen er sich durchaus überzeugend bekannte, ein solcher Autor ist nicht zu ersetzen.«

Durchs Wiehengebirge nordöstlich von Osnabrück streifte ich, wanderte durch die Gründe des Teutoburger Waldes und dachte dabei, was ich auf mich genommen hatte. Leipzig hatte ich endgültig verloren, so schien es. Nach so mancher Lesung wurde ich gefragt, was ich denn hielte von deutscher Zukunft, und da antwortete ich, nichts sei ewig, irgendwann einmal würde die Mauer fallen, aber wann und unter welchen Umständen wüßte niemand. »Zu meinen Lebzeiten nicht mehr.« Beim Lesen merkte ich, daß nicht jede Pointe begriffen wurde; allenfalls die Handvoll ehemaliger Leipziger, die jedesmal dabei war, lachte. Von meinen potentiell besten Lesern glaubte ich mich auf immer abgeschnitten; daß die, die mir nun in Celle und Wolfsburg zuhörten, die zweitbesten seien, mochte ich ihnen nicht sagen. Und wieder, grimmte ich, hatte ich die Zähne zusammenbeißen müssen, um mich von einem Lektor nicht unterkriegen zu lassen. Wenn ich nun tatsächlich angefangen hätte, umzubauen?

Manfred Jäger im »Deutschen Allgemeinen Sonntagsblatt« über »Das Buch der Woche«: »Natürlich ist das kein Sachbuch, das zum hundertsten Male auf populäre Weise die Ideologien entlarvt, die in deutschen Trutzstätten Stein geworden sind. Erich Loest legt vielmehr einen richtigen Roman für Leser vor, listig ausgedacht, kunstvoll aufgebaut und witzig formuliert. Niemand muß eine feuilletonistische Monumentalplauderei befürchten. Das Objekt, das den Titel hergab, liefert nur den Anlaß, von Menschen zu erzählen. Wie es sich gehört, ist die Handlung von belletristischem Eigenwert, sie wird nicht als dünner Faden von der Rolle gewickelt, um daran die kulturhistorischen Details aufzureihen... Loests Ton ist moderat, aber nicht verwaschen. Er trumpft nicht auf, schreibt nicht, um die Leute nach gut und böse einzuteilen. Denn die Realität ist voller Grauzonen. Wer sie übersieht, hat es vielleicht leichter, eine Moral zu verkünden, aber er übersieht dabei womöglich, daß im Leben Halbheiten die Regel und nicht die Ausnahme sind... Jenseits von Militanz und Rechthaberei schlagen die Sachsen sich durchs Leben. Der Ich-Erzähler traut sich, ihren vorherrschenden Charakterzug in einem Satz zusammenzufassen: ›Wir Sachsen wollen nicht gewinnnen.‹«

Günter Zehm, nun weit rechts bei der »Welt« und auch mal geneigt, über mich herzufallen, rühmte diesmal: »Der erste Eindruck beim Lesen nötigt gleich artifizielles Lob ab. Wie gut ausgedacht und durchkomponiert ist hier alles! Im Grunde erzählt Loest eine einfache Geschichte, die Geschichte der Stadt Leipzig seit der legendären Völkerschlacht von 1813... Kapitel reiht sich zwanglos an Kapitel, ein faszinierendes Panorama deutscher (genauer: sächsischer) Geschichte entsteht, aber nie wird die Erzählung selbstgefällig, nirgendwo wird verklärt oder beschönigt. Wenn sich der Erzähler Linden manchmals ins bloße Ausmalen besonnter Vergangenheit verlieren will, holt ihn eine Zwischenfrage des Psychiaters sofort wieder auf den Boden der harten Tatsachen zurück. Die Geschichte, um die es geht, ist keine glückliche, es ist eine bittere Geschichte.«

In dieser Zeit fuhr ich einmal mit dem Zug nach Westberlin. Einladungen dorthin hatte ich nur in seltenen Fällen angenommen und war dann von Hannover aus geflogen. Ich sehnte mich nicht nach dem Vogelblick aus der landenden Maschine auf die Todesstreifen, es machte mir die Augen eng, tauchte unvermutet der Fernsehturm Ost in meinem Blickfeld auf. Von Kreuzberg aus äugte ich auf die Hochbauten an der Leipziger Straße. Dort hatte ich bei Freunden gewohnt und nicht nach Westberlin gedurft, jetzt war mir der Weg zurück versperrt.

Selbstredend konnte mir nichts passieren. Kein DDR-Grenzer würde mich aus dem Zug klauben und einem Stasi-Vernehmer zuführen, der dann fragte: »Welche staatsfeindlichen Artikel haben Sie in der BRD-Presse veröffentlicht? Äußern Sie sich!« In Osnabrück bestellte ich im Speisewagen Radeberger Pils. Um mich war das Ambiente der Nierentischzeit, oval die Spiegel, mit Zierleisten geschmückt die Wände. Auch die Tischdecke und der Kittel des Kellners, tausendfach gewaschen mit winzigen Löchern, stammten sicherlich aus dieser Ära. An der Grenze stiegen DDR-Polizisten zu. Bäuchig und mit feistem Kinn war der Mann, der sich meinen Bundespaß zeigen ließ; ohne den Namen zu beachten oder mir ins Gesicht zu schauen, hieb er seinen Stempel hinein.

Das da draußen war nun DDR, horizontweit die Felder, von den Kuppen hatte der Wind die Ackerkrume geweht. Unaufgeräumte Fabrikhöfe, Gelumpe rund um Stallungen. Vom Magen her kroch Unbehagen herauf. Ich versuchte den Sauberkeitsstolz des Bundesdeutschen in mir zu dämpfen, indem ich Vergleiche anstellte: So sah es auch in Mittelengland und den alten Industriegebieten Belgiens aus. Langsam kurvte der Zug durch Magdeburg – dort drüben im Interhotel hatte ich gewohnt. Ich schaute in Gesichter von Wartenden, sie blickten gleichmütig zurück: Ein beliebiger Bundi war ich für sie. Trabis an den Schranken, Radler. Alter Mann mit Hund, ich war so nahe dran, daß ich sein Parteiabzeichen wahrnahm. Das Unbehagen verstärkte sich zum Schmerz, tiefes Atmen half nicht, und als wir durchs trübe Potsdam fuhren, riß mich ein Magenkrampf um, der es mit einem aus meiner Bautzenzeit hätte aufnehmen können. Daß mir kein Leid drohte, wußte mein Kopf, aber bis zum Magen hatte es sich nicht hinuntergesprochen. Oder es war das Heimweh, das mich beutelte, oder alles zusammen.

»Sachsen – so besonders deutsch. Mit Witz und auch Bitterkeit« überschrieb Jürgen P. Wallmann seine Kritik. Dann hieß es: »Nicht, als ob Loest nun das reine Loblied der Sachsen sänge: Er hat viel Bitteres und Kritisches anzumerken und gibt nicht anderen die Schuld an dem, was sie an ihrer Geschichte selbst verdorben haben. Doch wer genau liest, wird bemerken, daß Erich Loest, der Sachse, hier ein Buch der – bisweilen ruppigen, bisweilen ironisch gebrochenen – Heimatliebe vorlegt. Schade, daß es in Sachsen selbst, daß es in der DDR nicht erscheinen kann. Äußerlich würde das dort übrigens kaum auffallen. Das Papier, das der Hamburger Verlag für den Roman gewählt hat, ist derart schlecht und grau, daß man sich nicht wundern würde, stünde im Impressum: Druckerei VEB Andersen Nexö, Leipzig.«

Das war ja nun wirklich nicht zu ahnen: Sechs Jahre später erschien die DDR-Ausgabe. Sie war auf holzfreiem

Papier gedruckt, in Leinen gebunden, ein angenehm in der Hand liegendes Buch, hergestellt von Arbeitern, die ihr Handwerk verstanden, ein solides Produkt des VEB Offizin Andersen Nexö, Leipzig.

»DIE ZEIT« gab Heinz Klunker das Wort: »Aus proletarischer, ja plebejischer, allerdings nie ideologisch fixierter Erfahrung blickt Loest aus heutiger Sicht auf Vergangenheiten, denen er durch seine Lust an Anachronismen die unnahbare Ferne nimmt. Da ist der sächsische König, während sein Armeechef Freiherr von Thielmann die Festung Torgau franzosenfrei hält, von zwei Seiten vom Berufsverbot bedroht; da versikkert die Völkerschlacht als ›Flächen-Flohmarkt‹ und wird in der Niederlage Front gegen die ›Fehlerdiskussion‹ gemacht; da werden zwei hundertfünfzig Jahre trennende 17.-Juni-Tumulte zueinander assoziiert und der VfB Leipzig aktualisiert, gegen den Lokomotive oder Chemie ins Hintertreffen geraten ... Es scheint, als habe sich Erich Loest, nachdem er autobiographische Trauerarbeit geleistet hatte (›Durch die Erde ein Riß‹), mit diesem Roman erzählerische Freiheit zurückgewonnen.«

Einen kurzen Brief richtete ich in diesem Frühjahr 1984 an die Ständige Vertretung der DDR in Bonn.

»Sehr geehrter Herr Botschafter!

Am 11. 3. 81 wurde mir ein Visum zur einmaligen Ausreise nach der BRD für drei Jahre erteilt. Am 20. 3. 81 reiste ich aus. Das Visum hat eine Gültigkeit bis zum 12. 3. 84. Mein Paß trägt die Nummer RA 0666757. Ich bitte Sorge zu tragen, daß dieses Visum verlängert wird. Da ich Verwandte in der DDR – Schwiegereltern, Schwester, Enkel – besuchen möchte, bitte ich um ein Visum mit mehrmaliger Ein- und Ausreisemöglichkeit. Mit hochachtungsvollen Grüßen!«

Darauf bekam ich keine Antwort und hatte auch nicht damit gerechnet.

Schließlich stand ich in einem ehrwürdigen Saal und sprach: »›Marburg, dieses entzückende Städtchen im Tal der Lahn, empfing mich mit all seiner Pracht. Ich trug meinen besten Anzug, hellgrauen Tweed, modern verarbeitet, Wildlederschuhe und einen flotten Hut, und in diesem kleidsamen Aufzug hoffte ich, es mit den Studenten dieser Metropole der Geistigkeit wohl aufnehmen zu können. Zu all dem kam mein Wissen um meine jugendliche Erscheinung.‹

Das schrieb ich einst in Leipzig, so ließ ich meinen Waldemar Naß in der Parodie, die in einer heutigen Auflage ›Die Mäuse des Dr. Ley‹ heißt, reden. Marburg war fern, aber ich besaß ja einen Atlas. Heute morgen empfängt mich Marburg wieder, natürlich trage ich meinen besten Anzug, dazu kommt mein Wissen um meine nicht allzu jugendliche Erscheinung. Ich bin nicht zum ersten Mal hier, und ich danke Ihnen allen, daß Sie mich zu dieser Feier geladen haben.

Ich habe Glück mit meinen Preisen. Noch kein halbes Jahr war ich in der Bundesrepublik, da verlieh mir Neumünster den Hans-Fallada-Preis. Damals sagte ich: ›In vielen Jahren hatte ich gehofft, mein erster Preis müßte der Kunstpreis der Stadt Leipzig sein. Das war aussichtsarm genug, gänzlich utopisch wäre es freilich gewesen, zu wünschen, ihn im Hörsaal 40 der alten Universität zu empfangen, begründet von Professor Hans Mayer. Erst verließ er diese Stadt, dann flog der Hörsaal in die Luft, nun bin auch ich fort.‹

Jetzt preist mich die Stadt Marburg. Hier begründeten wir ehemaligen DDR-Schriftsteller unseren neuen Standort in der Bundesrepublik lärmig und nachhaltig. Ohne Bleibe kann einer nur im blindmachenden, verzerrenden Zorn zurückschauen, und der ist der Literatur noch nie bekommen. Neue Heimat ist schwer zu finden, aber es ist hilfreich, wenn man Markierungen setzen kann: Hier war ich schon mal, hierher komme ich gerne wieder. Marburg hat für mich schon vor dem heutigen Tag dazugehört.«

Oberbürgermeister Drechsler übergab mir eine Mappe, in der auch ein Scheck lag, Jazzer jazzten, und Ludwig Harig, der Saarländer, hielt die launige Laudatio, in der er, von »Völkerschlachtdenkmal« ausgehend, Bögen schlug von seiner zu meiner Heimat, sprachliche Verwandtschaften anmerkte – »das ause Aug, die abe Hand« – gemeinsame preußische Last beklagte und aus meinem Roman zitierte, die Geschichte mache schon seltsame Sprünge, indem sie ausgerechnet einen kleinen Saarländer zum obersten Neupreußen machte, der nun von Berlin aus das zerstückelte Sachsen regierte.

Wieder aßen wir gute hessische Wurst. Es hatte sich gelohnt, Leipzigs Braunkohlestaub von den Füßen zu schütteln.

9. KAPITEL
Schlammschlacht

1.

An kein anderes Kapitel gehe ich so zögernd heran. Zu vieles blieb im diffusen Licht politischer Taktiererei und ist an Personen gebunden, die ihre Absichten und ihr Tun verhüllten, Rollen spielten, zu spielen glaubten oder zu Stolpernden auf einem Feld wurden, dessen Pfützen und Fallen sie nicht kannten. Ich berichte über mein Engagement im Verband deutscher Schriftsteller in den Jahren 1984 bis 1986.

Der VS, als Zusammenschluß der Einzelgänger gegründet, eine Gewerkschaft, die die Rechte der Autoren gegenüber den Verlegern wahren und Bescheidenheit beenden sollte, geriet von Anfang an in eine zweite Frontstellung hinein, die des Konflikts zwischen Ost und West. Durfte mit den Verbänden des Ostblocks gesprochen werden? Wie konnte für Menschenrecht eingetreten werden, und wo begann die »Einmischung in innere Angelegenheiten«? In jedem Fall kam es auf Abwägung an. Nur weniges war eindeutig richtig oder falsch.

Es ist viel über den Einfluß der DKP auf den VS gerätselt worden, das meiste wurde und wird von den Beschuldigten wütend zurückgewiesen. In den Zeitungen der Bundesrepublik läßt sich in Hunderten von Artikeln verfolgen, mit welcher Heftigkeit und mit wie wenig Beweiskraft auf diesem morastigen Boden gestritten wurde. Es existieren keine Zusammenfassung, keine Analyse und kein Roman über diese Bolzereien. Zur Darstellung im Roman drängt dieser Wust am meisten, und so viele Romanciers waren doch beteiligt, Böll,

Grass, Lenz und Walser. Der Sachbuchschreiber Engelmann hat keineswegs auf seine Weise dokumentiert, Lattmann und Zwerenz haben keine Fabel dicht an den Fakten entlang entworfen, wir sahen kein Bühnenstück von Kroetz oder Kipphardt mit dieser Thematik. Nun sind manche Eisen kalt und einige der Beteiligten tot. Immer einmal wurde gemunkelt, dieser und jener besäße neben dem SPD-Parteibuch noch ein geheimes der DKP, das in einem Panzerschrank verwahrt bliebe. An der Jahreswende von 1989 zu 1990, als die SED ihre Zahlungen an die DKP einstellte und diese ihre Hauptamtlichen entlassen mußte, kam mir der Gedanke, nun würden die roten Reißwölfe einige Dokumente verschonen, Verstrickungen lägen plötzlich im Licht, denn einer der Dunkelmänner böte seine Schätze beispielsweise dem SPIEGEL gegen schweres Geld – ich hoffte vergeblich.

Jeder kennt das: Jemand macht im Tennisklub, in der Elternversammlung oder im Komitee für die Ausgestaltung des Straßenfestes einen Vorschlag, und schon stimmen alle zu: Prima, das können Sie gleich mal übernehmen! Im Verband loderte diese Krise: Der Streit um ein Telegramm an den polnischen Putschgeneral, er solle *einen* Verband oder *den* soeben verbotenen Verband zulassen, wurde von Grass mit Verbissenheit geführt. Darüber kippte Engelmann, eine neue Verbandsleitung sollte gewählt werden, und nach monatelangem Hin und Her hatten sich die Flügel auf die Integrationsfigur Ingeborg Drewitz geeinigt.

Der VS Berlins und das Literarische Colloquium wollten wiedergutmachen, daß der VS ehemalige DDR-Autoren im Niemandsland belassen hatte, und lud eine Anzahl ins Literaturhaus am Wannsee. Auch Schriftstellerinnen und Schriftsteller, die aus der ČSSR und Rumänien stammten, waren dabei, dazu Autoren aus der Bundesrepublik und Westberlin. »Flüchtlingsgespräche«

hieß das Unterfangen mit der Frage: »Herausgejagt aus gutem Grund?« Hans Christoph Buch kritisierte, der Exodus von hundert DDR-Schriftstellern in wenigen Jahren sei von der Linken nicht bekämpft worden, obwohl damit eine kalte Bücherverbrennung verbunden sei. Der Rahm auf der Milch werde von den DDR-Mächtigen immer wieder abgeschöpft und in den Westen geschmissen, klagte Wolf Biermann, und Anna Jonas reimte: »Die Besten in den Westen.« Adolf Dresen, nun Regisseur am Main, formulierte es so: »Sie haben nicht das Vaterland verlassen, das Vaterland verließ sie.«

Jürgen Serke wurde beklatscht, als er vom Umgang mit den Flüchtlingen sprach: »Die Linken geben immer gute Ratschläge, und die Rechten helfen.« Klaus Hensel, aus Rumänien gekommen, stellte fest, Solidarität sei drüben ein Begriff gewesen, der hochgehalten worden war, hier bleibe er ein ungedeckter Scheck. Ich sprach über meine Schwierigkeiten, im neuen Land neue Themen zu finden: »Jetzt schreibe ich wieder über das, was ich kenne, über Leipzig und Ostberlin. Mein Stoff liegt in meiner alten, kalten Heimat.« Schädlich zürnte, das Reden vom Frieden sei nur die ideologische Verbrämung für die Unterdrückerpraxis der Stalinisten, und es sei für ihn unerträglich gewesen, westliche Schriftsteller im trauten Gespräch beispielsweise mit Kant zu sehen. Zu hitzigem Disput kam es zwischen Drewitz und Grass: Das unsägliche Telegramm an Jaruzelski müsse zurückgezogen werden, verlangte Grass. Ein Telegramm zurückzuziehen fand Drewitz albern, man werde ein eindeutigeres Telegramm schicken. Und Biermann witzelte: »Schickt einen Brief, das ist billiger. Und schreibt: Wir sind nicht mehr unserer Meinung.«

Alte Kräche wurden warmgehalten und neue Übereinkünfte geschlossen, dann fragte mich Grass, ob ich bereit wäre, für den neuen Vorstand zu kandidieren, um dort die Interessen der Exilanten wahrzunehmen. Als Beisitzer? Na, wenn schon, dann als 2. Vorsitzender! Ich fragte Fuchs, Novak, Schacht – klar machst du das, sagten sie. Mensch, bedachte ich es bei mir, du hast mit Verbänden nun schon so viel Ärger gehabt, eigentlich sollte dein Bedarf an derlei Abschweifung gedeckt sein. Aber auch Neugier meldet sich da: Du lernst dieses Land Bundesrepublik auf neue Weise im Zeitraffer kennen. Du kannst, was du in Marburg und Vlotho begonnen hast, weitertreiben. Lockte auch ein Rachegelüst: Jetzt kannst du's denen da drüben mal zeigen?

Gut, sagte ich. Und Grass verkündete den anwesenden Kollegen, ich sei bereit, mich als zweiten Vorsitzenden hinter Ingeborg Drewitz zu bewerben. Und da wir alles wasserdicht machen wollten, kamen wir gleich noch überein, Heinrich Vormweg, der Kritiker aus Köln, sei als zweiter Vize trefflich geeignet.

So eingestimmt fuhren wir nach Saarbrücken. Es könnte gar nichts schiefgehen, meinten wir. Halb lachend, halb wütend zeigten wir uns gegenseitig einen Artikel im DKP-nahen »Kürbiskern«. Da hatten Engelmann und Ferlemann, der Gewerkschaftsvorsitzende der IG Druck und Papier, eine krude Agentenstory zusammengestrickt: Das Kapital habe sich zum Angriff auf die entstehende Mediengewerkschaft und die Friedensbewegung entschlossen und lasse deshalb eine dumpf und verblendet agierende, fernsehgeile Meute von der Leine, die den VS »als Plattform für linke Politik kaputtmachen« sollte. Durch eine »miese Kampagne« sei Engelmann abgehalftert worden, mit aufrührerischen Schriftstellern der Oststaaten gar sollte dort eine »Fünfte Kolonne« gebildet werden. Reingefallen auf solches rechte Schmutzgeschäft seien »der gute Günter Grass« und der »gute Heinrich«, nämlich Böll.

So viel Presse-Aufmerksamkeit genossen wir vorher niemals und hinterher schon gar nicht. Lafontaine, Saarbrückens Oberbürgermeister, empfing uns, und auf dem Weg ins nächste Tagungslokal war auf einmal Engelmann an meiner Seite und empfahl mir, doch nicht als zweiter Vorsitzender zu kandidieren. Ich hätte keine Verbandserfahrung, wenn ich durchfiele, wäre es peinlich; als Beisitzer könnte er sich mich hingegen durchaus vorstellen. Wenig später hatte ich Lattmann neben mir, der mir abriet, mich ums schwere Amt eines zweiten Vorsitzenden zu bewerben. Auch als Beisitzer könnte ich die Interessen meiner Kollegen aus der DDR wahrnehmen. Aber würde ich als zweiter Vorsitzender die nötige Stimmenzahl erhalten?

Dann brandete auf, was als »Schlammschlacht von Saarbrücken« Zeitungsseiten füllte. Böll wehrte sich: »Herr Engelmann, ich warne Sie!« Der »Gute Heinrich« nämlich sei eine zählebige Unkrautpflanze. Ferlemann mußte sich von Jürgen Fuchs belehren lassen, »Fünfte Kolonne« sei ein Begriff der Faschisten. Hitzer trug eine Warnung Hermlins weiter, würden ehemalige DDR-Autoren, »diese Ausreiser«, in den Vorstand gewählt, könnte das der Zusammenarbeit der beiden deutschen Verbände abträglich sein; Hermlin hatte sich gar dazu verstiegen, dies als friedensgefährdend zu bezeichnen. Ich fuhr Hitzer in die Parade. Wieder ging's ums Telegramm, in dem die Wiederzulassung *eines* Schriftstellerverbands angemahnt worden war; nach bissiger Streiterei wurde es schließlich von den Delegierten mit 23 zu 22 Stimmen abgelehnt.

In der ZEIT berichtete darüber Dieter E. Zimmer: »Wenn Engelmann spricht, glaubt man die gelassene, tiefe Stimme des Versöhnungsengels leibhaftig zu hören, für den es keinen Konflikt auf der Welt gibt, der unter nur halbwegs vernünftigen Leuten nicht durch eine konziliante Formel zu lösen wäre. Doch dahinter steht eine ebenso imposante Unfähigkeit, seinen Kritikern auch nur einen Millimeter entgegenzugehen, für ihre Motive ein wenig Verständnis aufzubringen. Diese Bockigkeit steckte offenbar eine Mehrheit des Verbands an. Sie führte dazu, daß fast zwei Jahre lang jede Erklärung ausblieb, die die Krise hätte entschärfen können; bis hin zu den *Kürbiskern*-Interviews machte fast jede Verlautbarung sie immer nur noch schlimmer.«

Wer traf sich mit wem in welcher Kneipe, wer schmiedete mit wem die Wahlstrategie für den nächsten Tag? Ingeborg Drewitz legte ihr Programm vor. Danach meldete sich Hans-Peter Bleuel, der bayerische Landesvorsitzende, zum Wort: Auch er wolle kandidieren, es sei doch nicht gut, wenn es nur einen Wahlvorschlag gäbe. Dann kreuzten die Delegierten an, und als ausgezählt war, hatten Drewitz und Bleuel jeweils 18 Stimmen bei 12 Enthaltungen. Die Überraschung war nach dem zweiten Wahlgang perfekt: Bleuel erhielt 19, Drewitz 18 Stimmen bei elf Enthaltungen. Der erste, der Bleuel lachend gratulierte, war Engelmann.

Blaß saß Ingeborg, das schmerzende Bein hochgelegt, stumm. Ich setzte mich zu ihr, schweigend. In der Pause danach erwogen Böll und Grass, ob es nicht besser wäre, ich verzichtete auf die Kandidatur. Nein, widersprach ich, ich hab das einmal angefangen und gehe stur weiter; wir werden denen doch nicht abermals kampflos den Verband überlassen!

Für einen der beiden Vize-Plätze bewarb sich nun plötzlich Gert v. Paczenzky, er nannte sich einen Engelmann-Freund und schaffte sofort die absolute Mehrheit. Vormweg, Kelter und ich blieben unter dieser Linie. Für den zweiten Wahlgang verzichtete Vormweg zu meinen Gunsten, ich erhielt mehr Stimmen als Kelter, der dann neben Karin Hempel-Soos, Renate Chotjewitz und Martin Buchhorn zum Beisitzer gewählt wurde.

Von einem perfiden Stimmzettelputsch wurde in der Folge geredet. Ingeborg Drewitz hat den Schlag, den ihr 19 plus 11 Delegierte versetzten, bis zu ihrem Tod nie verwunden. Im nachhinein wissen alle, daß mit dieser Wahl der Absturz des VS bis zur Bedeutungslosigkeit begann. Später ging er, von vielen namhaften Autoren verlassen, in der IG Medien auf. Da war er für die Öffentlichkeit uninteressant, politisch wirkungslos und für die Verleger kein Verhandlungspartner mehr. Von einer Delegierten, die damals Bleuel gewählt und unterdessen begriffen hatte, welcher Kurs von ihr da mitbestimmt worden war, hörte ich später, sie hätte Bleuel nur gewählt, weil ihr die arme Ingeborg mit ihrem schmerzenden Bein so unendlich leid getan hätte. Selbstrechtfertigung? Zynismus?

In unserem Büro in Stuttgart verteilten wir die Aufgaben. Ich nahm mir vor, ausgetretene Kollegen, die aus der DDR stammten, zur Rückkehr zu bewegen; bei keinem hatte ich Erfolg. Reiner Kunze antwortete mir: »VS – nein. Ich bin überzeugt, daß Du Nuancen bewirken wirst. Man wird auch bestrebt sein, bestimmte Fehler nicht zu wiederholen. Im Prinzip wird sich – so sehe ich das zur Zeit – nichts ändern. Mit meinem Wiedereintritt würde ich das legitimieren, um dessentwillen ich ausgetreten bin.« Auch ich hatte nicht vergessen, wie Kant, als Reiner Kunze aus der DDR gedrängt worden war, gehöhnt hatte: »Kommt Zeit, vergeht Unrat.« Mit diesem Kant hatte Engelmann Friedensworte gefunden, nun stand auch ich bereit, mit Kant zu verhandeln – Kunze blieb rigoros.

Für den August 1984 war zu einer Begegnung unter dem Titel »Freundbilder – Feindbilder« nach Kiel geladen worden, Journalisten und Schriftsteller aus allen Ostseeländern reisten an. Wir lebten in einer hitzigen Phase des Kalten Krieges, in der auf beiden Welthälften treff- und tötungssichere Raketen installiert wurden, der Doppelbeschluß – erst Aufrüstung, dann Abrüstung – hatte Gültigkeit. Alle Verhandlungen traten auf der Stelle. Daß da wenigstens Autoren über Mauern hinweg miteinander über den Frieden redeten, galt als Hoffnungsschimmer.

Für die Schriftsteller hatte Bleuel, für die Journalisten Eckart Spoo den Vorsitz inne. Am Vorabend beim geselligen Essen gewahrte ich aus den Augenwinkeln heraus Kant mit Bleuel und Engelmann im fröhlichen Gespräch. Am Morgen, ich ging gerade die leere Rathaustreppe hinauf, begegnete mir Kant. Ich sagte: »Guten Morgen, Herr Kant.«

Er streckte mir die Hand hin. »Sollten wir uns nicht mehr zu sagen haben als guten Morgen?«

Ich gab ihm die Hand, wiederholte: »Guten Morgen, Herr Kant«, und ging weiter.

Noch ehe wir begannen, wendete sich Bleuel an mich: »Du, der Hermann läßt fragen ... «

»Welcher Hermann?«

Also, Kant ließe frage, ob ich ihn angreifen wolle, dann werde er sich nämlich, da er nicht zu antworten gedächte, unter die Zuhörer zurückziehen. Ach, erwiderte ich, er solle sich getrost zu uns setzen, ich hätte nichts mit ihm vor.

Was sich dann abspielte, war über weite Strecken kindisch und langweilig. Die Abgesandten aus den Ostseeländern waren auf einen schlichten Nenner ausgerichtet: Die Russen sind gut, die Amis sind böse. Wenn der Moskauer Funktionär Michalkow äußerte: »In der Sowjetunion gibt es keine Zensur«, war noch nicht einmal jemand bereit, ihn auszulachen. Engelmann polemisierte gegen einen Offizier der Bundesluftwaffe, der bei einer Podiumsdiskussion in einer norddeutschen Kleinstadt geäußert habe: »Wenn uns der Russe wieder angreift, müssen wir abwehrbereit sein.« Aber hätten die Russen oder gar die Sowjets jemals die Deutschen angegriffen? Ein Schwede beklagte die U-Boot-Hysterie in seinem Land und hatte wohl schon vergessen, daß immerhin einmal ein Rotbanner-Boot auf den Schären gehockt hatte. Ein staatstreuer Pole empfahl den bundesdeutschen Journalisten, worüber sie schreiben sollten: Über die mühevolle Arbeit von General Jaruzelski und seiner Regierung, über die ihm ergebenen Gewerkschaften und nicht dauernd über diesen Walesa und das Kriegsrecht. Ich polemisierte, ob die polnische Presse wohl über den VS-Protest zugunsten des alten polnischen Schriftstellerverbands berichtet habe. Auch Drewitz versuchte, Pfeffer in die fade Suppe zu streuen. Erich Kuby schimpfte Lew Kopelew einen russischen Weihnachtsmann, der Krokodilstränen zugunsten des verbannten Sacharow vergösse.

Zwischendurch kam Bleuel zu mir. Der Steidl Verlag habe diese Tagung mitfinanziert, eine Broschüre mit allen Texten solle den Vorschuß wieder hereinbringen, und so bitte er mich, damit rasch kopiert werden könne, um meinen Beitrag. Gut, erwiderte ich, aber mein Text gilt so lange als gesperrt, bis ich ihn verlesen habe! Geht klar, erwiderte Bleuel.

Aber dann sah ich, daß Kant, der neben Bleuel saß, mit ernstem Gesicht auf Papier starrte, wurde argwöhnisch und strich hinter den beiden vorbei. Und siehe da, Kant las, was ich Bleuel zu treuen Händen gegeben hatte. Da tippte ich meinem Vorsitzenden auf die Schulter: »Eigentlich war das für dich bestimmt gewesen!«

In der Pause verteidigte sich Bleuel: Der Hermann müsse am Nachmittag fort – wohin? –, und da habe er, Bleuel, es für richtig gehalten, ihn zu informieren. Was ich zu sagen hätte, ginge ihn ja durchaus an, oder?

Kant ließ sich dann nicht mehr blicken. Am Abend las er zusammen mit einer Kieler Kollegin – ach nein, er bestand darauf, daß diese Veranstaltung als zwei im selben Raum aufeinanderfolgende Lesungen begriffen würde. DDR-Abgrenzungspolitik trieb lächerliche Blüten.

Am Nachmittag bot ich meinen Text:

»Die Schriftstellerverbände in den beiden deutschen Staaten haben ihre Büros jeweils in einer Friedrichstraße, in Stuttgart und in Berlin-Ost. Keine dieser beiden Straßen ist etwa nach Hölderlin oder nach Schiller benannt, schon gar nicht nach Engels, andere Friedriche gaben den Namen. Als ich kürzlich in der Friedrichstraße in Stuttgart einen Stuhl bekam, wollte ich mich über die bisherigen Verbindungen wenn schon nicht Bindungen zwischen den beiden Verbänden informieren – ich hörte, es gäbe keine diesbezügliche Mappe. Briefwechsel hätte bisher nicht stattgefunden, amtlich wenigstens nicht. Es war telefoniert worden, und wenn es Schriftwerk gegeben hatte, dann war das privat geblieben. Ein Postweg war noch nicht gefunden, die Entfernung unendlich.

Vertreter beider Verbände, oder doch Angehörige beider Verbände, schlichter gesagt: Schriftsteller von hüben und drüben hatten sich allerdings zu lautem und von den Medien verbreitetem Friedenswort getroffen. Es ging, es ging! Sie hatten die Abschaffung oder die Nichtaufstellung von Raketen gefordert, auf beiden Seiten oder auf der einen Seite nicht ganz so sehr, das war immer das Problem gewesen. Nichts sonst. Und eine Zeitlang waren sogar Stimmen laut geworden, man möge auf die Forderung nach Menschenrechten verzichten, wenn uns dafür weniger Raketen beschert würden. Das, sage ich, dürfen Schriftsteller nicht.

Politiker dürfen es. Sie müssen mit den Vertretern anderer, auch ganz anderer Staaten reden, damit zwischen ihnen nicht geschossen wird. Dabei verrenken sie sich bisweilen, es spielt eine Rolle, wer wen auf dem Flugplatz empfängt. Sofas werden hinaus- oder hereingetragen. Dann sind sie Politiker und keine Ideologen. Strauß und Honecker sprechen als Staatsmänner miteinander, nicht als Parteivorsitzende. Das eine darf zum

Einfädeln sein, das andere wäre undenkbar und wird von niemandem erwogen. Schriftsteller haben keine Kanonen hinter sich, sie sind ohn-mächtig im Sinne der Staatspolitik. Sie haben deshalb eine andere, leichter zu begreifende Moral. Wenn sie auf Menschenrechte verzichten, geben sie sich selber auf.

Es ist vorgekommen, daß sich Schriftsteller verstiegen zu lodernder Lächerlichkeit. Als aus den deutsch-deutschen Schriftsteller-Friedensgesprächen auch das letzte bißchen Luft gewichen, als der letzte Tropfen Angst- und Müheschweiß herausgepreßt war, als es schon hieß, stell dir vor, sie machen wieder einen Kongreß und keiner geht hin, da trafen sich die Vorsitzenden Engelmann und Kant in München und forderten unter Berufung auf ihre Titel (den besaß Engelmann nur noch komissarisch) die Weltgroßmächte auf, nun aber sofort und uneingeschränkt und ohne Widerrede mit dem Abrüsten zu beginnen. Da wird es den Großmächten aber angst und bange geworden sein! Den Brief werden sie sich aber nicht hinter den Spiegel gesteckt haben! Mit Friedensphrasen kann man auch das bißchen totreden, das zu machen möglich ist.

Die Schriftsteller, die in den letzten Jahren nicht einen Sprengkopf entschärfen, nicht einen Stahlhelm zum Kochtopf umschmieden und nicht einen Feldspaten zur Balkonharke umfunktionieren konnten, haben dennoch nicht umsonst geredet. Die Raketen stehen – was weiter? Und doch: Ihre Proteste, wenn auch in der Sache wirkungslos, sind, wie Rosa Luxemburg es formulierte, in den geistigen Gesamthaushalt eingegangen, sie haben Herzen gestärkt und Hirne angstärmer gemacht. So waren diese Proteste den Herzen anderer nützlich und machten ihnen Mut.

Meine Proteste sind auf kleinere, konkrete Ziele gerichtet. Das Telefon klingelt, mit ein paar Worten wird mir mitgeteilt, es werde Protest erhoben gegen die Verurteilung von ..., die noch immer anhaltende Haft von ..., die Verbannung von ..., es hätten sich bereits angeschlossen ... – und dann höre ich die Namen von denen, die immer dabei sind, verbunden mit der Frage: Schließen Sie sich an? Schließt du dich an? Ja, natürlich. Der Anrufer bedankt sich, ich sage: Das ist doch selbstverständlich.

Das steht dann in der Zeitung, ist im Radio zu hören. Manchmal kenne ich die Namen nicht von denen, deren Freilassung gefordert wird, eines Südafrikaners, eines Ukrainers. Ich kannte auch nicht den Namen eines Kollegen aus diesem Land: Peter Schult. Es ist so viel Selbstverständlichkeit dabei, daß mir meine Teilnahme schon schal vorkommt.

Es muß beides geben, das Verhandeln und den Protest. Einer, mit dem ich in Bautzen im Zuchthaus saß, wird seit zwanzig Jahren umgetrieben durch die Sorge um die, die immer wieder aus den gleichen Gründen eingesperrt werden wie wir damals. Auf seinem Schreibtisch stapeln sich Briefe, Berichte, Akten. Er sei ein kalter Krieger, hat er sich von manchen sagen lassen müssen. Er sagt von sich, manches Mal habe er den Finger auf Wunden legen können, die unbekannt waren: Da hatten beispielsweise DDR-Stellen erklärt, ein bestimmter Mann sei längst entlassen und daheim, und dann brachte er Zeugen: Noch immer schmorte der Mann in Cottbus im Knast.

Ich nenne den Namen des Arztes Karl-Heinz Bomberg. Er sang pazifistische Lieder, sang davon, was Menschen anderen Menschen antun, in der Türkei und in Afghanistan, in Südafrika und an der Grenze zwischen den beiden Deutschland. Karl-Heinz Bomberg sitzt seit einigen Monaten in der DDR in Haft. Es gibt Proteste, deren direkte Wirkung nicht nachweisbar ist, und ich maße mir nicht an, daß, wenn ich jetzt und anderswo diesen Namen nenne, Karl-Heinz Bomberg morgen abend auch nur eine Scheibe Blutwurst zusätzlich bekommt, von seiner Freilassung ganz zu schweigen. Zu den vielen mangelhaften Einrichtungen dieser Welt gehört der Protest der Ohnmächtigen. Aber ich weiß es noch: Als ich auf krausen Umwegen im Zuchthaus Bautzen erfuhr, daß Carola Stern, Ilse Spittmann, Heinrich Böll und Gerhard Zwerenz gegen meine Haft protestiert hatten, wurde mir das Atmen für ein paar Tage leichter.

Als die Stühle in der Friedrichstraße zu Stuttgart anders besetzt werden sollten, entwarf Stephan Hermlin ein Feindbild: Uns, die wir aus der DDR ausgereist seien, ginge es ja gar nicht um Frieden, das hätten wir ja auch erklärt, uns ginge es darum, die DDR zu eliminieren. Natürlich mußte er für diese Behauptung jeden Beweis schuldig bleiben. Nun sitze ich auf dem zweiten Stuttgarter Stuhl, und Hermann Kant hat hinzugefügt, er habe nie im Sinne gehabt, nicht mit mir zu sprechen, wenn es um den Frieden gehe, schließlich sei er ein politischer Mensch. Beifall!

Das Raketenthema ist ausgereizt bis zur letzten Karte. Wir können, und Ingeborg Drewitz hat das getan, eine Schulbuchkommission in beiden deutschen Staaten anregen, so wie es die Kommission zwischen Polen und der Bundesrepublik gibt. Wir könnten gemeinsam unsere Regierungen auffordern, auf militaristisches Gepränge, als da sind Große Zapfenstreiche und Paradegedröhn, zu verzichten. Wir könnten für das Verbot von Kriegsspielzeug, für die Ächtung der Kindererziehung zum Haß eintreten. Wir sollten Kollegen aus dem eigenen Land rügen, wenn sie sich gegen die Spielregeln der politischen Kultur vergehen. Ein Gericht in Hamburg hat es Joachim Seyppel untersagt, Hermann Kant einen Oberstleutnant des Ministerium für Staatssicherheit zu nennen, was er gewiß nicht ist. Es sollte Heinz Kamnitzer nicht erlaubt sein zu vermuten, wenn sich Westberliner Schriftsteller mit Kollegen, die die DDR verlassen haben, am Wannsee beraten, hier sollte irgendeine Endlösung, etwa die der DDR, beschlossen werden. Dies könnten Signale aus der Stuttgarter Friedrichstraße sein. Wir spähen nach östlichen Antwortzeichen aus.

Friedensgespräche um der Gespräche willen unter Ausschluß ehemaliger DDR-Schriftsteller aber und unter Ausklammerung der Menschenrechtsfrage wird es nicht geben. Dort liegt meine Grenze, und meine Vorstandskollegen aus Stuttgart sind sich mit mir darin einig. Nun möge niemand – Hermlin nicht und Kamnitzer nicht – daraus schließen, daß wir freiheitlich motivierten Kreuzzügen das Wort reden. Das hieße, uns das Wort im Munde zu verdrehen, nichts ist leichter als das, und manchem fällt es schwer, auf dieses Stilmittel zu verzichten.

Der VS-Vorstand in Stuttgart möchte für die Kollegen in Berlin-Ost berechenbar sein. Darin liegt seine Stärke. Wir verkennen nicht das Korsett unserer Kollegen aus Berlin, Hauptstadt der DDR. Friedliche Koexistenz zwischen unterschiedlichen Staaten hat sich die DDR-Regierung seit langer Zeit genehmigt. Doch ideologische Koexistenz ist unstatthaft. Strauß rein, Lindenberg raus – das ist klar begründet, keine Panik dieserhalb im Politbüro. Wir wollen, Hermlin und Kamnitzer seien unbesorgt, noch nicht einmal deren Korsettstangen verbiegen. Wir fragen noch nicht einmal: Fühlt Ihr Euch wohl darin?

Gelassen warten wir auf östliche Rauchzeichen.«

Wolf Scheller vom Westdeutschen Rundfunk sagte mir später, es habe sich eine Spannung über die Versammlung gelegt, als stünde eine Detonation bevor, und mancher habe geblickt, als wolle er mir an die Kehle springen. Aber Kant war ja nicht da, und Engelmann tat so, als hätte ich ihn überhaupt nicht erwähnt. Der Kongreß nahm sein Ritual wieder auf, Spoo geiselte den

Antikommunismus der Springerpresse: »Was ein Kommunist sagt, muß schlecht sein. Was er sagt, muß verkehrt sein. Was er denkt, muß böse sein. Wenn Erich Honecker sagt, daß es von oben nach unten regnet, dann kann das nicht stimmen. Als Besitzer eines klaren Feindbildes wissen wir: In Wirklichkeit regnet es von unten nach oben.«

Ein republikweiter Druckerstreik ließ gerade die Zeitungen schrumpfen, und so wurde wenig über die Kieler Tagung berichtet. Der Steidl Verlag annoncierte, im Oktober 1984 sollte ein Bändchen »Feindbilder« erscheinen, und nannte als Autoren Drewitz, Kant, Loest, Grass und Michalkow. Das war voreilig, denn Grass war nicht gekommen, und Kant hatte sich ausgeschwiegen.

Im Protokoll der nächsten VS-Vorstandssitzung hieß es: »Erich Loest gibt einen heiter-tragisch-komischen Bericht über die Kieler Veranstaltung aus seiner Sicht und wertet Kiel als schlichte Katastrophe. Solange er in diesem Vorstand säße, dürfe eine solche Sache nie wieder passieren. Er wirft dem Kollegen Bleuel vor, in diesen ›mechanistischen Ablauf‹ nicht eingegriffen zu haben. Völlig unnötig haben die Zeitungen den VS wieder in eine unsinnige Kommunismusnähe gerückt.«

Völlig unnötig? Unsinnig? Die Protokollantin hatte, glättend nach Art des Hauses, das Ihre beigesteuert.

2.

»Eines Nachmittags kamen die Amerikaner. Sie fingen drei Werwölfe, die auf einer Lichtung in der Sonne gesessen hatten. L. lag im Unterholz, sah Gamaschenschuhe ein paar Meter vor sich auf dem Weg, hielt die Maschinenpistole im Anschlag. Sein Herz klopfte, aber er tat nichts, das ohne Sinn gewesen wäre, und als die Amerikaner weitergezogen waren, als es wieder still geworden war im Wald, war er mit sich zufrieden: Sie waren von der Front überrollt, er war Werwolf, es gab kein Zurück.«

So steht es in »Durch die Erde ein Riß«. Dieser neunzehnjährige Narr Loest hatte auch noch im Mai 1945 Hitlers Krieg gewinnen wollen, mit knapper Not war er davongekommen. Das war nun vierzig Jahre her, die Welt bereitete sich aufs Jubiläum vor, der Kanzler tappte nach Bitburg, der Bundespräsident hielt eine weise Rede, man erinnere sich. Ich besann mich beklommen auf die Tage und Nächte im regenkalten Wald und auf die Todesangst, als die Amerikaner uns aus unseren Löchern jagten.

Meine beiden Kumpane von damals tauchten wieder auf, der eine wohnte in Aachen, der andere in Lemgo. Ich werde, sagte ich, die alten Löcher suchen, kommt ihr mit? Als ich dann loszog, waren nicht sie meine Begleiter, sondern Weidens Kulturamtsleiter, ein Buchhändler und ein Journalist. Von der Straße Schönsee-Eslarn führte ein Weg in einen Grund hinab. Da stand eine Mühle, berichtete ich ihnen. Es gäbe zwei Mühlen, erwiderten sie.

Auf einer Hochfläche stellten wir das Auto ab, ich betrachtete Gehöfte, Waldstücke und eingeschnittene Täler. Ich dachte mir: Als die Amerikaner witterten, daß sich hier Werwölfe verborgen hielten, lag es auf der Hand, daß es nur in dieser oder der anderen Schlucht sein konnte.

Wir stießen auf einen Hohlweg. Ich wußte mit einem Schlag: Hier waren zwei Pferde mit mir durchgegangen, als ich Waffen und Verpflegung in den Wald gekarrt hatte; um ein Haar wäre ich vom Kutscherbrett geflogen. Da links ging's zur Mühle. Da war der Floßgraben, der um einen Berg herum geführt worden war. Jetzt ragte Hochwald, vor vierzig Jahren hatten wir uns hier im Dickicht eingegraben. Da die Straße, da eine Weggabel – hier, sagte ich, muß es gewesen sein.

An einer Stelle war das Gras heller, da war ein Rechteck zu erkennen, einige Zentimeter tiefer der Waldboden. Der Buchhändler hatte einen Spaten dabei und grub. Vermodertes Stangenholz förderte er zutage, damit hatten wir unsere Fuchslöcher abgedeckt. Wie fühlen Sie sich denn? fragten die drei. Beschissen, antwortete ich.

Am 8. Mai 1985 kamen wir ein zweites Mal in diesen Grund, der Bürgermeister, Journalisten und ein Filmteam des Bayerischen Rundfunks waren dabei. Für den Abend war eine Lesung in Schönsee angesetzt, ich bot Stellen aus meinem Buch, die Jungen fragten: »Als Sie damals gezwungen wurden...« Nein, sagte ich, ich habe das alles freiwillig gemacht.

Ich hatte den Ablauf dieses Tages so gewollt und mich davor gefürchtet. Ich las: »In dieser Nacht sank die Temperatur unter den Gefrierpunkt; es fiel ein wenig eisvermischter Schnee. Sie wagten sich nicht in die schützenden Täler, weil sie fürchteten, sie könnten einen ihrer Kameraden verfehlen. Sie froren bis ins Mark hinein und ersehnten in jeder Minute das Ende dieser höllischen Nacht. Als es hell wurde, strich ein Aufklärungsflugzeug über die Wipfel, sie hatten den Eindruck, über ihnen bliebe es fast stehen.«

Ja, sagte ich, ich habe der Nazipropaganda bis zum letzten Tag geglaubt. Hinter den Schülern und Lehrern saßen ältere und alte Männer, schweigend. Ich hoffte, einer ergänzte meinen Bericht, wir hatten ja damals Verbindung zum Förster oben an der Straße und zu Waldarbeitern gehabt. Wußte denn keiner, was mit den etwa vierzig anderen Werwölfen geworden war, die nicht durchgebrochen waren? Waren sie niedergemacht worden? Aber wo liegen dann die Gräber? Nie hat sich einer bei mir gemeldet, auch nicht, als ich wiederholt darüber schrieb, nicht, als der im Wald von Schönsee gedrehte Film im Fernsehen gezeigt wurde. Für mich bleiben bis heute vierzig Männer wie vom steinigen Erdboden nahe der böhmischen Grenze verschluckt.

Die Jungen fragten, die Alten schwiegen ihr beinhartes Bauernschweigen. Allmählich kam ich mir wie der einzige blöde Nazi vor, den es am 8. Mai 1945 noch gegeben hat.

Als wir nach Weiden zurückfuhren, war ich zu Tode erschöpft. Wir redeten nicht, ich fiel ins Bett. Ich hatte nach Schönsee gemußt, und diesen Tag hatte ich mir selber ausgesucht. Nun war ich dort gewesen.

3.

Was tat ich als Verbandshäuptling noch? Mit Zwerenz fuhr ich zum Karl-May-Verlag nach Bamberg, um aus der Beute der Schmid-Brüder Bares für notleidende Schriftsteller, die aus der DDR, insonderheit aus Sachsen vertrieben worden waren, abzuzweigen. Denn Karl May hatte testamentarisch verfügt, nach Versorgung seiner Witwe und milder kleiner Gaben an entfernte Verwandte sollte der Erlös seiner Werke armen Kollegen zugutekommen, damit sie es nicht so schwer haben sollten wie er in seinen Anfangsjahren. Auf Goldstaub und Nuggets hofften wir aus den Schmid-Beuteln, und wußten von vornherein, daß dort juristisch alles wasserdicht war: Verlag und Stiftung waren barsch getrennt worden, die Stiftung war in der DDR verblieben und alles Verlagsrecht nach Bamberg ausgewandert. Auf Milde hofften wir, nicht auf Verbrieftes. Einen Förderpreis von zehntausend Mark im Jahr wollten wir den Schmids einreden, den die natürlich von der Steuer hätten absetzen können, wir wollten sie loben und preisen als Wohltäter an darbenden sächsischen Dichtern, doch der Sprecher der Familie, ein berühmter Schachmeister, dirigierte uns ins Patt. Später wurden noch unfreundliche Briefe gewechselt, das Unternehmen verwehte wie eine Spur Kara Ben Nemsis im Wüstensand.

Die Post brachte Gedichte, Romane und Filmentwürfe, mancher wollte mir sein aufregendes Leben schildern, auf daß ich darüber schriebe – ich mußte antworten: Nein, ich kann Ihnen keinen Verlag empfehlen, ich weiß nicht, wer das drucken könnte und habe selbst Stoff genug. Das kostete Zeit. Schlimmer war das Wissen, Hoffnungen zunichte machen zu müssen. Die Zahl derer, die aus Herzenslust und Geltungssucht zum Stift oder zur Schreibmaschine greifen, war auch in der DDR groß, ich hatte viele in Zirkeln und Arbeitsgemeinschaften und am Literaturinstitut kennengelernt und bisweilen betreut. Keine Altersstufe und kein Bildungsgrad schützt vor diesem Urverlangen, ihm unterliegen mehr Frauen als Männer und mehr Unglückliche als Glückliche. Wieder steckte ich in diesem Teufelskreis.

Da geriet eine bissige Bemerkung aus der WELT vom 19. März 1985 auf meinen Tisch. Ergrimmt und erschrocken las ich:

»Ausgerechnet der Druckerstreik deckte ein gnädiges Tuch darüber, d. h. kaum eine Zeitung konnte seinerzeit berichten über die Kieler Tagung des gewerkschaftseigenen Schriftstellerverbandes VS zum Thema ›Feindbilder‹ im Sommer 1984. Es handelte sich um eine der üblichen ›Freundschaftsveranstaltungen‹, mit hymnischem Sowjetlob und ungehemmtem Antiamerikanismus, dargeboten von den üblichen Rednern, von Bert Engelmann und Erich Kuby bis zum eigens aus Moskau angereisten Sowjet-Propagandisten Sergej Michalkow und zum ›DDR-‹Schriftstellerpräsidenten Kant. Eine kleine Störung der Eintracht hatte es gegeben, als das VS-Mitglied Erich Loest einen Beitrag ablieferte, der quer zur Masse der übrigen lag, nämlich auch gegenüber dem Osten Kritik übte. Immerhin, man hatte Loest ausreden lassen, und als später Engelmann, Hans-Peter Bleuel und Eckart Spoo darangingen, die Kieler Reden als Buch erscheinen zu lassen (im Gerhard-Steidl-Verlag, Göttingen), ging Loest ohne weiteres davon aus, daß auch seine Intervention aufgenommen werden würde, zumal er das Manuskript ausdrücklich bei Bleuel abgeliefert hatte und dieser ihm daraufhin einen Verlagsprospekt zusandte, in dem Loests Name sogar im Untertitel prangte.

Aber Loest denkt und Bleuel lenkt. Jetzt ist das Buch erschienen, aber was nicht darin enthalten ist, ist die Rede von Erich Loest .,..

Oder wollte man sich nur einen Spaß mit ihm machen? Schließlich ist der Steidl Verlag der Verlag des Politgraphikers Klaus Staeck, der für derlei Späße immer gut ist, besonders wenn es sich um solche Karpfen im Hechtteich handelt, wie Loest vielleicht einer ist.«

Tags darauf begann eine Delegiertenkonferenz des VS in Stuttgart, denn eine neue Geschäftsführerin sollte gewählt werden. Fröhlich begegnete mir Bleuel, und als ich ihn fragte, ob er gelegentlich die WELT lese, antwortete er mit einem unbefangenen Nein. »Da lies mal ausnahmsweise.« Er wurde blaß.

Zensur oder nicht, das wurde nun zum Thema dieser Tagung, die Wahl der neuen Geschäftsführerin geriet zum Zweitgeschäft. In den Pausen wurde getuschelt: Und wenn wir Bleuel bei dieser Gelegenheit kippten? Ich fragte zurück: Wer macht's dann? Denn für ein konstruktives Mißtrauen hätten wir einen Kandidaten aufbieten müssen. Das wäre nach dem Eklat von Saarbrükken eine handfeste Gegenintrige zu nennen gewesen.

Bleuel bekannte, sich um den Fortgang der von ihm mitverantworteten Broschüre nicht gekümmert zu haben. Er zieh sich der Schlamperei, allerdings hätte er nicht einmal die Druckfahnen bekommen. Das stellte sich später als unzutreffend heraus – also, er, Bleuel, hätte schludrig und verantwortungslos gehandelt, das müsse er auf sich nehmen und bereue es, aber den Zensurvorwurf weise er zurück. Engelmann wählte eine ebenso gelangweilte wie salbungsvolle Tonart: Er hätte sich gar nicht mehr um die Sache gekümmert, das hätten andere gemacht, er wäre lange weggewesen. Zensur? Aber er doch nicht, und aber wieso denn?

Später war der Vorfall Gegenstand einer Vorstandssitzung, in der v. Paczensky nicht zu erkennen vermochte, was es den Verband überhaupt anginge, wenn ein Mitglied gegen ein anderes Zensur ausübe. In der »feder«, dem Verbandsorgan, schilderte ich den Vorgang aus meiner Sicht und schloß so: »Der Karpfen ist ein Friedfisch, mit ihm verglichen zu werden, hat nichts Schimpfliches. Für jemanden allerdings, der mich nach abgeschmacktem Zensurrezept verspeisen möchte, kalt und sittenwidrig mit dem Messer, erkläre ich mich als unverdaulich.«

Neben diesem Widerwort erklärte Bleuel: »Da ich meiner Namensnennung als Mitherausgeber des Bandes ›Feindbilder‹ auf Bitten des Verlages zustimmte, hätte mir nicht entgehen dürfen, daß Erich Loests Beitrag zu der Tagung in Kiel darin nicht aufgenommen wurde... Einer Entscheidung, auf diesen Beitrag – aus welchen Gründen immer – zu verzichten, habe und hätte ich nie zugestimmt, wenn mir eine solche Überlegung je bekannt geworden wäre. Es war mein Fehler, Vertrauen in das Selbstverständliche nicht durch Kontrolle zu rechtfertigen. Dafür entschuldige ich mich bei Erich Loest.«

Gelassen sah es Engelmann: »Erich Loest beschwert sich zu Unrecht: die Anthologie ›Feindbilder‹ ist, worauf im Vorwort ausdrücklich hingewiesen wird, keineswegs eine vollständige Wiedergabe der auf der Kieler Tagung gelieferten Beiträge. Nur etwa die Hälfte davon konnte darin aufgenommen werden. Loests Beitrag war – als einziger von denen der deutschen Teilnehmer –

bereits in der ›feder‹ abgedruckt worden. Er konnte deshalb von der Redaktion um so besseren Gewissens weggelassen werden, als Loests Standpunkt bereits von anderen, u. a. von Ingeborg Drewitz, hinreichend vertreten wird. Hans Peter Bleuel war übrigens an der Auswahl überhaupt nicht beteiligt, sowenig wie ich. Wir wollen aber gern dafür sorgen, daß die schon in Vorbereitung befindliche 2. Auflage von ›Feindbilder‹ um Loests Beitrag ergänzt wird. Jeder kann dann selbst beurteilen, ob mit der Weglassung in der 1. Auflage tatsächlich die behauptete unzulässige Zensur geübt werden sollte.«

Spoo beurteilte das ganze so: »Der Redakteur des Buches ›Feindbilder‹ hat mir ebenso wie den anderen Mitherausgebern rechtzeitig die von ihm vorgenommene Textauswahl übermittelt. Das Buch ist, wie ausdrücklich im Vorwort bemerkt, keine Dokumentation der Kieler Tagung. Es umfaßt manche Beiträge dieser Tagung, aber auch ganz andere Texte. Apropos ›Zensur nach Ostberliner Muster‹; Der einzige Teilnehmer aus der DDR, der auf der Tagung sprach, hat mit seinem Beitrag ebenfalls keinen Eingang in das Buch gefunden. Ich war und bin mit der Textauswahl zufrieden.«

Gerhard Steidl, der Verleger, hätte allerhand beizutragen gehabt. Denn er war bei seiner Finanzhilfe durchaus davon ausgegangen, daß eine Dokumentation geliefert und keine Auswahl getroffen werden sollte. Als er während der Lektoratsarbeiten feststellte, daß Wortbeiträge fehlten, hatte Spoo ihm vorgeworfen, es käme einer Zensur gleich, wenn der Verlag in das Manuskript der Herausgeber hineinredigieren würde. »Der einzige Teilnehmer aus der DDR, der auf der Tagung sprach«, war ein langweiliger bis trotteliger Gewerkschaftsapparatschik gewesen; sein Genuschel zu verschweigen, hatte schon wieder barmherzige Züge. Nun gab es Gerangel hinter Verlagstüren, Steidl weigerte sich, die Broschüre weiter zu vertreiben, und zu einer zweiten

Auflage, in die Engelmann meinen Text »gern« aufgenommen hätte, kam es nie.

Der Zensurvorwurf ließ Spoo lange nicht ruhen. Noch auf dem nächsten, dem Berliner VS-Kongreß, verteilte er ein 10-Punkte-Memorandum. Ich hab's gleich weggeschmissen. Die Atmosphäre im Vorstand war trüber denn je. Mein Elan hatte einen Dämpfer bekommen.

Vehement bereitete Bleuel eine mehrtägige Veranstaltung in München vor, auf der in Lesungen und Foren die Literaturentwicklung in der Bundesrepublik von Anfang an geschildert werden sollte. Wer hatte diese und jene Epoche mitbestimmt, wer lebte noch, wer würde berichten können und wollen? Renate Chotjewitz schlug vor, Zwerenz zu einem Vortrag zu bitten, denn wir waren übereingekommen, auch Schriftsteller, die dem VS nie angehört hatten oder ausgetreten waren, einzuladen; vielleicht ergab sich so erneute Kollegialität. Wir stimmten ab: Alle waren für Zwerenz.

Bei nächster Gelegenheit informierte ich ihn: Du, Bleuel wird dir schreiben, halte dir diesen Termin frei. Vier Wochen später fragte Zwerenz bei mir zurück – galt meine Nachricht noch? Bei der nächsten Sitzung hakte ich nach: Wir hatten doch einen Beschluß gefaßt – was war damit? Bleuel zeigte sich leicht verlegen: Er war noch nicht dazugekommen zu schreiben.

Er schrieb auch nie. Ziemlich spät rief er bei Zwerenz an und bat ihn zu keinem Referat, wie beschlossen, sondern zu einer Lesung am Rande. Das lohnte für Zwerenz den Aufwand nicht. Ich sah es so: Bleuel hatte unseren Beschluß unterlaufen. Ein Telefonat kann man im nachhinein immer so oder so werten. Der Engelmanngegner Zwerenz jedenfalls blieb draußen.

Renate Chotjewitz und ich fühlten uns brüskiert. Ich absolvierte in München meine Lesungen und hielt mich im übrigen zurück. Die Veranstaltung wurde für

Bleuel zum Erfolg und festigte sein Ansehen. Es war wohl das beste, was er während seiner beiden Wahlperioden auf die Beine stellte. Der Verband bekam nach langer Zeit wieder lobende Schlagzeilen. Sollte Bleuel über seine Zeit als Vorsitzender berichten, dürfte er von nun an meine mangelnde Mitarbeit beklagen, und er hätte dabei recht.

Endlich sollte es zu einer Begegnung der beiden deutschen Verbandsspitzen kommen. Kant und zwei Vorstandsmitglieder wollten uns besuchen, als Tagungsort war ein Gasthof südlich von München ausersehen. Dort hätten sich Engelmann und Kant schon einmal getroffen, hörte ich, es wäre dabei zu Übereinkünften gekommen, der Boden sei also günstig für neue Aktivitäten. Da rief kurz vorher die Geschäftsführerin an: »Erich, du hast doch nichts dagegen, wenn Bernt mit hinkommt?«

»Welcher Bernt?«

»Engelmann.«

Ich war baff. In unsere Beratungen?

Neinnein, in die offiziellen Beratungen nicht, aber am Rande? Mal abends?

Mir lief es über den Rücken. In welches Licht geriet ich denn da! Der unter Turbulenzen abgewählte Ehemalige kam durch die Hintertür wieder rein? Ich wollte unmißverständlich sein: »Unter keinen Umständen!«

Da passierte große Politik: Honeckers Besuch in der Bundesrepublik war schon terminiert, als er sich durch Äußerungen vom rechten Unionsflügel brüskiert fühlte und absagte. Nun meinten wir, auch Kant und Co würden in dieser kalten Zeit die Berührung meiden. Da kam ein Telegramm: Es bleibt dabei.

Am Vorabend traf ich Bleuel und v. Paczensky in München. Zwei Stunden lang blieben die beiden bei diesem Thema: Aber Bernt hätte doch seine Verdienste! Aber man könnte Bernt doch nicht einfach fallen lassen!

Natürlich sei nicht daran gedacht, Bernt zu den Beratungen zu bitten, aber wenn er des abends auf ein Bier käme? Und Bernt hätte uns doch alle für einen Abend zu sich nach Hause geladen, es wäre ja nicht weit nach Rottach-Egern.

Sobald Engelmann, beharrte ich, diesen Gasthof betritt, reise ich ab. Ich kann euch nicht hindern, ihn abends daheim zu besuchen, aber ich werde nicht dabei sein. Das, meinten meine beiden Partner, verstünden sie nun überhaupt nicht. Ob ich denn unter keinen Umständen einer Einladung Bernts folgen würde? Warum nicht, erwiderte ich, aber nicht mit Kant.

Kant brachte seinen Vize Holtz-Baumert und den Sekretär Henniger mit. Ihn kannte ich aus alten Leipziger Tagen, er war Kulturbundfunktionär gewesen. Schlaff war sein Händedruck; bis zur Abreise gelang es ihm, mich weder mit Sie noch mit du anzureden. Sofort eröffneten uns die Genossen, aus Termingründen könnten sie nicht drei Tage bleiben, am nächsten Morgen müßten sie zurück.

Beim Frückstück redeten wir über Biersorten, dabei war uns Henniger haushoch überlegen. Dann begann die sozusagen offizielle Beratung. Zunächst begehrte Kant zu wissen, ob die Friedenspolitik, die mit Engelmann auf so gutem Wege gewesen wäre, auch vom neuen Vorstand fortgesetzt werden sollte. Das versicherten wir. Aber dieser Friedensgespräche wegen wäre er doch wohl gestürzt worden? Das stellten wir in Abrede, ums Telegramm an Jaruzelski wäre es gegangen – das Klima drohte frostig zu werden.

Ich drängte zur Sache: Was könnten die Verbände denn nun miteinander auf ureigenem Felde säen? Ingeborg Drewitz habe nach bundesdeutsch-polnischem Muster eine gemeinsame Schulbuchkommission angeregt, um Feindseliges auszumustern – wie wäre das? Da bestand Kant auf ideologischer Sauberkeit: Er werde sich nicht abhalten lassen, einen imperialistischen Feind fürderhin einen Feind zu nennen, und außerdem sei derlei nicht das Aufgabengebiet des Schriftstellerverbandes der DDR, sondern des Ministeriums für Volksbildung. Zweiter Vorschlag: In Leipzig bestünde das Institut für Literatur. Immer einmal hätte ich von meinen neuen Kollegen gehört, sie wären interessiert, dort die Arbeitsweise kennenzulernen – wie wäre es mit einem Austausch? Zwei von uns für zwei Wochen dahin, zwei von euch beispielsweise in unser Übersetzerhaus an den Niederrhein oder ins Dichterhäusle nach Stuttgart? Zwar, erwiderte Henniger, pflege sein Verband zum Literaturinstitut nützliche Verbindungen, aber das Haus unterstünde nicht ihm, sondern einem Staatssekretär – nein, für diesen Vorschlag seien er und seine Kollegen nicht die richtige Adresse. Lesungen hier, Lesungen da – das bewege sich gedeihlich im kommerziellen Rahmen, mußten wir hören, und dabei sollte es bleiben. Auch zur Leipziger Messe sei ja der eine oder andere Schriftsteller aus der Bundesrepublik aufgetreten. Handlungsbedarf könnte der DDR-Verband auch dort nicht erkennen.

Mit weiteren Vorschlägen stießen wir ins Leere, endlich fragte ich ernüchtert, was denn nun die Kollegen von drüben ihrerseits an Ideen einzubringen hätten. Kant antwortete, solange es kein Kulturabkommen gäbe, würde die Bestrebung in diese Richtung durch alles, was wir vorgeschlagen hätten, unterlaufen. Schließlich könnte jemand sagen: Bitte, wir brauchen dieses Abkommen gar nicht, es geht doch auch so. Dann sprach Kant den Kernsatz: »Der Verband der BRD ist offensichtlich an einer Zusammenarbeit weit stärker interessiert als wir.«

Danach hätten wir uns wieder dem Gespräch über Biersorten widmen sollen. Gert v. Paczensky entwarf einen Plan, daß sich aus jedem europäischen Land ein prominenter Schriftsteller an sein Staatsoberhaupt mit der Forderung wenden sollte, den Raketen eine Absage zu erteilen, also Grass an Weizsäcker, Kant an Honecker, wer an Frau Thatcher? Das schleppte sich hin, dann aßen wir Mittag, dann gingen wir spazieren. Ich fragte, wie es denn Strittmatter gesundheitlich ginge. Dann aßen wir Abendbrot. Ich fragte Kant nach den Schmerzen in seinem Arm nach dem schrecklichen Autounfall, nach Operationen und Hoffnungen. Großes Interesse fand v. Paczensky mit den Schilderungen seiner Arbeit als Kritiker von Feinschmeckerlokalen und Cognaksorten für die Zeitschrift »Essen und Trinken«. Jedem der Gäste schenkte er fünf DM, damit sie sich während ihrer Rückreise im Münchener Hauptbahnhof die begehrte Schrift kaufen könnten.

Am nächsten Morgen reisten die drei ab; wir beratschlagten noch, was wir mit dem Gastgeschenk machen sollten. Es war dies die Kunststoffimitation einer alten Berliner Kachel, vorne drauf ein großer weißer Stern mit dem Preußenadler, wie wir ihn von Abbildungen des Alten Fritz kennen. Plastik und Preußen vereint zu einem Stück Kitsch – es wird wohl ins Verbandsbüro nach Stuttgart gelangt sein. Vielleicht liegt es ganz hinten in einer Schublade. Bei einem Aufräumen wird es jemand in den Sperrmüll werfen, nicht ahnend, daß er damit das einzig Bleibende jener Begegnung einer kopfschüttelnden Nachwelt entzieht.

Und dann? Dann fuhren Bleuel und Kelter zum Verbandsbesuch nach Moskau, ohne mich, den Ostbeauftragten des Vorstands, überhaupt zu benachrichtigen oder zu konsultieren. In unseren Sitzungen bildete sich immer stärker Polarität heraus: Bleuel, v. Paczensky und Kelter gegen Chotjewitz, Hempel-Soos, Buchhorn und mich. Einmal stellte sich heraus, daß Bleuel, der oft klagte, wie ihn die Vorsitzendenbürde in den finanziellen Ruin treibe, von der Gewerkschaft jeden Monat ein kräftiges Honorar bezog, um dafür die Geschichte eben dieser Gewerkschaft zu schreiben. Das betrachteten manche als dem Amte schädliche Abhängigkeit, aber Bleuel überstand auch diese Turbulenz. Der nächste Kongreß in Berlin wurde vorbereitet, Kant sollte eingeladen werden, der äußerte sich in der UZ, dem DKP-Organ, hämisch und verletzend über ausgebürgerte DDR-Autoren. Ich forderte Bleuel auf, Kant so lange nicht zu bitten, bis eine Kärung herbeigeführt sei, darüber setzte sich Bleuel hinweg. Ich fand, eigentlich müßte ich nach dieser Brüskierung zurücktreten, mochte das aber zwei Wochen vor der Wahl nicht tun.

Im Schöneberger Rathaus wetterten Bleuel und v. Paczensky gegen mich und Buchhorn; Renate Chotjewitz hatte schon die Segel gestrichen. Ich hörte mir das alles an, manchmal holte ich Kaffee für Buchhorn und mich. Kollegen kamen: Das darfst du dir nicht gefallen lassen! Ich zuckte die Schultern. Bleuel gewann die Wahl gegen Anna Jonas; v. Paczensky, der eben noch gelobt hatte, nicht wieder zu kandidieren, tat das doch und trat kurz darauf aus Gesundheitsgründen zurück. Kelter war wieder voller Ehrgeiz dabei, nun auch Max von der Grün, nun auch Angela Hoffmann.

Radioleute wollten Kommentare, ich sagte kein einziges Wort. Karin Struck fragte mich, was ich tun wolle, ich antwortete: meinen Schreibtisch aufräumen.

Daheim merkte ich, wie erschöpft ich war. Ich schrieb kaum und redete wenig, sagte Lesungen ab und nahm keine neuen an. Papier war wegzuwerfen. Dabei spürte ich den Gründen nach, die mich in dieses Abenteuer getrieben hatten und hätte gern gewußt, ob der Erfahrungsgewinn höher läge als das Opfer an Zeit und Energie. Für die Lehren hatte ich jedenfalls kräftig gezahlt.

Wieder traten Schriftsteller aus dem Verband aus, ich blieb. Es würden andere Vorstände kommen und mit ihnen vielleicht meine Stunden.

Im Herbst 1987 brachte mir meine Mitgliedschaft noch einmal Aufregung und Verdruß. Der Verband der DDR lud zu seinem Kongreß nach Ostberlin unsere Vorsitzende Anna Jonas »und ein weiteres Verbandsmitglied«. Da Anna Jonas verhindert war, sollte ihr Vize Joseph Reding fahren, dazu, so der Vorstand einmütig, ich. Das Für und Wider wog ich ab – wie würden mir meine alten Freunde und Feinde begegnen? Zum ersten Mal nach fast sieben Jahren sollte ich die Personenschleusen des Bahnhofs Friedrichstraße passieren. Reding würde Begrüßungsworte sprechen, ich, seine Delegation, bliebe im Hintergrund. Aber wenn uns Weggetriebene einer anpinkelte im Stil Hermlins? Da mußt du durch, sagte ich mir. Wenn du im Saale sitzt, wird das diese Bedeutung haben: Seht her, das Schlimmste ist vorbei, wir wechseln keine Bruderküsse, aber wir hauen uns auch nicht mehr verbal in die Fresse. Loests Kommen bedeutet einen Schritt auf einander zu, dem andere Schritte folgen sollen.

Zwei Wochen brauchten der VS der DDR und seine Übergeordneten, ehe sie eine Antwort fanden. Dann schrieb Kant: »Liebe Frau Jonas, wir bedanken uns für Ihre freundlichen Kongreßwünsche und bedauern, daß wir noch nicht das Vergnügen haben werden, Sie kennenzulernen. Was nun Erich Loest angeht, den Sie uns zu Ihrem Ersatz anbieten, möchten wir doch auf seinen Besuch verzichten.«

Nun fuhr natürlich auch Reding nicht.

Als nach der Wende in der DDR ein Außerordentlicher Kongreß zusammentrat, bekam der Antrag, eine Arbeitsgruppe zur Erforschung der Verbandsgeschichte einzusetzen, 146 Zustimmungen, 107 Ablehnungen und 53 Enthaltungen – ein schandbares Ergebnis, nach dem der Verband sich eigentlich mangelnder Würde wegen sofort hätte auflösen sollen. Von dieser Gruppe unter Leitung des unerschrockenen Heinz Kahlau wüßte ich gern, wer damals bei diesem Entscheid alles mitgemischt hat.

In einem Brief an Grass erklärte sich Kant später so: »Erich Loest ist im bösen Streit aus unserem Verband ausgetreten. Seinerzeit hat er am Kongreß, zu dem ihn sein Bezirksverband delegieren wollte, nicht teilnehmen mögen. Er hat uns ein ganzes Buch und unzählige Erklärungen nachgerufen, die alle von schärfster Ablehnung des Schriftstellerverbandes der DDR durchdrungen sind. Aus dieser Ablehnung heraus ist er einer der eifrigsten Wortführer gegen die zaghaften Kooperationsversuche zwischen VS und unserem Verband gewesen. Ganz fraglos war er auf diesem Gebiet ein Aktivist der Nichtverständigung.«

Ich versuchte ein Resumeé: Zu 65 Prozent war ich auf dieses Abenteuer gespannt gewesen, zu 35 Prozent hatte ich mich vor ihm gefürchtet. Oder war es umgekehrt?

Im Brief Kants an Grass hatte auch dieser Satz gestanden: »Die Ablehnung des von Anna Jonas vorgeschlagenen Loest-Besuchs geht ganz auf meine Kappe.«

Manchmal wird einem viel später von einem Recht gegeben, an dem man sich gerieben hat. Als die DDR Ulbrichts und Honeckers in Scherben gefallen war, am 2. März 1990, war in der Westfälischen Rundschau zu lesen: »Nach dem Urteil des stellvertretenden Vorsitzenden der IG Medien Detlef Hensche haben bundesdeutsche Gewerkschafter in der Vergangenheit ihre Kritik an Zuständen in den osteuropäischen Ländern bei weitem nicht entschieden und öffentlich genug vorgetragen. Es habe, sagte Hensche gegenüber der WR, generell eine Hemmschwelle gegeben, die negativen Erscheinungen des real existierenden Sozialismus deutlich herauszustellen. Die Überlegung sei gewesen, daß man den Verdacht des Antikommunismus und den Vorwurf habe vermeiden wollen, ›man tute ins gleiche Horn wie Springer und Strauß‹.

›Das war ein Fehler‹, räumte Hensche jetzt selbstkritisch ein. Man habe damit der schwachen Opposition drüben nicht geholfen und sich obendrein dem Verdacht der Kumpanei mit den dort Herrschenden ausgesetzt. Die Debatte über die ›Perversitäten des realen Sozialismus‹ hätte schon viel früher öffentlich geführt werden müssen. ›Diesen Schuh werden sich bei uns viele anziehen müssen. Der IG-Chemievorsitzende Hermann Rappe nicht, aber ich‹, sagte der bisher zum linken Flügel der Gewerkschaften gerechnete Hensche. In diesem Zusammenhang nannte er auch die jahrelangen schweren Auseinandersetzungen innerhalb des Schriftstellerverbandes VS. Die oft überzogen klingende Kritik daran, daß der VS zu schonend mit dem DDR-Schriftstellerverband umgegangen sei, habe ›auch ihre Berechtigung‹ gehabt.«

Das »auch« darfst du streichen, Kollege. Fuchs und Biermann, Schädlich und Schacht und wie viele andere hatten noch im kleinen Finger mehr Gefühl für die und das da drüben, als du und Ferlemann in euren Köpfen. Und Engelmann? Und Spoo?

10. KAPITEL

Osnabrück, Südafrika und nahebei

1.

Ich hatte mein Hobby zu meinem Beruf gemacht und genoß beider Freuden. Nach einer Weile des Durchatmens wurde ich wieder zu Lesungen eingeladen, nun kamen dreißig Zuhörer anstelle von fünfzehn. Örtliche Presse berichtete, manchmal signierte ich drei, manchmal zehn Bücher. »Es geht seinen Gang«, »Swallow« und »Durch die Erde ein Riß« erschienen als Taschenbuch. Wenn über uns Vertriebene berichtet wurde, war mein Name meist dabei. Sarah Kirsch, Kunze, Kunert hieß es da, Jurek Becker und der und die – »und andere«. Ich bedachte, wie es mir wohl bekäme, ich wäre stets bei den anderen.

»Völkerschlachtdenkmal« sollte verfilmt werden, darüber wurden Gespräche in Hamburg geführt. Dieter Meixner war dort der Beherrscher, ein Mann meines Alters und meiner Erfahrung. Er delegierte das Unterfangen an einen quirligen Dreißiger, der mit mir den Rahmen absteckte. Ein Vertrag wurde geschlossen, ich begann zu fabeln: Fredi Linden wird von seinem Vernehmer befragt, da fliegen Gedanken zu Bildern auf; österreichische Divisionen reiten an, Probstheida brennt. Hitler schleicht von hinten ans Denkmal, Bomben fallen. Ulbricht und Fröhlich befehlen, die Universitätskirche zu sprengen, endlich kommt Honecker, der kleine Saarpreuße, ins Geschehen. Und wieder Fredi, sein Vater steigt mit ihm auf die Denkmalskrone, und Fredi schreit: »Ich seh die ganze Welt!« In Farben und Bewegungen löste ich meine Worte auf, bot dreißig Seiten an, um zu hören, ob ich auf richtigem Wege sei, und der überbeschäftigte Dramaturg schrieb: Jaja, nur weiter so! Ich baute Szenen und schickte wieder, doch da kam ein Brief voller Entsetzen zurück: Um Gottes willen, das kostet ja Millionen!

Wir trafen uns zum klärenden Gespräch. Mein Partner gab knirschend zu, meine erste Sendung wohl, da gerade auf dem Weg nach irgendwohin, zu oberflächlich angeschaut habe. Überdies gäbe es im Sender neue Überlegungen und vor allem eben weniger Geld. Kein Kostümfilm, kein Historienschinken! Kammerspiel bitte, schade, jaja. Ich erwiderte, das wäre gegen die Verabredung, deshalb stiege ich aus. Nun hatten aber die Hamburger bereits einen Regisseur gewonnen, Peter Deutsch, auch aus der DDR stammend, der sich bereiterklärte, das Unterfangen auf Sparflamme weiterzuköcheln – Deutsch war frisch im Westen, er brauchte den Auftrag. Frostig war die Atmosphäre, jeder grollte dem anderen. Nun lauten Verträge ja gemeinhin nicht so, daß ein Autor beharren kann: So keinesfalls! Ich hatte Rechte abgetreten, die Verfilmer durften beinahe alles anstellen, was sie wollten. Einiges Geld hatte ich schon für mein Entwerfen eingeheimst, dabei sollte es bleiben; das übrige erhielt Deutsch für sein Streich- und Flickwerk.

Mürrisch polte ich mein Denken auf den neuen Roman um. »Zwiebelmuster« sollte er heißen und das Problem Nummer eins der DDR-Bürger dieser Jahre, das Reisen- oder besser Nichtreisenkönnen nach Westen, zum Thema haben.

Gelegentlich drang ein Wörtlein übers eingedampfte Filmgeschäft zu mir, so, daß für die Rolle des Sprengmeisters Linden der Schauspieler Heinz Schimmelpfennig gewonnen worden wäre, ein, wie man in der Branche urteilte, großer Mann für zweite Rollen; sein Gesicht und seine Statur waren mir wohlbekannt. Schimmelpfennig wendete seine ganze Kraft auf, und so kam doch noch ein Film zustande, der nicht durchfiel. Ganz zuletzt sollte er von neunzig Minuten auf siebzig zusammengeschnipselt werden, diesen Anschlag wies Deutsch ab, und dann erlebte ich die Umsetzung meines Produkts und war begeistert von Schimmelpfennigs Mimik und Sprechen; zum eigentlichen Spielen blieb ihm wenig Raum. So manche Szene war gestückelt, gehäckselt fast jeder Gedankengang. In der DDR waren viele gespannt, nun wenigstens den Film zu sehen, da sie schon das Buch nicht lesen durften. Ich hörte, daß etliche abschalteten, da ihnen Zusammenhänge unklar blieben. Ein bebildertes Hörspiel stellte die zufrieden, die den Roman genau kannten.

Das Presse-Echo blieb knapp und mäkelnd. Immerhin hielt eine Jury den Film für würdig, mit dem Jakob-Kaiser-Preis ausgezeichnet zu werden. So flog ich nach Berlin, um ihn aus den Händen der innerdeutschen Ministerin entgegenzunehmen. Dort sagte ich: »Es ist kurios: Zu den Fenstern dieses Ecksaales hier im ehemaligen Reichstagsgebäude äugte ich hinauf, wenn ich einen Bittgang zum Büro für Urheberrechte der DDR da drüben tun mußte, jenseits der Mauer, da unten. Man könnte einen Stein hinüberwerfen, so nah ist das, oder besser natürlich ein gut verpacktes Buch, ›Völkerschlachtdenkmal‹ zum Beispiel, das mir die in diesem Büro da niemals als DDR-Erscheinung genehmigen würden. Damals schaute ich über die Mauer hinauf und sah oben auf dem Eckturm die Bundesfahne. Das werden Sie mir alle glauben: Heute geht es mir hundertmal besser.

Ich wurde einmal im Leseland DDR – so genannt von denen, die dort die Erlaubnis zu lesen erteilen oder verweigern – ins Zuchthaus gesteckt, weil ich für die Veröffentlichung der Werke von Kafka, Proust und Joyce eingetreten war. Heute müßten wir andere Namen nennen, meiner wäre darunter. Kaum sind fünfundzwanzig

Jahre verstrichen, schon erscheint die ›Blechtrommel‹ – das läßt hoffen! Viele Bücher haben es noch immer schwer; Leser in der DDR müssen findig sein und waghalsige Freunde haben, um das lesen zu können, wonach Herz und Hirn begehren. Wellen und Strahlen haben es leichter; vor ihnen mußten die Wahrheits- und Kunstzuteiler der DDR längst kapitulieren.

Nicht alle, die in der Bundesrepublik an den Medienschalthebeln sitzen, wissen über ihre prinzipielle Bereitschaft hinaus, wie wichtig ihre tägliche Arbeit für die da drüben ist. Wäre den Zeit- und Geldzumessern des Norddeutschen Rundfunks klar gewesen, wie wichtig ›Völkerschlachtdenkmal‹ für den Mitteldeutschen ist, sie hätten anderswo gespart. Nicht der Regisseur ist schuld, daß es in der Verleihungsurkunde mit Recht heißt, die Produktion habe filmische Möglichkeiten nicht genutzt. Peter Deutsch zählt nicht zu den Ausgezeichneten. Dabei war er es, der den Karren weitersteuerte, als ich schon abgestiegen war, als ich beharrte: Nicht eine Geschichte von anderthalb Jahrhunderten mit anderthalb Schauspielern in siebzig Minuten!

Der Erfolg hat viele Väter. Heute gratuliert mir der Intendant des NDR und fügt an, er freue sich, daß der Preis an eine Produktion aus seinem Hause gefallen sei. Hätte sich nicht Heinz Schimmelpfennig mit Kraft und Anteilnahme ins Zeug gelegt, wäre das ganze schief gegangen. So wird jedermann Verständnis haben, daß ich ihn nach dem Modell eines weithin bekannten sächsischen Schriftstellerkollegen als Carl Friedrich Vojciech Felix Alfred Heinz Schimmelpfennig rühme und in den begehrten Rang eines Sachsen ehrenhalber erhebe.«

Da freute sich der Mime, und die Ministerin lachte. In mir sind Stachel geblieben und ein Wunsch: Daß »Völkerschlachtdenkmal« noch einmal verfilmt werde, und diesmal nicht unter der Ägide von Leuten, deren Herz für ganz anderes schlägt, sondern von einem, der in

Leipzig gelebt und gelitten hat, von Egon Günther vielleicht, der nun in München wohnt. Die DEFA könnte den abgetriebenen Sohn fragen: Wie hättest du's denn gerne, zwei- oder dreiteilig wie andere deiner Produktionen? Und ich möchte mit ihm zum Denkmal stapfen und sagen: Egon, der Tunnel der SS war genau hier. Jedoch: wie lange gibt es die DEFA noch?

Weiter schrieb ich am »Zwiebelmuster«, es ging mir von der Hand. Bei Hoffmann und Campe war nach längerer Leerzeit wieder ein Manager bestallt worden, er kam vom Fernsehen; Verlagserfahrungen besaß er nicht. Mit ihm schloß ich einen ordentlichen Vertrag, dann ging alles wie gewohnt und gehabt, mein Lektor ließ sich portionsweise schicken, was entstanden war, er besuchte mich ebensowenig wie der Verlagseigner, der versicherte, dazu würde es nun aber mal Zeit. Das Buch wurde gedruckt und durch Vertreter den Buchhändlern empfohlen oder auch nicht, die orderten die erwartete Anzahl, Loestfreunde kauften, ich las in Bad Harzburg und Salzuflen, in Glasgow, Toulouse und Gernsbach im Schwarzwald, es erschienen Kritiken in vermuteter Zahl und lobten mich, wieder ins volle DDR-Leben gegriffen zu haben. Das Buch wurde ein normaler Erfolg ohne Turbulenz, eine Buchklubausgabe folgte nach, die Taschenbuchrechte wurden verkauft, jemand erwarb die Filmrechte und verhökerte sie weiter, ohne daß ich dabei auch nur konsultiert worden wäre. Ich wurde auf keine Gefühlshöhen hinaufkatapultiert, wurde weder verdächtigt noch verrissen. Bekömmlicher Schriftstelleralltag war mir vergönnt, und ich rieb verwundert die Augen, daß meine Muse auch solches in ihrem Füllhorn für mich bereit hielt. Was meinem Helden Hans-Georg Haas geschah in diesem fernen Land DDR, das erfüllte den bundesdeutschen Leser mit angenehmem Gruseln, denn es passierte weit weg. Selber war man frei, vom Problem sowieso und dadurch gottlob auch von Schuld; ändern konnte man ohnehin nichts. Ach ja, die armen Schwestern und Brüder! Manchesmal nach einer Lesung fragte mich jemand, was man denn am besten in ein Paket hineintäte, das man nach drüben schickte, denn satt würden doch die Leute inzwischen, oder? Ach, Spargel auch? Haben die denn keine leichten Böden? Doch, sagte ich leise und traurig, die haben sie.

Nur einmal mußte ich mich »Zwiebelmusters« wegen erbosen: als der Film fertig war. Er war gedreht worden, ohne daß ich auch nur mit einem Sterbenswörtchen befragt worden wäre. Ich kannte den Drehbuchautor nicht, hatte die Regisseurin nie gesehen und weigerte mich erfolgreich, mir ihren Namen zu merken. Da meinte schließlich einer der ZDF-Mitmacher, ich hätte doch wohl nichts dagegen, wenn der Titel geändert würde. Jemand könnte bei »Zwiebelmuster« vermuten, es handle sich um einen Sachfilm über die Meißner Manufaktur, aber von »Man kann nicht alles haben« verspreche man sich im Mainzer Sendehaus eine fettere Einschaltquote. Sofort mobilisierte ich allen Zorn und drohte mit Anwaltsschritten. Ein Mainzer erfand nun gar den wirklich guten Untertitel »Wenn einer keine Reise tut...«. Dann wurde gesendet, und obwohl ich verschiedentlich getönt hatte, ich würde mir den Film nicht anschauen und erst einmal bei Freunden Erkundigungen einziehen, ob ich ihn meiner Gesundheit zumuten könnte, trieb mich blanke Neugier an den Bildschirm. Und siehe da, das Werk war so übel nicht. Manches hätte ich mir unerbittlicher gewünscht und einen Part über saufende und fressende NVA-Offiziere liebend gern drin gehabt, aber ich konnte mir denken, was mir die Regisseurin zugestöhnt hätte: Herr Loest, bei meinem Etat? Denn auch »Zwiebelmuster« war ein Billigfilm. Zimmerschlachten dominierten; von Westberlin, dem Drehort, war das Team noch nicht einmal an die Ostsee gefahren, um Hafen, Strand und Schiffe ins Bild zu bringen. Es hatte sich mit einer Baustellenpfütze und einem Kinderspielschiffchen begnügt.

2.

Ich buhlte nicht um Osnabrück und hätte kaum gewußt, wie man das macht. Ein neues Buch stellte ich jeweils in einer Familienbuchhandlung vor; sie hatte mich zuerst eingeladen, als mit mir kein Blumentopf zu gewinnen war. Dort traf ich allmählich auf einen festen Stamm. Ein kunstsinniges Ehepaar öffnete sein Haus für abendliche Lesungen vor Freunden. Bei diesen herzlichen Menschen führte ich leider den Spitzel »Bernd« ein, der, angeblich aus beruflichen Gründen auf der Reise nach den Niederlanden, für ein paar Tage in Osnabrück Station machte, bei mir und später bei ihnen wohnte und sich dafür bedankte, indem er nicht nur über mich, sondern auch über sie seitenlange Berichte in der »Runden Ecke«, dem Leipziger Stasiquartier, ablieferte. Duzfreundschaft wurden zwischen ihnen geschlossen, der Besuch in Leipzig erwidert, auch »Bernds« Frau war *sehr nett* – das alles ist so unappetitlich wie nur möglich.

Osnabrücks Universität blieb mir verschlossen, eine Gastdozentur bekam ich nicht dort, sondern in Paderborn; ich las über Fühmann, den ich »Bruder Franz« nannte. Vielleicht war meine Zeit in OS zu kurz? Man avanciert sicherlich nirgends zum Ortsdichter, wenn man nur für ein paar Jahre hereinschmeckt und auch davon noch die halbe Zeit herumreist. Zu Festen in kostbare Häuser wurde ich geladen, da wurde geschmaust – auf Rote Grütze verstehen sie sich dort –, getrunken und getanzt, ich aber war froh, wenn ich jemanden traf, mit dem ich mich in eine Ecke hocken und über die

Zeitläufte spintisieren konnte. Noch immer fuhr ich nicht Auto und spielte nicht Tennis, das schloß mich aus vielen Gesprächen aus.

Da feierte ein Bekleidungskaufhaus sein fünfzigjähriges Jubiläum mit Sonderverkäufen und ganzseitigen Annoncen im Ortsblatt, mit Fahnen und Luftballons über dem Dach. Fünfzig Jahre vorher schrieb man das Jahr 1936, auch in Osnabrück eine braune Zeit. Das Haus stand damals schon, nicht so blitzend, noch nicht mit Rolltreppen. Vor fünfzig Jahren wurde dieses Haus »arisiert«. Das alles war dokumentiert: wer verkaufen mußte und mit nackter Haut davonkam, wer sich das Haus für einen Pappenstiel unter den Nagel riß – damals waren Preise von zehn bis fünfzehn Prozent des Wertes üblich. SA-Männer standen vor dem Geschäft mit Schildern: Kauft nicht beim Juden!

Ich saß dabei, als sich Frauen und Männer der Friedensinitiative ereiferten. Einer verwies auf einen Katalog: In der Dominikanerkirche war 1980 die Ausstellung »Osnabrück, 1200 Jahre Fortschritt und Bewahrung« gezeigt worden. Dokument 337: Ein Brief der NSDAP, Gauleitung Weser-Ems, an den Regierungspräsidenten von Osnabrück, betreffend: »Entjudung der deutschen Wirtschaft«. Diese Firma tauchte darin auf.

Was war zu tun, wer sollte es tun? Einen Artikel der »Neuen Osnabrücker Zeitung« anbieten? Den Kaufhausbesitzern zurufen: Stellt das Feiern ein? Unser Protest wird sowieso nicht gedruckt, sagte jemand, angesichts der Annoncen, die das Kaufhaus dort immerzu aufgibt. Aber ein Artikel der Friedensinitiative wurde nicht geschrieben, der Versuch nicht gemacht. Ein Leserbrief, der Leitartikel des kleinen Mannes, hätte Osnabrück gut gestanden, doch niemand hat ihn abgeschickt.

Ich schrieb einen Kommentar für den Deutschlandfunk. Dieser Sender wurde in Osnabrück nicht sonderlich gut und deshalb wenig gehört. Da gerade läutete das Kaufhaus den Schlußspurt ein; der »Neuen Osnabrücker Zeitung« lag Glanzpapierenes bei: »Seit fünfzig Jahren für Sie im Dienst der Mode!«

Ein Dutzend Mal hatte ich Bemerkungen im »Deutschen Allgemeinen Sonntagsblatt« untergebracht; mein Text über die Feierei wurde anfänglich wegen Platzmangels abgelehnt und erst nach Beschwerde beim Chefredakteur gedruckt. Osnabrück wurde mit einer Mehrheit von einer Stimme von CDU und FDP verwaltet; auch bei der Opposition von SPD und Grünen erregte ich keine Zustimmung. Käufer von auswärts belebten das Wirtschaftsgeschehen, die Notwendigkeit, Parkhäuser zu bauen, wurde offensichtlich, und, das war die Heilige Kuh, Arbeitsplätze blieben gesichert. Und dann gab es noch diesen Moralisten von außerhalb.

Hin und wieder auf Tagungen und Buchmessen begegnete mir Dieter Zimmer vom ZDF, Leipziger wie ich. Ob ich denn nicht einmal einen Filmtext über Osnabrück schreiben wollte, fragte er mich. Ich kenne die Stadt doch kaum, gab ich zu bedenken, erst drei, vier Jahre lebte ich dort und wäre zwischendurch viel auf Reisen gewesen. Aber Zimmer ließ nicht locker. Tja, sagte ich endlich, wenn von meinem Verwundern und meiner Fremdheit, meinen Fragen und Einsprüchen die Rede sein dürfte, etwa so: Ein Sachse in Osnabrück? Und Zimmer erwiderte: Genau das!

So schrieb ich über meine Ankunft im März 1981 auf dem Bahnhof von OS und was danach gekommen war: Von Naseweisen würde ich bisweilen gefragt, ob man denn als Schriftsteller in Osnabrück leben könnte, und dann antwortete ich: Osnabrück hat einen Bahnhof, von dem man fortfahren kann. Man kann aber auch zurückkommen. Im Vorjahr machte ich mich zu 73 Lesungen auf – das soll weniger werden. Letztens wurde der Bahnhof renoviert, sauber ist er, ich finde ihn schön. Immer stehen Taxis davor. Der Leipziger Bahnhof war meist dreckig und die Schlange vorm Taxistand quälend lang.

Als ich hierherkam, sagte ich, war ich fünfundfünzig. Da hat jeder sein größtes Stück Lebensgeschichte weg, die Kinder sind groß, die Enkel geboren, man hat Siege gefeiert und Knüppel ins Kreuz gekriegt. Das Wort Heimat ist dann besetzt. Ich erwarte nichts Unmögliches von Osnabrück. Zuverlässige Freunde nahmen mich auf und gaben sofort Geborgenheit; längst nicht alle, die zwischen Deutschland und Deutschland umgetrieben wurden, fanden sich so behütet. Später ist mir allerhand nachgereist, Bilder, Bücher, das Familienalbum, die Hochzeitstruhe der Urgroßmutter, gut für Manuskripte. Um mich, um meinen Schreibtisch hab ich das alles aufgebaut, aufgehängt. Eine Decke wärmt mich, die hat meine Mutter gestrickt. Ich ordne Briefmarken, mein Vater hat die Sammlung begonnen.

Nach drei Minuten bin ich in Schrebergärten, nach einer Viertelstunde im Wald. Der streckt sich bis zur Nachbargemeinde, von dort schaue ich ins Wiehengebirge. Es ist lieblich gewellt wie die Umgebung von Mittweida, alle paar hundert Meter wechseln Feld und Wald und Wiese, Dörfchen und Gehöfte sind eingesprenkelt. Düster liegt im Süden der Teutoburger Wald, fichtenbewachsen, steilhängig wie's Erzgebirge.

Ein Straße schneidet durch den Wald, kürzlich wurde sie durch Leitplanken gesichert. Man kann drübersteigen, dann muß man aufpassen, daß man zwischen den jagenden Autos zwei Lücken koordiniert. Es wird schrecklich viel Auto gefahren hierherum. Einmal erklärten mit dort Polizisten, dies sei eine Schnellstraße, das überqueren zu meinem Allerbesten verboten. Aber wie ich denn nun in den Wald da drüben kommen könnte – tja, da müßte ich einen Bogen schlagen, ein Kilometerchen nach jeder Seite.

Osnabrück ist eine dem Sportler freundliche Stadt. Ich meine nicht gelöhnte Sportler, Fußballprofis. Die gibt es auch, und natürlich war ich dort. Ihr Arbeitsplatz ist eine Festung, umwehrt von Stahl und Stacheldraht, von Hunden geschützt. Seit dem Blutbad von Brüssel – als Zugabe wurde »gespielt« –, seit einer Fernsehdebatte darüber ist bei mir ein Satz haften geblieben: Menschen in Panik fliehen nach rechts unten. Panikwissenschaftler urteilten so, sie brachten gar nicht erst Beispiele, mühten sich nicht zu beweisen. Sie wissen: Menschen in Panik fliehen nach rechts unten, deshalb müssen dort Türen und Lücken in den Sperren geschaffen werden. Eingekeilt in einem Stadion werde ich immer denken: Was ist rechts unten? Klug geworden, werde ich wohl nach links oben fliehen. Aber von dort pressen die anderen, Entsetzen in allen Gliedern.

Osnabrück besitzt eine Eislaufhalle; mit Ausnahme eines Sommerlochs ist sie drei Viertel des Jahres geöffnet. Leipzig kennt so etwas nicht. Osnabrück verfügt über etliche Tennishallen, Leipzig nicht über eine einzige. Denn Tennis war lange Zeit keine olympische Disziplin, Weltmeisterschaften gibt es nicht und damit nicht die Möglichkeit, daß die Fahne der DDR an einem Siegesmast hochstieg. Freilich, wäre dort aus dem Amateurgrau unversehens ein Boris B. erwachsen, wäre im Nu um ihn herum eine Halle gebaut worden, und selbstverständlich die beste der Welt.

Durch Gärten streune ich oft zum Platz von Schinkel 04. Da wird Fußball gespielt auf drei Plätzen gleichzeitig, um Punkte in niederen Klassen geht es, aber vor allem um Spaß, Gesundheit und Durst. Da hört man noch den Trainer seine Klugheiten schreien: Harry, dekken, verdammt noch mal! Da ruft eine Mutti: Sven, Sven, mach's alleine! Kleine Türken treten das Leder, Mädchen auch, Türkenmädchen nicht. Ich lehne an der Barriere wie ganz früher bei »Germania Mittweida«, und auch bei »Lok Leipzig« durfte man in den fünfziger Jahren bis an die Eckfahne heran. Ich muß ja nicht bis zum Schlußpfiff bleiben. Eine Wurst, ein Bier am Stand, ich höre zu, was andere reden. Luft, unter mir die Stadt, drüben der Teutoburger Wald.

Zweihundert Meter entfernt liegt die Schwimmhalle. Sie wurde gebaut, als das Geld reichlich war und das Öl fast nichts kostete. Hoch ist sie – was da an Luft geheizt wird. Riesig sind die Scheiben, vom Wasser aus sehe ich die Wolken treiben. Für wenig mehr als zwei Mark hänge ich meine Klamotten in den Schrank, dusche und schwimme eine halbe Stunde. Hinter mir wird dann auch noch saubergemacht. Nie habe ich auch nur eine Minute warten müssen. Dieses Gedränge dagegen in der Schwimmhalle im Oktoberbeton in Leipzig, dieser Krach. Ins Schinkelbad darf ich auch samstags und sonntagmorgens rein. Da hätte der DDR-Bürger Zeit. Da bleibt seine Halle geschlossen.

Mit dem Intendanten des Theaters redete ich, was wohl anzuspinnen wäre zwischen uns beiden. Von einer Idee erzählte ich ihm, die mir gekommen sei, als ich im Teutoburger Wald wanderte. Dort war ja die Schlacht zwischen Hermanns Büffelhorntruppe und den Römern, keiner kann mehr nachweisen wo, und die Detmolder mit ihrem Denkmal sollten ganz still sein. Nun wirkte in Osnabrück um die letzte Jahrhundertwende ein gewisser Knoke, Gymnasiumsdirektor war er und Hobbyausgräber; wo Rechteckiges in der Landschaft zu ahnen war, ließ er stochern. Er fand so manches Mittelalterliche, aber keinen einzigen Römerknochen, von einem Legionsadler zu schweigen. Bei Iburg sei die Schlacht gewesen, so seine Theorie.

Da keimte in mir eine Idee zu einem Roman, einem Hörspiel oder auch einem Theaterstück. Römerforschung und ein verschluckter Frosch und eine Baubrigade aus der DDR, eine kleine Stadt mit ihren Parteiklüngeln – »Froschkonzert« sollte das Unternehmen heißen. Der Intendant fand die Idee so lustig wie ich. Ich sollte einen Versuch wagen, ein Dramaturg sollte mich hilfreich begleiten.

Eine Filmmannschaft rückte an, dann drehten wir auf dem Bahnhof und an meinem Schreibtisch, in der Landschaft, in der natodrahtbewehrten Festung des VfL Osnabrück und in der Fußgängerzone vor jenem einst »arisierten« Kaufhaus, und ich sagte in Kamera und Mikrofon hinein: »Das Feiern verlief strahlend und einträglich, in Osnabrück selbst ohne das Wölkchen eines Protests, ohne ein aufklärendes Widerwort. Niemand sagte: Nach fünfzig Jahren ist *nicht* alles vorbei! Das demokratische Osnabrück über die Parteien bis ins Rathaus hinein hat versagt.«

Mit meinem Filmtext wurde auch ein Buch, ergänzt durch Fotos eines Osnabrückers, herausgebracht, beide erschienen unter dem Titel »Ein Sachse in Osnabrück«. Das örtliche Monopolblatt brachte Leserbriefe barsch ablehnenden Inhalts. Der Kritiker des Ortsblattes bemäkelte, daß das Viertel, in dem er wohnte, unerwähnt blieb – ich kam nicht dahinter, ob das ironisch gemeint war. Die SPD-Abgeordnete meines Stadtteils schrieb mir einen begeisterten Brief, und die Fußballer von Schinkel 04 luden mich zum Schoppen. Alles in allem, an die Herzen der meisten Osnabrücker hatte ich mich nicht herangeschrieben.

3.

Mein sechzigster Geburtstag nahte; ich hatte mir eingebildet, Hoffmann und Campe sollte ihn mit einem Buche würdigen, das nicht unbedingt ein Verkaufserfolg werden müßte; der Verlag sollte meine Reiseberichte bündeln. Denn über Irland und die Schlösser der

Loire, über Marseille, Florenz, Venedig und Wien hatte ich für ZEIT und Süddeutsche Zeitung geschrieben, und einiges über Polen und Böhmen, übers Erzgebirge und Mecklenburg lag noch aus einem früheren Leben vor. Mein Lektor war dafür, der Kassenwart dagegen, und die Zeit verstrich. Ich mahnte: Bis August müßt ihr euch einig sein! Im Juli gab ich zu bedenken, es gäbe noch andere Verlage außer dem Haus an der Alster. Derlei Zwistigkeiten sprechen sich mit Windeseile herum, manchmal hat man sogar den Eindruck, es sei neben dem Bücherverkauf das Hauptbestreben der Branche, derlei zu kolportieren, dem Tratsch den Gegentratsch entgegenzusetzen. Der hat dort gekündigt und geht dorthin, die kommt mit der nicht zurecht und kehrt dahin zurück, während der...

Als sich in Hamburg nichts rührte, trat ich in München ans Krankenbett des Albrecht Knaus, der nach einer Meniskusoperation darniederlag. Mein Leid klagte ich, und der Alterfahrene, der selbst einmal die Geschicke von Hoffmann und Campe gelenkt hatte, bis er einen Verlag unter eigener Regie gründen konnte, der inzwischen unter dem Bertelsmanndach florierte, ließ sich berichten und fragte sogleich: »Und was haben Sie sonst vor?« An einem Roman werkelte ich, erzählte ich, der am Teutoburger Wald spielte, um einen Frosch gehe es, um Parteigezänk und eine Baubrigade aus der DDR, um deutsch-deutschen Alltag und ein Stück braune Vergangenheit auch. Der Plan erfreute Meister Knaus, er fügte an, nun möchte er aber nicht nur den Reiseband, sondern auch den Roman, und wir verabredeten einen Doppelvertrag.

Da war die Lehrerin von außerhalb, ein Junge fragte bei einer Wanderung: »Was geben Sie mir, wenn ich diesen Frosch hier verschlucke?« Ohne Nachdenken kam die Antwort: »Zehn Mark«, und schon war das Frevelwerk getan. Parallel dazu entwarf ich das Stück und ließ mich vom Dramaturgen beraten: Längere Szenen müßte ich schreiben, auf der Bühne dürfe es nicht so hektisch zugehen wie im Film. Jedes Theater plant seine Spielzeit, und so stand der Premierentermin schon fest, ehe der letzte Dialog ausgefeilt war. Da beging ich einen Fehler. Ich dachte: Lieferst dein Produkt ab und redest danach den Theaterprofis nicht rein, wie sie es inszenieren und spielen sollen. Und ich fuhr nach Südafrika.

Ich hatte gemeint, ich müßte die ganze Welt kennenlernen, und als mich nach einer Lesung ein Oberstudienrat fragte: Herr Loest, wollen Sie mal nach Südafrika? antwortete ich: Warum nicht? Er kenne den Organisator einer südafrikanisch-deutschen Kulturvereinigung, erfuhr ich, streng unpolitisch sei das Unternehmen, der könne mir Wege öffnen. Wir verabredeten Lesungen an Universitäten, ich kaufte mir eine Flugkarte und wechselte DM in Rand. Ein bißchen was würde ich für die Lesungen bekommen, nahm ich an, auch gelegentlich eingeladen werden, alles andere aus eigener Tasche bezahlen, so daß niemand sagen könnte, ich ließe mich vom Apartheitregime aushalten.

Es war ein anstrengender Flug, dann holte mich der Sekretär jener Kulturvereinigung ab. Er habe sechs Brüder, eröffnete er mir, die mich alle kennenlernen wollten. So begann eine dreiwöchige Reise von Johannesburg und Pretoria bis hinunter nach Durban am Indischen Ozean. Nicht eine Mahlzeit und keine einzige Übernachtung bezahlte ich aus eigener Tasche, ich war Gast dieser Familie, deren Vorfahren um 1860 nach Südafrika ausgewandert waren, später bei einem Professor, seit fünfzehn Jahren im Land, ich sah bizarre, bezaubernde, berauschende und angstmachende Landschaften, wohnte bei Apartheitsbefürwortern und blanken Nazis (»Ich habe eine weiße braune Weste!«) und mußte Tag für Tag Widerwärtiges schlucken. Sollte ich mich, vor ein paar Tagen eingeflogen, als Besserwisser aufspielen?

Meist war es so wie an diesem Nachmittag:

Über dem Armaturenbrett des Mercedes einer besseren Klasse hatte sich der Farmer einen Höhenmesser anbringen lassen; so las ich ab, wie wir hinabsanken von tausend Metern bis zum Meeresspiegel. Das Auto sei in Port Elizabeth montiert worden, hörte ich, nur das Getriebe stamme noch aus dem schwäbischen Stammwerk. Die Straße war vortrefflich, von mitteleuropäischen Asphaltpisten unterschied sich nur der tröpfelnde Verkehr – was würde preschen an diesem Sonntagnachmittag, ginge es zum Bodensee hinunter. Alle zwei, drei Minuten überholten wir einen Pickup oder einen VW-Bus, vollgepackt mit Schwarzen, noch seltener einen Lkw. Die Schilder ließen 120 Stundenkilometer zu, das probate bei diesen Kurven, vor den Kuppen, und eine Spielerei für des Farmers Gefährt.

Maisfelder, Zuckerrohr, Kiefern. Ein Farmer hatte seine Streifen rechts und links mit Blumenrabatten verschönt, da begann die Nutzfläche eben fünfzehn Meter weiter von der Fahrbahn ab, Platz ist ja. Hin und wieder begegneten wir einem Trüppchen von Schwarzen, das von irgendwoher kam und irgendwohin ging. Auf der Landkarte war die Straße mit einem grünen Strich vermerkt, das hieß wie daheim auch, daß es Schaulust bedeute, auf ihr zu rollen. Der Blick sprang auf ein acht, zehn Kilometer breites Tal mit einem Stausee weit unten. Doppelt so viel Wasser sollte darin sein, seit Jahren hatte es zu wenig geregnet. In den letzten Tagen prasselte fast täglich ein Gewitter; der Niederschlagsmesser, der in jedem Garten hängt, zeigte Beute an, und von einer Farm zur anderen wurde telephoniert: Wieviel hat es bei euch gegeben? Sieben Millimeter, neun, dreizehn gar. Wenn es nur ohne Hagelschlag abgeht, wenn nur Wolkenbrüche nicht die Ackererde fortschwemmen!

Sechshundert Meter Höhe – ob ich's an den Ohren merke, fragte der Farmer. Da hinten zwischen Hügelketten, dunstverhangen, sei schon das Meer zu erkennen. Manchmal wies die Landschaft einen Hauch von deutschem Mittelgebirge auf, von Harzvorland oder niederer Eifel, freilich mußte man sich die Kiefern in Fichten umdenken. In der Ferne ragten karstige Wände, oben abgeflacht – es gibt nicht nur den berühmten Berg von Kapstadt, sondern viele Tafelberge; das Wasser hat sie herausgewaschen wie den Lilienstein und den Königstein in der Sächsischen Schweiz. Baumgruppen, ähnlich Buchen und Eichen daheim, aber es waren Eukalyptusbäume, die Rinde blätterte ab, weiß leuchteten die Stämme. Vor hundert Jahren habe es hier keinen richtigen Baum gegeben, erfuhr ich, nur Dornenzeug. Der Wald war das Werk des weißen Mannes, man mußte es nicht dazusprechen.

Die Strecke ostwärts von Durban gilt weltweit als Korrosionstestgebiet, was hier nicht rostet, rostet nirgends. Unter Palmen prunken Ferienpaläste in Parks, hinter Mauern wie an der Riviera, dazu Hotels, Appartementburgen, Tennisplätze. Alle Straßen, Rasenflächen, Vorgärten, überhaupt alles ist sauber, sauberst, da stört kein welkes Blatt, alles wirkt porentief rein. Dort hatte mein Farmer vor kurzem eine Ferienwohnung gekauft. Natürlich waren wir in einem für Weiße bestimmten Gebiet, und natürlich hatten Schwarze für all die unübertreffliche Sauberkeit gesorgt.

Feucht war die Luft, daß mir schon nach wenigen Schritten im Sand der Schweiß ausbrach. Meterhoch rollten Wellen an, brachen sich. Jungen warteten die Ausläufer ab, hechteten drüber. Das probierte ich ihnen nach und wurde auf den Sand geschleudert, ans Ufer gespült wie eine Gliederpuppe. Dann der Sog, die nächste Welle. Das reißt an allen Gelenken, massiert alle Muskeln, läßt den Atem schneller gehen. Unter der Dusche hatte ich lange zu tun, ehe ich den Sand aus Badehose und Haar, alles Salz von der Haut gerieben hatte.

Die Ferienwohnung lag parterre in einem vierstöckigen Haus, von der Terrasse waren es dreißig Meter bis zu einer Klippe, dahinter schäumten die Wellen hoch. Daneben ragten zwölf Stockwerke auf, an den Balkonen zeichnete sich rostiges Moniereisen schon drei Jahre nach dem Bezug im Putz ab. Hier hätte der Farmer kaufen können, hatte es sorglich nicht getan. Seine Wohnung hat einen Aufenthaltsraum von mehr als 40 Quadratmetern, eine Küche, in der nichts fehlt, auch nicht der Geschirrspüler (denn hier urlaubt man ohne schwarzes Hausmädchen, ohne Küchenboy), drei Schlafräume und zwei Bäder. Eben waren zahlende Gäste drin, in der nächsten Woche würde ein Sohn sie beziehen. Gut für die Kinder, gut für die Enkel. Ein Abschreibungsobjekt war sie freilich auch.

Wir fuhren auf Durban zu auf breiter Straße, die nach einer Weile zur Autobahn wird. »Das hier ist für Inder«, sagte der Farmer. »Merken Sie einen Unterschied?« Das klang stolz und sollte beweisen, daß es so schlimm mit der Apartheid nicht sei; auch Inder könnten sich Ferienhäuser leisten. Die Inder von Durban seien gewiefte Geschäftsleute, hatte ich immer wieder gehört, von der Farmersfrau klang das jetzt so: »Die betrügen noch mehr als die Juden.« Manche Inder haben es zu Wohlstand gebracht, den zeigen sie gern vor, und noch lieber weisen die Weißen daraufhin: Alle haben bei uns ihre Chance! Nach den Ferienidyllen der Farbigen und der Schwarzen fragte ich nicht, ich wußte, daß es sie nicht gibt, und die Frage danach wäre eine Provokation gewesen.

Das Hafenbecken von Durban ist eine kreisrunde Bucht mit schmalem Zugang, es fällt nicht schwer, sich vorzustellen, wie die Indien-Segler aufatmeten, wenn sie hier ihre Anker auswerfen konnten. Mitten im Hafen schauten wir von einer Plattform, im nahen klimatisierten Café kann man Eiskaffee trinken und durch getönte Scheiben blicken. Neben uns saß ein indisches Paar. »Merken Sie etwas von Apartheid?«, fragte mich die Farmersfrau; ich hatte damit gerechnet.

Zwischen den beiden Kriegen, erinnerte sich der Mann, legten hier Passagierschiffe von Europa an, eine Kapelle schmetterte den Begrüßungsmarsch, manchmal das Deutschlandlied, und wenn sie ablegten, erklangt das »Muß i denn«. Heute bildet der Jan-Smuts-Airport von Johannesburg das Tor zur Welt. Durban hatte noch einmal seine große Zeit, als der Suezkanal infolge des Sechstagekrieges gesperrt war und alles Nahostöl ums Kap schwimmen mußte. Jetzt liegen nur wenige Schiffe im Hafen. Zwei Millionen Tonnen Zukker produziert Südafrika pro Jahr, 1, 2 Millionen braucht das eigene Land. Neulich ließ Kanada ein paar Schiffsladungen, die bestellt und schon im kanadischen Hafen angekommen waren, wieder zurückgehen. »Aber wir haben noch Freunde«, ergänzte der Farmer. »So was steht natürlich nicht in der Zeitung. Hier ist der Zucker jedenfalls nicht wieder angekommen.« Auf See wurde er umdirigiert, vielleicht hat ihn gar die Sowjetunion als argentinisches Produkt gekauft? Die Farmersfrau ereiferte sich, und es folgte genau das, was ich immer wieder hörte, wenn von Sanktionen die Rede war: »Die Australier und die US-Amerikaner haben die Eingeborenen in ihren Ländern ausgerottet, nun werfen sie uns vor, nichts für unsere Schwarzen zu tun. Vor hundert Jahren gab es dreihunderttausend Zulus, jetzt sind es sieben Millionen! Diese Heuchler wollen nur ihre eigenen Produkte absetzen, ihre Wolle, ihr Getreide, ihr Obst, aber unser Chrom nehmen sie, weil sie ...« ich fragte mich, ob auch ein Quentchen schlechtes Gewissen mitwirken mochte, oder ob die Selbstgerechtigkeit unerschüttert sei. Ich nickte schwach, wissend, daß es sinnlos war, eine Debatte zu entfachen. Bei diesem Rechtfertigungsritual ist selbst eine Frage schwerlich anzubringen. Die Höflichkeit, die Feigheit machten mich stumm. Der weiße Mann, noch mehr die weiße Frau hat recht, recht! Und wer auch nur im geringsten Abseits davon denkt, gilt als Kommunist.

Langsam fuhren wir am Prachtboulevard entlang, rechts das Meer, links Schwimmbecken, Liegewiesen, Kioske, Palmen, Blütenbüsche und Menschen, Menschen, und schon sagte der Farmer: »Sehen Sie etwas von Apartheid?« Wirklich, hier waren alle Farbschattierungen vertreten, und doch: Die Rassentrennung, an diesem Strand formell aufgehoben, wirkte weiter: Da balgten sich zwei Dutzend schwarze Jungen um einen Ball, da saßen sechs weiße Jungen und vier weiße Mädchen an einem Rondell, da picknickte eine indische Großfamilie. Waren das da Mischlinge? Für den Begriff des Mischlings fehlen exakte Werte, und jedes Jahr werden Dutzende, Hunderte von Menschen umgeschrieben von schwarz zu farbig, von farbig zu indisch, von farbig zu weiß. Über ein Schicksal entscheidet ein günstig oder mißgünstig gestimmtes Behördenauge. Da schlenderte kein umschlungenes Paar: ein Inder etwa mit seinem weißen Mädchen. Ich sah keinen Weißen mit seinem farbigen Freund im Auto.

Das Wohngebiet dahinter ist für Weiße bestimmt – natürlich: Zwanzigstöckige Wohntürme mit garantiert unverbaubarem Seeblick. Bevor der Group-Areas-Act, das Gesetz über die nach Rassen getrennten Wohngebiete, durchgesetzt wurde, wohnten hier auch Inder. Sie wurden ausgesiedelt, vertrieben, Grundstücksspekulanten verdienten sich goldene weiße Nasen. Das war kein Thema in unserem Mercedes an diesem Nachmittag. Ich hörte auch nichts davon, daß durchaus nicht alle

Strände von Durban »frei« sind, und ein paar Tage später las ich in der Zeitung, daß Allan Hendrickse, der Führer der 2,5 Millionen Mischlinge, demonstrativ an einem den Weißen vorbehaltenen Strand von Port Elizabeth gebadet habe. P.W. Botha, der Premier, hatte ihm das Ultimatum gestellt, sich zu entschuldigen oder aus der Parlamentskammer für Mischlinge auszutreten. Wäre Hendrickse nicht prominent, hätte ein Richter schnell und entschlossen für die alte schlimme Ordnung gesorgt.

Es war noch immer schwül, wir fanden die Autobahn, die nach Norden in die Berge hinaufführt. Durban blieb zurück, an diesem Sonntagnachmittag war es friedlich und quirlig. Weiße und Braune und Schwarze hatten Schulter an Schulter auf den Molen gestanden und ihre Angelschnüre ins Wasser gehängt. Am Abend kehrten sie zurück in ihre getrennten Quartiere. Am Montagmorgen gingen die Kinder wieder in ihre nach Hautfarben getrennten Schulen. Wieder könnten Schulstreiks ausbrechen, könnten bewaffnete Trupps aneinandergeraten: Schwarze gegen Schwarze. Dann prescht die Polizei mit gepanzerten Fahrzeugen dazwischen; schwarze Polizisten sind das, geführt von weißen Offizieren.

Der Zeiger des Höhenmessers kam in Bewegung. Von den Büschen am Hang zu den Bungalows hoch hingen Blütendolden rot und lila, goldgelb und schimmernd weiß. Der Farmer schaltete die Klimaanlage aus. Von siebenhundert Metern aufwärts konnten wir die Fenster öffnen für trockene, saubere Luft.

»Ein schöner Nachmittag«, sagte ich.

So hörte ich es Tag für Tag: Helmut Kohl verstünde Südafrika, aber Genscher ließe ihn nicht gewähren. Reagan habe die besten Absichten, könne sich aber gegen die Wallstreet nicht durchsetzen. Die verläßlichsten Freunde seien Frau Thatcher und Franz Joseph Strauß.

Hitler habe den Krieg weder gewollt noch vom Zaun gebrochen, die Engländer und die Wallstreet – es hätte auch heißen können: das Weltjudentum – hätten ihm eine Falle gestellt, und er wäre hineingetappt. Einmal, ganz zuletzt, hatte ich es satt, auf einer Party die Frage, wie mir denn Südafrika gefiele, zu beantworten, die Landschaft sei hinreißend. Ich erwiderte vielmehr, ich fände den Unterschied zwischen reich und arm noch krasser als in den USA. Da fiel eine schöne und hochelegante Frau über mich her: Ob ich in den USA und Australien gewesen sei? Dort hätten die Weißen die Eingeborenen umgebracht, in Südafrika aber hätten die Zulus von dreihunderttausend auf sieben Millionen zugenommen, und ob ich denn hier Verhungerte an den Straßenrändern gesehen hätte? Ihr Mann fragte, was ich meinte mit reich und arm, und ich sagte, ich dächte an die weißen Farmer und ihre schwarzen Arbeiter, die auf Lastwagen aus den Homelands heran- und zurückgekarrt würden. Ob ich es ertragen wollte, fragte er weiter, daß schwarze Frauen in der Küche für uns arbeiteten? Überall in der Welt, so meine Antwort, gäbe es Arbeitsteilungen. Wenn diese Frauen ordentlich bezahlt würden und kranken- und rentenversichert wären, fände ich alles in Ordnung.

Den Gastgebern war's peinlich, sie entschuldigten sich – was konnten sie dafür? In den letzten Tagen lernte ich endlich eine deutsche Studienrätin kennen, die vom Akademischen Austauschdienst für zwei Jahre an die deutsche Schule von Pretoria geschickt worden war. Die karrte mich in ihrem VW-Bus durch karge, übervölkerte Homelands, und beinahe am letzten Tag fand ich noch jemanden, der mir Soweto zeigte. An diesem windstillen Tag lag die bedrückende Ansammlung von immer gleichen Baracken unter dem Dunst der Kohlefeuer, über dem die Frauen der Zweimillionenballung ihr Essen kochten. Kürzlich waren Steine gegen Weiße geflogen. Die beiden weißen Berufsschullehrer, die mich kutschierten, hatten die frühe Nachmittagsstunde gewählt. In ihr, sagten sie, seien die meisten Arbeiter aus den Fabriken und Minen noch nicht zurück. Dennoch wimmelten Menschen überall, Halbwüchsige, Kinder, Kinder. Wenig Bäume, vertrocknetes Gras, keine Blumen, rechteckige Barackenstraßen, Sandwege, Ödflächen. Pechschwarze Kohle wurde abgeladen von pechschwarzen Männern. Ja, Strom gäbe es, hörte ich, aber zum Heizen und Kochen sei er zu teuer. Stahlkörbe, wie man sie bei uns beim winterlichen Straßenbau sieht, werden im Freien mit Kohle gefüllt, die wird unter beizendem Qualm in Brand gesetzt, später werden die glühenden Körbe ins Haus getragen.

Ich fragte nach Sportplätzen – es gebe wohl ein Dutzend Fußballplätze. Schwimmbäder? Sie meinten, es gebe zwei für zwei Millionen Menschen; ich sah sie nicht. Schulbaracken standen ausgebrannt vom letzten Streik her. Soweto hat, machte ich mir klar, eine Grundfläche wie Osnabrück, auf ihr stehen ganz wenige zweistöckige Häuser. Osnabrück hat hundertsechzigtausend Einwohner. In Soweto liegen viele Flächen unbebaut. Man kann abschätzen, wie viel Menschen in einer Baracke wohnen: fünfundzwanzig etwa in vier Räumen.

Später redete ich fast nichts mehr, ich schaute nur immer auf die sich gleichenden Bilder. Rund um Soweto liegen Militär- und Polizeicamps. Gerade tobte eine Pressekampagne, ob eine Mauer gegen Johannesburg hin eine Mauer wie in Berlin sei oder eine Vorsichtsmaßnahme, damit betrunkene Schwarze nicht dauernd über eine Autobahn stolperten. Die ausländische Presse verleumde Südafrika, hörte ich, uralte Fotos oder Filmaufnahmen würden als neu präsentiert – ich bat um Beispiele und erhielt sie nicht.

Die deutsche Lehrerin nahm mich mit in eine Mischlingsschule. In fröhlicher Disziplin lernten da Kinder, von denen manche hellhäutiger waren als Sizilianer;

mancher tiefdunkle Krauskopf saß darunter, der mich überlegen ließ, ob denn da etwas Weißes eingemischt sei. Alle freuten sich, daß da zwei Deutsche kamen, und die Lehrer, auch sie Mischlinge, in der Hierarchie an dritter Stelle hinter Weißen und Indern und vor den Schwarzen, freuten sich auch. Ein Junge sprang auf und rief: »Beckenbauer!«

Dann lag ich zwei Tage lang an einem Swimmingpool, den jeder normalverdienende Weiße hinter dem Haus besitzt, und erörterte mit meinen Gastgebern die Lage. Es werde wohl doch in der Katastrophe enden. Sanktionen seien nötig, sie seien schädlich. Einer war überzeugt, er könnte auf der Grundlage der kanadischen Verfassung das Land innerhalb von sechs Wochen total kurieren. Die deutsche Lehrerin hatte eine schwarze Schülerin bei sich aufgenommen, was sie natürlich nicht durfte. Sie sollte sie als Hausmädchen deklarieren und weigerte sich. Sie konnte sich Trotz leisten: Sollen sie mich doch rausschmeißen!

Für das nächste Jahr wurden mir wunderbare Angebote gemacht: Ich sollte an der Universität von Kapstadt und an Schulen in Windhuk lesen. Ein Vierteljahr lang könnte ich ein verwöhnter Gast sein. Kein Land sei so schön wie Namibia; Dias schienen das zu beweisen. Ich sagte: Ich werde wohl erst in einigen Wochen sicher sein, ob ich wiederkomme. Doch meinte ich schon zu wissen, daß es nichts werden würde.

Beim Abschied fühlten wir uns alle bedrückt. Da fuhr einer fort, und die anderen mußten bleiben. Daheim las ich im »Indischen Tagebuch« von Ingeborg Drewitz. Am Ende schreibt sie, sie würde nie wieder nach Indien kommen, denn das Elend dort quäle sie, und sie könnte nicht das geringste dagegen tun.

Ich habe nicht viel über Südafrika geschrieben, fast alles ist bruchstückhaft geblieben. Inzwischen war ich noch nicht wieder dort.

11. KAPITEL

Blick hinter den Horizont

1.

Am Theater in Osnabrück war unterdessen »Froschkonzert« geprobt worden. Zwei Schauspielerinnen hatten sich über ihre Rollen, die sie für mager hielten, empört, der Intendant hatte ein Machtwort sprechen müssen, daß es weiterging. Wäre ich greifbar gewesen, hätte ich die Rollen auffüttern können, nun war es dafür zu spät. Die Premiere verlief unter Beifall, den man freundlich nennen darf, Mißtrauen war folglich angebracht. Kritiker reisten an, sie äußerten sich mit zurückhaltendem Lob, keiner verriß mich, keiner jubelte auf vor Glück. Andreas Roßmann vermutete in der FAZ, ein großer Dramatiker würde ich nun wohl nicht mehr werden. Kein Theater spielte das Stück nach, und ich habe seitdem niemals Lust verspürt, mich abermals als Bühnenautor zu versuchen.

Für den »Froschkonzert«-Roman hatte der Albrecht-Knaus-Verlag einen abscheulichen Schutzumschlag fertigen lassen. Ich äußerte mich scharf ablehnend, Knaus meinte, das Cover sei von einem bewährten Fachmann entworfen worden, und ich würde mich schon noch daran gewöhnen. Der Buchhandel schrie auf vor Entsetzen, folglich wurde ein neuer Umschlag in Auftrag gegeben, der fiel bieder aus. So verzögerte sich der Start – das war die zweite Kugel am Bein. »Froschkonzert« lernte das Laufen unter schwierigen Bedingungen, und was beim Buchhandel erst einmal verkorkst ist, läßt sich schwerlich wieder gutmachen.

Über mich und mein Treiben berichtete ich nach Lesungen – was war ich denn nun, ehemaliger Leipziger oder neuer Bundesdeutscher, Deutsch-Deutscher oder Gesamtdeutscher, ging der Riß mitten durch mich hindurch oder hatte in mir die Vereinigung schon stattgefunden? Mein DDR-Paß galt bis 1991, und so richtete ich hin und wieder einen Brief an die Ständige Vertretung der DDR in Bonn, man möge mir das Visum verlängern, damit ich die alte Heimat mit ihren Verwandten und Freunden besuchen könnte – nie bekam ich Antwort. Leipzig lag hinter dem Horizont, ich wußte selbst nicht, ob es langsam für meinen Verstand und mein Herz verdämmerte.

»Der Zorn des Schafes« besichtigt Vergangenheit. Gegenwärtiges soll in ihm punktuell aufleuchten, es ist noch zu befragen und fließt in eine neue Gegenwart hinein. Im Juli 1990 lege ich letzte Hand an dieses Manuskript und helfe mancher Formulierung auf den neuesten Stand. Ich beschließe, daß meine Jetztzeit begann, als mein Sohn Thomas mir Ideen für einen eigenen Verlag vortrug, und die Vergangenheit am 15. Dezember 1989 endete, als ich im Gohliser Schlößchen von Leipzig las, und drei Tage später, als ich mit Annelies den Knast betrat, in dem uns 1957 die Stasi eingelocht hatte, oder endlich am 24. April 1990, als ich vor dem Obersten Gericht der DDR in Ostberlin freigesprochen wurde.

So soll hier nur in einem Satz erwähnt werden, daß ich Reiseerinnerungen nutzte und zu meisterlichen Fotos anderer meine Betrachtungen anstellte; »Eine romantische Reise um die Welt« und »Eine romantische Reise durch Europa« heißen Prachtbände. Vielleicht kommt »Das romantische Inselbuch« hinzu. Ich schildere nicht die Debatten vor der Gründung des Linden-Verlags Künzelsau, und schon gar nicht die Querelen, um aus alten Verlagsbindungen herauszukommen. Denn einfach laufenlassen wollten mich die Verleger, von denen ich mich vernachlässigt fühlte, nun doch nicht. Und wenn ich gar anhöbe, über den Linden-Verlag Leipzig und seinen Sturmlauf zur Frühjahrsmesse 1990 zu berichten – da stecken wir noch mittendrin. Thomas und seine Frau Elke haben massenhaft Ideen und Energien investiert, sie haben mich Argument für Argument überzeugt und manchmal auch überredet, und es kam vor, daß sie sagten: Vater, unterschreib einfach mal hier. Denn ich sollte ja nicht beispielsweise mit der Knochenarbeit des Vertriebs belastet werden, sondern den Kopf freibehalten fürs Schreiben.

Immerhin, ich war schon einmal an der Pleiße, ehe meine Leipziger, Kerzen in den Händen, die Mauer zum Einsturz brachten. Das verlief so.

2.

Die letzte Rast in Herleshausen war fürs Mittagessen gedacht, mit zwei Frauen aber gehorchte ich einem Wegweiser zu einem russischen Friedhof den Hang hinauf. Das Tor war verschlossen, die Hecke löchrig. Platten mit Namen und Lebensdaten fanden wir flach im Boden, halb von Gras überwachsen. Ich konnte nur mutmaßen: Vielleicht hatten die Nazis in den Tälern nahebei einen Rüstungsbetrieb in den Fels schlagen wollen, bombensicher. Anderthalbtausend Kriegsgefangene waren dabei umgekommen. Der kleine jüdische Friedhof daneben war von einem neuen Zaun umfriedet. In diesem Herbst 1988 besannen sich die Deutschen auf das, was vor fünfzig Jahren den Juden angetan worden war.

Über uns Buchen und Eichen, weiter oben am Hang Fichten. Der Himmel war grau und ohne Kontur, die Luft von Feuchtigkeit gesättigt, sie bewegte sich auch in den Wipfeln nicht. Ich wurde mir meines mühseligen Atmens bewußt und redete beim Steigen kaum noch. Auf der anderen Seite des Tals war schon DDR.

Bis zur Weiterfahrt blieb eine halbe Stunde. Die beiden Frauen mochten nichts essen, ich konnte nicht. Einen Beutel mit Apfelsinen, Bananen und Kaffee kaufte ich noch. Für Freunde, sagte ich. Ach ja, erwiderten sie unsicher, Südfrüchte gibt's ja drüben ganz schwer. Oder gar nicht. Aber wir haben dort keine Freunde.

Allmählich versammelten wir uns um den Bus. Ich wurde zum Studienobjekt, es konnte nicht anders sein. Zwei Tage vorher hatten wir uns in der Nähe von Freiburg im Breisgau zusammengefunden, ein Seminarleiter, fünfundzwanzig Lehrerinnen und Lehrer aus Baden-Württemberg und ich. In Vorträgen und Fragestunden waren die Pädagogen auf eine Woche in der DDR vorbereitet worden, ich hatte aus »Völkerschlachtdenkmal« gelesen. »Das wäre ein Ding, wenn sie mitfahren könnten!« hatte hin und wieder jemand gesagt. Ich hatte hinterhältig genickt.

Denn mein Name stand auf der von der DDR genehmigten Einreiseliste, der Seminarleiter und ich waren uns einig geworden, wir sollten es versuchen: E. L. als Teilnehmer einer Studienfahrt sah sein altes Leipzig wieder! Und wir hatten verabredet, so wenig wie möglich darüber zu sprechen. »Wenn wir am Montag fahren« – so war es mir in der Debatte herausgerutscht.

»Wieso *wir*?«

»Ach«, hatte ich abgewiegelt, »wenn von der DDR die Rede ist, rutscht mir das *wir* unwillkürlich über die Zunge.« Am letzten Abend hatte ich endlich den Vorhang hochgezogen.

Daß Lehrer doch nie das Fragen lassen können! »Aufgeregt?« Niemand mochte in meiner Haut stecken, aber alle wollten genauestens wissen, wie es unter ihr aussah.

»Herr Loest, soll ich Ihnen im Bus das Händchen halten?«

Ach, wenn ihr mich doch in Ruhe lassen würdet. Das wißt ihr: Angst, daß die DDR mich einsperrt, habe ich nicht. Für einen Staatsanwalt der alten Stalinschule dürfte es ein Kinderspiel sein, eine Anklage wegen Hetze oder Staatsverleumdung gegen mich zusammenzuhäkeln. Aber die Zeiten waren nicht mehr so: Seit zehn oder mehr Jahren war keiner solcher Gründe wegen in den DDR-Knast gegangen. Wenn sie mich ins Ländle lassen, lassen sie mich auch wieder hinaus. Nun stellt euch doch mal vor, was das für ein Theater gäbe, Loest verhaftet!

Abfahrtszeit. Wenn mein Blick ein Augenpaar traf, wurde mir Aufmunterung zuteil: Wir sind mit Ihnen! Zwei, drei waren zu kurzen Besuchen drüben gewesen, für niemanden gehörte die DDR zum Leben. Nun schauten sie durch ein Seelenschlüsselloch. Ordentliche Frauen und Männer mit sauberem Lebenslauf, unbescholtene Beamte gerieten in politische Grauzonen.

Der Seminarleiter zählte die Häupter. Der Bus kurvte aus Herleshausen hinauf. Breit ist die Brücke über die Werra, breiter und breiter wird die Autobahn vor der Schranke, achtspurig, zehnspurig. Leise rollte der Bus aus, als sollte bedeutet werden: Oh, wir sind brav alle zusammen, oh, wir werden jetzt und in den kommenden Tagen keine Schwierigkeiten machen, ach, laßt uns doch bitte ein!

Denn das war ein blitzsauberer Bus. Unser Leiter hatte eingeschärft: Um Gottes willen kein DDR-Geld einschmuggeln und nicht versuchen, diesbezüglich die Humorfähigkeit der DDR-Grenzer zu testen. Keine Bücher von Loest! Ich hatte nicht einmal ein Adressenbüchlein oder einen Terminkalender dabei, keinen Brief und keinen Notizschnipsel. Wenn ich gefragt werden sollte: Und wen wollten Sie in Leipzig besuchen? würde ich antworten: Niemanden.

Keiner im Bus redete. Die vordere Tür wurde geöffnet, ein Grenzoffizier legte die Hand an die Mütze. »Guten Tag. Alles Bürger der BRD?«

Unser Leiter bejahte. Die Pässe waren schon eingesammelt worden, das Bündel, darin auch der Paß des Bundesbürgers L., wurde hinausgegeben. Der Grenzoffizier ging, ein Zöllner stieg ein, er war dürr, freundlich und lärmig. Den Fahrer fragt er, ob der ein Funkgerät im Wagen hätte. Keine Waffen, keinen Sprengstoff und keine Munition? »Na, das ist ja prima!« rief der Mann mit den grünen Litzen und gab Zollzettel herein. Nein, nicht der Leiter möge austeilen, das solle er mal an die hübschen Mädchen delegieren!

Der Grenzoffizier kehrte zurück. »Herr Loest?«

Das bißchen krampfige Heiterkeit war im Nu verflogen. Ich ging nach vorn.

»Sind Sie Herr Loest?«

Ich bejahte.

»Sie sind DDR-Bürger?«

Ich bejahte abermals.

»Wir möchten, daß Sie als DDR-Bürger einreisen. Haben Sie einen DDR-Paß?«

»Ja, aber nicht dabei.«

»Haben Sie ein Paßbild?«

Nachdem ich verneint hatte: »Dann werden wir Ihnen ein Identitätspapier ohne Paßbild ausstellen.«

Er ging, ich kehrte auf meinen Platz zurück. Die Lehrer hatten bis auf die letzte Bank hin alles mitgehört; Lehrerohren sind höllisch scharf. Die Frau, die mein Händchen halten wollte, flüsterte, was das denn zu bedeuten hätte. Ich zuckte die Schultern.

Dann ging alles verblüffend schnell. Die Pässe der anderen und ein blaßrosa Faltblättchen für mich wurden hereingegeben, der heitere Zöllner blieb verschwunden, unter keine Bank und in keine Tasche wurde geschaut. Der Offizier wünschte gute Fahrt. Tonnen der aufregendsten Bücher hätten sie in die DDR schleppen können, dachten nun die Lehrer, Schallplatten mit frechen Liedern und Kassetten mit den aufmüpfigsten Texten. Und was dachte ich?

Die Ampel war grün, ein Schlagbaum hob sich, der Bus rollte sachte an, gütig nickte der liebe Mensch mir zu, der vor Monaten dies alles eingefädelt hatte. Ich schaute auf das Papierchen, das bescheinigte, daß ich ich war: Name und Vorname, geboren dann und dort, wohnhaft. Noch nicht einmal der Beruf war angegeben. Wo Platz für ein Foto war, deckte ein Stempel ab. Gebührenfrei, sogar das. Der DDR-Bürger Loest rollte nach fast acht Jahren wieder über den Boden der DDR.

Aufregung sackte zusammen. Nach ein paar Minuten gewahrten wir rechts die Vororte von Eisenach und darüber die Wartburg. Ich schloß die Augen und hoffte auf Schlaf. Der Bus rumpelte und rüttelte; ich wußte nicht mehr, wie schlecht DDR-Autobahnen sind.

3.

Man soll sich nicht mit einer gewesenen Geliebten nach etlichen Jahren früh um zehn in einem Bahnhofswartesaal verabreden, und man soll in eine Stadt, die man liebt, nicht an einem Novemberabend zurückkehren.

Wir biegen von der Autobahn ab. Wie, wir nähern uns der Halbmillionenstadt, der Messestadt Leipzig? Bäume stehen an den Seiten wie vor zwanzig oder achtzig Jahren. Als Napoleon nach verlorener Schlacht floh, rumpelten seine letzten Bagagewagen durch diese Kurven.

An Fabriken vorbei und durch Schrebergartenkolonien, über den Kanal – hierher sind wir manchmal zum Baden gefahren. Die Speicher am Hafen, eine Leuchtreklame: Pianofabrik Blüthner. Hier war nie gute Stube, hier war Werkstatt und Hinterhof. Immerhin brennen so viele Lampen, daß ich erkenne: auch in den letzten

Jahren ist kein Haus verputzt worden. In der »Leipziger Volkszeitung«, die mir gelegentlich nachgeschickt wurde, las ich vom Kampf, die Dächer dicht zu machen; von der Sanierung des Mauerwerks war nie die Rede. Es ist Adventszeit, in manchen Fenstern leuchten Schwibbögen, die Pyramiden des kleinen Mannes.

Dann der Engelsplatz mit seiner Fußgängerbrücke, das Konsumkaufhaus, »Blechbüchse« geheißen, gegenüber in einer Kirche habe ich meine letzte Lesung in Leipzig gehalten. Hier ist jede Straße, jede Ecke mit Erinnerung verbunden, in dieser Wohnung da lebte ... Ich bin nicht traurig und nicht froh. Nichts wird sich nach meinen Vorstellungen oder Wünschen richten.

In einem Büroraum am Sachsenplatz werden wir von einer Dame und drei Herren empfangen, sie sind für unsere Betreuung zuständig. Die Möbel stammen aus den fünfziger Jahren, die Stuhlbeine sind abgespreizt, die Regale flach, geeignet für Broschüren. Die Lehrer greifen zu, und dann sitzen wir alle bis auf zwei, die sich auf den dreißig Metern vom Bus bis hierher schon verlaufen haben – immer werden es zwei, drei sein, die den Anschluß an die Herde verpassen, den Wecker überhören oder verwechseln, in welchem Lokal wir zu Mittag oder zu Abend essen. Das Schicksal der Gruppe.

Zwei der Betreuer sind vom selben Typ, obwohl der eine richtig groß und der andere deutlich klein ist. Beide sind dick von Bier, Würsten und zu wenig Bewegung, beide reden sächsisch, was sonst, der eine ist der Chef und der andere sein Vertreter. Klar, daß sie Genossen sind, in der jetzigen Funktion tragen sie das Parteiabzeichen freilich nicht. Sie sind um die fünfzig, ihre Gesichter glatt, ihre Augen flink und schlau und eng vom Fett und aus Gründen der Wachsamkeit. Die Münder lächeln fleißig, die Augen sind daran nicht beteiligt.

Der kleine Dicke heißt uns willkommen in der Deutschen Demokratischen Republik. Er stellt seine Kollegen vor, die Kollegin Soundso, die für organisatorische Abwicklungen zuständig sei wie auch für den Geldumtausch, den Kollegen von der Erziehungsgewerkschaft aus Döbeln, dann seinen Stellvertreter, den großen Dikken, und sich selbst. Er redet phrasenlos und heiter, ohne geradezu Scherzchen zu probieren. Über den Verlauf der nächsten Tage gibt er einen Überblick, Geld könne man jetzt und auch später bei der Kollegin Soundso nach den gesetzlichen Bestimmungen umtauschen, also eins zu eins. Die Kollegin ergänzt Einzelheiten, dabei erinnert sie mich an Lieschen, eine Freundin, und schon hat sie ihren Spitznamen weg. Es gäbe DDR-Bürger, so wird gewarnt, die versuchen könnten, schwarz zu tauschen. Damit handele man sich Ungelegenheiten ein, also besser nicht. Und nun bitte die Pässe, damit wir bei der Volkspolizei angemeldet werden könnten, am nächsten Morgen bekämen wir sie zurück.

Ich reiche mein Identitätsblatt hin und merke gleich: So was haben die Genossen noch nie gesehen. »War Ihr Paß abgelaufen?« Ich verneine, warte ab, wie einer nach dem anderen das Papierchen beäugt. Um der Verlegenheit ein Ende zu bereiten, sage ich, ich könnte ja zur Sicherheit etwas dazugeben und halte meinen Bundespaß hin. Danke. Dann sehe ich, wie die Lehrer bei Lieschen zwischen fünfzig und hundert Mark pro Nase umtauschen. Ich hatte mich mit zehn Mark bescheiden wollen und erhöhe knirschend auf zwanzig.

Dann ins Hotel und den Koffer abgestellt und wieder hinunter und hinaus ins abendliche Leipzig, zum Karl-Marx-Platz und vors Gewandhaus. Eben geben drin gutgekleidete Menschen ihre Mäntel ab. Still steht der Mendebrunnen. Durch die Grimmaische Straße zum Markt, in die Hainstraße hinein: Da sind die alten Lükken, manche Häuser leer vom zweiten Stock an, hohle Fenster – fast fünfzig Jahre nach dem Krieg ist diese Straße noch immer halbruinös. Um zwei Ecken herum, da hat die Bezirksverwaltung der Staatssicherheit gewaltige neue Flügel bekommen. Da ist noch immer diese Passage, da dieses Weinstübchen, mit wem hab ich da nicht alles gesessen. Ich trete ein ins Kerzenlicht und finde alle Stühle besetzt und Wein auf den Tischen. Ich will gar nicht bleiben, will nicht plaziert werden, will nur auf den Augenblick warten, in dem eine innere Stimme sagt: Du bist wieder zu Hause, hier und jetzt, willkommen, alter Freund.

Am Engelsplatz, dort, wo Richard Wagner geboren wurde und wo die Neuberin das erste ständige deutsche Theater gründete, steht Lipsia, sie hat wohl auf mich gewartet. Sie trägt einen blauen Mantel und einen gelben Schal, hübsche Stiefel in der winterlichen Kälte und eine Pelzmütze aus imitiertem Löwenfell. »Na«, sie lächelt ein wenig angestrengt, »du Rumtreiber?«

»Altes Mädchen«, erwidere ich gar nicht schuldbewußt, »ich habe immer an dich gedacht.«

»Immer?«

»Na schön. In Natal wußten die Leute gar nicht, daß es dich gibt, und einmal lernte ich einen Münchener Stadtrat kennen, der dachte, Leipzig hieße unterdessen Karl-Marx-Stadt. Aber ich habe doch immerzu über Leipzig geschrieben!«

»Immerzu?«

»In der letzten Zeit vielleicht weniger.«

»Weil die Liebe abgenommen hat?«

»Gehen wir zusammen ein Stück?« Ich hake sie unter und fühle mit dem Ellbogen; nein, dicker ist sie nicht geworden.

»Wie war's an der Grenze?«

»Tja«, und ich schildere den flinken Vorgang und ergänze, was ich mir unterdessen zusammengereimt habe: »Die Genossen haben wochenlang Zeit gehabt nachzudenken, wie sie mit mir verfahren sollen. Die Einreise verweigern? Da hätte ich Krach geschlagen, und Aufsehen dieser Art mag die DDR zur Zeit nicht. Wenn die Genossen nun schon fanden, daß die Einreise das kleinere Übel sei, so wollten sie doch nicht den von ihr so genannten Alleinvertretungsanspruch anerkennen, indem sie mich als Bundesbürger einstuften. Folglich wurde beschlossen, mir dieses Papierchen auszufertigen.«

Wir müsssen achtgeben auf dem holprigen Pflaster, aber ich will Lipsia nicht kränken, indem ich sie darauf hinweise. Sie kennt das ja und hat schlimmere Sorgen. Da sagt sie: »Ich will dir ja auch gar keine Vorwürfe machen. Einen Rat gebe ich dir: Meide die Oststraße!«

»Aber da hing doch ein Vierteljahrhundert lang mein Türschild!«

»Eben.«

Ich spüre ihren Arm nicht mehr, zum Hauptbahnhof hinüber entschwebt sie. »Ich hätte gerne noch...« rufe ich ihr nach, aber da verschwindet sie hinter einer Straßenbahn. Ich entsinne mich, auf einer Postkarte gesehen zu haben, wie sie vors Rathaus trat, die hübschen Knie unterm Minirock bloß und blank, das Haar wehend; da huldigte sie, es war das Einheitsjahr 1871, auf unserem Marktplatz einer feisten Germania. Auf einer anderen Postkarte gewahrte ich Lipsia in einem flachen Karren nach Art eines römischen Turnierwagens, da rollte sie, von sechs Pudeln gezogen, zur Einweihung des Völkerschlachtdenkmals. Ach nein, es waren natürlich Löwen. Gekrönte Häupter jubelten ihr zu, das Volk verneigte sich. Ich sehe sie noch, wie sie mit der 17 in Richtung Schönefeld davonfährt. Mein Gott, denke ich,was wird sie wohl noch für Termine haben? Das konnte ich Irdischer freilich nicht wissen, doch anderthalb Jährchen vorauszublicken ist für eine Göttin ein Klacks: Sie hat sich schon immer mal in Schönefeld nach einer Wohnung für uns umgesehen.

Ich schlief miserabel in dieser Nacht. Jede Stunde schaute ich zum Hauptbahnhof hinaus, ruhig wurde es nie. Wenn ich das Fenster öffnete, roch ich Leipzigs sogenannte Luft, gesättigt von den Abgasen der Kachelöfen. Den Schornstein eines Braunkohlekraftwerkes hatte ich im Blick, sein Rauch war kompakt wie ein Strang schwarzer Wolle. Gegen vier begann der Aufmarsch der Straßenbahnen, halb leer anfangs, nach fünf proppenvoll. Einmal zählte ich dreizehn Dreierzüge in meinem Sichtfeld. Menschenpulks stießen aus den Türen des Hauptbahnhofs. Allmählich dominierte der Gestank der Zweitakter.

Als ich hinunterkam, saßen unsere Betreuer schon in der Halle. Lehrerhäufchen auf Lehrerhäufchen begleiteten sie an die Tische und beteiligten sich munter am Gespräch. Die Brötchen waren klein, halbdunkel und fest, Konsumbrötchen eben. Pro Figur eine Scheibe Jagdwurst und eine Scheibe Käse, und, Donnerwetter, eine Banane. Beim Hinausgehen nahm ich alle liegengebliebenen Bananen mit.

Die Dame, die in unseren Bus zustieg, übte den Beruf einer Stadtbilderklärerin aus, so hieß das in der DDR; sie war von gesetztem Alter und angenehmem Äußeren. Knapp zwei Stunden lang würden wir nun unterwegs sein, begann sie, Leipzig wäre dann und dann auf einem Hügel entstanden und dann und dann zum ersten Mal urkundlich erwähnt worden. Da wäre das Alte Rathaus und da der Markt, und schon stiegen wir an der Thomaskirche aus und gingen hinein, der Organist übte gerade. Bach hätte viele Kinder gehabt, na, das kannte ich und blickte aufs gegenüberliegende Haus, dort war ich in der »Pfeffermühle«, dem mir so lieben Kabarett, mit lustigen Geschichtchen vors Volks getreten. Wir fuhren am Neuen Rathaus vorbei, ich schaute nach der anderen Seite, dort, im Literaturinstitut, hatte ich ein Jährchen lang die Schulbank gedrückt, und später hatten sie mich dort aus der SED geworfen. Hundert Meter weiter saß meine Frau fünf und ich dreizehn Monate bei der Staatssicherheit in Untersuchungshaft, und da dort ordentliche Leute walteten, hatten sie wohl noch immer unsere Fingerabdrücke parat. Der Bus rollte über den Leuschnerplatz, dort kesselte einst des Volkes Polizei ein paar hundert Beatfans ein und ließ die Hunde auf sie los. Windmühlenstraße, hier hatte ich 1948 Trümmer weggeräumt und Ziegel geputzt. Zum Völkerschlachtdenkmal fuhren wir; die freundliche Dame unterrichtete uns, hier werde ein ganzes Viertel rekonstruiert und eine Messemagistrale durchs Altbauviertel geschlagen. Das hörte ich in den nächsten Tagen von mehreren Seiten: Eine internationale Messebehörde habe Auflagen erteilt, darunter eine respektable Zufahrt und den Neubau von Hotels, anderenfalls werde die Messe nach Budapest (oder Bukarest?) verlegt. Diese böse Aussicht bedrohte wie ein Damoklesschwert. Das klagte mir so mancher: Wenn sie uns die Messe wegnehmen, sind wir am Ende.

»Ein Stück weiter draußen«, hörte ich durchs Busmikrofon, »liegt die ›Iskra‹-Gedenkstätte, dort hat Lenin eine berühmte Zeitschrift drucken lassen.« Da feixte das Lehrervolk nicht anders als eine Schülermeute, denn über ein ausgestopftes Eichhörnchen dorten – Lenin hat in Leipzig Eichhörnchen gefüttert! – hatte ich ihnen eine Schnurre geboten. Im Novemberdunst ragte vor uns das Völkerschlachtdenkmal. »Sie sind Lehrer, da werden Sie ja schätzen können – wie hoch ist es wohl?« In Pennälermanier flüsterte ich: »Einundneunzig!« und schon schallte es von hinten: »Einundneunzigeinhalb!« Was waren wir doch für witzige Leutchen!

Unsere Betreuer konnten sich keinen Reim darauf machen, warum denn nun immer wieder ich vorm Denkmal abgelichtet wurde – sie sollten schon noch dahinterkommen. Wir fuhren im Bogen nach Norden.

In einem Häuschen in einer Seitenstraße habe Schiller seine Ode an die Freude gedichtet, hörten wir, wir könnten aber nicht hinein, das Haus werde rekonstruiert. Im Zentralstadion hatte ich hundert Leichtathletikfeste und Fußballschlachten miterlebt, hatte gejubelt, als »Lok« den Pokalgegner »Benfica Lissabon« mit dem göttlichen Eusebio schlug, und war mürrisch davongetrottet, wenn »Chemie« im Ortsderby wieder einmal gegen »Lok« verloren hatte. Da unten war mein Sohn Robert ein Pünktchen in einer Show von 1500 Armeesportlern gewesen, Honecker hatte ihm zugeklatscht. Und Köhler in »Fallhöhe« hatte sich vorgestellt, Wolf Biermann würde, sollte er zurückkehren, hier ein Konzert vor hunderttausend Zuhörern und dazu Lautsprecher auf den Dammkronen fordern, die seine Lieder über die Stadt schrien. Ein Jahr später feierten ihn die Leipziger in einer Messehalle.

Über Mittag telefonierte ich ein bißchen herum, meldete mich für den Abend bei Freunden an und fragte, was gewünscht werde, Whisky oder Cognak. Dann nickte ich unserem Reisechef zu: Ich haue jetzt ab, hieß das, so hatten wir's vereinbart; gegenüber der Betreuerschaft würde er das vertreten: Ein Kursant hatte eine private Verabredung.

Natürlich hörte ich nicht auf den Rat der Stadtgöttin und fuhr stracks zur Oststraße. Wenn man in der Straßenbahn den Schnipsel eingesteckt hat – die Sechsfahrtenkarte kostete noch immer eine Mark –, wartete man vergeblich aufs elektronische Klicken. Ich mußte zuschlagen. Die Leiden des jungen Entwerters.

Am Ostplatz lagen die Reste eines Kachelofens, ein stadtübliches Bild. Denn ein Kachelofen ist nach fünf oder acht Jahren ausgebrannt, dann kann er umgesetzt werden, dabei werden die am ärgsten mitgenommenen Steine erneuert. Wieder nach ein paar Jährchen ist er endgültig verbraucht, er wird zerlegt und hinabgetragen; um seine Trümmer sammelt sich dann, je nach Lagerzeit, eine kleine Müllkippe an. Nach einigen Metern schnupperte ich in das Haus Oststraße 5 hinein. 1902 wurde es als solider Bürgerbau mit Stuck an den Decken und Parkettfußböden errichtet. Bei Kriegsende war es leidlich in Schuß. Dann ging das Fallrohr der Dachrinne entzwei und wurde nicht geflickt, bald hing der Putz in Fetzen, und das Regenwasser spülte den Mörtel aus den Fugen. Ein gefundenes Fressen für den Salpeter. Dann wurde das Dach löchrig, die obere Wohnung unbewohnbar. Gegenüber schützt ein Holzgerüst nach Art einer alpinen Lawinengalerie die Passanten vor herabstürzenden Dach- und Mauerteilen. Die Bruchbude ist bewohnt, die Fleischerei im Erdgeschoß in Betrieb. Ich schaue zu dem Erker hinauf, in dem mein Schreibtisch stand. Die Scheiben sind blind vor Dreck. Der Wettlauf zwischen Rekonstruktionsbrigade und Kugelbirne geht in die Zielgerade. Ich fröstele und haue ab. Auf der Sehnsuchtsliste ist ein Punkt abgehakt.

Lipsia, was hast du doch für ein Gedächtnis! Als ich im März 1981 nach zermürbendem Gerangel mit den Oberen einen Paß mit einem auf drei Jahre befristeten Ausreisevisum in der Tasche hatte – »kalte Ausbürgerung« nannte das wenig später ein Journalist –, traf ich an einer Straßenbahnhaltestelle Bernd-Lutz Lange, den Kabarettisten. Ich zeigte ihm meinen Paß. Er hatte sich bemüht, mein Verhältnis zum damaligen SED-Kulturchef Leipzigs, dem späteren kurzzeitigen Kulturminister Dietmar Keller zu entkrampfen. In den Novembertagen 1989, als den Leipzigern eine chinesische oder rumänische »Lösung« drohte, gehörte er mit Masur, Magirius und drei SED-Funktionären zu denen, die zur Gewaltlosigkeit aufriefen. Lange, geboren in Zwickau, war zu einem Leipziger Stadtpatrioten geworden, er schrieb und sammelte, entdeckte und weckte. Meine tiefgehende Skepsis, daß das alles zu spät komme, mochte er keinesfalls teilen. Er versuchte mich zu aktivieren für seinen Kampf um Leipzig, aber ich wollte fort.

Ganz klar, daß Lange einer der Lieblinge der Stadtgöttin sein mußte. Und so arrangierte sie es, daß der letzte beim Abschied der erste bei der Wiederkehr war. In der Ausstellung, die an die Novemberverbrechen der Nazis von 1938 erinnerte, saß er mit zwei Männern im Gespräch, schaute hoch, staunte. Nach der Begrüßung sagte er: »Ich dachte, der sieht aus wie Loest.« Nun redeten wir natürlich ganz schnell: Er begleite einen israelischen Journalisten und hätte deshalb im Augenblick keine Zeit, aber wie wäre es denn, ich käme tags darauf zu den »academixern«, dem Kabarett, in dem er auftritt? Nach fünf Minuten eilte jeder seines dringlichen Weges. Lipsia, sei bedankt!

Abends bei Freunden. Wir gehen achtsam miteinander um, Entfremdung fürchtend. Wieder ist das Wort »Rekonstruktion« da. Nur verbreitete Wörter erklimmen den Rang einer Abkürzung. Es gibt Reko-Gebiete. Ich lasse mir erklären: Was rekonstruiert wird, ist schlicht kaputt. So war vor kurzem in der Zeitung zu lesen gewesen: »Wie aus einem Protokollbeschluß hervorgeht, wird die Kongreßhalle (Großer Saal, Wagnersaal, Bachsaal, Räume im Turmbereich sowie Gaststätte) auf unbestimmte Zeit geschlossen. Seit 1946 in Betrieb, bedarf sie jetzt einer komplexen baulichen und technischen Rekonstruktion. Alle abgeschlossenen oder vorberatenen Termine zur Nutzung sind damit hinfällig.« Das, sagen meine Freunde, kann nun Jahre dauern. Am nächsten Tag gewahre ich am Dittrichring vor »Pfeiffers Weinstuben« dieses Plakat: »Hereinspaziert! Leipziger Gastlichkeit erwartet Sie!« Kleingedruckt steht darunter: »Diese Versorgungseinrichtung ist wegen Rekonstruktion geschlossen.«

Kongreßhalle – wir kommen ins Erinnern. In ihr spielte Kurt Henkels mit seiner Bigband zum Tanz auf, bei ihm begannen alle, die dann jahrzehntelang Leipzigs U-Musikhimmel glänzen ließen, wie Walter Eichenberg und Fips Fleischer, hier blies Rolli Kühn Klarinette. Einmal, das war 1949, legte ich mich abends gegen sieben ins Bett, den Wecker hatte ich auf Mitternacht gestellt. Eine ganze Tanznacht konnte ich mir bei meinem ewigen Hunger nicht leisten, von der zweiten Hälfte versprach ich mir erhöhten Lustgewinn, und so tauchte ich gegen eins stocknüchtern in den Dunst von schlechtem Tabak und miesem Alkohol ein, fand alle Alberei öd, mühte mich, in Schwung zu kommen und gab es nach zwei Stunden auf. So begann ich ausgeschlafen meinen Redaktionsdienst bei der »Leipziger Volkszeitung«, und am nächsten Abend fand ich wieder genügend Kraft, in einem kostbaren Herrenzimmer, das ich einer Fabrikantenwitwe abgemietet hatte und das eiskalt war, zwei Seiten graugelben Papiers meinem Manuskript hinzuzufügen; ein Roman sollte entstehen, und ich erwog den Titel »Jungen, die übrig blieben«. Im Bachsaal, über den sich nun Staub legen wird, fiel eine Parteiführung im Frühjahr 1957 über den Abweichler Zwerenz her, der gewesene Malik-Verleger Wieland Herzfelde ließ sich von rüden Jungstalinisten schurigeln, und ich saß wie gelähmt da. Siegfried Wagner hieß der Wüterich, er sollte es noch zum Stellvertreter des Kulturministers bringen.

Lebt Wagner noch?

In der Kongreßhalle hörten Annelies und ich hundert Mal das Gewandhausorchester, wir fühlten Verpflichtung, aus der Literaturecke herauszukommen – Kunstgenuß mußte erarbeitet werden. In der Kongreßhalle, die an einem schlichten Werktagsmorgen elf Uhr bis auf den letzten ihrer dreitausend Plätze besetzt war, stellte Hans Mayer im Mai 1955 am einhundertfünfzigsten Todestag Schillers die These auf, wir sollten weniger fragen, *wie* wir zu Schiller, als wie wir *vor* ihm stünden. Und: als ich vor der Kongreßhalle den Verkehr anhielt, weil ein betrunkener Rotarmist unter die Straßenbahn gestürzt war und zwischen den Rädern schrie.

Eisregen ist gefallen, ich schlittere zur Straßenbahn und bin eine Viertelstunde später wieder im Zentrum. In der Hotelhalle sitzen noch einige meiner Mitreisenden, auch jetzt ist Lieschen, bewehrt mit bauchiger Tasche, bereit, Geld im Verhältnis eins zu eins zu tauschen. Der kleine Dicke waltet noch unverdrossen seines Amtes. Ich bleibe außerhalb seines Gesichtskreises und frage, wie denn der Abend verlaufen sei. Ein Historiker der Karl-Marx-Universität habe sich über die Friedensbemühungen der DDR ausgelassen; etwa so habe man sich einen drögen Befehlsausführer dieses Staates vorgestellt.

Am nächsten Morgen hat sich das Binnenklima böse verändert. »Es gibt Zoff!« raunt mir unser Gruppenchef vor dem Frühstück zu. Der große Dicke und der kleine Dicke waren unterdessen informiert worden, wen sie da unter ihrem wachsamen Blick hatten.

Und so entwische ich aus dem Hotel und springe in eine Straßenbahn, das Entwerten, kräsch! geht schon wie geschmiert. Dreimal steige ich um, meine Vorsicht kommt mir lächerlich vor, aber dann bin ich sicher, daß ich keinen Schatten habe. Der Himmel ist zugehangen wie damals, als ich zum ersten Mal meinen Schuh auf Leipzigs Pflaster gesetzt hatte, da steckten Stabbrandbomben im Asphalt, und wir marschierten dort drüben hinter dem Bayerischen Bahnhof, ein Jungvolkhäuflein mit Schaufeln gegen die Trümmer und Löffel im Brotbeutel gegen den Hunger. Ach, zürne ich zur Stadtgöttin hinauf, mußt du einen leidenden Sohn wieder mit dieser Elendsmiene empfangen? Eisschmand auf dem holprigen Pflaster, über das mit zuckenden Abgasfähnchen tapfere Trabis hüpfen, die Dunstdecke niedrig, daß sich kein Lüftchen bewegt – Lipsa, bist du schon so miesepetrig, daß du dich zu keinem anderen Gesicht aufraffen kannst?

Die schwere Tür der Deutschen Bücherei schiebe ich auf, um zu überprüfen, ob meinen Händen und Armen der Druck, den man dazu braucht, noch vertraut ist. Den Geruch der Eingangshalle atme ich ein. Mein Gott, liebste Stadtgöttin, wie viele Stunden habe ich hier zugebracht! Das Material für meinen Karl-May-Roman habe ich hier zusammengetragen, habe alles über den sächsischen Meisterfabulierer und vieles von ihm gelesen, Hans Wollschlägers Standarduntersuchung wurde monatelang von mir blockiert. Hier habe ich Stadtpläne Londons ausgeliehen und auf ihrer Grundlage meine Kriminalromane gestrickt. Nazikram war mir in der Geheimabteilung in die Hände gegeben worden, den ich für meine Groteske um Dr. Ley ausschlachtete. Diese Atmosphäre, wenn abends über den Lesetischen die Lämpchen eingeschaltet wurden, da waren die Bücherwände bis an die Decken hinauf meine vier eigenen Wände gewesen. Nie wieder werde ich mich in einer Bücherei so einfühlen, einschmökern. Ich kannte viele der kundigen Damen und Herren dieses Hauses, diese Kollegin traf ich und jenen Freund, und wir verabredeten uns nach der nächsten Studierrunde unten in der Kantine: Na, was macht die Kunst?

Ein Friedhof nahebei ist unterdessen zum Park geworden. Ich hätte, wäre ich gefragt worden, die Mäler der Leipziger Verlegerfamilien stehen lassen, auch das von Roßmäßler, dem Vater der Aquarienkunde, die universitätseigene Professorenstätte und den Gedenkstein für die in hiesigen Lazaretten im Krieg von siebzigeinundsiebzig gestorbenen französischen Gefangenen. Aber die große Raupe hat das alles zusammengeschoben, und am Ende haben die Narren, die am Werke waren, die Umfassungsmauer niedergelegt. Früher war hinter ihr Grabesstille, jetzt kracht der Autolärm von allen Seiten durch den Park.

Dann setze ich mich in die Hauptpost und schreibe Karten, das Stück für zehn Ostpfennige, an Freunde und Verwandte in Mittweida und anderswo: Erich ist in Leipzig, denkt mal an! Als es zwölfmal von den Türmen schlägt, tritt Jürgen Müller-Schneck durch die Tür, in Westberlin wohnend, als STERN-Fotograf zu Außenaufnahmen in der DDR berechtigt, für Innenaufnahmen braucht er von Fall zu Fall eine gesonderte Genehmigung. Aber wir wollen ja nur E. L. in seiner alten Umgebung zeigen und womöglich noch vor dem Völkerschlachtdenkmal, aber dazu, sagt Müller-Schneck gleich, wäre es zu diesig. Da beginnt es auch noch leise zu schneien. Also fahren wir zur Oststraße, dort dirigiert mich der Linsenmeister in diese Position und in jene, zu meinem alten Erker starre ich hinauf, schlendere aus der Schutzgalerie hervor und tue so, als würde ich den Busplan vorm Haus Oststraße 5 studieren. Schließlich gelingt um die Ecke in der Volkmarstraße jenes Foto, das dann im STERN zu sehen sein wird, und die Unterschrift behauptet, dies geschähe in der Oststraße.

Müller-Schneck fragt: »Gehen wir essen?«

Meine Reisegruppe hatte Pech: Sie frühstückte im Hotel, die Mittags- und Abendmahlzeiten aber wurden in immer anderen Gaststätten aufgetischt, und so ließ der jeweilige Leiter das servieren, was für ihn das einfachste war: Irgendeine Suppe, ein gebratenes Stück Fleisch von wechselnder, meist nicht sonderlicher Qualität, dazu Pommes und diese stabilen Erbsen, die es in der Bundesrepublik gar nicht gibt, diese Zwischenstufe von halbtrocken und nicht mehr jung. Salat von Rotkraut, Sauerkraut und Bohnen, sauer angemacht. Und als Nachtisch Eis mit Apfelmus. Das war wohl ursprünglich als Eis mit Früchten konzipiert, aber dann gab es keine Früchte, wohl aber Apfelmus. Wären wir nun stets im selben Haus verköstigt worden, hätte der Chef auf Abwechslung geschaut, aber so blieben die Überraschungen gering, mal Salzkartoffeln anstelle von Pommes und dazu ein paar Löffel schrecklicher Soße. Meine Lehrer fügten sich geduldig, sie hatten ja nicht gemeint, ins Schlaraffenland zu kommen. Über Eis mit Apfelmus feixten sie allerdings.

Nun stiegen wir die Stufen zum »Hotel Merkur« hinauf. Müller-Schneck kannte sich von Messebesuchen her aus und wählte sofort die richtige Tür. Denn dieses Nobelhotel, vor zehn Jahren von Japanern erbaut, hatte zwei Abteilungen, eine für Mark- und eine für D-Mark-Kundschaft, und wir beide, die Spesengroßmacht STERN in der Hinterhand, wählten die freikonvertierbare Variante. Schon tauchte aus der Tiefe des Raumes ein Serviermädchen auf und brachte Speisenbücher. Und ob wir wüßten, daß in diesem Raum nur mit D-Mark ... Ja, das wüßten wir.

Sofort erkannte ich diese verdammten Erbsen, ich wurde des Krautsalats am Rande gewahr, und da hörte ich auch schon meinen Mitesser stöhnen: Das Fleisch wäre sehnig, ungenießbar. Ich schnitt und kostete, und siehe da, das Steak war von der Konsistenz sorgfältig gekochten Ziegenleders. Da winkten wir das Servierfräulein herbei und verkündeten, wir ließen diese Portionen zurückgehen. Sie entschuldigte sich und räumte ab, überbrachte den Verzeihungswunsch des Küchenchefs und fragte nach weiteren Begehren. Ich sagte: »Was empfiehlt denn der Küchenchef?« Sie wußte es sofort: Hirschrücken. Auch dabei waren wieder diese Erbsen im Spiel. Krautsalat? Mein Unterbewußtes hat das weitere verdrängt.

Einmal aber fielen meine Mitfahrer doch aus ihrer so höflichen Rolle. Das war in Dresden. Nach der üblichen Stadtrundfahrt hieß es auf einmal, das Mittagessen solle eine Überraschung sein, der dicke Große und der dicke Kleine, der Döbelner Gewerkschafter und das fleißige Umtausch-Lieschen gaben sich zugesperrt. Ich riet: Weißer Hirsch? Aber der Bus hielt vor einem Allerweltslokal der Preisstufe drei, und dann bot man uns irgendeine Suppe, ein kleines hartes Stück gebratenen Kasslers, gelaugte Kartoffeln, und ich erklärte meinen Tischgenossen, was das sei: Das Küchenpersonal legt die Kartoffeln in eine Brühe, die die Haut abäzt, so wird der Schälvorgang wegrationalisiert. Meist bleibt als Ergebnis ein ungenießbarer Batzen zurück. Dazu die gefürchteten Maschinengewehrerbsen. Krautsalat. Eis mit Apfelmus. Vor Wut bog ich meine Aluminiumgabel zu einem rechten Winkel. Da schritt einer der Lehrer mit finsterer Miene von Tisch zu Tisch und sammelte Meinungen, und dann verkündete er unseren Betreuern, es sei die einhellige Ansicht, aufs Abendessen, denn das sollte ebenfalls hier eingenommen werden, ersatzlos zu verzichten. Da machten die vier betretene Gesichter, und für den Tagesrest waren sie überhaupt nicht mehr zu optimistisch-sozialistischen Scherzen aufgelegt.

Am dritten Abend steige ich die Treppe zum »academixer«-Keller hinab. An der Tür flüstere ich in einer Besuchertraube dem Wächter meinen Namen zu und füge an, Herr Lange habe mich eingeladen. Ich werde durchgeschleust, und da ist schon Böhnke, der mir den Sonderplatz für unvorhergesehenen lieben Besuch zuweist. Noch ist Zeit, ich schaue mich an den Wänden entlang um, und siehe da, zu all dem Krimskrams, zu Dokumenten, Fotos, Postkarten und Schnickschnack aus Leipzigs älteren und neuesten Tagen ist allerhand hinzugekommen. Das wäre vor einigen Jahren öffentlich zu zeigen undenkbar gewesen: Fotos der alten Universität und ihrer Kirche, die im Mai 1968 gesprengt wurden, hängen hinter Glas. Unter dem großformatigen Schwarzweiß-Foto im Zentrum steht zart mit Bleistift geschrieben: »kurz davor...«

Ich konstatiere Blicke und kann mir denken, was getuschelt wird: Ist er's? Dann belebt sich die Bühne, Majakowskis »Schwitzbad« wird in einer aktuellen Weiterentwicklung geboten. Das war immer mehr Regieanweisung zum Selberbasteln als dramaturgisch festgeklopftes Stück, und so geben die Akteure um Jürgen Hart eine Collage mit prasselnden Anspielungen auf das Verhältnis der DDR zur Sowjetunion, zu den Machtbefugnissen innerhalb des Ländchens, zum Konflikt zwischen Mensch und Apparat, zur kurzatmig hechelnden Versorgung und den Giften in Lüften und Flüssen. Den Westbesucher hat es oft verwundert, warum schlichte Erwähnung, noch nicht einmal kabarettistische Zuspitzung derartigen Jubel hervorbringt; er kann schwerlich erfühlen, welchen Genuß es bereitet, den Kaiser nackt zu sehen. Das knattert nur so, und das Volk brüllt.

Ein Prachtexemplar an Lob auf Umwälzung, Erneuerung und Durchblick ist das Programmheft mit Zitaten von Tucholsky, Liebknecht, Brecht, Lenin und Gorbatschow; dem Mund Majakowskis entfleucht die Sprechblase: »I like Gorbi«. Das wundersam freche Stück hat nur einen Nachgeschmack: Sein graphischer Gestalter, Ullrich Forchner, ist von einer Weltreise nicht zurückgekehrt.

Ich hole meinen Mantel, denn die Garderobe will schließen, da spricht mich nun doch ein Ehepaar an. In einer Lesung hätten sie mich vor zehn Jahren erlebt, da und dort. Und immer mal hätten sie mich im Deutschlandfunk gehört und im Fernsehen gesehen. Ja, sage ich, nun bin ich für ein paar Tage hier. Ob's mir gut gehe? Ja, mir geht's gut. Noch ein paar Worte, Händeschütteln. Eine Minute später kommt der Mann zurück, sein Gesichtsausdruck ist vor Peinlichkeit nahezu verzerrt. Ob ich ihm »Völkerschlachtdenkmal« schicken wolle, er könnte mir freilich nur DDR-Mark bieten, er hätte ... Lieber Mann, unterbreche ich, auf die Kröten käme es nicht an, aber das Buch fände ja nicht zu Ihnen, das würde der Zoll kassieren oder bestenfalls an mich zurückschicken. Das hätten wir nun weidlich erlebt, er möchte es mir glauben. Ich flehe, damit er mich nicht für schickfaul und geizig hält, und ich hoffe heute noch, daß er mir geglaubt hat.

Frau Lange kommt hinzu, auf sie hat Herr Lange mal ein Lied geschrieben: »Stefanie, wir gehn in die Passagen«. Gesungen wird das so: »Bassaschn«, denn es ist ein sächsisch Lied. Wir reden von früher und heute ohne Anbiederung, Schuldzuweisung oder Schuldgefühl, voller Fragen und Heiterkeit, Sorge und Hoffnung. Dann gibt es kein Bier mehr. »Unsere Gäste saufen zu viel«, sagt Lange. Denn dieser Kellergaststätte wie jedem Schankgeschäft wird einmal in der Woche ein bestimmtes Kontingent gebracht, so will es der Plan, und wenn das am Dienstag aufgebraucht ist, muß der geschätzte Gast eben bis Donnerstag warten. Außerdem ist es elf, da wird sowieso dichtgemacht.

Ich habe mit Böhnke ein Stück gemeinsamen Wegs über eisglatte, schlecht beleuchtete Straßen, in denen die alten Granitplatten schräg und krumm liegen, doch Lipsia bewahrt uns vor Ausgleiten und Sturz. Er wolle nicht pathetisch werden, sagte Böhnke, aber sie, Lange und er, religiöse Menschen beide, hätten das Gefühl, sie wären hierher gestellt worden, hier hätten sie ihre Aufgabe, und Weggehen käme ihnen wie Fortlaufen vor. Ich möchte bekräftigen: »Sie haben ja auch allerhand erreicht.« Und ich denke für mich: Wenn ich noch hier wäre?

Keine Bange, gelobe ich am nächsten Morgen meinem Reisemanager, jetzt gehe ich unseren Betreuern keinen Augenblick mehr von der Fichte und lasse auch die ödeste Belehrung über mich ergehen. Berufsberatung und polytechnischer Unterricht, patriotische Stählung und Mathe in der achten Klasse, nichts soll mich abschrecken, und käme Margot Honecker, die Volksbildungsministerin, persönlich. Zoff, murmelt der Vielgeprüfte, es gab tatsächlich Zoff.

Wir besuchen eine Zehnklassenschule; hier hospitierte schon die Gruppe des vorigen und des vorvorigen Jahres. Unser Leiter, ein Meister lustiger kleiner Reden, hält die Begrüßungsansprache und übergibt drei südbadische Flaschen: »Wir wollen Ihnen reinen Wein einschenken.« Die Schulleiterin verweist auf ein winziges Likörservice, das sie kürzlich aus Moskau mitgebracht habe – »dort reicht sowas neuerdings völlig aus«– mit dessen Hilfe werde man im Kollegium an den drei Flaschen lange, lange Freude haben! Dann wird dieses und jenes Kabinett vorgeführt, die Pädagogen erläutern, dann hocken alle zusammen im Lehrerzimmer, das so ungeheuer aufgeräumt wirkt, daß ostdeutsche und westdeutsche Fachleute ungläubig die Köpfe schütteln, und dann wird gefachsimpelt ohne Scheu. Als wir später vor der Tür stehen, sagt die Genossin Schulleiterin: »Jetzt möchte ich ein halbes Dutzend von Ihnen nach Hause einladen, wir sind hübsch warm miteinander geworden, doch leider müssen Sie ja weiter.« Das klingt ernstgemeint.

Am klobigen Neubau der Bezirksverwaltung des Ministeriums für Staatssicherheit spähe ich hinauf, nicht ahnend, daß mein alter Chefbeschatter, der alleroberste meiner Eckermänner, das Miststück Tinneberg, das auch nur seine Pflicht tut, sich hinter dicken Mauern die Hände reibt: der negativ-feindliche Schriftsteller Loest befindet sich wieder in seinem Fadenkreuz! Auf dem Dach spreizen sich Antennen, geeignet, Telegramme zum Hauptquartier in Berlin zu schicken und Befehle von dort zu empfangen. Und Major Tinneberg ahnt nicht, daß er nur noch ein einziges gutes Spitzeljahr vor sich hat, und daß wenig später zwei Frauen – aus seinem ehemaligen Untergebenenbereich oder Tanten oder Cousinen seiner Mitstreiter, das war doch mir egal – Papiere und Papiere vor mir ausbreiten werden, unterzeichnet von Tinneberg und anderen aus seinem Stall, und siehe da, sie waren echt. Da konnte ich doch gar nicht anders, und die Fingernägel dieser Frauen waren auch am Werktag rein, da mußte ich doch einfach ein paar Riesen hinlegen, da gab es überhaupt kein Nein.

Es war mein Sohn Robert, der auf diese Idee kam: Väterchen, fragte er milde, hältst du es für völlig ausgeschlossen, daß dein schönes Geld zum größten Teil an eben diesen Tinneberg weitergeflossen ist? Dann, fügte er jugendfrisch hinzu, sähst du ganz schön alt aus.

Damals in Leipzig: Der Wagen, der rollt mit uns in ein Berufsberatungskabinett, dann ist freie Zeit, und ich mache mich zu Inge Schröder auf. Bei ihr ist kein Achtjahresabstand zu überwinden, denn sie durfte gelegentlich zu einem runden Verwandtengeburtstag in den Westen und schaute bei mir herein. Schön warm ist es bei ihr, nicht eine Sekunde lang beschäftigt es uns, ob wohl ein Genosse Spitzel draußen im Eisregen friert. Ich höre, Fritz Rudolf Fries habe in Leipzig aus »Der Weg nach Oobliadooh« gelesen. Das macht mich mit einem Schlag froh, denn Fries ist einer der integren und begabtesten Schriftsteller des Landes. Dieser Roman ist fast ein Vierteljahrhundert alt und wurde bisher nur in der Bundesrepublik gedruckt. Wir verbreiten uns darüber, daß »Oobliadooh« durchaus den Rang der besten Johnson-Bücher erreiche und erinnern uns, wie das damals war: Fries flog dieses Romans wegen 1966 in hohem Bogen aus der Akademie und mußte sich jahrelang als Übersetzer durchschlagen, bis allmählich Gras über die Sache wuchs. Dieser Roman wurde in meinem Bekanntenkreis zum Kultbuch, ich verborgte mein vom Autor mit Freundschaftsgrüßen signiertes Exemplar unentwegt. Dann wurde es mir geklaut, es verschwand aus der Wohnung wie auch die kostbare Armstrongplatte aus den dreißiger Jahren, die ich mit Fries jedesmal hörte, wenn er bei mir harte Sachen trank. Zeitungsberichte werden mir über diese Lesung gezeigt. »Sächsisches Tageblatt« gab sich zurückhaltend: »Verlagsdirektor Elmar Faber bezeichnete die Lesung als einen Gruß, ›ja geradezu eine Liebeserklärung an die Buchstadt Leipzig‹. Mit diesem Debütroman Fritz Rudolf Fries' hat es seine Bewandtnis, wurde er doch ›mit 23jähriger Verspätung in sein Ausgangsland heimgeholt‹, wie Elmar Faber das nannte. ›Fast ein historischer Roman‹, scherzte der Autor, der seine Studentenzeit in Leipzig verbrachte, ›ich bin selber gespannt auf das, was ich Ihnen jetzt vorlese.‹« In der »Leipziger Volkszeitung« stand es deutlicher: »Elmar Faber, Direktor des Aufbau-Verlages, in dem zahlreiche Bücher von Fries erschienen sind, hatte sichtlich Mühe mit dem Erklärungsversuch, warum der schon 1966 im Suhrkamp-Verlag edierte Roman erst 1989 hier erhältlich sein soll«. Der Berichterstatter des »Sächsischen Tageblatts« schrieb über die Lesung: »Im Kapitel ›Klavier über der Stadt‹, das Fries las, sah man zu mitternächtlicher Stunde Leipzig aus der Vogelperspektive, während in der verlassenen Kongreßhalle ein einsames Klavier ›Salted Peanuts‹ träumte.«

Lipsia, mein Mädchen, stell dir vor, du schwebtest mit Fries und mir und Paasch und Arlecq, den Helden aus »Oobliadooh«, über deine Stadt, wir schauten hinab auf eine trefflich rekonstruierte Kongreßhalle, auch Fredi Linden und Wolfgang Wülff wären mit von der nächtlichen Luftpartie, und Lange und Böhnke stünden erdverbunden unten und winkten uns zu, und dann träfen wir uns alle im großen Saal zu einer ungeheuren Jazznacht mit Kurt Henkels und seinen Musikussen und taktsicheren Nachfahren. Lipsia, es ist gutzumachen an deinem treuen Sohn Fritz Rudolf Fries.

Am nächsten Morgen stehen wir in aller Frühe auf. Natürlich haben zwei Lehrer das Wecken überhört und müssen aus den Federn gepelzt werden; zerzaust und ohne Frühstück hetzen sie zum Bus. Natürlich stellt ein Oberstudienrat nach einem Kilometer fest, daß er den Zimmerschlüssel noch in der Tasche hat. Der Bus kurvt zurück.

Am Rande der Ausfallstraße schaufelt eine Frau Schotter in ein Schlagloch, ihre Bewegungen sind mühselig. Sie trägt Wattejacke und Kopftuch, sie blickt hoch, und da erkenne ich Lipsia. Unsere Blicke treffen sich, ich will rufen: »Warum machen wir denn immer so viel falsch?« Aber da sind wir schon vorbei.

Aus meiner Stasi-Akte

TELEGRAMM

Absender: BV Leipzig, Abt. XX/7 - Leh.
Empfänger: MfS Berlin, HA XX

Leipzig, den 3. Dez. 1988

Loest, Erich - operative Kontrollergebnisse des Leipzig-Aufenthaltes

L. traf am 28. 11. 88, gegen 17.00 Uhr, mit der Studiendelegation vom Studienhaus Wiesneck bei »International e.V.« in Leipzig ein und wurde im Zimmer 514 (Einzelzimmer) des IH »Stadt Leipzig« untergebracht. Nach kurzem Spaziergang in der Zeit von 19.00 Uhr bis 19.30 Uhr in Begleitung einer weiblichen Person aus der Delegation begab er sich in Begleitung dieser Person gegen 20.45 Uhr zur Gaststätte des Gewandhauses »Stadtpfeiffer«. Dort hielten sich beide Personen bis 22.33 Uhr auf und gingen zurück in das IH »Stadt Leipzig«, wo sie gegen 22.45 Uhr eintrafen.
Am 28. 11. 88 kam es zu keinen persönlichen Kontakten zu Personen seines ehemaligen Umgangskreises.

Am Vormittag des 29. 11. 88 absolvierte L. das für die Gruppe vorgesehene Programm, ab 12.55 Uhr nutzte er die freie Zeit zu eigenen Aktivitäten. So begab er sich in sein ehemaliges Wohngebiet in Leipzig, 7050, Oststraße, um dort Fotoaufnahmen von Häusern und Innenhöfen zu realisieren, ohne daß es dabei zu Kontakten mit Leipziger Bürgern kam.

Nach 16.00 Uhr begab sich L. zur Familie Hans-Martin und Dorothea Kählitz, Leipzig, 7022 Leipzig, Baaderstr. 17, die früher zum engsten Freundeskreis der Familie LOEST gehörte. Dort hielt er sich bis nach 22.30 Uhr auf und nahm danach die für die Studiendelegation vorgesehene Abendveranstaltung nicht wahr. Bedingt durch eine Programmänderung, die geplanten Veranstaltungen des 30.11.88 und des 1.12.88 wurden getauscht und L. wollte nicht mit nach Döbeln fahren, hatte LOEST den 30.11.88 zur eigenen Verfügung. (L. hatte die Fahrt nach Döbeln mit dem Bemerken ausgeschlagen, daß er die Arbeiterklasse der DDR kenne und in Leipzig noch Wege zu erledigen habe.) Nach Rückkehr in die Innenstadt begab er sich zum Hauptpostamt am Karl-Marx-Platz. Dort traf L. mit einer bisher noch nicht identifizierten männlichen Person zusammen und fuhr mit deren Pkw VW Golf, rot, poliz. Kennzeichen: B-M-9328 (Sofortrecherche bei HA VI eingeleitet) erneut in sein ehemaliges Wohngebiet. Mit Videotechnik der männlichen Person wurden dort umfangreiche Aufnahmen durch diese realisiert. Des weiteren unternahmen beide Pesonen eine Stadtrundfahrt mit o.g. Pkw, ohne daß es dabei zu Kontakten mit Drittpersonen kam.

Gegen 16.45 Uhr besuchte L. allein die Galerie am Sachsenplatz, Leipzig, 7010, Katharinenstr. 11 (Fregehaus). Über Kontakte in dieser Galerie liegen bisher keine Erkenntnisse vor.

19.30 Uhr besuchte L. die Vorstellung des Kabaretts »Akademixer«, zu der er nach inoffiziell bestätigten Informationen am Vormittag des 29.11.88 während eines zufällig stattgefundenen Zusammentreffens auf dem Sachsenplatz durch den Kabarettisten Lange, Bernd-Lutz, eingeladen wurde. Anschließend an das Programm hielt sich L. bis ca. 23.00 Uhr in der Gaststätte »Akademixerkeller« auf. Dazu konnte inoffiziell erarbeitet werden, daß die Gespräche u.a. beinhalteten:

- LOEST lebt in Bonn und bezeichnete sich als SPD nahestehend. Er will sich auch weiterhin politisch engagieren und realisiere »Berateraufgaben« für die SPD, deshalb wohne er auch in Bonn.

- Auf Meinungen, daß sein DDR-Bild in seinen Büchern und Filmen in der BRD weit weg von der Realität sei, ging L. mit keinem Wort ein. Allerdings entstand der Eindruck, daß L. diese Wertungen unangenehm waren.

- LOEST äußerte, daß er sehr daran interessiert sei, daß wieder Bücher von ihm in der DDR verlegt werden, setzte aber hinzu, daß es dafür bisher keine vertraglichen Regelungen gäbe.

Am 01.12.88 integrierte sich L. wieder in das Programm der Gruppe, nahm aber den für 19.00 Uhr vorgesehenen Vortrag/Gespräch über die Friedens- und Außenpolitik der sozialistischen Staaten nicht wahr.

Bis dahin hatte L. keinen Kontakt zu Drittpersonen. Aus Informationen einer Quelle unserer DE geht hervor, daß L. beim Besuch in der 172. POS »W. Zipperer« keine Fragen stellte und auch nicht in anderer Form negativ auftrat.

18.40 Uhr suchte L. die Schriftstellerin Schröder, Ingeborg, Leipzig, 7030, Turmweg 4, auf, die zu seinem ehemaligen engsten Umgangskreis zählte. Bei der Schröder hielt sich LOEST bis nach 22.00 Uhr auf. 02.1.88 realisierte L. das für die gesamte Gruppe vorgesehene Programm (Fahrt nach Dresden).

Zu Loest konnten durch Quellen unserer und anderer Diensteinheiten noch nachfolgend aufgeführte Erkenntnisse gewonnen werden

- LOEST ist eng mit dem Delegationsleiter Syring, Gerald, Freiberg, 7800, Zusiusstr. 56, - MfS: nicht erfaßt - befreundet. Dieser Kontakt basiert auf geschäftlichen Vereinbarungen des L. mit dem Studienhaus Wiesneck. L. und sein Sohn Thomas halten dort Vorträge auf »Honorarbasis« und vermitteln »DDR-Bilder«. Durch L. wurde auch diese Delegation in seminaristischer Form auf ihren DDR-Aufenthalt »vorbereitet«.
- Da die Gruppenmitglieder über die Brisanz der geplanten Einreise des LOEST informiert waren, gab es durch eine große Zahl von Studiengruppenteilnehmern positive Reaktionen darauf, daß LOEST nicht zurückgewiesen worden ist.

Tinneberg (Major)

Notenwechsel

Erich Loest — Bonn 2, 9.2.89

Ständige Vertretung der DDR, Bonn 2

Sehr geehrter Herr Botschafter!

Als ich kürzlich in Leipzig war, gab es an der Grenze einigen Aufenthalt, da mein Visum abgelaufen ist; so mußte für mich ein Identitätspapier ausgestellt werden. Ich wäre Ihnen dankbar, könnte mein bis zum 3.3.91 gültiger Reisepaß der DDR mit einem langfristig gültigem Visum ausgestattet werden. Meine Paßnummer: RA 0666757. Wir wohnen nicht weit auseinander, ich würde Sie gern aufsuchen und bitte Sie um eine Nachricht.

Mit freundlichem Gruß

Erich Loest

Ständige Vertretung der Deutschen Demokratischen Republik, Konsularabteilung Bonn, den 16.3.1989

Herrn Erich Loest, Bonn 2

Sehr geehrter Herr Loest!

Der Leiter der Ständigen Vertretung der Deutschen Demokratischen Republik, Herr Botschafter Horst Neubauer, hat die Konsularabteilung beauftragt, Ihre Zuschrift vom 9.2.1989 zu beantworten. Nach Prüfung Ihres Anliegens teilen wir Ihnen mit, daß keine Voraussetzungen bestehen, Ihrer Bitte nachzukommen.

Mit vorzüglicher Hochachtung

Leiter der Konsularabteilung
Wetter
1. Sekretär

3.

Ich bin nicht in Osnabrück geblieben. Denn ich kam auf den Gedanken, es sei, da mir nun schon Leipzig vernagelt bliebe, reizvoll, Deutschland auszuprobieren. Ein Freund riet mir, wenn man sich seinen Platz vom Berufe her aussuchen könnte, dorthin zu gehen, wo die Römer waren und Wein wächst.

Ich las bei Böll: »Eine unsichtbare Linie zwischen Mehlem und Remagen trennt Sprache und Brotformen; hüben spricht man ›fast wie in Köln‹, drüben ›fast wie in Koblenz‹, hüben backt man das Brot lang, drüben rund; hier hat der Katholizismus eine trierische, dort eine kölnische Färbung; die kölnische Färbung bedeutet: Liberalität, Souveränität.«

Das Katholische werde ich nur an Äußerlichkeiten erfühlen und Dialektfärbungen erst nach Jahren heraushören. Aber wo wird mein Schreibtisch dann stehen?

Die Brotregel gilt nicht mehr, da jeder Bäcker zwanzig Sorten anbietet, rund, lang und eckig und Baguette obendrein, mancher auch Fladenbrot. Der Karneval, so hörte ich von Frauen in der Reinigung, werde in Lannesdorf viel leckerer gefeiert als in Sinzig.

Wenn ich von diesen Notierungen aufblicke, habe ich Blumen und Stauden vor mir, dahinter ein Stück Siebengebirge mit dem Petersberg. Dazwischen, unsichtbar ganz unten, fließt der Rhein. Wenn mir ein Stück Schreibe gelungen erscheint oder ich die Nase voll habe, bin ich im Nu draußen und den Hang hoch, dort, vis-à-vis vom Drachenfels, steht eine Bank.

Unter riesigen Birnbäumen warte ich nach dem Ansteigen, bis der Atem ruhig geht. Das Siebengebirge habe ich nun in ganzer Länge vor mir, die Kuppen rechts gehören schon zum Westerwald. Unter mir liegen Lannesdorf, Mehlem und Königswinter, stromaufwärts Rhöndorf und Bad Honnef. Ich stelle mir vor, wie sich gerade jetzt Tausende, davon die Hälfte Niederländer, auf dem Drachenfels ballen, Mann an Mann, Frau an Kind. Ich habe mein Auge bis zum Dom von Köln und in die Eifel schweifen lassen; meine Gäste aus der DDR erquickte ich mit Blattspinat und Brokkoli, das kannten sie nicht. Ich erinnere mich, wie das in Leipzig war: Gäste führte ich zum Völkerschlachtdenkmal. Jetzt fahre ich mit ihnen auf meinen Hausberg.

Einmal saß ein Baby auf der Sparkassentheke, das Personal und drei Kunden bewunderten sein neuestes Zähnchen. Hier sind die meisten miteinander verwandt oder kennen sich seit der Sandkastenzeit. Die Besichtigung dauerte so zwei, drei Minuten. Ich wartete ohne Murren. Natürlich ist ein Zähnchen turmhoch wichtiger als eine Überweisung ans Finanzamt.

Über mir zwitschern Vögel, ein Pferd schnaubt in der Koppel. Aus dem Tal dringt als gleichbleibendes Brummen der Verkehrslärm herauf, durch Lücken sehe ich die Intercitys huschen, mit ihnen bin ich in fünf Stunden in Hamburg oder München. Ein Schriftsteller kann beim Aufstellen seines Schreibtisches gar nicht genug Umsicht walten lassen.

Wenn ich genug geschaut habe, streife ich durch die Regierer- und Verwaltersiedlung Heiderhof und den Friedhof nahebei, auf dem noch viel Platz ist, durch den Wald dahinter und auf die Felder hinaus. Hier ist der Himmel hoch und der Blick weit. Einmal im dritten Dorf vernahm ich eifriges Glockenbimmeln aus einer Kapelle und drückte die Tür auf, da zog eine leibhaftige Frau an einem Strick. Das verrichte sie jeden Tag mittags halb zwölf, damit die Leute auf den Feldern wüßten, daß es nun Zeit sei, den Traktor hofwärts zu lenken.

In Lannesdorf schrieb ich den Roman »Fallhöhe«. Sein Held wird aus Ostberlin in delikater Mission losgeschickt – nun schaut er, wie ich schaue, er spürt zum Rhein hinab und horcht den Schiffsdieseln nach. Einmal springt er fast in den Strom, um einen Türkenjungen herauszufischen, der fast hineingefallen wäre. Unsereiner muß kein Tagebuch führen, um sich erinnern zu können, er läßt seinen Figuren blühen, was er selbst erlebt. Nicht alles natürlich. Da wird zugetan und untergerührt – der Schreibtisch als Mischpult. Von der Höhe blicke ich auf jene silbrige Riesenkugel, die jeder wahrgenommen hat, der auf der linksrheinischen Autobahn fährt. Von ihr wird in den Weltraum hinausgehorcht. Das hat mit Militärischem überhaupt nichts zu tun, natürlich nicht.

Wie ich lebe, lasse ich Henning Köhler leben, den Mann aus »Fallhöhe«: »Er senkte die blechernen Fensterblenden nicht hinab und blickte auf den vollen Mond über der Briefwaage, wie er hinter einem der sieben Berge aufstieg, rund und schön. Wolken, in einander schnell folgenden Staffeln vom Atlantik herantreibend, verdunkelten den Erdtrabanten und ließen ihn frei, schwerelos stieg er, ohne der Briefwaage Eindruck zu machen, und wanderte schräg hinauf, die Landesgrenze überschreitend, denn hier hörte Nordrhein-Westfalen auf, und Rheinland-Pfalz begann. Rhein und abermals Rhein…

Dort oben in Heiderhof war auf Zuwachs projektiert worden, nun hing Buchen- und Eichengestrüpp über die Hangkante, Brombeeren und Brennesseln stürmten von den Flanken her die von zu wenigen Füßen beanspruchten Wege. Wurzeln trieben Platten auf, Kaninchen drehten Autos die spitzen Hintern zu. Eine Straße: ›Im Apfelgarten‹. Keine Apfelbäume, keine Gärten. ›Pappelweg‹ ohne Pappeln. Als ob am ›Schneewittchenweg‹ in Leipzig ein einziges Schneewittchen wohnte.«

12. KAPITEL

Im Schlaf bellen die Hunde

1.

Im letzten Krieg brannten alle Kirchen Lübecks aus, sie wurden wieder aufgebaut, zuletzt St. Petri. Unterdessen waren die Gemeinden neu gegliedert worden, so blieb diese Kirche ohne Gläubige. Womit belebt man in solchem Fall die ragenden Gewölbe? Natürlich mit Kultur. Chöre sangen, Musiker spielten, und schließlich kam Günter Kunert, Präsident der schleswig-holsteinischen Literaturgesellschaft, auf die Idee, in ihr Dichter lesen und sprechen, wohl gar predigen zu lassen. Er rief mich an, ich sagte zu, ohne gleich eine Idee zu haben. Schnurre und Härtling, Endler und Giordano, Delius und Harig, Helga Schütz und Kopelew wären dabei, hörte ich noch. In meiner Rede dann schlug ich einen Bogen von dieser im Krieg zerbombten Lübecker Kirche und der im Frieden gesprengten Universitätskirche in Leipzig, es war am 5. Februar 1989. Ich begann:

»*Elie Wiesel,* ein jüdischer Schriftsteller, geboren 1928 in Rumänien, lebend in New York, sagte:

Der Gegensatz von Liebe ist nicht Haß,
der Gegensatz von Hoffnung ist nicht
Verzweiflung,
der Gegensatz von geistiger Gesundheit und
von gesundem
Menschenverstand ist nicht Wahnsinn,
und der Gegensatz von Erinnerung heißt
nicht Vergessen,
sondern es ist nichts anderes als jedes Mal die
Gleichgültigkeit.

Diese Kirche hier wurde zerstört und wieder aufgebaut. Der Krieg, in dem sie ausbrannte, ging auch von dieser Stadt aus und kehrte verwüstend zurück. Der Friede, in dem sie wiedererstand, war auch Friede mit denen, die Bomben auf Lübeck geworfen haben. So lange unsere Generation lebt und hoffentlich noch lange danach, wird das alles nicht vergessen werden. Noch besteht in diesen Räumen keine Gefahr für Gleichgültigkeit.

Als Elie Wiesel diese Vergleiche niederschrieb, geschah das innerhalb seines Themas: Das Schicksal der Juden in seiner Heimat, in Europa und der Welt. Die Worte rühren mich an, sie lassen sich in *mein* Thema fügen, seit ich nicht mehr in meiner sächsischen Heimat bin: das Leben im geteilten Land, der Riß, der durch die Erde, durch Deutschland und durch mein Leben geht. Ich bin Bürger beider deutscher Staaten.

Als ich noch in Leipzig wohnte, wurde auch dort eine Kirche zerstört, und das mitten im Frieden. Da stock' ich schon und füge an: Es war nicht Krieg, Bomben wurden nicht geworfen. Auch der Kalte Krieg zwischen den Blöcken der Welt wirkte sich auf das, was da geschah, nicht aus. Es herrschte Bürgerkrieg, die Mächtigen eines Staates und einer Stadt richteten ihre Kraft gegen die Ohnmächtigen. Sie fällten ein Urteil, und dann ermordeten sie ein Gotteshaus, ein Haus ihrer ideologischen Gegner.

Drei große alte Hallenkirchen der Leipziger Innenstadt hatten den Bombensturm überlebt, Thomaskirche, Nikolaikirche und Paulinerkirche, die letztere auch Universitätskirche genannt. Der Platz, an dem sie stand, der Augustusplatz, war in Karl-Marx-Platz umbenannt worden, und das besiegelte ihr Schicksal. Fast alle Gebäude, die hier gestanden hatten, waren verbrannt, nur nicht diese Kirche. Die Universität daneben war beschädigt, man hätte sie ausbauen können. Teile waren intakt, im Hörsaal 40 hielt Professor Hans Mayer seine

Vorlesungen, die nun jeder, der auf sie zu sprechen kommt, legendär nennt. Ich habe nur wenige versäumt. Zu den Zuhörern gehörten Christa Wolf und Uwe Johnson, als Gäste lasen Ingeborg Bachmann und Günter Grass. Aber der Platz, an dem Universität und Kirche standen, hieß ja Karl-Marx-Platz, und auch die Universität trug den Namen des Revolutionärs.

Innerhalb der Leipziger SED hörte man schon in den fünfziger Jahren den zynischen Satz: Wenn die Universitätskirche mit verbrannt wäre, hätten wir ein Problem weniger. Walter Ulbricht drängte auf eine Lösung, er wollte einen radikalen Neuaufbau im Stil dieser Jahre, da stand ihm eine Kirche im Weg. Paul Fröhlich, der Parteisekretär des Bezirks, dachte wie er. Ein Wettbewerb wurde ausgeschrieben, noch nicht einmal hinter vorgehaltener Hand wurde beigefügt, die Kirche wäre durchaus entbehrlich. Überlegungen, das Gebäude von seinen Fundamenten zu schneiden und zurückzurollen, kamen zu keinem Ziel: Die Spannungen in den Gewölben hätten solch eine Roßkur nicht vertragen. Ein Plan des allzeit willfährigen Architekten Henselmann wurde favorisiert – in ihm war der Karl-Marx-Platz kirchenfrei.

Heute sagt man gern in Leipzig: Es waren wilde Zeiten, Ulbricht und Fröhlich haben so befohlen, heute würde man, *würden wir* nach einer anderen Lösung suchen: Aber so zu reden heißt, die Erinnerung und die Wahrheit zu löschen. Solche Gedankengänge und Redereien erwachsen aus vorausgesetzter Gleichgültigkeit...

Damals haben viele Zeitungen der Bundesrepublik auf die Vorgänge in Leipzig hingewiesen, es blieb ohne Einfluß. Der Grundlagenvertrag zwischen unseren Staaten war nicht geschlossen, Vertretungen waren nicht ausgetauscht, Journalisten nicht akkreditiert. Westdeutsche Politiker, Schecks in den Händen, gehörten nicht zu den freundlichst begrüßten Gästen in Ostberlin und am Werbellinsee. Die Leipziger waren allein und die Machtverhältnisse eindeutig.

Die Vorbereitungen zur Sprengung wurden mit Hochdruck betrieben und dauerten drei Wochen. Wer an den Absperrungen stehenblieb, wurde weitergedrängt. Der Organist der Kirche schrieb an den stellvertretenden Ministerpräsidenten Dieckmann, er war Volkskammerpräsident und Vertreter einer sogenannten bürgerlichen Partei in der Regierung, und bat um Intervention. Dieckmann antwortete, dieser Vorgang liege außerhalb seiner Kompetenz. Ich frage: Warum legte dieser Mann sein Amt nicht nieder? Aus Verblendung oder Feigheit? Leipziger Frauen und Männer setzten sich vor den Absperrungen aufs Pflaster, sie wurden weggetragen und eingesperrt. Der Zorn derer, die Blumen über die Zäune warfen, galt ebenso denen, die Macht demonstrierten, wie der eigenen Hilflosigkeit.

Die Sprengung war in der Tagespresse angekündigt. In der Nacht vorher wurde ein Kreis von dreihundert Metern Radius geräumt; es wurde argumentiert, vielleicht lägen noch Kriegsbomben im Boden, die durch die Erschütterung explodieren könnten. Es war ein heller, sonnenüberstrahlter Maitag. Nur von einer Stelle außerhalb des Sicherheitskreises war die Kirche zu sehen, vom Johannisplatz aus. Dort drängten sich an die zwei, drei Tausend. Viele standen auf dem Flachdach des Grassimuseums. Offensichtlich gerade erst eingezogene Bereitschaftspolizisten in neuen Uniformen sperrten ab, sie waren hochnervös.

Dort stand auch ich. Ich sah den sonnenerleuchteten Giebel und das Türmchen auf dem Dach. Dieses Türmchen neigte sich ohne Laut für uns, dann sackte das Dach ein, eine Staubwolke stieg auf, dann erst drang das Grollen herüber. Es war der 30. Mai 1968, zehn Uhr am Morgen. Nun drängten die Menschen nach vorn und drückten gegen die jungen Polizisten. Der vor mir nestelte an seiner Pistolentasche. Ich dachte: Jetzt ein Schuß, und wenn er auch nur in die Luft gerichtet ist, und eine Panik bricht aus.

Die Kirchensprenger hatten an vieles gedacht, so auch an die Minuten danach. Sofort rollten sämtliche Sprengwagen der Stadtreinigung über den Karl-Marx-Platz und durch die Seitenstraßen, sie spülten den Sprengstaub vom Pflaster und die Menschen auseinander. Der Wasserwerfer konnte in Bereitschaft bleiben. Schon in der Stunde der Sprengung fuhren Greifer und Bagger an und füllten Trümmer auf Lastwagen, die rollten dann Tag und Nacht durch die Leninstraße hinaus. Vor der Stadt wurden sie abgekippt und von Bulldozern zusammengepreßt. Diese Halde war Tag und Nacht bewacht, damit nicht jemand einen Stein von der Rosette, einen Splitter vom Gestühl oder einen Fetzen von einer Orgelpfeife beiseite brächte. Denn das alles war mit zerstört worden. Hast hatte den Verderbern zugesetzt, vielleicht Furcht, ihnen könnte doch noch jemand in den Arm fallen, gewiß nicht schlechtes Gewissen.

In der Stunde der Sprengung versammelten sich die Pastoren Leipzigs in der Thomaskirche. Sie sangen einen Choral von Bach: ›Wenn wir in höchsten Nöten sein.‹

Ich habe mich oft gefragt, warum mich das Schicksal der Paulinerkirche nicht losläßt. Ich bin tief in meiner Seele Leipziger und halte mich für einen Menschen, dem Kunst und Kunstwerk und Tradition etwas bedeuten. Ich bin kein religiöser Mensch. Ich habe damals mitgelitten und mich erregt, habe zugeschaut und wußte immer, daß ich Zeuge einer Barbarei bin. In meinem Roman »Völkerschlachtdenkmal« knüpfe ich Fäden von der Zerstörung der Leipziger Synagoge im November 1938 zur Sprengung der Paulinerkirche dreißig Jahre später. Alfred Linden und sein Vater, der ein SA-Mann war, sind von beiden Schrecknissen betroffen. Dieser Roman trägt wie manches, was ich schreibe, über Strekken satirische Züge, natürlich nicht, wo es um die Vernichtung von zwei Gotteshäusern geht. Meinen Sohn Robert habe ich angestiftet, über den Mord an der Paulinerkirche für den Deutschlandfunk ein Feature zu schreiben, es konnte auch in Leipzig gehört werden. Und als ich von der Leitung der Petrikirche in Lübeck gebeten wurde, eine Predigt zu halten, war mir bald klar, daß ich über das Schicksal der Paulinerkirche in Leipzig sprechen würde.

Dieses Thema läßt mich nicht los, vermutlich, weil ich damals nichts gegen diesen Zerstörungsakt getan habe. Ich hatte gute Gründe – aber haben und hatten denn nicht alle, die zu irgendeiner Zeit nichts taten, für ihr Nichtstun gute Gründe, sind diese guten feigen Gründe nicht ein Grundübel damals und irgendwann und dort und hier und überall?

Ich war seinerzeit noch nicht lange aus dem Zuchthaus heraus und galt als vorbestraft. Ich sagte mir, daß ich mich bei einem Protest an niemanden anschließen dürfte, um diesen Protest nicht sofort zu diskreditieren. Siehe da, hätte dann geantwortet werden können, mit diesem wegen Staatsverrats verurteilten Loest macht sich einer gemein! Meine Frau und meine Kinder hatten in den sieben Jahren, die ich im Zuchthaus war, viel durchgemacht – das alles nannte ich gute Gründe. Ich male mir gar nicht aus, was mir möglich gewesen wäre, viel ist es nicht. Ich hätte die Sprengung nicht verhindert, natürlich nicht. In Leipzig gab es viele Maler, Musiker, Schauspieler, Schriftsteller – sie wären eine Macht gewesen. So denke ich vor und zurück und bleibe bei mir und meinen Überlegungen hängen, und gute Gründe helfen mir nicht über eine Tatsache hinweg: Ich habe, als die Paulinerkirche zerstört wurde, tatenlos zugeschaut.

Die Petrikirche Lübecks wurde nach vielen Jahren und unter Opfern und Mühen wieder aufgerichtet, wir schauen an den Pfeilern hinauf und hören, wie der Raum den Worten und Klängen Halt gibt.

Paul Fröhlich erlebte den Aufbau des Karl-Marx-Platzes in seinem Sinne nicht mehr, er starb bald darauf unter Höllenqualen an Blutkrebs. Walter Ulbricht wurde aufs Altenteil geschickt, Honecker ließ den Namen seines Ziehvaters für zwei Jahrzehnte aus den Zeitgeschichtsbüchern tilgen. Die Paulinerkirche sollte vergessen sein; wo auch immer Darstellungen des alten Leipzig mit dem Platz vor dem Grimmaischen Tor veröffentlicht wurden, mußten sie so beschnitten werden, daß die Kirche jenseits des Randes lag. Die Täter setzten auf Zeit.

Diese Kirche in Leipzig wird nie wieder aufgebaut werden. Wer sie ins Vergessen abdrängen wollte, hoffte auf Gleichgültigkeit, aber er irrte sich dabei in den Leipzigern. Ich habe der Barbarei zugeschaut und nichts getan, ich wünschte, es wäre andes, und so richtet sich mein Wachhalten dieses Schreckens auch gegen eigene Gleichgültigkeit...

Von den Stadtverordneten, die diese Kirche auf dem Gewissen haben, leben noch viele, manche sind in Ämtern, einige könnten sich noch immer Stadtmütter und Stadtväter nennen dürfen. Sie sollten sich nicht mit der Rederei begnügen, damals seien eben wilde Zeiten gewesen und sie hätten gute Gründe für ihr Handeln gehabt. Sie waren blind oder feig oder beides. Es wäre an der Zeit, daß sich eine, daß sich einer von ihnen äußert.

Manche Bewegungen und Entwicklungen gehen über Jahre hinweg nahezu unbemerkt vor sich, sie vollziehen sich in Schrittchen, doch auf einmal erscheint, was zurückliegt, einer anderen Ära anzugehören und damit unbegreiflich. Heute, sagen die, die in Leipzig das

Sagen haben, würde nach einer anderen Lösung gesucht werden. Das heißt, die Paulinerkirche würde nicht angetastet werden. Von dort zur Scham ist es noch weit, und es ist ein langer Weg zu dem Ausspruch: Wir haben falsch gehandelt und schämen uns.

Im November 1988 wurde auch in Leipzig der Verbrechen an den Juden vor fünfzig Jahren gedacht. Einem ökumenischen Gottesdienst in der Nikolaikirche folgte ein Zug mit Kerzen in den Händen hinunter zu der Stelle, an der damals die Synagoge gestanden hat. Ein kleiner Bogen nur, und dieser Zug hätte den Platz berührt, an dem die Paulinerkirche in Trümmer fiel. Es ist nicht lange her, da rissen zivile Staatsschützer vor dem Kino ›Capitol‹, in dem eine internationale Filmwoche stattfand, Leipziger Christen Kerzen aus den Händen. Dem Frieden sollte ein Licht leuchten, doch was Friede sei, glaubten die Staatsmächtigen bestimmen zu sollen, ein pazifistischer, christlicher Friede ohne Schwerter, ein Friede der Aussöhnung und der Pflüge jedenfalls nicht. Diesmal hielten Polizisten den Verkehr an, damit dieser Zug ohne Gefährdung und Stocken an sein Ziel komme.

Wandlungen im Blick auf die Geschichte vollziehen sich auch in der DDR. Sie sollen, so ist es gegenwärtig der Wille der Beherrschenden, ohne Brüche erfolgen, von Kontinuität ist mit Vorliebe die Rede. Das wird nicht überall möglich sein. Man kann eine gesprengte Kirche nicht leise leise wieder zusammensetzen, und auf einmal steht sie wieder da, und es ist nichts gewesen. ›Auferstanden aus Ruinen‹ begann die Hymne der DDR, als die noch eine Hymne besaß, jetzt verfügt sie ja nur noch über eine Staatsmelodie. Die Paulinerkirche wird so wenig auferstehen wie die Synagoge.

Von Bestrafung derer, die die Kirche zerstören ließen, kann nicht die Rede sein. Es wäre fern jeder praktischen Politik auch für einen heute nicht vorstellbar gewandelten DDR-Staat, dies zu fordern oder auch nur zu wünschen. Das Wort Reue, ein christlicher Kernbegriff, gehört nicht ins Vokabular der Politiker, nicht einmal der christlichen. Die tragen Verantwortung. Und dann gehen sie in Pension. Es wäre schon viel, einer von denen, die damals den Daumen senkten und eine Kirche dem Scharfrichter übergaben, fände darüber ein bedauerndes, ein bereuendes Wort. Das ist es, was ich zu erleben wünsche: einen bereuenden Politiker...

Ich möchte, daß, wenn wieder Juden und Christen gemeinsam gedenken, der Zug von der Nikolaikirche zur Synagoge einen kleinen Bogen schlägt und dort anhält, wo die Paulinerkirche stand, und daß dann dort für eine Minute geschwiegen wird. Vielleicht könnten sogar des Volkes Polizisten, die den Zug begleiten, die Hand grüßend an die Mütze legen.

Jede Predigt endet mit einem *Amen,* das bedeutet, *So sei es.* Mir steht solch eine Bestimmtheit nicht zu. Mein Schlußsatz muß bescheidener klingen: *»Ich hoffe, es möge so sein.«*

2.

Während ich so sprach und ein Chor den Bachschen Choral »Wenn wir in höchsten Nöten sein« sang, hockte hinter einem Pfeiler ein junger Mann an einer Tonbandmaschinerie. Im Auftrag des Deutschlandfunks schnitt er mit, und so konnte diese Predigt am Morgen des 17. Juni 1989 gesendet werden, und da dieser Tag auf einen Sonnabend fiel, hörten sie in der DDR viele. Während der Frühjahrsmesse 1990, am 13. März, las ich meinen Text, ich hatte ihn nur wenig aktualisiert und lokalisiert, in der Nikolaikirche zu Leipzig, von der die Kerzenrevolution ausgegangen war. Meine Lesung am 15. Dezember 1989 im Gohliser Schlößchen, die erste nach fast zehn Jahren in der DDR, und dieser Abend in der Nikolaikirche sind Schritte meiner Heimkehr.

Was geschah noch in diesem Frühjahr 1989? Ich schrieb »Fallhöhe« zu Ende, der Roman sollte im familieneigenen Linden-Verlag erscheinen. Seine Wirkung gehört schon in eine Jetztzeit, zu der der Titel »Der Zorn des Schafes« nicht paßt. Ein Freund, der eine Anthologie mit dem Titel »Feindbilder« zusammenstellte, bat mich, über die Haßerziehung in der Nationalen Volksarmee zu schreiben; die Erzählung »Bauchschüsse« entstand, und ich begann darüber nachzudenken, daß es wieder einmal Zeit würde für einen Band mit Geschichten.

Auf erquickende Wochen hoffte ich im Weinstädtchen Deidesheim in der Pfalz, in das mich eine Jury berufen hatte. Der Grad eines Turmschreibers war mir zuerkannt worden, er war verbunden mit Preisgeld, freiem Aufenthalt und zwei Flaschen Deputatwein jeden Tag. Ich teilte meine Turmschreiberzeit auf zwei mal zwei Wochen ein, hoffend auf eine gute Zeit.

Im ehrwürdigen Rathaus begrüßte mich mein Vorgänger Herbert Heckmann: »Willkommen im Turm! Es ist eng dortselbst, man kann sich höchstens mit einiger Grazie um sich selbst drehen, der Blick fällt in den Graben – und die Wände sind, wie sich das für Turmwände gehört, sehr solid. Sie lassen sich nur mit Wein sprengen. Man schickt sie, lieber Erich Loest, in den Turm, auf daß Sie dortselbst mit einem pfalznahen Büchlein niederkommen. Um die Wehen zu erleichtern, die nun einmal mit der Schriftstellerei verbunden sind, gibt man Ihnen Wein. Sie glauben gar nicht, was ein pfälzischer Wein aus einem Menschen machen kann.«

Wein, Wein, Wein – wann, dachte ich, redet der Bürgermeister über Literatur? Damen und Herren des Ortes und der Umgebung, der Landrat gar und eine Weinprinzessin harrten auf geschnitztem Gestühl, und der Bürgermeister führte mich als fünften Turmschreiber ein. Gewiß würde ich, so der Bürgermeister, wenn ich denn schriebe während und nach einem Aufenthalt, über die schöne Pfalz und ihre gastfreundlichen Bewohner, über das kräftige Essen und den Wein, den Wein mich verbreiten. Mit einem Händedruck wurde ich zeitweise in den Öffentlichen Dienst von Deidesheim übernommen.

Danach bröckelte der Pulk zum Turm hinüber. Mir schien, als sei der in einen Graben eingesunken, von »ragen«, bei »Turm« gängig, konnte nicht die Rede sein. Dann staunte ich, wie winzig mein Domizil war, puppig hatte ich mir's vorgestellt, eichig bemöbelt mit Tischlein und Bänklein, aber die Stadtoberen hatten ein ausgedientes Büro-Rollschränkchen aus den sechziger Jahren nebst drei betagten Vorzimmerstühlchen hineingepfercht, saukalt war das Verlies und ohne Licht, doch Strom führte hinein fürs Hauptrequisit, den Kühlschrank, denn es ging nicht um dichterische Inspiration, sondern um Wein, Wein, und im Kühlschrank lag mein Deputat, 87er Hofstück Riesling trocken, ohne Prädikat in Literabfüllung, ein Gebrauchsgetränk, früher üblich fürs Gesinde, gut für eine saure Schorle. Die Prinzessin hielt eine Willkommensrede; Hoheit waren heiter anzuschauen, schlank mit schönem Hals, ihre Augen waren taubengrau von seltener dunkler Tiefe, sie trug ein gülden Krönlein, und ihr Lächeln war von einer silbrig blitzenden Zahnspange aufs zutraulichste verziert. Sie bot (ohne jedes Spangenzischeln) ein Mundartgedicht, in dem, soweit ich's verstand, neben dem Wein der Saumagen gepriesen wurde. Dann waren die flinken Jungen mit den Umhängetäschchen und den Mikrophonen aus Stuttgart, Mannheim und Saarbrücken bei mir, sie wollten wissen, was ich denn nun über Deidesheim schriebe, und ich sagte, ich wüßte es nicht, und das sei gut so, denn sonst wäre ich voreingenommen, und das wollten wir doch keinesfalls, oder?

Ein enger Kreis blieb zum Imbiß mit Wein, ich aß brav gebratenen Saumagen, auch von einer Lesung am übernächsten Tag in der Hauptschule war die Rede, und der mich einladende Lehrer gab heiter zu, nichts von mir gelesen zu haben. Ich drückte ihm »Durch die Erde ein Riß« in die Hand und verdonnerte ihn, es in einer Nacht zu lesen und seine Kinder auf mich vorzubereiten, und ein Grundschullehrer, der auch nichts von mir wußte, mußte erfahren, daß ich nichts für Kinder geschrieben hätte, ihnen folglich auch nichts würde bieten können. Ein Gespräch mit seinen Lehrerkollegen bot ich ihm anstelle dessen an, er trollte sich, und ich sah ihn nie wieder. Ich war in eine literarische Steppe gekommen. Hatten meine Vorgänger im Amt zuwenig geackert und gedüngt?

Deidesheim wird von einer Bundesstraße entzweigeschnitten. Verkehr brüllt und stinkt, es bedarf der Ampel, damit man auf die andere Seite kommt. Die Hauptstraße, die natürlich Weinstraße heißt, ist gesäumt von Hotels und Wirtschaften in dichter Zeile, an der Nordkurve liegt das Feinschmeckerlokal »Zum Reichsrat« mit seinem »Elsässer Restaurant« in dem, so schrieb ein Lokalreporter, der Wirt das einzige Elsässische sei; französische Minimalküche wird gepflegt. Ein schönes Hotel schließt sich an, der Garten ist sonnig und auch schattig, und ein Springbrunnenplätschern läßt den Verkehrslärm draußen.

Letzteres ist dem geneigten Gast keineswegs vergönnt, der sich hundert Meter weiter auf die Stühle vor den »Deidesheimer Hof« setzt. Dem schauen die Lkw-Fahrer von ihren Arbeitsplätzen herunter direkt aufs Wachtelei. So wird er ins Innere flüchten und, wenn's hochkommt, tief ins Verlies hinabsteigen, in dem Manfred Schwarz seine Klause bekocht. Kerzen glitzern, ein eigener Küchenbereich ist ihm eingeräumt. Schwarz, King-Koch von Graden, hat schon im Sterne-Hotel gewürzt – schade nur, daß so einer die Sterne nicht wie ein General auf den Schultern seines weißen Kittels davontragen kann; immer wieder müssen sie erworben werden. Ich genoß ein Vier-Gänge-Mahl, bei dem ein Gugelhupf vom Wildlachs mit einem Kartoffelpüfferchen und Kaviarsoße den Anfang machte und danach frischer Spargel mit Seezungenstreifen und Morcheln (passen denn die drei zusammen? jaha!) herausragten. Rindsfilets mit Gemüse »vom Mannheimer Markt«, Buchteln mit Mohn-Mousse in Rhabarberschaum – das alles fügte sich zu einem der größten Gaumengenüsse meines Lebens.

Mein Turm? Ach ja, der wartete kalt und karg in seinem Graben. Meine Vorgänger Altendorf und Heckmann, Harig und Hagelstange berichteten, daß zuweilen zutrauliche Kinderlein und beflissene Literaturfreundinnen zu ihnen pilgerten, neugierig aufs direkte Dichterwort. In meiner Zeit war's dazu meist zu unwirtlich; zuweilen fand ein Besucher doch zu mir, ich kredenzte vom Deputatwein, da verzogen sich die Mienen, und die Hälfte der herben Gabe wurde übers Mäuerchen gekippt. Sie wissen, was gut ist, die Deidesheimer! Ich merkte, die Turmschreiberei war symbolisch gemeint, gut fürs Ortsimage, und ich mußte es ausbaden.

Das tat ich täglich in der Schwimmhalle meines Hotels, denn selbstredend kampierte ich nicht im Turm, und wenn es nicht regnete, spazierte ich durch die Weinfelder zum Wald, horchte auf Lerchen und Amseln, solange nicht die Stahlvögel aus Ramstein den Himmel dröhnen machten. Einmal, des Abends, ging mein Blick weit übers Rheintal mit seinen tausend Lichtern bis zum Odenwald hinüber. Ich hoffte, daß es den Piloten indessen wohl erginge in ihrem Kasino und daß sie nach langem Donnertag vollzählig seien. So motiviert trat ich dem Verein »Mittelhaardter gegen Fluglärm« bei.

Mein Hauptschullehrer hatte brav gebüffelt eine Nacht lang und die Schüler einer obersten Klasse eingewiesen, und so gelang eine für alle gedeihliche Doppelstunde. Versöhnt schritt ich stadtwärts und trat in die »Turmschreiber Schaenke« mit stolzer Brust, denn noch nie war nach mir irgendwas genannt worden, hier sah ich mich als Fünftel-Namenspatron. Aber nicht die Fotos meiner Vorgänger schmückten die Wände, sondern Pferdehalfter, Kummet und sonstiger Bauernschrott. In den Vitrinen ruhten nicht meiner Kollegen Werke, sondern Erdbeertorte und jene Plastikflaschen, aus denen man – man beachte das Verfallsdatum auf der Unterseite! – Schlagsahne quetscht. Unerkannt und unbejubelt aß ich eine nicht üble Nudelpfanne und sann über Schritte nach, gemeinsam mit meinen Turmkumpeln rechtlich dagegen vorzugehen, daß unser Titel unnütziglich im Kneipenschild geführt werde. Ich rechnete mir Chancen aus.

An einem Vormittag wurde im Weinmuseum begrüßt: Weinkönigin und Bürgermeister, allerlei Vorsitzende und Geschäftsführer, Präsidenten gar von Winzergenossenschaften und Absatzverbänden, sodann Damen und Herren von Presse und Funk, und ich bedachte, wer so alles sein Auskommen findet, weil unsereiner gelegentlich ein Schöppchen nippt. Dann wurde es knallernst, denn ein *Image-Träger* wurde vorgestellt, der Trendwein aus der 88er Ernte. Der Mann, der den Werbefeldzug einleitete, liebte soldatische Festlegungen: ganz klar und eindeutig, unerbittliche Kontrolle, total bewußtes Herangehen an die Verbraucherzielgruppe: Kenner mit gehobenem Einkommen, Fachgeschäfte und Gastronomie; dem Supermarkt blieb weiterhin der Müller-Thurgau aus der Literbottel. Mehr Klasse, weniger Masse! Mir gefiel, daß der Trendbestimmer den stagnierenden Weinmarkt *absolut nüchtern* betrachtete. Weinwelsch plätscherte und schäumte: Man sollte sich nicht schämen, wenn eine Restsüße den Riesling *abpufferte.* Da obwalte *offenes Spiel* von *fast schmeichelnder* Restsüße zur Säure, oder war *das Treppchen zum Halbtrockenen* sachte beschritten? Schließlich: Der Riesling ist der *Sattelgaul* im Gespann der Weißen. Den Trockenen haben Journalisten den Leuten eingeredet, hörte ich, im geheimen hätten es viele längst satt, *nur noch Holz* zu trinken. Ich schnurpste eine Brezel, und als es hieß, daß 450 000 Mark für diesen Werbestreich vorgesehen seien, goß ich mir das Glas abermals randvoll. Und ich dachte mir, daß an der Mosel, am Kaiserstuhl, an der Rhone und in der Toskana zur selben Stunde ebenfalls Damen und Herren zusammensaßen und Strategien entwickelten, gerade *ihr* Erzeugnis den Trinkern als unbedingtes Muß anzudienen. Ich horchte einer *gewissen Aggressivität* der Säure nach, nun ja, der Tropfen war ja noch blutjung. Mein Magen, aufgestört nun immerhin, fragte bang zu mir hoch: Willst du denn wirklich, marktfördernd und pfalzfreundlich, noch mehr saufen? Der abgepufferte Sattelgaul im Glase, der Image-Schelm, blinzelte mir herzlich zu.

Die »Rheinpfalz« entsandte eine Reporterin an meinen Trinkort, sie berichtete: »Im Lesesaal des Elisabeth-Stiftes erwarten den Schriftsteller zwanzig ältere Damen und Herren, die meisten über achtzig, der Vortrag ist vom Volksbildungswerk arrangiert worden. Loest soll ein Kapitel aus dem noch nicht publizierten Manuskript des Romans »Fallhöhe« lesen. Für einen Moment scheint es fast, als ob er vor all dem guten, aber hilflosen Willen, der ihm entgegengebracht wird, kapitulieren wolle. Aber dann fängt er doch an, erklärt sich und sein literarisches Schaffen, sein Leben in der DDR und in der Bundesrepublik. Beim Lesen gewinnt er seine Festigkeit zurück, die anschließende kurze

Besprechung übersteht er souverän, die ausgelegten Bücher sieht kaum einer an. Es ist wie in der Hauptschule eine Woche vorher, Erich Loest absolviert Pflichtübungen, und er ist verbittert.«

Nach zwei Wochen packte ich Klamotten und Deputatsreste und trollte mich. Zum Abschied schenkte mir der Bürgermeister einen Karton mit Wein; diese Sorten, versicherte er, trinke er selber. Allmählich wurden die Hänge des Pfälzer Waldes im Rückspiegel blasser. Unterwegs bedrängt mich der Wunsch, die Deidesheimer möchten, bis ich wiederkehrte, nicht herauskriegen, daß ich eigentlich Biertrinker bin.

Nach einigen Tagen des Bedenkens tat ich das Klügste, ich schrieb dem Bürgermeister, ob es nicht besser wäre, wir würden das weinlastige Unternehmen in aller Stille beisetzen. Der Bürgermeister schrieb zurück, er wäre einverstanden; sein Brief klang nahezu herzlich. Dann schickte er mir noch einen Karton des vorzüglichsten Weins, der auf den Fluren von Deidesheim wächst. Loest, äußerte er sich später, hätte wohl nicht den rechten Zugang zur pfälzischen Mentalität gefunden. Ich bin gespannt, wie der nächste Deidesheimer Turmschreiber, so es denn einen geben sollte, die Scharte, die ich dem Unterfangen versetzt habe, auswetzt.

Zur Frankfurter Buchmesse vom Oktober 1989 zog ich mit Elke und Thomas unter der Losung: »Ein Verlag – ein Autor – ein Buch«. Wir stellten »Fallhöhe« vor und mußten über mangelnde Aufmerksamkeit nicht jammern. Das bedeutet für mich schon Neuzeit. Aber ein Bogen war noch zu schließen: Rückkehr in meine alte Stadt.

Die Mauer fiel; sofort wurde ich vom Leipziger Schriftstellerverband zu Gespräch und Lesung geladen, die letztere sollte im Gohliser Schlößchen stattfinden. Das Theater bot mir Räumlichkeit, das »Sächsische

Tageblatt« fragte an, ob es mich interviewen dürfe. Am 13. Dezember 1989 überquerte ich die Grenze.

Zu Beginn der Verbandssitzung drückten mir alte Freunde still die Hand. Von aufgekratzter Herzlichkeit waren einige, die ich gar nicht so herzlich in Erinnerung hatte. Von meinem durch die Drohung des Ausschlusses erzwungenem Austritt vor zehn Jahren sollte die klärende Rede sein. Ich berichtete, was in meiner Erinnerung geblieben war. Pfeiffer und Nowotny, bleich beide, bestätigten meine Schilderung, ergänzten sie geringfügig und entschuldigten sich. Als Pfeiffer schloß, durch meinen Austritt sei eine für beide Seiten ehrenvolle Lösung gefunden worden, brüllte ihn Czechowski an, was wohl daran ehrenvoll sei, einen Kollegen aus dem Verband und damit ins Exil zu treiben. Tags darauf im Gohliser Schlößchen und noch einmal in der Neuen Szene des Theaters las der Schauspieler Fred Artur Geppert aus »Durch die Erde ein Riß« über das Kesseltreiben gegen Zwerenz und mich; er begann: »Es war eisig geworden in Leipzig« und endete: »Sie kamen während des Abendbrots.« Die von der Stasi nämlich. Ich las aus »Völkerschlachtdenkmal«. Im Sächsischen Tageblatt war zu lesen, es hätte geschienen, als wäre ich nie weggewesen. »Am Ende stand er mit einer brennenden Kerze vor seinem Publikum, und es war wohl die kleine Flamme, die ihm in den Augen brannte.« Diese Kerze war ein Stearinbrocken in Gestalt des Völkerschlachtdenkmals. Kitsch? Was denn sonst. Unseren eigenen Kitsch lassen wir uns von niemandem vermiesen.

Als ich montagabends mit Zehntausenden vom Platz vor der Oper aus über den Ring zog, hielt ich Ausschau nach Lipsia, im Getriebe konnte ich sie nicht entdecken. Ich bezweifelte, ob sie bei denen war, die schwarzrot-goldene Fahnen schwenkten und stakkatierten: »Deutschland, einig Vaterland!« Ich vermutete sie keinesfalls im Häuflein, das mit DDR-Fahnen trotzig am

Straßenrand harrte. Kinder brüllten sich mit Zentimeterabstand in die Gesichter: »Du bist das Letzte! Du bist das Allerletzte!« Oder gehörte Lipsia zu denen, die zu Hause geblieben waren und klagten: Das ist nicht mehr unsere Demo, jetzt marschieren da ganz andere? Zwei betagte Frauen, ich könnte sie Damen nennen, trugen still eine grünweiße Fahne. Ich scheute mich, in ihren Gesichtern zu forschen. An der »Runden Ecke« sangen die Massen: »Stasi in den Tagebau!« Da hatten Reißwölfe schon halbe Arbeit geleistet, denn »Dozent« und »Frank«, »Hans Heiner« und »Lehrer«, »Bernd«, »Dr. Munkwitz« und »Rose« sollten ruhig schlafen können. Aber auch Kopierer hatten das ihre getan, allerlei war aus der Festung getragen worden für eine spätere Zeit, beispielsweise für ein Zubrot zur Rente. Wäre das nicht geschehen, könnten »Herbst« und »Burkhard« unbefangener lügen. Vor allem aber wäre es schwerer, die Allianz zwischen SED, Staatsbehörden, Verlagen, Zeitungen, Rundfunkstationen, DEFA und Schriftstellerverband nachzuweisen und zu dokumentieren: Sie alle arbeiteten Hand in Hand, und die Spinne im Netz war die Stasi.

Leipziger, schützt eure Akten!

Im Gewandhaus, im Lokal hoch oben auf dem Uni-Riesen und in der Straßenbahn sprachen mich Leute an: Schön, daß Sie wieder da sind. Ja, sagte ich, vor allem für mich. Im Hof der »Leipziger Volkszeitung« musterte ich Dreck und Verkommenheit. Ein Mann latschte aus seiner Pförtnerbude, schaute mich streng an und brummte: »Zu wem wolln Se?«

Ich blickte ihm in die Augen und sagte: »Guten Tag.« Es dauerte eine Viertelminute, bis seine Polizistenmanier abschmolz, vielleicht vermutete er in mir einen, der *ihm etwas zu sagen* hätte, dann erwiderte er meinen Gruß. Ich hätte früher einmal hier gearbeitet, erzählte ich ihm dann, ganz früher. Seine Kollegin trat zu uns, wir fanden in ein normales Gespräch. Der und der sei jetzt der Chef. Der Parteisekretär habe sein Zimmer geräumt, den gäbe es nun nicht mehr. Ja, die Zukunft? Mancher wüßte weder ein noch aus.

Über die Kreuzung ging ich in einen Hof, dort turnten Ratten auf übervollen Müllkarren. Dahinter ragte die Zellenwand des Stasigefängnisses. Um die Ecke nur, und ich schaute aufs Literaturinstitut. An den kurzzeitig amtierenden Kulturminister Keller erwog ich einen Brief zu schreiben: Wenn das Literaturinstitut geschlossen werden müßte, würde ich gerne das Haus für unseren Linden-Verlag kaufen. Dort, spann ich, wollte ich eine Bronzeplatte ins Parkett senken lassen mit der Inschrift: »Hier saß Erich Loest am 11. 11 57, als er aus der SED geworfen wurde.« Vor der Tür hatten Jungs von der Stasi auf mich gewartet. Hundertfünfzig Meter die Straße hinauf zum Leuschnerplatz, hier, so hatte ich gefabelt, war Wolfgang Wülff von einem Polizeihund gebissen worden, das hatte von da an sein Leben bestimmt. Das wußte ich noch nicht: Hundert Meter auf die »Leipziger Volkszeitung« zu, fünfzig Meter von meiner alten Haftzelle entfernt, holte ich im März 1990 meinen Personalausweis ab. Am Abend darauf begann ich in der Nikolaikirche meine Predigt: »Seit heute mittag bin ich wieder ein richtiger Leipziger.«

Ins Völkerschlachtdenkmal trat ich und fragte dies und das, da sagte die Pförtnerin: »Entschuldigen Sie bitte, ich bin fast blind, aber Ihre Stimme hab ich manchmal in Radio gehört, Sie sind doch Herr Loest?« Ihre Kollegen kamen hinzu, wir blickten in die Kuppelhalle hinauf, an der Salpeter nagt. Beim Abschied bat ich sie, Fredi Linden zu grüßen. Vorn an der Bude am Parkplatz standen Säufer wie immer.

Christel Foerster, die vor Zeiten jene positive Kritik über »Es geht seinen Gang« gewagt hatte, fragte mich, wie ich denn nun alles so fände, und war verwundert, als ich kühl antwortete, jetzt werde es in der DDR langsam normal. Der Zustand bisher sei absurd gewesen, endlich finde das Leben in ein zivilisiertes Gleis. Kein Grund, etwas sensationell zu finden also. Ich meinte ihr anzusehen, was sie empfand: Es muß wohl einer von sehr weit hergekommen sein, um so zu reden.

Da war es noch vier Monate hin zum Freispruch vor dem Obersten Gericht in Ostberlin, als drei ergraute Richter festlegten, die Verurteilung mehr als dreißig Jahre vorher sei falsch gewesen, meine Mitangeklagten von damals und ich hätten nichts anderes getan, als unsere Meinung zu äußern. Die Prozedur lief ohne Emotion, ohne ein Wort des Bedauerns oder einen Lidschlag einer Entschuldigung ab. Ich dachte, daß diese Herren da vorn vor einem halben Jahr noch emsig verknackt haben könnten, daß sie nun gewiß umlernten, und daß das Umfühlen ein weit schwierigerer Prozeß sei. Danach trat ich fünfmal durch die schwere Tür hinaus auf die Straße, rief: »Freigesprochen!« und redete in eine ZDF-Kamera hinein, wie es damals gewesen war und was sich eben abgespielt hatte. Beim ersten Mal startete einer nahebei runksgrunz einen Trabi, beim zweiten Mal rannten zwei Mädchen herbei und riefen: »Du kieke, hier is Fernsehen!« Beim dritten Mal verhaspelte ich mich, beim vierten Mal schob sich eine Wolke ins Licht. Mehr als ein fünftes Mal hätte ich die Prozedur nicht durchgehalten. »Schlußklappe!« rief die Regisseurin. Später, da ihr Material reichlich war, landete meine Schwerarbeit im Schnipselkorb.

3.

Noch bin ich in Leipzig in diesem bis zum Seelengrund aufwühlenden November 1989. Auf einer Bank im Schillerhain muß ich eingenickt sein, neben mir gewahre ich Lipsia, sie fragt: »Pfarrer Rausch, der als einziger Stadtverordneter gegen die Sprengung der Paulinerkirche gestimmt hat, soll, so schlugst du in einer Debatte vor, *unser* Ehrenbürger werden. Also darf ich dich weiterhin *meinen* Sohn nennen?«

»Nun ja«, erwidere ich geschmeichelt, »die alte Liebe sitzt tief. Daran können neun Jahre in der Fremde nichts ändern.«

Von der anderen Seite weht es heran, Loreley ist's, gegenüber der ich nun auch gewisse Verpflichtungen spüre. »Fühlst du dich nicht mehr wohl bei mir mit dem Blick auf den Drachenfels?« singt sie und kämmt sich mit goldenem Kamme, »und gefällt dir angesichts der Kachelöfen hier deine Fußbodenheizung nicht mehr?« Beide beginnen, mich an je einem Ohrläppchen zu beknabbern, da stürze ich zwischen Johannapark und Clarapark westwärts. »Ich möchte am liebsten fort sein und bliebe am liebsten hier«, klingt mir die Biermannweise im inneren Ohr. Den Autobahnzubringer will ich gewinnen, von dem es zum Hermsdorfer Kreuz und über Eisenach durchs Hessische zum deutschdeutschen Rhein weitergeht, doch vorher, wo ich zusammen mit Dieter Zimmer, grünweißbemützt, zum Chemiestadion pilgern wollte, sieht man zur Rechten wie zur Linken einen halben Erich heruntersinken.

Und dann, am Ende einer Woche, nachdem fast alles vorbei und sogar gelungen ist, kommt Thomas Ernsting, der aus Bonn mitgereiste Fotograf, auf die Idee, mit mir das Gefängnis aufsuchen zu wollen, in dem Annelies fünf und ich dreizehn Monate bei der Stasi verbracht haben, im Herzen der Messestadt, in einem Hintergebäude. Ich sträube mich, will diese Tortur meinen Nerven und meinem Herzen nicht zumuten. Ernsting bleibt bei seiner Idee und bringt freundlich und hartnäckig vor: Das wäre für seine Serie *das Bild!*

Ich denke, es wird ja doch nichts aus diesem Plan werden bei der Knappheit der Zeit; wer weiß, wie viele Behörden bemüht werden müssen. Aber Ernsting hat übers Neue Forum schon den Namen des Staatsanwalts ausfindig gemacht, der Weichen stellen könnte, er heißt Hempel. Seine Frau versprach ihm am Telefon, ihr Mann würde gewiß helfen wollen, aber er käme erst am Sonntagmorgen mit dem Schlafwagen aus Polen heim. An diesem Sonntagmorgen aber will ich nach all der Anspannung nach Bad Godesberg zurück, mir genügt, was auf mich einstürmte, wahrhaftig. Ernsting fragt sanft: Und wenn wir die Abfahrt um zwei Stunden verschieben? Ich gebe nach – na gut, na schön, es kann ja doch nichts aus diesem Plan werden.

Abends berichte ich der mit- und nachgereisten Familie von dieser Idee. Annelies zögert keine Sekunde: Ich will mit rein, ich will in diese Zelle, in der ich gesessen habe, in die siebenundvierzig! Thomas will sich zur vereinbarten Zeit am Gefängnis einfinden und versuchen, sich anzuhängen. Ich schlafe miserabel.

Kurz nach acht am Sonntagmorgen ruft Ernsting an: Das Telefon des Staatsanwalts sei pausenlos besetzt, er wolle sofort hinfahren. Ich mache mich zum Knast auf und treffe Annelies und Thomas. Es ist windstill und trüb, wir schlendern ums Viertel und erörtern die Ausweitung unseres Linden-Verlags auf die DDR. Die Zensur ist aufgehoben, aber wer verteilt Papier und Druckkapazität? Ungewißheit und Kompetenzlosigkeit überall.

Nach einer halben Stunde hetzen Ernsting und Hempel heran. Die Augen des Staatsanwalts sind gerötet von Müdigkeit. Sein Redefluß ist nicht zu bremsen. Er freue sich ja so, mir helfen zu können, nie habe er es sich träumen lassen, mir überhaupt und dann noch in dieser Situation zu begegnen. Ich erwidere: Ich auch nicht.

Ich fühle mich beklommen und achte auf das Schlagen meines Herzens. Es sind wohl diese Zumutungen, die in einem Zusammenbruch enden können. Wir werden durch einen Eingang geschleust, Annelies erinnert sich: Hier hat sie warten müssen, ehe sie mich für eine Viertelstunde besuchen durfte. Da war sie freigelassen worden, ohne Prozeß oder Erklärung, einfach so, und ich hatte elf Monate hinter mir. Ich höre einen Hund bellen und frage mich, ob das wohl eine Halluzination sei. In Bautzen heulten Schäferhunde in ihrer Einsamkeit in den kalten Höfen.

Ernsting fotografiert an der Wand eines Zellenbaus hinauf, dann erkenne ich: Hier haben sie uns zur sogenannten Freistunde geführt, die zwischen fünf und sieben Minuten dauerte. Manchmal kam ich, da ich sieben Monate hindurch jeden Vormittag vernommen wurde, nur einmal in zwei Wochen ins Freie. Und sonntags war keine Freistunde.

Das Treppenhaus ist enger als in der Erinnerung, die Treppen wirken steiler. Meine Hände legen sich von selbst auf den Rücken, so war es anbefohlen, so war ich es sieben Jahre lang gewohnt. Nur einmal zog ich mich am Geländer hinauf, da waren mir nach einem Hungerstreik die Knie weich, und der »Läufer«, der Stasimann, der jeden Häftling einzeln über Treppen und Korridore schleuste, brüllte nicht.

Die Vernehmerzellen sind versiegelt. In meiner hing noch drei Jahre nach dem XX. Parteitag der KPdSU ein Stalinbild, der Generalissimus im wehenden Mantel. Alles wirkt schmaler, niedriger. So erscheinen uns die Räume der Kindheit. Als ich hier vegetierte, war ich älter als dreißig. Ich war ein Nichts gewesen, vielleicht läßt einen das die Welt ähnlich verzerrt sehen.

Das Haus liegt lautlos. Die Mechanismen funktionieren: In den Gängen läßt sich eine Gittertür erst öffnen, wenn die dahinter geschlossen ist. Das Scheppern, wenn eine Tür ins Schloß fällt, wird im inneren Ohr lebenslang bewahrt werden. Die beiden Männer, die uns begleiten, tragen Zivil. Seit wann? Ihre Hände wissen mit Schlössern und Schlüsseln umzugehen. An einer Wand ist mit markanten Lettern ein Spruch von Felix Dzierzynski geblieben, der die Tscheka, die sowjetische Geheimpolizei, aufbaute: »Ein Tschekist ist ein Kämpfer der Revolution mit klarem Kopf, heißem Herzen und sauberen Händen.« Wir gehen schnell vorbei, Thomas Ernsting schafft es nicht, so rasch seine Kamera einzustellen.

Zwischen die Stockwerke sind Drahtnetze gespannt. Wo ist die Schiffsglocke geblieben, mit der geweckt wurde? Dann stehen wir in der Zelle 47, in der Annelies gefangengehalten wurde. Sie spricht mehr als ich; Frauen, ich weiß es, waren in der Haft furchtloser als Männer und unberechenbar aus der Sicht der Wärter. Jetzt steht ein Doppelstockbett in der Zelle quer unter dem Fenster, das Waschbecken hat fließendes Wasser, das Klo ist von innen zu spülen. Zwei Wandschränkchen, Kleiderhaken, Tisch und zwei Hocker – da haben es, sagt Annelies, die nach uns wenigstens besser gehabt. Da oben, erinnert sie sich, die trübe Birne, weißt du noch? Fünfzehn Watt und davor noch Gitter, trotzdem habe ich in einer Woche den »Zauberberg« gelesen.

Ich zähle die Steine der Türumrandung, suche auf dem Steinboden die Drehstellen für das Dreieckgehen mit der Seitenlänge von zwei kurzen Schritten. Annelies sagt: Ich hab es mir immer gewünscht, dieses Haus und diese Zelle einmal dem Thomas zu zeigen.

Ich hab es mir nie gewünscht.

Dann hat, endlich, Thomas Ernsting seine Fotoarbeit getan, ich habe es eilig, hinauszukommen. Treppen hinab, wieder die Hände auf dem Rücken. Da geht es zu den Freistundenkäfterchen, ich will vorbei. Hunde bellen. Über den Hof. Ein paar Häftlinge, von der Amnestie nicht betroffen, beenden im Gatter der Volkspolizei ihre Freistunde. Ich kann mir vorstellen, wie sie uns aus den Augenwinkeln heraus beobachten. Sicherlich vermuten sie in uns eine Delegation der Staatsanwaltschaft, die an diesem Tag nur sie, gerade sie amnestieren wird.

Das letzte Gitter. Annelies und ich sagen: Danke.

Die beiden Thomasse sagen: Auf Wiedersehen.

Ich denke: Anfänger.

Eine Woche später höre ich nachts die Schiffsglocke, ich kann nachfühlen, wie es sich in den weichen Latschen auf dem Kopfsteinpflaster des Hofes stand. Das trübe Licht in den Korridoren. Manche Freunde sagen: Da mußtest du hin, da mußtest du durch. Ich denke: Vielleicht für meine Schreiberei, für mich gewiß nicht. Thomas sagt: Natürlich waren da keine Hunde. Ich fürchte, nun werden sie wieder eine Weile bellen.

Anmerkung

Die Stasiakten wurden originalgetreu, mit allen Tipp- und Schreibfehlern, übertragen.

Auch ein Jahr nach dem Fall der Mauer ist der SED- und Stasisumpf nicht trockengelegt. Vor vier Monaten ist »Der Zorn des Schafes« erschienen. Keiner der erwähnten IM hat sich ohne Druck offenbart. Wer enttarnt wurde, stritt wegen jeder Einzelheit, bis sie ihm nachgewiesen werden konnte. Nur eine Frau ist bereit zu reden.

Kein ehemaliger Offizier brach das Schweigen. Weder Höpcke noch Keller ließen sich abhalten, weiter auf politische Karriere zu setzen. Schon wird achselzukkend bagatellisiert: In bestimmten Funktionen in der DDR *mußte* man eben mit der Stasi kooperieren. Das gilt schon weniger als ein Kavaliersdelikt.

Wagner ist tot. Träger lehrt als Professor. Keller ist Bundestagsabgeordneter der PDS.

Es gibt zu tun in Leipzig, Bonn und anderswo.

Autor und Verlag möchten dabei sein.

Januar 1991

Erich Loest
im dtv

Foto: Isolde Ohlbaum

Es geht seinen Gang
oder Mühen in unserer Ebene

Ein Mann verweigert sich dem Leistungsdruck seiner Gesellschaft und seiner Familie. Ein DDR-Roman von souveränem Format, für das ZDF verfilmt. dtv 10430

Völkerschlachtdenkmal

Carl Friedrich Fürchtegott Vojciech Felix Alfred Linden wird vom DDR-Staatssicherheitsdienst verhaftet, weil er versucht hat, das Völkerschlachtdenkmal zu sprengen. Sein anschließender Aufenthalt in einer psychiatrischen Klinik gibt ihm auf groteske Weise Gelegenheit, den Ärzten Glanz und Elend der Leipziger Geschichte darzulegen. dtv 10756

Schattenboxen

Gert Kohler wird nach zweieinhalb Jahren aus dem Gefängnis entlassen. Doch die Freiheit sieht längst nicht so rosig aus, wie er sie sich in seiner Zelle erträumt hatte. Vor allem gibt es da den kleinen Jörg, das Kind seiner Frau, das während der Haftzeit geboren wurde und dessen Vater ein anderer ist. dtv 10853

Zwiebelmuster

Hans-Georg Haas und seine Frau Kläre, beide in der SED, haben ihre Kinder sozialistisch erzogen und sind »gesellschaftlich aktiv«. Deshalb ist es ihr gutes Recht, so glauben sie, sich um »das größte Privileg, das die DDR zu vergeben hat«, zu bemühen: eine Reise in den Westen. Doch wider Erwarten gibt es Probleme ... dtv 10919

Froschkonzert

In einer kleinen Provinzstadt hat es eine junge Lehrerin nicht leicht. Da kann schon ein von einem Schüler verschluckter Frosch zum Verhängnis werden. Eine erfrischende Satire auf bundesdeutsche Krähwinkelei. dtv 11241

Durch die Erde ein Riß

Wer wissen will, wie die DDR wirklich war, der lese diese Autobiographie eines deutschen Schriftstellers, der alles ganz hautnah miterlebt hat. dtv 11318

Horst Bienek im dtv

Foto: Isolde Ohlbaum

Die erste Polka

Ein Tag vor Ausbruch des Zweiten Weltkriegs in Gleiwitz/Oberschlesien: Im Hause des Fotographen Leo Maria Piontek und seiner Frau Valeska deuten nur die einquartierten Soldaten auf die drohende Gefahr hin... dtv 1499

Septemberlicht

Wie schon in »Die erste Polka« beschreibt Bienek mit liebevoller Genauigkeit einen Tag im Leben der Familie Piontek. Der Krieg hat begonnen. dtv 1566

Zeit ohne Glocken

»Horst Bienek ist in diesem dritten Band seiner Oberschlesien-Saga noch tiefer in die von ihrer Existenznot geprägten, oft auch korrumpierten Gestalten seiner Heimatlandschaft eingedrungen.« (Die Welt) dtv 1737

Beschreibung einer Provinz

Diese Aufzeichnungen entstanden während der zehnjährigen Arbeit an der »Gleiwitzer Tetralogie«. Sie markierten den Hintergrund, vor dem die erdachten Personen erst ihre Authensität gewinnen, sind Werkkommentar und Tagebuch in einem. dtv 10567

Königswald
Eine Novelle

Mai 1945: Im Schloß Königswald in Böhmen warten acht alte adlige Damen und eine Zofe auf das Ende des Krieges. Doch amerikanische und russische Truppen nähern sich, die Waffen-SS besetzt das Schloß... dtv 10801

Herbert Rosendorfer im dtv

Das Zwergenschloß
und sieben andere Erzählungen
dtv 10310

Vorstadt-Miniaturen

Hintergründig-groteske Alltagsszenen. dtv 10354

Briefe in die chinesische Vergangenheit

Ein chinesischer Mandarin aus dem 10. Jahrhundert gelangt mittels einer Zeitmaschine in das heutige München.
dtv 10541 / dtv großdruck 25044

Stephanie
und das vorige Leben

Eine fesselnde Geschichte auf dem schmalen Grat zwischen Traum und Wirklichkeit. dtv 10895

Königlich bayerisches Sportbrevier

Rosendorfer beschreibt alle bayerischen Sportarten wie Fensterln, Maibaumkraxeln, Fingerhakeln, Maßkrugstemmen ... dtv 10954

Die Frau seines Lebens
und andere Geschichten · dtv 10987

Ball bei Thod · Erzählungen

Der makabren Titelgeschichte folgen noch 37 weitere. dtv 11077

Vier Jahreszeiten im Yrwental
Vier Berichte

Vier Kinder erleben die Ereignisse zwischen Untergang des Hitlerreiches und Aufstieg der Demokratie mit, an die sie sich vierzig Jahre später erinnern.
dtv 11145

Foto: Isolde Ohlbaum

Eichkatzelried
Geschichten aus Kindheit und Jugend · dtv 11247

Das Messingherz
oder Die kurzen Beine der Wahrheit

Albin Kessel, Autor durchschnittlich-populärer Bücher wie »Die Friesen«, »Die Diabetiker« usw. wird eines Tages vom Bundesnachrichtendienst angeworben ... Ein hintersinniger, heimtückischer Behördenroman. dtv 11292

Bayreuth für Anfänger

Ein liebenswert-frecher Führer durch die Festspielstadt. dtv 11386

Der Ruinenbaumeister

»Wer in einen Zug steigt, in dem sechshundert Nonnen eine Wallfahrt nach Lourdes antreten, ist froh, ein Abteil für sich allein zu finden.« ... auch wenn er darin plötzlich lauter groteske, komische, märchenhafte, erotische und turbulent-dramatische Abenteuer erlebt. dtv 11391